KB156995

중국의 슈퍼리치

그들의 생각과 전략

China Super-Rich
Their strategic thinking

by Kang Hyo-Back

Published by Hangilsa Published Co., Ltd., Korea, 2016

중국의 슈퍼리치

그들의 생각과 전략

강효백

한길사

중국의 슈퍼리치
그들의 생각과 전략

지은이 강효백
펴낸이 김언호

펴낸곳 (주)도서출판 한길사
등록 1976년 12월 24일 제74호
주소 10881 경기도 파주시 광인사길 37
홈페이지 www.hangilsa.co.kr
전자우편 hangilsa@hangilsa.co.kr
전화 031-955-2000~3 팩스 031-955-2005

부사장 박관순 총괄이사 김서영 관리이사 곽명호
영업이사 이경호 경영담당이사 김관영
편집 김광연 백은숙 안민재 노유연 이지은 신종우 원보름
마케팅 윤민영 양아람 관리 이중환 김선희 문주상 이희문 원선아
디자인 창포 출력 및 인쇄 현문인쇄 제본 자현제책사

제1판 제1쇄 2016년 5월 31일

값 19,000원
ISBN 978-89-356-6970-7 03320

● 잘못 만들어진 책은 구입하신 서점에서 바꿔드립니다.
● 이 도서의 국립중앙도서관 출판시도서목록(CIP)은
  e-CIP 홈페이지(http://nl.go.kr/ecip)에서 이용하실 수 있습니다.
  (CIP제어번호: CIP2016010586)

오늘날 중국 땅은 온통 시장이고
중국 사람은 모두 상인이다.
중국기업가들은 상인종(商人種)의 후각으로
시대변화와 돈의 흐름을 냄새 맡으며
변혁의 리듬을 타고 있다.
전 세계의 시장을 자유롭게 누비는
중국기업가들을 보라.
중국의 힘이 거기에 있다.

중국거상지도

- 『포브스』 '2016 세계 갑부 순위' 기준
- 이름 옆 숫자는 본문의 해당 장

★수도
◎성도
■직할시
▲특별행정구

몽골

◎우루무치

신장웨이우얼 자치구

간쑤 성

타림분지

◎시닝

칭하이 성

◎란저우

시짱 자치구(티베트)

왕젠린(王健林)[4]
글로벌 슈퍼리치 18위
완다그룹 총수

◎라싸

쓰촨 성 ◎

류융하오(劉永好)[5]
글로벌 슈퍼리치 369위
신시왕그룹 총수

쿤밍 ◎

윈난 성

패트릭(陳頌雄, Patrick Soon-Shiong)[9]
글로벌 슈퍼리치 81위
난트케이웨스트 총수, CEO
본거지는 미국

레이쥔(雷軍)[7]
글로벌 슈퍼리치 107위
샤오미 총수, CEO

헤이룽장 성

◉하얼빈

◉창춘
지린 성

네이멍구 자치구
선양◉
랴오닝 성

후허하오터◉

베이징
★
■텐진
허베이 성
인촨◉
◉스자좡
타이위안◉
후이족
자치구
산시 성
(山西省)

보하이 만

넨광주(年廣久)[1]
바보호박씨 사장

◉지난
산둥 성

시안◉
정저우◉
산시 성
(陝西省)
허난 성

장쑤 성
◉난징

둥밍주(董明珠)[3]
GREE전기 총수, CEO

우한◉
후베이 성

허페이◉
안후이 성
상하이■
◉항저우

마윈(馬雲)[6]
글로벌 슈퍼리치 33위
알리바바그룹 총수

■충칭
창사◉
후난 성

◉난창
장시 성
저장 성

루관추(魯冠球)[2]
글로벌 슈퍼리치 219위
완샹그룹 총수

구이양◉
이저우 성

푸저우◉
푸젠 성

타이베이◉

광시좡족 자치구
◉난닝
광둥 성
◉광저우
▲홍콩
마카오
타이완

시즈청(施至成, Henry Sy)[8-1]
글로벌 슈퍼리치 71위
SM그룹 총수
→ 본거지는 필리핀

하이커우◉
하이난 성

쿡(郭鶴年, Robert Kuok)[8-2]
글로벌 슈퍼리치 103위
쿡그룹, 샹그릴라 호텔체인 총수
→ 본거지는 말레이시아

중국거상 다이어그램

녠광주

호박씨를 팔아 거상이 된 녠광주.
기발한 아이디어와 뛰어난 맛 관리 그리고
박리다매 전략으로 엄청난 판매량을 기록했지만
가족문제, 여자문제 등 끊임없는 구설수에
휘말렸다. 개혁개방 전후 시대의 풍파를
정면으로 돌파해냈다.

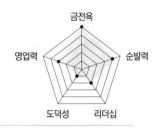

마윈

중국을 넘어 전 세계를 누비는 IT거상 마윈.
어렸을 때부터 무협지를 읽으며 의협심을 키운
마윈은 소상공인들의 수호자, 즉 상협(商俠)이
되기로 결심한다. 기발한 상상력으로 글로벌
전자상거래 시장의 신기원을 열었다.

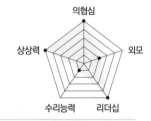

류융하오

우애가 빛나는 류씨 4형제의 막내 류융하오.
하룻밤 사이에 메추리 15만 마리를 죽이는
과감한 결단력과 아낌없는 연구개발로
사료업계의 거상이자 중국 최장수갑부가 되었다.
패션 따위에는 전혀 신경 쓰지 않을 정도로
검소하다. 외동딸의 후계 문제가 화두다.

왕젠린

시대의 흐름을 읽고 군인에서 거상으로 대변신에
성공한 왕젠린. 스포츠, 영화 등 문화산업에
주력하고 있다. 본사를 베이징으로 이전하는 등
보통 거상들과는 다른 정치력을 보여주고 있다.
철없는 외동아들이 골칫덩이다.

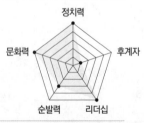

레이쥔

'대륙의 기적' 샤오미의 수장 레이쥔.
다른 회사의 제품을 베끼고 회사를 무책임하게
팔아버리는 등 정의감보다는 잔머리가 발달한
캐릭터다. 대신 고객에게만큼은 최고의
서비스를 제공해 팬덤이 엄청나다.

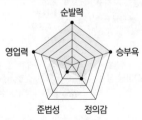

둥밍주

중국의 아이언우먼 둥밍주. 전 세계 에어컨의 절반가량을 생산하는 GREE를 이끌고 있다. 독설을 뱉는 데 거침없으며 승부욕이 강하다. 하지만 자신의 권력을 오·남용하거나 관시에 의존해 일하지 않고 원칙을 준수하기 때문에 많은 존경을 받고 있다.

루관추

가난한 빈농의 아들로 태어났지만 큰 꿈을 품고 열심히 노력해 자수성가를 이룬 입지전적인 인물 루관추. 자동차 부품 제조업에서 시작해 지금은 수십 개 계열사를 거느리고 있는 완샹그룹의 수장이다. 민영기업가의 대부로서, 불로장생 기업의 아이콘으로서 왕성한 활약을 하고 있다.

패트릭

의과대학 교수직을 사임하고 창업의 길로 나선 광둥화교 패트릭. 돈 앞에서는 가족 간의 연도 끊어버리는 냉혈한이다. 남아공에서 캐나다로, 다시 미국으로 국적을 바꿨을 정도로 변신에 능하다. 글로벌 슈퍼리치 TOP100 중 유일하게 바이오산업으로 돈을 번 거상이다.

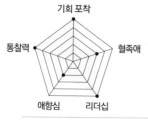

시즈청

산전수전 겪으며 거상이 된 푸젠화교 시즈청. 중일전쟁을 피해 필리핀으로 피란한 그는 미군들이 신던 워커를 팔며 사업을 시작했다. 지금은 SM그룹 총수로서 필리핀 최대재벌이자 아세안 최고의 슈퍼리치다. 혼혈 후손을 원치 않는 푸젠화교의 오랜 전통을 지켜나가고 있다.

쿡

엘리트 가정에서 태어나 어릴 때부터 경영수업을 받은 푸젠화교 쿡. 말레이시아에서 태어나고 자란 그는 정책 변화를 미리 내다보고는 설탕을 팔아 거상이 된다. 샹그릴라 호텔체인을 구축하며 글로벌 슈퍼리치가 되었지만 반짝이는 생각을 받아들이고 새로운 지평을 찾아내는 일을 여전히 즐기고 있다.

중국의 슈퍼리치
그들의 생각과 전략

중국은 온통 시장이다
머리말

　중국의 국시國是는 '사회주의 시장경제'다. 우리는 뒤의 명제 '시장경제'보다는 앞의 수식어 '사회주의'에 더 관심을 기울여왔다. 그런데 이상하지 않은가? 동서고금을 막론하고 국가의 기본이념과 기본정책에 감히 '시장'market이라는 노골적 자본주의 용어를 수십 년째 명시해온 나라가 중국 말고 어디 있는가.

　"매미가 허물을 벗듯이 하라"는 금선탈각金蟬脫殼은 병법兵法의 군사전략이거나 상경계商經界에서 통용되는 경영전략만이 아니다. 한마디로 중국의 국가발전전략 또는 국가발전상황 그 자체다. 우리는 중국이 오래전에 벗어놓은 사회주의라는 이름의 허물만 보고, 덩치만 큰 관시關係와 만만디慢慢的의 나라로 평하여왔다. 중국의 몸통, 시장경제의 매미는 이미 하늘 저만치 날고 있는데도.

중국에서 사회주의를 마르크스, 엥겔스, 레닌식으로 풀이하는 말은 빛바랜 LP판 조차도 못 된다. 땟국 전 골동품 축음기에서나 새어나오는 소리 반, 소음 반이 된 지 이미 오래다. 오늘날 중국의 핵심 브레인들은 세계 초강대국 미국의 힘이 '공정한 자유경쟁'에서 비롯된다고 분석하면서, 중국 사회주의의 영혼도 '공정'해야 하며 시장경제의 본질도 '자유경쟁'이어야 한다고 강조하고 있다. 중국은 미국의 풍만한 몸통에서 민주주의 정치제도뼈는 추려버리고 자본주의 시장경제살를 취해 '중국특색의 자본주의' 대로大路를 질주하고 있다.

중국은 미국과 더불어 이른바 '자본주의 공생체' '차이메리카'로 불리는 G2로서 글로벌 경제를 쥐락펴락하게 되었다. 중국갑부 상위순위 1,500명의 총재산이 우리나라 연간 국내총생산GDP의 1.5배에 육박할 정도다. 2015년 500대 글로벌 기업 중 중국기업이 106개, 글로벌 슈퍼리치 TOP100 가운데 15명이 중국인이다. 지금 중국 땅에는 억만장자개인자산 190억 원 이상 8만 명을 비롯한 천만장자 군단 121만 명이 '아직 나는 배고프다' 식인지, 세상의 모든 돈을 싹쓸이할 작정인지 계속 돈을 쓸어 담고 있다.

어디 그뿐인가. 현 제12기 전국인민대표대회이하 전인대 대표한국의 국회의원 2,987명 중 기업가는 900여 명에 달해, 당정관료1,500여 명와 함께 G2시대 중국을 웅비시키는 견인차 역할을 하고 있다. 지난날 명목상 '노동자 농민 연맹국가'에서 중국은 영락없는 '당정관료 기업가 연맹국가'로 변신한 것이다.

오늘날 중국 땅은 온통 시장이고 중국 사람은 모두 상인이다. 상인의 스타는 기업가다. 우리가 스포츠 경기를 관람하는 목적은 선수들의 활약상을 보고 즐기는 것에 있다. 중국기업가들은 중국이라는 경기장의 선수들이나 마찬가지다. 그런데도 우리의 시선은 주로 구단정부이나 감독정치지도자의 동선에만 몰입해왔다.

중국기업가들은 정해진 틀에서 안분지족安分知足하는 삶을 거부하고 있다. 반만년 비단장수 왕서방의 후예, 생래적 자본주의자, 상인종商人種의 후각으로 시대변화와 돈의 흐름을 냄새 맡으며 변혁의 리듬을 타고 약동하고 있다. 이들은 시대의 울타리 가장자리에서 불굴의 투지, 강인한 리더십, 속도와 열정, 악착같은 근성과 비범한 실천력으로 울타리를 훌쩍훌쩍 뛰어넘고 있다. 중국기업가들이 시장경제의 최전선을 돌파해감에 따라 중국정부도 당초 설정했던 경계의 외연을 계속 확장하며 앞으로 나아가고 있다.

중국기업가들은 검버섯 가득한 노대국의 뺨에 홍조가 돌게 만들고 있다. 빈곤의 어둠에 혼곤히 젖어 있던 중국대지를 윤기 자르르 흐르는 피부로 빛나게 만들고 있다. 주린 배를 채우기 위해서거나, 산업구국의 웅지를 품거나, 호화별장에서 절세의 미녀와 함께 사는 귀족을 꿈꾸거나 등 창업동기가 어떻든 간에 이들은 시대의 풍운아며 선구자이자 대중의 우상이다.

나는 잘 알려지고 많이 논의되어온 것보다는 새로운 것이나 덜 알려진 것 또는 잊힌 것을 사랑한다. 중국을 G2시대 반열에 오르게 한 진정한 스타, 중국기업가들의 꿈과 현실, 성공과 좌절, 환희와 비통, 영광과 오욕으로 점철된 삶의 궤적은 상생협력의 동북아시대를 열어가야 하는 우리의 현재와 미래에 타산지석 이상의 가치를 지닌 소중한 자산이다. 이것이 바로 내가 이들의 이야기를 쓰지 않고서는 견딜 수가 없는 이유다.

현대 중국의 거성巨星이자 거상巨商, 기업가에 관한 것이라면 한중 양국을 비롯한 세계 각국의 모든 선행연구를 읽고 배우고 느끼며 이 글을 재미있고 참신하게 쓰고자 했다. 글에 거슬림과 모자람이 있더라도 매몰찬 지탄보다는 따뜻한 격려를 부탁드린다. 나의 마음이 여기에 등장하는 그 어느 중국기업가보다 가난하니.

책을 내면서, 늘 성원해주시는 한중친선협회 이세기 회장과 『데일리안』 이종근 편집장께 다시 한 번 감사드린다. 나의 저술활동을 늘 격려해주시는 한길사 김언호 사장께도 감사와 존경의 마음을 드린다.

2015년 4월
경희대학교 서울캠퍼스에서
영고삼[1] 문협[2] 강효백姜孝伯

제1부

가시밭길은 성공의 레드카펫

돈을 벌 수 있는 만큼
최대한 많이 버는 게 나만의 경제학이다.
• 녠쾅주

내가 남과 다른 점이 있다면
70평생을 거의 하루도 빠지지 않고
공부해왔다는 점이다.
• 투관추

관시로 사업을 해서는 절대 안 된다.
물이 맑아야 물고기가 산다.
• 둥밍주

1 중국 최초의 백만장자

녠광주의 박리다매, 벌 수 있는 만큼 최대한 벌어라

누구보다 노회한 열 살 과일장수

녠광주^{年廣久, 1937~} 는 '바보호박씨'를 팔아 현대 중국 사상 최초로 백만장자가 되었다. 개혁개방의 총설계자 덩샤오핑^{鄧小平, 1904~97}은 세 번이나 그를 직접 거명하면서 고비마다 구해주었다. 그런데 적잖은 중국인은 그를 문맹, 호색한, 전과자, 악인의 3대 스펙을 한 몸에 겸비한 자로 기억한다.

- 문맹
- 바보호박씨
- 백만장자
- 전과자
- 덩샤오핑

'바보호박씨'를 팔아 백만장자가 된 녠광주(오른쪽 첫째).
전국공상련(全國工商聯)에서 "중국 최초의 상인"임을
치하하며 그에게 꽃다발을 건네고 있다.
한때 덩샤오핑이 친히 호명할 만큼 개혁개방 정책의 아이콘이었다.

그의 일생을 함축하는 키워드 다섯 개를 뽑아 들고 보니 키워드가 제각기 따로 놀고 있다. 그의 생애는 키워드 몇 개로는 어림짐작조차 할 수 없다. 15억 중국인 가운데 이처럼 낙차 큰 생애를 살고 호평과 악평이 난무한 중국의 민초가 그 말고 또 있을까.

녠광주는 1937년 안후이 성安徽省 서북부 화이허 강淮河江 연안의 화이위안 현懷遠縣에서 태어났다. 1938년 화이허의 대홍수로 생활터전을 잃게 된 일가족은 동냥질을 하며 떠돌다 장강長江 남쪽 기슭에 위치한 소도시 우후 시蕪湖市로 흘러들어와 정착했다.

녠광주는 처음에는 민물고기 행상을, 나중에는 과일 행상을 하는 아버지를 따라다니며 유년을 보냈다. 그가 아홉 살 되던 겨울날, 아버지가 숨을 거두며 유언을 남겼다.

"이익은 가볍게, 인화人和는 중히 여기며 장사하라."

녠광주는 책 보따리 대신 과일 바구니를 매단 기다란 막대기를 어깨에 둘러메고 다니며 외쳤다.

"맛있고 값싼 과일 사세요."

사람들은 그를 꼬마허풍쟁이로 불렀다. 학교 문턱에도 들어간 적 없는 그는 그야말로 고무래를 보고도 그것이 고무래 '정'丁 자인 줄도 모르는 문맹이었다. 쓸 줄 아는 글자라고는 자기 이름 세 글자뿐이었다.

녠광주는 열 살 때부터 길가에서 과일 좌판을 벌렸다. 그의 아버지가 이리저리 돌아다니며 파는 행상行商, 즉 '상'商이었다면 그는 일정한 장소에 앉아서 좌판 위에 물건을 벌여놓고 파는 좌상坐商, 즉 '고'賈로 변신한 셈이었다.[1]

언행은 또래보다 유치했지만 장사수완은 평생을 저잣거리에서 닳고 닳은 원로급 상인보다 노회했다. 그는 항상 과일을 골라 손님에게 맛을 보게 해 흡족해하면 돈을 받았다. 간혹 과일을 사고 난 후 돌아서서 "과일을 너무 적게 주었다"는 둥 "거스름을 받지 않았다"는 둥 고약한 자들과 마주쳐도 "다음에도 많이 사주세요. 허허" 하면서 웃음을 담아 과일이나 돈을 건네주었다. 저잣거리 사람들은 그러한 그를 '꼬마허풍쟁이'라 하지 않고 '꼬마바보'라고 부르기 시작했다.

1949년 10월 1일, 공산중국의 오성홍기五星紅旗가 내걸렸다. 12세 문맹 소년이 그 붉은 깃발의 의미를 어찌 알겠는가. 어른들은 세상이 변했다고 하는데 변한 것은 없는 것 같았다. 가난한 사람들은 여전히 가난했거나 더욱 가난해졌다.

녠광주가 만 25세 되던 1962년, 그는 첫 번째 부인 경슈윈耿秀雲과 결혼했다. 아내는 전형적인 안후이 농촌여인으로 유순한 편이었다. 평범한 촌부의 아내로 살고 싶었던 아내는 신혼 때부터 제 분수를 지키지 않으며 만족할 줄 모르는 남편 때문에 맘 졸이며 살았다.

이듬해 사과향이 향기로운 가을철, 녠광주는 우후시장에 사과가 종적을 감추려 한다는 것을 알아차렸다. 사과 산지에 사는 친구에게 사과를 최대한 많이 구입해 화물열차 편으로 급히 보내달라고 했다. 며칠 후 그의 좌판 주변에는 우후 시 과채류 종합시장에서도 구경하기 힘든 사과더미가 노적처럼 쌓였다. 제철 과일을 맛보고 싶은 인파가 몰려들어 서로 더 많이 사가려고 아우성을 쳤다.

녠광주의 좌판은 이른 새벽부터 밤늦게까지 흥성거렸다. 반면 오전 10시쯤 열리고 오후 5시쯤 닫히는 대부분의 국영시장과 개체호個體戶, 자영업자가 운영하는 구멍가게의 과일가게는 종일 한산했다. 조그만 좌판 하나가 우후 시의 사과시장을 며칠간 독점하다시피 했다.

어느 날 저녁 공안 몇 명이 다가와 다짜고짜 녠광주의 머리채를 잡아 파출소로 질질 끌고 갔다. 최소한의 식욕만 충족시킬 정도의 돈 이상을 벌면 범법자로 취급되던 시대, 중국공산당은 다 같이 균등하게 가난해야 하는 '균빈'均貧의 시대정신에 무엄한 배역자를 그대로 놓아둘 리 없었다. 녠광주는 사회주의 중국을 좀먹는 '자본주의의 꼬리' '악질 투기꾼' 등의 죄명으로 1년 형을 선고받고 감옥에 갇혔다.

"감옥에서는 최저한도의 식생활이 보장된다. 이곳에서는 적어도 굶어서 죽는 일은 없을 것 같다."

녠광주는 자기 위안 반 자기 최면 반 하면서 견뎌냈다.

1950년대 초반, 중국에는 모두 900여만 명의 개체호가 있었다. 수차례 사회주의 개조를 거친 후 1950년대 말, 전국 개체호는 약 100만 명으로 줄어들었다. 류사오치劉少奇, 1898~1969와 덩샤오핑을 위시한 이른바 주자파走資派가 잠시 정국을 장악한 1962년 국민경제조정시기는 개체호에 부활의 기회를 주었다. 그 아주 짧은 해갈기에 216만 명의 개체호가 생겨났다. 그러나 1963년에 벌어진 이른바 분업·장부·창고·재물의 청렴을 선동하는 '4청淸운동'은 '자본주의의 꼬리' 자르기를 단행했다. 녠광주의 투옥은 '4청운동'의 실천 과정 중에 무수히 발생한 어처구니없는 사건 가운데서 이야깃거리도 되지 않는, 아주 조그만 에피소드에 지나지 않았다.

돈과 나는 사랑하는 사이

9개월 만에 풀려난 27세 청년 녠광주는 과일장사에 정나미가 떨어졌다. 사실 과일장사는 결점이 많다. 과일은 쉽게 썩어 한꺼번에 많이 들여놓을 수 없고 조금씩 팔 수밖에 없다. 이제 먹거리를 바꿔야만 살 거리가 생긴다. 무엇을 팔아서 먹고살 것인가?

녠광주의 과일 좌판 옆에는 한 노인이 큰 솥에다가 호박씨를 볶아 팔고 있었다. 그는 노인에게 과일을 가득 담은 바구니를 선물로 건네며 호박씨 볶는 법을 가르쳐 달라고 졸랐다.

노인은 오래전부터 기다렸다는 듯이 살갑게 청년을 대했다. 호박씨에 계피와 향초, 소금 등 갖은 부재료를 뿌리며 골고루 볶는 비결과 함께 봉지 접는 법을 가르쳐주었다. 다음 날 청년은 과일 좌판을 접고 노인의 호박씨 볶는 솥단지 곁에 자리 잡았다. 노인은 호박씨 볶는 일을, 청년은 볶은 호박씨 파는 일을 맡기로 했다. 2차 제조산업은 노인이, 3차 판매산업은 청년이 맡는, 조그마한 '분업'이 이루어진 셈이다.

노인이 볶아낸 호박씨를 청년은 모조리 팔아치웠다. 호박씨 한 봉지에 1푼0.01위안, 열흘 만에 5,000봉지를 팔아 50위안을 벌었다. 당시 마오쩌둥毛澤東, 1893~1976 당 주석 월급이 36위안이었으니, 이 얼마나 신나는 성이生意, 삶의 뜻=장사인가!

노인은 들뜬 목소리로 외쳤다.

"참 신기한 노릇이다. 내가 팔면 한 달에 5위안도 벌까 말까 했는데 네가 파니……."

'분업화'가 작동되던 열하루째 아침, 청년은 노인에게 10위안이 담긴 붉은 봉투를 건네주며 말했다.

"사부님 은혜, 평생 잊을 수 없습니다. 내일부터 저는 독립하겠습니다."

혼자 만들고 혼자 팔자니 힘은 들었지만 돈은 독차지할 수 있으니 그게 훨씬 좋았다. 넨광주는 우후 시에서도 유동인구가 제일 많은 중산로中山路 로터리에 자리를 잡고 호박씨 좌판을 벌였다. 그의 좌판은 항상 우후 시 전체에서 제일 먼저 펼쳐졌고 제일 늦게 접혔다.

1966년 문화대혁명의 광풍이 몰아닥쳤다. 10억 인민은 밤낮으로 배고픈 무전無錢계급의 위대성을 찬미하고 돈의 악마성을 성토하느라 목청이 상해갔다. 하지만 넨광주는 "호박씨 사세요"를 외치느라 목청이 쉬어갔고 마대자루에 돈을 쓸어 담는 쏠쏠한 재미에 탐닉해갔다.

오늘날 중국에서 호박씨는 먹기 싫증나면 새 모이로도 주는 싸고 흔한 주전부리이지만 1960년대 중국에서는 정부의 직접적인 관리 감독하에 도매만이 허용된 특수물자에 속했다. 만일 개인이 호박씨를 사사롭게 매매할 경우에는 투기범으로 취급되어 처벌되었다. 그해 가을 그는 또다시 호박씨 투기범으로 체포되어 감옥에서 20여 일을 살다 나왔다.

첫 번째 출옥 후 넨광주는 과일에서 호박씨로 판매물건을 바꿨다. 두 번째 출옥 후에는 판매물건은 그대로 호박씨였으나 판매전략을 달리했다. 고정적인 좌판을 떠나 게릴라처럼 쉴 새 없이 움직이며 스파이처럼 남몰래 팔았다.

그는 호박씨를 담은 광주리를 옷가지로 가리고 왁자한 저잣거리와 어둑한 극장, 후미진 공원 숲을 헤집고 다니며 팔았다. 누군가 저놈은 자본주의 투기꾼이라고 수군대도 아랑곳하지 않고 팔왔다. 한 봉지를 사면 미리 준비한 작은 한 봉지를 덤으로 주었다. 괜찮다고 하는 사람에게도 주머니에 덤 한 봉지를 쑤셔넣어 주었다.

일단 녠광주에게서 한 번이라도 호박씨를 산 사람들은 대부분 단골이 되었다. 문화대혁명기의 인민들은 그의 심란한 몰골을 동정하며 몰래 사먹는 호박씨의 맛을 음미하길 즐겼다. 암울하고 팍팍한 시절의 한 모퉁이에 쭈그리고 앉아 금단의 씨앗을 몰래 까먹는 맛에 인민들은 시나브로 중독되어갔다.

후일 녠광주는 그 시절을 회고하면서 자신만의 '경제학'을 소개했다.

"나는 아홉 살 때부터 나 자신만의 경제학을 터득했다. 그 경제학은 학교에서 가르쳐주지 않는 경제학이다. 내가 스스로 습득한 경제학은 값쌀 때 사고 비쌀 때 팔아서 주머니에 돈을 가득 채우는 일을 끝장을 볼 때까지 악바리로 계속하는 학문이다. 어차피 배우지 못하고 감옥살이까지 한 밑바닥 잡초 인생인데 더 이상 밑바닥이 있겠는가. 풀려나면 잡혔을 때 못 볶던 그만큼을 다시 볶고 더 많이 내다 팔았다. 홍위병이 제아무리 천방지축으로 날뛰는 세상이라도 내가 마약이나 금괴도 아닌, 그깟 호박씨 몇 봉지 팔았다고 죽이기까지 하겠는가. 그런 배짱으로 돈을 벌 수 있는 만큼 최대한 많이 버는 게 나만의 경제학이다."

1976년 9월 9일, 인민복을 입은 공산황제 마오쩌둥은 마르크스1818~83, 레닌1870~1924 또는 진시황秦始皇, BC 259~BC 210, 이자성李自成, 1606~45 등 자신의 역사적 멘토와 먼저 보낸 동료 그리고 정적을 만나러 불귀의 먼 길을 떠났다. 곧이어 4인방이 척결되고 화궈펑華國鋒, 1921~2008의 과도기를 거쳐 덩샤오핑이 3전 3기하면서 문화대혁명의 종식을 선언했다.

1949년 공산화되던 해, 중국의 1,000만 개체호, 그 많던 개체호는 어디로 갔을까. 문화대혁명이 종언을 고한 1978년 말, 멸종되지 않고 살아남은 전국의 개체호는 15만 명우후 시 833명으로 그중 군계일학은 두말할 필요 없이 호박씨 장사꾼 녠광주였다.

10년 국가 대재난, 문화대혁명이 끝물에 이를 때쯤 녠광주는 돈을 얼마나 모았을까? 『신경제』新經濟 2008년 5월호의 인터뷰 기사에서 그는 깜짝 놀랄만한 금액을 말했다.

"10년 문화대혁명 동안 내가 돈을 얼마나 벌었을까? 놀라지 마라. 내 돈이지만 나도 놀랐으니. 108만 위안 벌었다."

화들짝 놀란 기자가 정말이냐고 구체적으로 말해 달라고 졸랐다.

"매일 밤 나는 그날 번 돈 중에서 지폐는 마대자루에 담고, 동전은 궤짝에 나눠 담았다. 돈 쓸 때가 생기면 궤짝 속 동전만

꺼냈다. 마대자루의 지폐는 한 번도 꺼내지 않고 담기만 했다. 10여 년간 마대자루 30여 개가 벽장 속과 침대 바닥 그리고 모처에 쌓여갔다. 1978년 여름 장마가 좀체 그치지 않던 어느 날, 처음으로 마대자루 속을 들여다보았는데 지폐에 푸른곰팡이가 피어 있었다. 지폐를 한 장 한 장 방바닥과 토방에 펼쳐 놓고 풍로로 말리면서 며칠 동안 헤아려 보았다. 대략 100만 위안을 벌었다고 짐작했었는데 108만 위안이 넘었다. 당시 노동자 평균 월급이 20위안도 안 되었으니, 벌어도 너무 많이 벌었지? 뭐 그따위 호박씨를 팔아서 어떻게 108만 위안을 벌 수 있었을까 의심하겠지만, 이건 명백한 사실이고 당연한 일이다. 미안하지만 나는 정치고, 혁명이고, 계급투쟁이고, 나발이고, 꽹과리고, 뭐고, 한 치, 한 푼, 한끝도 관심 없다. 나는 평생 돈 버는 일만 생각하며 살아왔다. 나는 돈을 사랑한다. 돈도 나를 사랑한다我愛錢, 錢也愛我."

자기 비하 상표에서 카타르시스를 느끼다

1978년 12월 중국공산당 제11기 3중전회가 개혁개방 노선을 확정하자 춥고 길었던 빙하기를 녹이는 봄바람이 불기 시작했다. 새로운 노선은 개체호의 경영을 허용하고 장려한다고 했다.

"새로운 노선은 진짜 변화일까, 가짜 변화일까? 이 역시 영도자께서 선잠 깨며 중얼거리는 잠꼬대가 아닐까?"

반만년 비단장수의 후예, 민초들은 그날이 오기만을 오래 맘 졸이며 기다렸다. 그날이 거짓말처럼 홀연히 강림했다가 또 홀연히 사라지는 신기루가 아닐까 우려했다. 그들은 팔짱을 끼고 음울한 눈빛으로 삐걱거리며 움직이는 정치풍향계를 관망했다. 넨광주는 이 노선에 '다 걸기' 했다. 정책이 아침에 흐리고 저녁에 비가 오든, 개방이 진짜 개방이든 가짜 개방이든 관계없이 장사하다가 죽고 싶었다. 그 북풍한설 몰아치던 문화대혁명 10년 동안에도 돈벌이에 몰입해 백만장자가 된 그가 아니던가.

"나의 사전에 만족이란 없다"를 좌우명으로 삼았는지 도무지 안분지족, 안빈낙도安貧樂道를 모르는 넨광주는 돈벌이를 무한정 확장하고 싶었다. 이에 조강지처 경슈윈은 격렬하게 반대했다.

"오직 돈에 미쳐 허구한 날 감옥을 들락날락하고, 숨 막히듯 조마조마하게 사는 건 이제 진저리가 나서 더는 못 참겠어요. 사업을 확장하고 싶다면 이혼을 먼저 하고 하든지 말든지."

아내의 입에서 처음으로 나온 '이혼' 소리에 잠시 멍해졌지만 이내 "아내는 새로 구하면 그만이지만 큰돈 벌 기회를 한 번 놓치면 다시 잡을 수 없다"는 조바심에 결단을 내렸다. 오히려 그가 먼저 꼬투리를 잡아 이혼을 요구했다. 위자료조로 3,000위안을 주기로 하고 큰아들은 아내가, 둘째 아들과 셋째 아들은 자신이 맡기로 협의이혼했다.

돈을 더 많이 벌기 위해 조강지처도 쿨[註]하게 버린 42세의 이혼남은 1979년 가을, 마대자루 속의 지폐뭉치로 중고트럭을 한 대 장만해 중산로 대로변에서 호박씨를 팔기 시작했다. 호박씨 장사는 물량 확보가 관건이다. 대부분 소매상은 정부소속 중간상에게서 생호박씨를 받았는데 그는 산지의 농민들과 직거래했다. 농민들이 새벽에 오면 아침식사를, 오후에 오면 저녁식사를 대접했고 밤늦게 온 농민에게는 잠자리를 제공하는 등 정성으로 대했다. 그의 집은 언제나 생호박씨를 팔려는 농민들로 북적였고 그의 트럭가게 주변은 볶은 호박씨를 사가려는 인파로 넘쳐났다.

1980년 3월, 개혁의 봄은 왔지만 봄 같지 않은 춘래불사춘春來不似春 계절이었다. 녠광주는 우후 시 번화가 십구문十九門 입구에 호박씨가게를 차렸다. 가게 앞 작은 흑판에는 분필로 쓴 '사쯔과 쯔'傻子瓜子, 바보호박씨 네 글자가 삐뚤삐뚤하게 적혀 있었다.

"바보호박씨? 저게 뭐고 무슨 맛일까?"

행인들은 발길을 멈추고 흘금흘금 간판을 쳐다보면서 히죽거렸다.

중국에는 오래전부터 비속어 상표를 단 업체가 적지 않았다. 그중 가장 유명한 업체 세 군데만 들면, '개도 외면한다는 톈진의 거우부리狗不理 만두' '얼굴이 마맛자국으로 얽어 분화구로 뒤덮인 달 표면 같다는 베이징의 왕마쯔王麻子 가위' '쓰레기 음식과

도긴개긴이라는 쓰촨四川의 라이탕위안賴湯元, 엉터리 경단' 등이 그
것이다. 이들 자기 비하적 비속어 상표는 쉽게 잊히지 않을 뿐만
아니라 소비자에게 역설적 신뢰감과 심리적 부가가치, 오묘한 카
타르시스를 느끼게 한다.

'바보호박씨'는 이듬해 9월 국가공상국에 공식 상표로 등록되
었다. 2001년 개정된 중국 상표법에 의하면 '바보' 같은 비속어
는 '바보호박씨'나 '거우부리 만두'처럼 기존에 상용되고 있는
것들을 제외하고는 더 이상 상표로 사용할 수 없게 되었다. '바보
호박씨'는 두 번 다시 나오기 힘든 진귀한 상표가 되었다.

박리는 수단, 다매가 목적

바보호박씨가 불티나게 잘 팔리자 우후 시 거리마다, 골목마다
호박씨 매점이 우후죽순으로 들어섰다. 아직까지 국영상점에서
파는 호박씨의 맛은 쓰고 짰으며 일부 개체호가 파는 호박씨는
그럭저럭 먹을만한 수준이었다. 그해 6월 중순 어느 날 '바보호
박씨' 가게 문이 닫혔다. 굳게 닫힌 가게 문에는 '잠시 영업을 중
단한다'暫停營業는 종이쪽지가 붙어 있었다. 우후 시뿐만 아니라
안후이 성 전체에서 호박씨가게로는 가장 장사가 잘되던 가게가
갑자기 문을 닫았으니, 이유가 뭘까 억측이 난무했다.

박수칠 때 떠난 것인가. 아니다. 그는 동분서주하고 있었다. 동
으로는 양저우揚洲, 우시無錫, 쑤저우蘇州, 상하이上海로, 서로는 장
시江西, 우한武漢으로 호박씨 산지를 헤집고 돌아다녔다. 각지의

'바보호박씨' 광고문.

포즈를 취하고 있는 넨광주 사진이 들어 있다.

중국에는 오래전부터 비속어 상표를 단 상품이 적지 않았다.

이런 상표는 소비자에게 오묘한 카타르시스를 느끼게 한다.

호박씨 맛을 보고 호박씨 잘 볶는 사람을 만나면 스승으로 삼고 좋은 호박씨 고르는 법, 볶는 법, 불 조절법 등 호박씨 관련 각종 비법을 온몸으로 배웠다.

넨광주는 양저우의 호박씨는 고소하고, 상하이는 달콤하고, 우시의 호박씨는 향기롭고, 장시의 호박씨는 새큼하고, 우한의 호박씨는 매콤한 맛이 나는 등 호박씨가 산지에 따라 각기 독특한 맛을 낸다는 사실을 체득했다. 마침내 감초, 계피, 장미, 백합, 후추, 고추, 소금, 오향 등 각종 부재료의 황금 배합비를 발견했다.

1980년 10월 1일, 정확히 100일 만에 닫혔던 바보호박씨 가게 문이 다시 열렸다. 새로운 바보호박씨는 각지의 호박씨 맛의 장점만을 한데 모은 완전히 새로운 맛이었다. 크고 둥근 호박씨를 씹으면 섬세한 단맛을 바탕으로 은근한 신맛과 톡 쏘는 매운맛이 잘 버무려진 가운데 싱그러운 약초 향기가 입안에 가득히 퍼졌다. 사람들은 감탄사를 연발했다.

참신하고 맛 좋은 바보호박씨는 열렬한 환호를 받았지만 얼마 가지 않아 생산량이 소비를 앞질러 재고품이 쌓이게 되었다. 품질 경쟁력만으로는 부족했다. 남은 것은 가격 경쟁력 강화다.

넨광주는 '무자비한 가격 살해' 조치를 감행했다. 한 근에 2.4위안 하던 것을 1.76위안으로 대폭 인하한 것이다. 순식간에 바보호박씨를 사려는 행렬이 장사진을 이루었다. 50여 미터쯤 늘어서 있던 줄이 100미터가 넘는 두 줄로 늘어났다. 넨광주는 구매자의 신분과 상황에 따라 새치기를 허용하는 우대조치를 안

내판에 게시했다.

- 군인 또는 경찰
- 결혼증명서를 지참한 커플이 10근 이상을 살 경우
- 외동딸임을 증명하는 문건을 지참한 여자아이가 2근 이상을 살 경우
- 바보호박씨를 사려고 우후까지 온 외지인이 2근 이상을 살 경우(차표 지참)

일평균 매출 1만 근이 10만 근으로, 다시 20만 근으로 폭증을 거듭했다. 한 근당 이윤은 0.1위안뿐이지만 매일 20만 근을 팔면 순수입은 2만 위안이다. 적음이 모여 많음이 되고, 벌어들인 돈을 합하면 큰돈이 된다. 박리다매薄利多賣는 자금과 상품회전을 높여 매출을 신장시키고 경영을 확장시킨다. 이윤을 좀더 많이, 빨리 거두려고 욕심을 부리다가는 박리다매 아닌 박리소매가 되어 상품도 잘 팔리지 않고 사업도 망친다. 다매가 목적이고 박리는 수단이다.

홍보대사가 된 4인의 저승사자

1981년 9월 4일, 녠광주의 집에 4인의 불청객이 찾아왔다. 자오원보趙文波 부시장, 공안국 부국장, 공상국 부국장, 『우후일보』蕪湖日報 총편집편집국장 등 민초가 쉽게 뵐 수 없는 고관대작이었다.

기라성綺羅星 네 개가 집 안으로 들어오자 녠광주는 저승사자를 본 것처럼 콰르르 쿵쾅, 가슴에서 산사태가 났다.

"이번에는 무슨 죄명으로 날 잡으러 왔을까? 제발 옥살이나 전 재산 몰수만 아니면 좋겠다. 벌금 정도야 각오하고 있다. 그런데 개혁개방 대명천지에 호박씨 볶아 파는 게 범법인가? 정책이 또 바뀌었을까? 설마 최고영도자께서 변심했을까?"

뜻밖에도 부시장이 그의 두 손을 따뜻하게 감싸쥐며 말했다.

"녠 동지, 도대체 장사를 어떻게 하기에 인민들에게 평판이 그렇게 좋지요?"

옆에서 호박씨를 까먹던 공상국 부국장도 거들었다.

"바보호박씨, 과연 천하무비의 맛이야. 동지의 바보호박씨를 전국 각지에 내다 팔아서 우리 우후 시의 빛을 더하게 하자!"

그다음 날『우후일보』1981년 9월 5일 자 1면에는「품질도 우수하고 값도 싼 바보호박씨」가 대서특필되었다. 지방당정 기관지가 이렇게 대대적으로 광고를 해주니 바보호박씨는 우후 시를 대표하는 호박씨 브랜드로 굳어졌다. 그 네 명의 불청객은 네 명의 저승사자가 아니라 네 명의 홍보대사였다.

베이징의 중앙 일간지 『광명일보』光明日報 1982년 12월 20일 자 2면은 모두 '바보호박씨'로 도배되었다. 「개체호의 '바보호박씨'는 값싸고 품질도 뛰어나, 국영인 '잉춘迎春호박씨'를 추월하는 것은 시간문제」「바보 녠광주, 푸양阜陽 재해지역에 5,000위안 기부」 등 여러 개 제목을 단 기사들이 『인민일보』人民日報에 버금가는 중앙권위지의 한 면을 독점했다. 그것도 양에 안 찼는지 『광명일보』 1983년 1월 4일 자 2면은 「바보와 그의 호박씨」를 신년 특집으로 보도했다.[2] 이와 같은 중앙당정의 거국적인 무료 광고 덕분에 '바보호박씨'는 '인민간식'으로 등극했다. '인구人口에 회자膾炙'가 아닌, 당시 12억 중국 '인구人口에 과자瓜子, 호박씨'가 되었다.

개혁의 상징이 된 '바보'

1983년 10월경, 익명의 우후 시민이 녠광주가 노동자를 착취한다고 시당위원회에 고발했다. 연이어 우후 시 개체호 다수가 베이징의 중국상공회의소에 국법과 경제질서를 교란하고 있는 바보호박씨 업주의 처벌을 요청하는 연판장을 제출했다. 개혁개방 초기 중국 사회에서 통용되던 불문법에 따르면 여덟 명 이상을 고용하면 불법이었다. 노동자의 피를 빨아먹는 흡혈귀라는 악명이 당 중앙에까지 퍼져갔다.

1983년 녠광주의 바보호박씨는 종업원 140여 명, 월 매출액

60만 위안으로 당시 기준으로는 초대형 사영私營기업이었다. 베이징의 우국충정의 수재들은 개체호의 고용원은 여덟 명을 초과할 수 없다는 국가공상국이 공포한 '개체호 고용 관련 규정'을 근거로 바보호박씨의 위법성을 지적했다. 개체호가 종업원을 일곱 명 고용하면 괜찮지만, 여덟 명 이상 고용하면 자본주의식 사영기업, 즉 불법단체로 변질된 것이기 때문에 엄벌에 처해야 한다고 주장했다. 이제 개혁개방의 걸음마를 막 시작한 중국 각계에 치열한 '7인 8인 쟁론'이 벌어졌다.

안후이 성 공산당위원회는 전문조사관을 우후 시에 급파해 녠광주를 심문한 후 특별보고서를 작성해서 안후이 성 당위원회 서기와 중앙의 국가공상총국에 올렸다. 1983년 12월 6일, 국가공상총국장은 국무원 확대회의에 출석해 녠광주의 탈세와 과다한 종업원 수 문제를 보고하며 엄단할 것을 주장했다.

안후이 성 출신이자 경제통인 야오이린姚依林, 1917~94 국무원 부총리가 고개를 좌우로 흔들며 말했다.

"바보호박씨 탈세는 잘못된 보고다. 재정부의 납세 관련 조사 당국에 의하면 문제가 없다고 한다. 문화대혁명 이전에는 많은 사람이 호박씨를 볶아 팔았는데 문화대혁명은 호박씨 볶는 사람을 죄다 호박씨를 볶듯이 볶아 망쳐버렸다. 바보호박씨는 나쁘지 않다. 다만 녠광주가 너무 요란하게 볶고 시끄럽게 팔아서 탈이다. 조금 바로잡아주면 될 뿐이지 제재하기에는 아직 이르다. 현재 전국에는 600여만 개의 개체호가 있는데 1,000여만 개의 개체호가 활약했던 1949년 해방 당시보다 적은 수다. 개체호를 핍박해서는 안 된다."

국가공상총국장은 당 간부들의 여론은 좀 다르다면서 대꾸했다.

"적지 않은 수의 당 간부가 사회주의 기본이념에 충실한 국영기업과 집체기업을 보호하기 위해 바보호박씨같이 무분별한 개체호를 없애는 대신 국영 또는 집체기업으로 대체하자고 건의하고 있다."

안후이 당서기를 역임했던 완리萬里, 1916~2015 부총리는 책상을 치며 소리쳤다.

"왜 다들 이렇게 허둥대는가. 왜 공산당은 '바보'를 만들어내서는 안 되는가. '바보호박씨'가 왜 상품으로 팔려서는 안 되는가. 왜 당 간부들은 잘살아보려는 인민들의 의지를 이해하려 하지 않는가."

덩샤오핑식 경제개혁의 쌍두마차로 불리는 야오이린과 완리두 부총리가 녠광주를 확실하게 비호한 이유는 얼마 전 최고영도자 덩샤오핑이 "바보호박씨를 그냥 놔두고 잘 살펴보라"고 지시한 교시를 충실히 이행한 것이었다.

"배고픈 것은 참아도 배 아픈 것은 못 참겠다"는 식으로 현지 사람들은 집요하게 당정 관계 요로에 녠광주를 구속하고 바보호박씨를 폐업시켜달라는 투서질을 계속했다. 안후이 성 농업위원회 주임 저우르리周日禮는 우후에 중견전문가를 보내 심층 현지 조사를 해서 그 결과를 보고하도록 지시했다. 후일 저우르리는 이렇게 회고했다.

"보고서에는 바보호박씨에서 일하는 전체 종업원 수가 다섯 명으로 세 명은 친척, 두 명은 농민이라고 적혀 있었다. 기실 우리는 이게 거짓이라는 것을 알고 있었다. 우리는 그때 어떤 태도였는가? 이 문제의 초점은 종업원 수가 얼마인지가 아니었다. 관건은 고용하는 종업원에 대한 착취 여부였다. 우리는 객관적으로 이러한 상황을 당 중앙에 보고한 것이다. 눈이 있는 사람은 단박에 알아차릴 것이다. 바보호박씨처럼 많은 종업원을 고용한다 하더라도 착취자본가가 될 수는 없다는 사실을."

얼마 후, 저우르리는 조사보고서를 직접 베이징의 중앙농촌공작회의에 상신했으며 이는 다시 당중앙농촌정책연구실로 보내졌다. 당시 중앙농촌정책연구실 주임 두룬성杜潤生은 이 보고서를 덩샤오핑에게 대면보고 했다. 덩샤오핑은 1984년 10월 22일 당중앙고문위원회 제3차 전체회의에서 명확하게 지시했다.

바보호박씨를 먹고 있는 덩샤오핑과
경제개혁의 쌍두마차로 불리는 완리와 야오이린(왼쪽부터).
이들은 바보호박씨를 자유롭게 놓아둠으로써
민영경제 발전이 정부의 기본정책 노선임을 확실히 했다.

"일전의 그 고용문제는 파문이 상당히 큰 것 같다. 모두 걱정이 태산인데, 나의 의견은 한 2년간 그대로 놓아두었다가 그때 다시 살펴보는 게 좋다는 것이다. 바보호박씨가 우리의 개혁노선에 부정적 영향을 끼칠 수 있을까. 만약 우리가 제재를 가하면 인민들은 중앙의 정책이 변했다고 의심하고 민심은 불안해질 것이다. 당과 국가에 이로울 게 일절 없다. 바보호박씨를 놓아둬라. 뭐가 두려운가. 바보호박씨 따위가 사회주의에 해롭다고 생각하는가?"

덩샤오핑의 교시는 녠광주를 벼랑 끝에서 구해주었을 뿐만 아니라 중국정부가 민영경제의 발전을 장려한다는 게 최고영도자의 기본정책 노선임을 더욱 명확하게 했다.

인민의 지지와 카리스마 넘치는 최고영도자가 직접 실명을 들어 감싸 안는 힘은 참으로 막강한 것이다. 분분하던 고용문제는 자취를 감추게 되었다. 바보호박씨에 대한 당과 정부의 간섭과 개입이 눈에 띄게 줄어들었다. 녠광주는 바보호박씨 판매망을 중국 방방곡곡으로 확대해나갔다. 그는 10여 개 성에 23개의 가공공장을 설립하고 규모를 계속 확장했으며 판매 연쇄점을 150여 개 도시로 늘려갔다. 국내 호박씨 시장을 점령하다시피 했다.

녠광주는 계속 더 많은 종업원을 고용해 바보호박씨를 볶아내었다. 불티나게 팔려나가는 바보호박씨는 우후 시의 모든 호박씨 업종에 발전을 가져왔다. 거리마다, 골목마다 호박씨제조업체와 판매점이 생겨났고 우후 시는 '호박씨성'으로 불리게 되었다.

1984년 녠광주는 시정부 공상국에 '우후 시 바보호박씨공사' 蕪湖市傻子瓜子公司 관민합작회사 설립을 제안하고 두 국영회사와 합작경영 계약을 체결했다. 그 관민합작회사의 총출자금은 30만 위안으로 녠광주는 상표권과 특허권을 보유하고 총경리總經理, 사장를 맡았다. 관민합작회사 사장직함은 언제 어디서 또 날아올지 모르는 핵공격, 즉 그가 '자본주의 잔당'이라는 공격을 막아주는 핵우산이 되었다. 의기양양해진 공직자 녠광주의 가슴은 야심으로 충만했다. 그는 다국적기업의 설립을 구상하고 심지어 '바보호박씨 대학' 설립을 진지하게 검토했다.

평생 권력의 지배를 받고 살아온 녠광주는 사장이 되고 나서야 권력의 맛이 미묘하다는 사실을 깨달았다. 권력의 맛에 도취된 그는 기획에서 관리까지 마음대로 지시하고 맹목적으로 결정했다. 바보호박씨 회사는 이사회와 감사 등 명목상으로는 현대 기업조직에서 요구하는 필수조직을 갖추었으나 실상은 모두 유명무실했다. 사장은 회사가 망할 때까지 자신과 이사회, 이사와 감사의 역할이 무엇인지, 또 자신과 그들과는 어떠한 관계인지 몰랐다.

타락자는 누구인가? 돈과 권력을 추구하는 것은 좋지만 너무나 열심히 그것을 추구했기 때문에 불행히도 도를 넘어서버린 인간이다. 권력의 역기능은 그의 영혼을 급속히 부식시켰다. 몇 년 전만 해도 권력에 몸을 사리고 어려워하던 장사꾼이 걸핏하면 성깔을 부리며 욕설을 퍼부었고 갈수록 오만방자해지고 전횡을 일삼았다.

빈곤에서 벗어난 넨광주였지만 무지몽매는 그림자마냥 항상 그를 따라다녔다. 공상관리국장과 세무서장은 물론 시의 제1인자 시당서기의 면전에서도 오만불손한 언사를 내뱉기 일쑤였다.

어느 날 넨광주가 종업원을 구타했다는 보고를 받은 시당서기가 그에게 시당위원회로 출두할 것을 명령했다. 넨광주는 소환에 불응하고는 자기가 한가할 때 시당서기가 자기 회사로 와서 이야기하라고 했다. 이는 마치 피의자가 검사의 소환을 거부하고 피의자가 검사를 소환하는 것보다 더한 망동이었다. 제아무리 국가 최고영도자의 비호를 받는 자라도 공산당이 국가를 영도하는 중국체제상 도저히 용서받을 수 없는, 스스로 무덤을 파는 자살행위나 다름없었다.

바보호박씨를 사면 자가용 승용차가 공짜?

1985년 가을, 중국정부는 경기과열로 인한 인플레이션을 억제하기 위해 물자의 유통을 강력히 통제하는 긴축정책을 펼쳤다. 돈줄은 메말라갔고 재고는 산더미처럼 쌓였다. 바보호박씨도 매출액과 영업이익 모두 급감했다. 돈은 돌아야 돈인데, 돈이 돌지 않는 판국에 바보호박씨 혼자 품질을 높이고 가격을 낮춘다 해도 소비자의 닫힌 지갑을 열게 할 수 없는 일.

"무슨 뾰족한 수가 없을까?"

밤낮으로 골머리를 싸매던 녠광주는 상하이와 광저우廣州 등지의 일부 기업이 컬러 TV나 냉장고를 1등 경품으로 내건 판촉 활동을 벌인다는 뉴스를 접했다. 순간 그는 눈앞이 확 열리는 돌파구를 보았다.

그는 머릿속으로 돈벌이 계획표를 그렸다. 3개월 동안 1,000만 근 팔아 100만 위안 챙기기. 우선 한 근짜리 한 봉지에 0.1위안짜리 경품권을 지급한다. 경품권 판매수익 100만 위안으로 각종 세금과 경품비용을 충당한다. 판매수익 500만 위안에서 원료와 가공비를 제하면 순익이 170만 위안이고 거기서 다시 소득세를 제하더라도 100만 위안의 순수익이 들어온다.

"자가용 승용차를 갖고 싶은가, 바보호박씨를 사라!"

1986년 2월 5일, 베이징『신경보』新京報, 상하이『해방일보』解放日報를 비롯한 전국 30여 개 일간지에 중국 사상 최대의 바보호박씨 경품행사 광고가 일제히 게재되었다. 1등 경품은 공장 출고가 2만 6,000위안 상당의 산타나상하이 폭스바겐 승용차 한 대, 2등 열 명에게는 공장 출고가 2,600위안 상당의 오토바이 한 대씩, 3등 100명에게는 컬러 TV 한 개씩 등 10등까지 줄 갖가지 푸짐한 경품이 내걸렸다.

경품행사는 또 중국 최대 상업은행인 '중국농업은행'의 공증을 취득했고 5월 10일 상하이 중국농업은행지점에서 상하이 시

정부 고위관리 입회하에 경품 당첨자를 공개로 추첨한다고 발표했다.

한마디로 대박 폭발이었다. 전국 도시마다 바보호박씨를 사재기하려고 구름같이 몰려드는 인파와 삼륜차와 인력거, 리어카 등으로 바보호박씨를 싹쓸이하려는 행렬이 뒤엉켰다. 경품판매점부근의 교통이 마비되기도 해 경찰이 출동해 질서를 유지할 정도였다.

경품행사를 시작한 당일, 우후 시의 판매량은 6만 근을 초과했다. 연일 바보호박씨 일일매출액 최고기록을 돌파했다. 행사 개시 20일째인 2월 25일에는 전국 누적판매량 506만 근을 기록해 행사기간 목표판매량의 과반을 훌쩍 뛰어넘었다. 일부 판매점에서는 경품권이 조기에 소진되었다. 다섯 개 공장의 호박씨 볶는 가마를 모두 24시간 풀가동했으나 수요에 비해 공급이 턱도 없이 부족했다.

"돈벼락! 이런 걸 두고 돈벼락이라 하는구나. 그동안 감질나게 내리는 이슬비 같은 돈비로 적셔진 내 몸을 이제는 돈벼락이 내리찍는구나. 아, 이 돈벼락을 어떻게 감당할 것인가!"

넨광주가 행복한 고민의 정점에서 득의만만한 미소를 짓고 있던 3월 6일, 당기율심사위원회 소속 관리 몇 명이 바보호박씨 사장실에 나타났다. 우두머리가 다짜고짜 사장의자에 앉아 넨광주에게 기립자세를 명령했다. 그는 문서를 한 장 펴들고 큰 소리로 읽어 내려갔다.

"본 규범성 문건은 국무원을 경유해 하달하는 당중앙 문건번호 제31호 통지문이다. 전국 각지의 업체에서 자행하고 있는 경품행사들은 모두 불량 재고품을 처리하고 부당이득을 사취하기 위한 불법판매 행위에 해당한다. 해당 단위의 업주들은 본 통지문을 접수하는 즉시 경품행사를 중단할 것을 명한다. 본 명령에 불복하는 업주에게는 상응한 행정책임과 형사책임을 추궁할 것이다."

낭독을 마친 우두머리는 바보호박씨 경품활동의 위법성이 전국에서 최고로 엄중하다는 질책을 덧붙였다.

녠광주는 일순 전신이 벼락 맞은 듯 떨렸다. 혀가 굳어 말을 할 수 없었다. 안색은 새하얗게 질렸고 울고 싶었으나 눈물이 나오지 않았다. 속으로 웅얼거렸다.

"최고영도자 덩샤오핑 동지는 민영회사도 자주경영권이 있다고 말하지 않았는가. 너희 당기율위원회 간부들은 공산당원이나 잘 관리·감독하면 그만이지 일개 인민의 호박씨 장사까지 간섭하는가?"

경품행사 중지 발표와 동시에 매출액도 뚝 떨어졌다. 회사 창고와 마당에는 재고품과 반품이 뒤엉켜 산더미처럼 쌓여가고 썩어갔다. 전국 각처에서 손해배상과 처벌을 요구하는 고소장이 날아들었다. 경품행사 중단으로 인한 직접 손해액은 63만 위안으로 회사등록자본금 30만 위안의 두 배가 넘는 거액을 밑졌다. 엎친 데 덮친 격으로 문맹이기에 당연히 법맹法盲이기도 한 녠광주는 소송에 연전연패해 90여만 위안의 추가손실을 입었다. 돈벼락을 맞으며 쾌감의 정점에 있던 그는 돌연 법의 벼락을 맞아 천길 낭떠러지로 곤두박질쳤다.

돈 문제보다 어려운 여자 문제

녠광주는 이혼한 지 이태가 지난 1981년 순쯔順子라는 성姓 미상의 중년 여인을 만나 동거생활을 했다. 원래 1985년 10월 1일 국경절에 정식으로 결혼식을 하려고 날을 잡았으나 그날이 되기 전에 둘만 아는 사유로 헤어졌다.

1987년 중국에 결혼열풍이 불었다. 그해에만 900여만 쌍이 결혼했는데 그중에 50세의 녠광주도 포함되어 있었다. 새 아내는 펑샤오훙彭曉紅, 23세의 젊고 아름다운 용모에다 당시에는 보기 드문 4년제 대학을 졸업한 인텔리 여성이었다.

우후 시 최고급호텔에서 로브스터를 메인메뉴로 한 초호화 피로연을 거행했다. 그런데 중국 최초의 벼락부자이자 백만장자의 피로연 전후로 이상야릇한 풍문이 하나둘 벌레처럼 스멀스멀 기어 나오기 시작했다. 그가 버린 여자, 반쯤 버린 여자, 숨겨둔 여자, 애매모호한 여자, 뜨거운 사이였으나 식은 여자 등등 각양각색의 '녠광주의 여인들'이 두 자릿수로 늘어나더니 나중에는 전국의 바보호박씨 판매체인점 수를 훌쩍 넘어섰다.

녠광주의 새 살림집 창에 붙인 '쌍 희'囍囍 자가 퇴색되기 전, 우후 시 공안국장은 복수의 시민이 연서한 투서를 받았다. 투서는 녠광주가 평소에 종업원들에게 폭언과 폭행을 일삼고, 종업원들의 편지를 멋대로 가로채거나 뜯어보고, 20여 명의 여성과 성관계를 하는 등 세 가지 파렴치한 범죄를 범했으니 사법당국이 그를 구속해 엄벌에 처할 것을 요구했다.

한 마리 개가 짖으면 백 마리 개가 소리 내어 짖는다. 풍문은 가끔 증거가 될 때가 있으며 최소한 증거를 뒷받침하는 역할은 한다. 직업상 풍문에는 후각이 예민한 기자들이 하이에나 떼처럼 우후 시로 몰려들었다. 중국언론사상 그렇게 많은 기자가 동일인에 대해 동일한 주제로 기사를 쓰기 위해 동일한 소도시에 운집한 경우는 없을 것이다. 우후 시 최고 권력기관인 시당위원회에서 시 제2인자 부서기가 주재하는 공식 기자회견이 열렸다.

"녠광주와 관련한 갖가지 풍문에 대해 심층 조사 검토한 결과 그의 사생활은 도덕적 관점에서 비판의 소지가 있다. 그러나 다수 여성과 성관계를 맺었다는 풍문에 대해서는 어떠한 증거도, 증인도 발견하지 못했다. 탈세혐의에 대해서는 이미 처벌한 바 있다. 따라서 그의 사생활과 상업활동은 법적 잣대로 본다면 위법행위로 보기 어렵다."

이처럼 밋밋한 내용의 기자회견에 짜릿한 쓸거리를 기대한 기자들이 만족할 리 없었다. 기자들이 투덜거리자 다음 날 공안국장이 별도 기자회견을 개최했다. 공안국장은 자신이 직접 받은 투서를 전격적으로 공개했다. 그런데 녠광주가 20여 명의 여자와 성관계를 맺었다는 내용에 대해 집중 수사한 결과 법률상 배우자를 포함한 그 누구도 그의 혐의를 인정하지 않았다고 브리핑했다. 부서기와 공안국장을 비롯한 우후 시 최고위층은 일단 법률의 척도를 들이대며 최고액 납세시민 녠광주에 대해 면죄부를 주었다.

녠광주는 유명인사다. 그러나 녠광주는 현대 중국역사상 누구라도 마음대로 비웃고 마음 놓고 씹을 수 있는 유일무이한 유명인사다. 중국 언론매체 대부분은 문맹에다 뒷배경도 없는 그의 일거수일투족을 멋대로 조롱하고 날조했다. 전국적인 영향력을 보유한 신문과 잡지마저도 중국 최초의 벼락부자의 행태를 수다스럽고 저질스러운 문장으로 도배했다.

정상적인 인간으로서, 기본권을 보유한 중국 공민으로서 사생활이 그렇게 많은 언론 매체에 폭로되어 조롱과 멸시를 받은 사람으로는 녠광주가 으뜸일 것이다. 물론 1차 책임은 박약한 준법관념을 가진데다 부도덕한 처신을 행한 본인에게 있다 하겠으나 과도한 프라이버시 폭로와 침해에는 집단따돌림의 혐의가 없지 않았다.

'만유재력'의 법칙

"중화인민공화국의 성姓은 무엇인가? 자본주의의 자資씨인가, 사회주의의 사社씨인가?"

녠광주가 젊고 예쁜 새 아내와 나른한 단꿈에 빠져 있던 1988년 봄 무렵, 중국은 개혁개방 과정에서 발생한 나른한 피로감으로 국가의 정체성에 의문을 제기하는 신뢰 위기에 빠졌다.

자본주의 도입단계에 따르는 부작용인가? 개혁개방 노선에 따른 불가피한 명현현상인가? 치열한 쟁론과 더불어 노선에 대한 회의감이 번졌다. 사영경제에 심상치 않은 암운이 드리워졌다. 걸음마 단계인 사영경제는 정책의 미세한 변화 움직임에 민감하게 반응했다. 위험을 감지한 사영기업 사장들은 자진해서 회사를 국가나 집체에 넘기고 국영기업의 중견간부나 지사장으로 변신했다.

중국 사영경제 발전은 질곡의 시기로 접어들었다. 녠광주와 바보호박씨도 예외는 아니었다. 은행은 대출을 거절했다. 바보호박씨는 대규모 생산 및 경영능력을 보유한 '현대기업'에서 예전의 '가내수공업 업체'로 퇴화하기 시작했다.

중국이 모토로 내건 '중국특색적 사회주의'나 '사회주의 시장경제'의 그 본질은 모두 '중국특색적 자본주의' '자본주의 개발독재정치'다. 뭐니 뭐니 해도 돈이 최고다. '만유재력萬有財力의 법칙'[3]이라 할까. 초기 자본주의, 말기 자본주의, 천민 자본주의, 귀족 자본주의 가릴 것 없이 자본주의 사회에서는 돈만 충분히 많으면 이성문제든 뭐든 '여타 사소한 문제'가 된다. 수중에 돈이 떨어지면 상황은 급반전된다. '여타 사소한 문제'는 묵과할 수 없는 '핵심문제'로 돌변한다. 녠광주도 이런 '만유재력의 법칙'의 궤적을 이탈할 수 없었다. 돈이 떨어진 녠광주를 옭아맨 것은 '여타 사소한 문제'인 이성문제였다.

1988년 가을, 펑샤오훙과의 사이에 아들이 태어났다. 녠광주에게는 전처 사이에 난 세 아들을 합쳐 네 번째 아들이다. 누구라도 준수해야 하는 '1가구 1자녀' 정책을 위배하고 아들부자까지 겸하게 된 벼락부자의 실존을 인민들은 눈꼴시어 했다. 그래서일까, 우후 시 인민검찰원은 녠광주의 탈세와 횡령, 노동자 학대, 성문란 등 제반혐의에 관한 수사에 착수했다. 낌새를 챈 녠광주는 체포되기 사흘 전, 바보호박씨 회사를 별도로 차려 나간 두 아들과 만찬을 하며 말했다.

"너희 재산을 급히 숨겨라. 나는 며칠 안에 체포될 것 같다. 나는 겁나지 않는다. 회사 돈을 떼먹거나 뇌물을 바치거나 하지 않았으니 감옥까지는 가지 않을 것 같고, 노동개조소에서 몇 달간 죽치다 나올 것 같다."

1988년 12월 4일, 우후 시 인민검찰원은 녠광주를 긴급체포했다. 예상과 달리 그는 노동개조소에서 몇 달이 아닌, 구치소看守所에 몇 년간 처박혀져야 했다. 그가 구속 수감된 지 9개월 만인 1989년 9월, 검찰원은 중급인민법원에 공소를 제기했다. 회사공금 3,800만 위안을 횡령하고 여종업원 열 명과 성관계를 맺은 성문란流氓죄[4]를 범했다는 혐의였다.

낮에는 실눈을 뜨고 보면 지평선이 보일 만큼 넓고 호화로운 사장실에서 호령하던 그가, 밤에는 풋풋하고 아름다운 새 아내와 아늑한 침실에서 달콤한 잠을 자던 그가, 더럽고 어두운 뒷박만한 옥방에서 악취 풍기는 수십 명의 잡범과 부대끼며 동거한 지 2년 6개월 만인 1991년 6월 3일, 우후 시 중급인민법원은 1심 재판을 열었다. 분노의 세월을 지새운 녠광주는 거칠게 항변했다.

"내가 내 돈을 썼는데 공금을 횡령했다니 말도 안 된다. 공장도 회사도 내가 내 돈으로 투자해 세웠고 장부상의 모든 돈도 내 돈이다. 내가 가져간 돈은 차용증을 써주었는데 내가 어째서 공금을 횡령한 부패사범인가."

판사는 그의 경제 관련 혐의는 제쳐둔 채 성문란 혐의를 집중적으로 심문했다.

"피고는 근무조건을 우대해주겠다고 꾀어 여종업원 열 명과 간음했는가?"

넨광주는 고래고래 고함쳤다.

"뭐, 내가 여종업원 열 명을 유린했다고. 아예 한 다스를 채워라. 그렇다. 나 넨광주는 여종업원을 열두 명이나 해치웠다. 어쩔래!"

나는 넨광주 사건의 변호를 맡았던 셰궈핑謝國平5의 변호기록을 어렵사리 열람해 보았다. 그 변호기록의 대강은 이렇다.

"법원은 피고인의 관민합작기업인 '바보호박씨유한공사' 사장 재직 시 공금횡령 및 부패혐의는 증거불충분으로 무죄로 판시했다. 그러나 성문란 혐의는 유죄로 판시, 징역 3년, 집행유예 3년을 선고했다. 피고인이 여섯 명의 여성과 성관계를 맺었다고 자백했을 뿐만 아니라 정상참작해 감형할 만큼 죄질이 무겁지 않았기에 집행유예를 선고한 것으로 파악된다. 성문란죄의 구성요건에 해당되지만 범행 시기가 전처와 이혼 후 재혼 전의 법률상 독신 상태였고, 맘에 드는 여성들과 재혼할 목적으로 합의하에 성교한 이성교제였다. 또한 두 여성과는 상당기간 실제 동거를 했으며 다른 두 여성은 피고인의 재물을 탐

내 피고인의 거소에 먼저 찾아가 동침하는 등 주동적으로 유혹한 사실이 밝혀지기도 했다."

넨광주는 1심 판결에 승복했다. 즉시 석방되어 집으로 돌아 갈 수 있는 집행유예형을 받았기 때문이다. 하지만 우후 시 인민검찰원이 솜방망이 판결이라며 즉시 항소했기 때문에 그는 춥고 외로운 감옥에서 세 번째 겨울을 보내야 했다.

"바보를 건드리지 말라"

넨광주가 구속된 날로부터 정확히 6개월 되던 날인 1989년 6월 4일 비극의 천안문사태가 발생했다. 그날 이후 중국개혁은 빙하기에 진입했다. 그 많던 사영기업과 개체호는 꽁꽁 얼어붙은 시장의 땅굴 속에서 움츠린 채 기나긴 동면기를 겪어야 했다.

반면 세계 사회주의 진영의 동토凍土는 해빙기를 맞고 있었다. 동독은 서독에 흡수되어 자취도 없이 녹아버렸다. 공산주의 종주국 소련은 15개 공화국으로 갈기갈기 해체되었다. 동유럽 각국은 귀신이 몸을 흔들어 형체를 바꾸듯 자본주의 체제로 변신했다. 마지막 남은 사회주의 대국 중국은 어디로 갈 것인가?

1992년 초, 키 작은 한 노인의 발길이 기로에 놓인 노대국의 향방을 결정했다. 덩샤오핑은 그해 1월 18일부터 2월 21일까지 동남부지역을 순시하면서 가는 곳마다 교시한 그 유명한 '남순강화'南巡講和를 거행한다. 남순강화를 통해 천안문사태로 소강

국면에 접어든 개혁개방에 다시 박차를 가했다. 덩샤오핑은 2월 21일, 경제특구 제1도시 선전深圳에서 이렇게 말했다.

"개혁개방 정책을 수행할 때 우리가 주저해야 할 것은 다급함이 아니라 주저함이다. 국가는 이 정책이 필요하고 인민은 이를 좋아한다. 누구든 개혁개방 정책에 반대하는 자는 바로 물러나야 한다. 농촌개혁 초기, 안후이에서 '바보호박씨' 문제가 터졌었다. 그 무렵 당 일각에서는 100만 위안을 번 그를 기분 나빠하면서 감옥에 가두자는 목소리가 거셌다. 그런데 나는 '바보'를 건드리지 말라고 했다. 만일 그를 처벌했다면 인민은 개혁정책을 신뢰하지 않고 움츠러들었을 것이다. 이런 문제들이 적지 않은데 잘못 처리하면, 우리의 방침은 쉽게 동요할 것이고 개혁 전반에 나쁜 영향을 미칠 수 있다."

남순강화 이후 중국경제는 또다시 고속성장 궤도에 진입했다. 특히 "바보를 건드리지 말라"는 이 한 마디는 얼어붙었던 수백만 개체호와 사영경제를 해동시켰다. 검찰은 녠광주에 대한 공소를 전격 취하하고 법원은 1992년 3월 13일 그를 무죄 방면했다.

"어르신, 고생 많으셨지요."

녠광주가 출옥하던 날, 우후 시 제1인자 당서기가 그의 두 손을 감싸쥐며 위로했다. 그에게서 "바보를 건드리지 말라"는 덩샤오핑의 교시를 전해 듣는 순간, 바보는 펑펑 눈물을 쏟다 마침내 통곡했다.

그해 겨울 녠광주는 덩샤오핑에게 편지를 썼다. 큰아들이 대필했다.

경애하는 샤오핑 동지께

건안하십니까!
저희는 안후이 우후의 '바보호박씨' 경영자입니다. 금년 초 님의 남순강화에서 언급하신 저희 '바보호박씨'에 관한 교시를 전해듣고 저희는 뜨거운 감격의 눈물을 흘렸습니다. 전국인민에 대한 말씀이셨지만 저희에게는 최상의 격려였습니다. 올해 하반기만 해도 저희 '바보호박씨'는 새로이 13개 분점을 설립했고 700만 근을 생산했습니다. 이 모든 것이 경애하는 님의 정책이 훌륭하기 때문입니다! 바보호박씨 사업을 시작한 후 지금까지 저희는 200만 위안의 국세를 납부했고 사회에 40여만 위안을 기부했습니다. 저희는 더욱 부지런하고 성실하게 계속 '바보'를 만들겠습니다. 고객에게 더욱더 맛있고 값도 싼 호박씨를 제공하겠습니다. 저희는 경영규모를 더욱더 확장할 계획을 세우고 있습니다. 바보호박씨를 세계시장으로 진출시켜 국가의 은혜에 보답하고 싶습니다.

경애하는 샤오핑 동지, 저희는 님의 은혜를 시시각각 가슴에
아로새깁니다. 신춘가절이 곧 돌아오는 시기에 호박씨 몇 근
을 보내드립니다. 너무나 미미한 선물이오나 저희가 님께 대
한 깊은 경의를 담은 것으로 아시고 즐겨 드시길 원합니다.
새해 복 많이 받으시고 건강하게 장수하시길 충심으로 기원드
립니다.

바보: 녠광주, 작은 바보: 녠진바오, 녠창 올림.

아무것도 변하지 않았다

2008년 겨울, 베이징에서 있던 나는 어느 날 저녁, 중국중앙
TV이하 CCTV 경제전문채널 대담프로그램을 시청하고 있었다.
패널로 참석한 한 노인의 말에 귀를 쫑긋 세웠다.

사회자　개혁개방 30년간 당신에겐 어떤 변화가 있었나?
노인　나는 아내만 네 번 바꾼 것 말고는 어떤 변화도 없었다.

그 노인은 자신의 실패한 것은 무식한 아내를 택했기 때문이라
고 했다. 자기는 일자무식이기에 반드시 유식한 아내와 결혼했어
야 했다. 그래서 조강지처를 버리고 대졸 여성을 구했는데 막상
재혼하고 보니 대졸 아내는 콧대만 높고 생활에는 젬병이었다.
이혼하고 30대 초반의 여사장을 아내로 맞이했는데 전처소생과

의 다툼 때문에 세 번째 이혼을 했다. 결국 자기보다 서른 살이나 젊은 대졸 여성과 네 번째 결혼해서 예쁘고 상냥한 '제4대 아내'와 아들까지 낳았다. '제4대 아내'가 '최고이자 최후의 아내'일 것 같다며 다만 행복이 너무 늦게 찾아온 게 아쉬울 뿐이라는 등 해괴망측한 장광설을 늘어놓았다.

나는 어째서 CCTV가 저런 무지막지한 노인의 횡설수설을 여과 없이 그대로 내보낼까, 저 노인은 누구일까 궁금했다. 나중에 알고 보니 그는 다름 아닌 녠광주였다. 그랬다. 솔직한 답이다. 녠광주는 개혁개방 30여 년간 아내만 바꿨지 아무것도 바꾸지 않았다. 그의 바보호박씨는 등기부상 사영기업이지만 실질은 한결같은 개체호다. 그의 식견과 사고방식과 시대감각은 1980년대에 정지되어 있다.

녠광주의 기업은 당초 다른 사람들이 비교할 엄두도 못 내는 막강한 브랜드와 관방의 지원 등을 구비하고 있었다. 그러나 이러한 자본의 원시축적 이후 비교우위 경쟁력을 이용해 시장의 점유율을 높이고 관리를 개선해 기업의 수준을 향상시킬 줄 몰랐다. 급팽창하는 돈주머니와 최고영도자가 애호하는 상품이라는 어마어마한 영예를 누리기에만 급급했다. 저급한 식견과 경박한 소농의식, 낙후된 가족주의식 관리는 미래를 향해 나아가야 하는 그의 발을 전족처럼 만들었고 마침내 그의 전신을 무의미한 분쟁과 가족 내홍의 깊은 수렁 속으로 빠뜨려버렸다.

녠광주는 진짜 바보는 아니었지만 자신의 한계 때문에 바보 같은 일을 했다. 동업자들에 비해서 쇼맨십에 대한 이해도가 떨어졌다. 천상천하 유아독존식 과대망상적인 그의 태도와 탈세와 횡령혐의는 사람들의 이목을 필요 이상으로 집중시켰다. 녠광주에 대한 결정타는 가족 내부의 치열한 투쟁이었다.

녠광주는 타고난 장사꾼이었으나 기업인으로서는 부적격했다. 그는 법률과 제도, 회사정관과 사규에 관한 개념도 없었다. 예측 불가능한 즉흥적인 기업경영관리 행태를 보였다. 백지에다 우선 사인하고 도장을 찍으며 수백만 위안을 거래했다. 한 번은 기차에서 우연히 만난 한 여인의 말만 믿고 돈도 받지 않고 정저우鄭州에 두 트럭분의 호박씨를 보냈다. 회사 직원들을 수십 번 보내어 대금을 받아 오는 데 꼬박 2년을 허비했다.

회사의 재무회계 장부는 낙서장 같았다. 우후 시 심계국장직에서 은퇴한 전직 세무관료는 공금과 사비, 현금과 외상, 채권과 채무 구별 없이 마구잡이로 적힌 재무회계장부는 세무조사 경력 40년을 통틀어도 바보호박씨가 유일무이하다고 회고했다.

녠광주에게 관민합작회사 사장 경력이 있으니 그만큼의 자질은 있지 않을까 하는 기대는 커다란 착각이다. 주위에서 자꾸 기업가, 개혁가로 치켜세우니까 정말 자기가 그러한 자질이 있는 줄로 착각했다. 그는 강렬한 의욕만으로 비현실적 공상을 실현하려고 했다.

'바보호박씨 다국적기업' '바보대학 설립' 등 구상 자체가 한마디로 백일몽이었다. 그는 자신이 창립한 바보호박씨를 과대평가했다. 그의 그릇은 호박씨 한 근을 담을 수 있는 종이봉지에 지나지 않았다.

녠광주는 모순의 조합체다. 총명과 우둔을 아울러 타고났다. 재능과 몽매는 동등한 비중으로 혼입되어 있다. 세금 탈루를 밥 먹듯이 했지만 거액의 의연금과 기부금을 쾌척했다. 종업원에게 욕설과 폭행을 일삼았지만 호박씨 볶는 비결을 성심성의껏 가르쳤고 훗날 적지 않은 종업원이 독립해 호박씨 공장을 차렸다.

녠광주는 신은 부자에게만 복을 준다며 종교[6]를 비판했으나 절에 가면 미륵보살상에 예불을 올리고 참배했다. 솔직하면서도 허영심이 강했다. 자기 비하와 과대망상 사이에서 오락가락했다. 그의 핏줄에는 상인의 피가 흐르고 있었고 그의 골격은 농민의 뼈로 구성되어 있었다. 전자의 교활함과 약삭빠름, 후자의 무지몽매와 강인함을 갖춘 그는 다층·다원·다면의 전형적 중국인이었다.

피에로의 시대는 갔다

1992년 출옥 후, 녠광주는 전혀 다른 사람이 되었다. 호방한 성격은 괴팍한 성격으로, 떠돌이 방랑형에서 은둔형 외톨이로 변했다. 칩거한 채 대부분의 시간을 욕실이나 침대에서 보냈다.

1990년 11월 옥중의 늙은 남편은 옥 밖의 젊은 아내에게 '바보 호박씨' 상표권을 양도했다. 얼마 후 젊은 아내는 광저우에 '바보 호박씨 회사'를 따로 설립했다. 두 아들은 아버지에게 새엄마가

재산을 몰래 빼돌려 딴살림을 차렸다고 고자질했다. 녠광주는 배신감에 치를 떨며 제2대 아내를 해임하기로 결심했다.

그 무렵 제3대 아내 후보자, 리아이화李愛華가 출현했다. 그녀는 국영상점의 점장을 맡아 뛰어난 수완을 보인 30대 초반의 여성 사업가였다. 사실 녠광주와 그녀는 오래전부터 사업적으로나 육체적으로 내밀한 관계를 맺어온 사이였다. 그녀는 자신의 전 재산을 털어 녠광주의 빚을 대신 갚아주었다. 1996년 초 녠광주는 별거 상태의 펑샤오훙과 이혼하고 그해 11월 리아이화를 정식으로 제3대 아내로 맞이하는 결혼식을 올렸다. 얼마 후 부부 공동명의로 '바보호박씨 회사'를 재창립하고 새 출발을 했다. 전국 각지에 96개 분점을 개설하고 200여 명의 호박씨볶이 전문가와 500여 명의 영업사원을 채용했다. 그해 총영업수입은 3억 위안에 달했다.

그 무렵 장남 녠진바오와 그의 생모 겅슈원이 함께 창립한 '황금호박씨'黃金瓜子와 차남이 분가해 차린 '작은바보호박씨'小傻子瓜子도 모두 녠광주 전성기에는 미치지 못하지만 돈벌이에 활력이 넘쳤다.

"누가 누가 더 잘하나?" 아들끼리 벌인 선의의 경쟁은 갈수록 치열해져 "너 죽고 나 죽자"는 식의 공멸의 경지로 치달았다.

"골육간에 악성경쟁이 지속되면 얼마 못 가 바보호박씨 가문은 모두 죽는다. 싸우지 말고 하나로 뭉치자."

녠광주는 자신의 '바보호박씨,' 장남의 '황금호박씨,' 차남의 '작은바보호박씨' 세 회사를 한 회사로 통합하자고 설득했다. 드디어 1997년 6월 삼부자 공동대표 명의로 '바보호박씨그룹'을 설립했다. 이른바 '호박씨 삼국통일시대'가 열린 것이다.

그런데 두 아들이 제2대 새엄마의 전철을 밟지 않으려면 현재 새엄마에게 그룹의 어떠한 직책도 주어서는 안 된다고 했다. 녠광주는 리아이화에게 바보호박씨 경영 관여를 금지하는 대신 100만 위안을 쥐어주었다. 이에 불만을 품은 리아이화는 전처소생의 횡포에 휘둘리는 녠광주의 무능을 견딜 수 없다며 이혼을 요구했다. 그 무렵 녠광주는 호박씨그룹에서 자신이 허울만 있을 뿐이지 실권은 전혀 없다는 사실을 깨달았다. 부글부글 끓어오르던 분노는 어느 날 새벽 광기로 변해 대폭발했다. 녠광주는 쇠망치로 바보호박씨그룹의 현판과 간판들을 모조리 때려 부숴버렸다. 바보호박씨그룹은 출범 2개월 만에 해체되었다. 호박씨 삼국통일시대가 요절한 얼마 후 제3대 아내도 떠났다.

2000년 3월, 63세의 녠광주는 네 번째 결혼식을 올렸다. 제4대 아내는 33세의 여성기업가 천후이팡陳慧芳으로 인물 곱고 맵시 좋은 그녀는 결혼 6개월 만에 아들 녠룽年龍을 낳았다.

녠광주는 열광했다. 손자보다 어린 막내아들을 그야말로 '눈에 넣어도 아프지 않을 만큼' 애지중지했다. 돈밖에 모르던 그 역시 나이를 먹으니 자식사랑이 돈사랑보다 커지는 것인가. 이듬해 '바보호박씨' 상표권을 1위안에 장남 녠진바오에게 넘겨주고 돈

녠광주와 네 번째 아내 천후이팡
그리고 그녀와 낳은 아들 녠룽.
녠광주는 녠룽을 '눈에 넣어도 아프지 않을 만큼' 애지중지한다.
돈밖에 모르던 그도 나이가 드니 돈보다 자식이 더 귀해지는 것일까?

벌이의 강호에서 은퇴를 선포했다. 차남 녠창이 격렬히 항의했지만 항의가 받아들여지지 않자 법원에 소송을 제기했다. 그 후 형제지간, 부자지간, 전처와 후처지간, 모자지간에 끊임없는 고소와 맞고소의 육박전이 계속되었다. 남부끄럽고 짜증 나는 이전투구식 소송전은 장남 녠진바오가 2008년 11월 28일 오후, 우후 시 고급 빌라촌 3층 방에서 남녀가 엉겨 붙은 변사체의 주인공으로 의문사할 때까지 지속되었다.

가벼운 슬픔에는 말이 많고, 큰 슬픔에는 말이 없는 것인가. 수다스럽던 녠광주는 큰아들의 죽음 이후 몇 년간 실어증에 걸린 것처럼 말문을 열지 않았다.

오늘날 그의 사무실에는 비서도 책상도 컴퓨터도 없다. 마작판 두 대가 놓여 있을 뿐이다. 그의 사무실을 찾아간 기자가 이처럼 아무도, 아무것도 없는 기업가의 사무실은 처음 보았다며 기막혀했다. 그는 호박씨 장사에 비서나 컴퓨터 따위가 무슨 필요가 있느냐며 가끔 찾아오는 손님과 마작을 하며 사업을 한다고 답했다. 그는 자가용도 없으며 그의 통신수단은 벽돌만큼 큰 90년대식 휴대전화뿐이다.

부자의 발생을 원천적으로 봉쇄하던 시대에도 그는 겁내지 않고 독특한 방식으로 볶은 호박씨를 박리다매해 중국 최초의 백만장자가 되었다. 가난을 숙명으로, 빈곤을 천명으로 알고 살아야 했던 시대에도 그는 맨주먹 맨발로 일어서 달궈진 불가마 속 호박씨로 세상을 이리저리 휘저었다.

그러나 그의 시대는 갔다. 덩샤오핑이 중국 개혁개방의 감독 겸 주인공이라면 녠광주는 그 서막을 연 피에로였다. 지금 중국 사람들은 "부자는 3대를 넘기기 어렵다"는 말이 단순한 저주가 아니고 실제로 그렇다는 실례로 녠광주를 손꼽는다.

이제 팔순이 내일모레인 녠광주의 관심은 온통 손자보다 어린 막내아들에게 쏠려 있다. 녠룽이 영어를 유창하게 잘해 아홉 살 때 미국으로 유학을 보냈다는 등 자랑하기 바쁘다. 그러다가 그 어린것을 너무 일찍 부모 품에서 떠나게 한 것이 후회스럽다, 보고 싶어 미치겠다며 눈물을 쏟다가, 자신의 고단했던 유년 시절이 떠오르는지, 주름진 눈시울을 꼭 누른다. 지혈이라도 하듯.

2 돈으로 둑을 쌓은 첸탕 강변의 거상

루관추의 자기개발, 끊임없이 공부하라

'전선미'錢善美의 나라 중국, 거상들의 고향 저장 성

상하이 체류 시절, 나는 늘 고국의 맑고 푸른 물줄기를 그리워했다. 짬만 나면 남서쪽으로 차를 몰아 저장 성浙江省에서 제일 큰 첸탕 강錢塘江을 찾았다. 연휴에는 첸탕 강 상류 유역인 푸춘 강富春江까지 거슬러 올라갔다. 중국에도 이처럼 깨끗한 물이 흐르는 강이 있다니, 반갑고 고마웠다. 한편 '가멸찬 봄'이라는 뜻의 푸춘 강이나, '돈으로 둑을 쌓은 강' 첸탕 강이나 이토록 풍요로운 자본주의식 이름을 단 강은 이 세상 어디에도 없을 것이라며 신기해했다.

예나 지금이나 중국의 부자들을 제일 많이 배출해온 저장 성 첸탕 강 강둑을 거닐며 나는 언젠가 기회가 닿으면 '저장 성 지명과 저장상인기업가의 상관관계'를 주제로 소논문을 써도 좋겠다는 생각을 품기도 했다. 참고로 2014년 중국 최고부자 마윈馬雲, 1964~ 을 비롯해 중국 100대 민영기업가 중 18명이 모두 돈으로 둑을 쌓은 첸탕 강이 흐르는 저장 성 출신이다.

우리나라와 가장 가까운 중국의 성은 산둥 성山東省이지만 가장 닮은 성은 저장 성이다. 면적 약 10만 제곱킬로미터, 인구 4,500만 명, 산악과 평야의 구성비 7 대 3, 섬 2,000여 개가 있는 것이 그렇다.

우리나라의 한강길이 514킬로미터과 저장 성의 첸탕 강길이 589킬로미터은 각각 한 국가와 한 국가 내 특정 행정구역을 대표하는 강이라는 사실만 제외한다면 길이와 지정학적 위치, 인문사회과학적 의미 등 유사한 부분이 많다. 광둥 성廣東省과 함께 중국의 부자 성省 순위 1위를 다투는 저장 성은 시진핑習近平, 1953~ 국가주석이 2002~2007년 6년간 성장, 당서기를 역임해 눈부신 업적을 쌓은 권력 근거지이기도 하다.

저장 성이 중국의 손꼽히는 부자 성이 된 데에는 뭐니 뭐니 해도 자타가 공인하는 중국상인 서열 1위인 저장상인 덕분이다. 창조와 해방, 개혁과 개방, 실사구시實事求是 등의 상업정신을 가진 저장상인들은 두뇌가 명석하고 행동이 민첩하며 앞날을 내다보는 혜안도 겸비한 사람들로, 그야말로 경영에 능수능란하다. 눈썰미가 좋아 돈 될 만한 장삿거리를 잘 찾아내고, 일단 기회를 잡으면 기막힌 상술을 구사하는 것으로 중국 전역에 정평이 나 있다. 지금도 저장상인의 고급인맥, 높은 저축률과 풍부한 자금 동원력은 저장 성 경제의 원동력이 되고 있다.

어린 농부는 무슨 꿈을 꾸는가

루관추魯冠球는 1945년 항저우 시杭州市[1] 샤오산 구蕭山區 닝웨이 진寧圍鎭의 첸탕 강 강변 마을에서 빈농의 아들로 태어났다. 어린 시절 그는 부모와 함께 논밭에서 온종일 얼굴은 땅을 향하고 등은 하늘을 지고 사는 농부의 삶을 살았다. 그의 아버지는 세세 대대로 소작농으로 살아가는 신세를 한탄하며 가끔 자신의 전성 시대, 상하이에서 부두노동자로 일하던 시절을 동화처럼 들려주었다.

꿈많은 소년 루관추는 샛별이 저녁달이 될 때까지 그저 땅이나 쑤걱쑤걱 파대는 나날이 지겨웠다. 피땀 흘려 거둔 농작물 중 좋은 것은 골라 도회지 사람에게 먹이고 나머지 나쁜 것은 시골 사람이 먹어야 하는 삶을 이어가고 싶지 않았다. 피는 모기에게 빨려가고, 부富는 도회지 사람에게 빨려가면서 어느 세월에 부자가 될 수 있을까. 개가 되고 싶지 않은 개, 농부로 살고 싶지 않은 유년의 농부는 돈으로 둑을 쌓은 강, 첸탕 강 피안의 천당 항저우에서 공장노동자로 부자가 되는 꿈을 먹고 자랐다.

루관추가 만 13세가 되던 1958년, 고향마을이 생긴 이후 최초의 중학생이 되었으나 반년도 못 되어 학교를 그만두었다. 학업을 더 이상 계속할 여유도 이유도 없었다. 인민복을 입은 공산황제 마오쩌둥 주석이 '대약진운동'을 발동했기 때문이다. 손자병

가난한 소작농의 아들로 태어나
지금은 글로벌 슈퍼리치가 된 루관추.
그는 어렸을 때부터 공장노동자로 부자가 되는 꿈을 먹고 자랐다.
때마침 불어 닥친 '대약진운동'의 바람을 타고
루관추도 낫 대신 망치를 들게 되었다.

법에 통달한 불세출의 전략전술가도 노쇠하니 망령이 들었는지, 도시 노동력 집중산업을 독려해 8년 안에 미국의 공업생산량을 따라잡겠다는 기상천외하고 과대망상적인 패착을 두었다. '부지피부지기不知彼不知己 백전백패'의 비극적 정책의 핵심전략은 농촌의 인력을 강제로 척출해 공장노동자로 배치시키는 것이었다. 창졸간에 농민들은 낫 대신 망치를 든 노동자로 둔갑해 각지의 공장에 내던져졌다.

루관추도 샤오산 현사무소 소재지의 한 철공소에 견습공으로 배치되었다. 도시노동자의 꿈을 조기에 이룬 기쁨이 학업을 중단하게 된 슬픔을 압도했다. 아버지도 도시노동자가 된 13세의 아들을 무척 자랑스럽게 여겼다. 의복구입비조로 지급되는 2위안을 포함해 매월 16위안의 거금을 만질 수 있었으니, 그에게 견습공은 과거급제 못지않은 가문의 영광이자 신분의 수직상승이었다.

대약진운동으로 인해 도시의 인구가 급증하는 만큼 농촌의 인구와 농업생산량은 급감했다. 식량 등 생필품의 극심한 공급결핍 현상에다가 연이은 자연재해로 수천만 명의 아사자가 발생했다. 당시 중국 인민 대다수는 초근목피로 주린 배를 채워 피골이 상접한 말라깽이 아니면 부종 걸린 헛뚱뚱이가 되어갔다. 결국 대약진운동은 3년도 못되어 일대 파국으로 종지부를 찍었다.

대약진운동이 요절한 1961년 한 해 동안 전국의 2,000여만 도시노동자는 농촌으로 되돌아가야 했다. 루관추도 해고되어 낙향했다. 망치를 앗긴 그의 손에는 원래의 낫이 쥐어졌다.

눈물나도록 그리운 돈의 향기

일이 없다는 것은 쓰라린 일이다. 루관추는 일이 없는 쓰라림보다 노동자에서 농민으로 강등당한 열패감이 더욱 견디기 어려웠다. 기계기름 냄새와 돈의 향기가 서럽도록 그리웠다. 하지만 논밭으로 나가지 않으면 안 되었다.

농촌을 떠날 수 없었다. 거주 이전의 자유를 제한하는 엄격한 호구제戶口制로 도시로 나가 살 수 없었다. 농촌에 머물면서 돈 벌기회를 찾아야만 했다. 3년이 속절없이 흘러가던 어느 날 오후, 루관추의 시선은 밀 부대를 등에 이고 가는 동네 아낙의 발걸음을 쫓고 있었다.

그는 기회를 찾았다는 생각이 번쩍 들었다. 반경 10킬로미터, 약 5만여 호가 사는 주변마을에 방앗간이 하나도 없는 것이었다. 루관추는 돈 벌 틈새를 포착했다. 기회는 포착하는 자의 벗이다. 기회를 포착함과 동시에 이를 이용하지 않으면 안 된다. 루관추는 남들이 상상이나 말로 그칠 때 가능성이 있다고 판단되면 망설임 없이 실행하고 돌파하는 용기를 가졌다. 견습공 시절 번 돈에다 일가친지들에게서 빌린 3,000위안을 합쳐 제분기와 제면기 등을 장만하고 자기 집 창고에 조그만 방앗간을 차렸다. 1965년, 나이 스물에 그는 생애 첫 창업을 했다.

그러나 개인이 사사롭게 공장을 차리거나 가동할 수 없는 시대였다. 제아무리 작고 허름한 방앗간이라도 공장의 일종으로 취급되어 당국의 엄격한 제재를 받았다. 더구나 국영기업과 집체기업

이외의 모든 업체에서는 전력 사용이 금지되었다.

그때 그 방앗간의 제분기와 제면기 등을 가동시켰던 에너지는 무엇이었을까. 이러한 의문에 중국 민영기업의 대부 루관추는 아직도 "글쎄, 어떤 힘으로 기계가 돌아갔는지는 하도 오래된 일이라 생각이 나지 않는다. 나도 모르고, 귀신도 모르는 일이다"라며 뭔가 묻어버리고 싶은 기억이 있는지, 평소의 그답지 않게 시치미로 일관한다.

그 지하 방앗간은 홍보는커녕 간판도 붙일 수 없었지만 주민들 사이에 입소문을 타 꽤 흥성했다. 그러나 좋은 시절은 오래 못 갔다. 방앗간은 무허가 불법공장으로 낙인찍혀 폐쇄조치 당했고 모든 기계설비도 몰수되었다. 그 후 몇 년간 루관추는 이름과 몸을 숨기고 여섯 번이나 거주지를 옮겨 다니며 자신과 부모와 조부모, 3대의 모든 자산을 팔아 빚을 갚아야 했다.

이렇게 그의 최초 창업은 처참하게 실패했다. 자수성가는커녕 패가망신의 전형으로 전락했다.

'망치'로 벼리고 '낫'으로 추수한 성공

실패는 죄가 아니다. 자포자기해 아무것도 안 하는 무위無爲가 죄다. 루관추는 실패 다음에는 커다란 성공이 오리라고 믿으며 언제나 의지와 희망을 잃지 않았다.

1969년 봄, 모든 인민은 일터를 떠나 혁명을 열창해야 하는 광란의 시대, 문화대혁명이 절정기에 이르렀다. 혁명의 후렴을 따라 부르던 수천만의 인민이 굶어 죽어갔다. 모든 물자가 극도로 부족했다. 식량생산에 필수적인 낫과 호미, 삽과 곡괭이도 구하기 힘들었다. 인민들의 유일한 이동수단인 자전거마저도 수리조차 할 수 없었다.

절망의 사막 한가운데서 루관추는 부활의 샘터를 발견했다. 『인민일보』에 실린 1단 5행짜리 기사 「당 중앙은 '한 개 인민공사에 한 개의 농기계 수리공장 설립을 허용한다」였다. 그 단신기사는 그가 역경을 탈출하는 틈새였다.

루관추는 바로 그날 농사짓는 친구 여섯을 첸탕 강 둔치로 소집했다. 그들 시골 청년 일곱은 이틀 만에 25제곱미터 남짓한 판잣집을 완공했다.[2] 판잣집 대문에 '농기계수리소'라는 간판을 내걸기가 무섭게 농민들이 삽과 호미와 쟁기, 자전거와 리어카 따위를 수리하기 위해 몰려들었다. 수요에 비해 공급이 절대적으로 부족한데다가 한 개 인민공사에 한 개 농기계수리소뿐이니, 그 '독점기업'은 번창할 수밖에 없었다.

얼마 후, 인근 대규모 인민공사인 닝웨이 인민공사의 대표가 루관추를 찾아와 '닝웨이 농기계수리공장'을 4,000위안에 팔겠으니 인수해달라고 간청했다. 루관추는 잠시 망설였다. 농기계수리공장은 말만 공장이지, 장비와 공구도 없고 지붕마저도 없는 노점이나 다름없었다. 방앗간 창업실패의 뼈아픈 아픔이 기억났다. 그러나 방앗간은 불법 지하공장이었지만 농기계수리공장은 관리를 엉망으로 해서 그렇지 합법적인 집체기업이었다. 망하려도 망할 수 없는 기업이었다. 자기가 경영관리를 잘만 하면 번창시킬 수 있다고 판단하고 인수를 결심했다.

루관추는 마지막 남은 전 재산을 털었다. 모자란 인수대금 일부는 동업자이자 부하직원인 친구 여섯 명에게서 빌려 충당했다.

착유기 마개, 배합사료기 해머, 트랙터 링크볼 등 필요한 것이라면 무엇이든 그의 공장에서 모두 만들어내었다. 당시 모든 공장의 대표가 최우선적으로 해결해야만 하는 문제는 원자재 확보였다.

무엇을 생산하고 구매하고 판매하든, 국가가 하달한 계획지표를 준수해야 했다. 지표 이외의 물품 생산과 유통은 불법행위로 엄단되었다. 국가는 원자재를 조달해주지 않았고, 업체 스스로 확보해야 했다. 주문은 끊임없이 이어지는데 원자재인 철물을 구하지 못해 애를 태웠다. 루관추는 직접 리어카를 끌고 폐철의 종적을 찾아 거리거리, 골목골목을 헤집고 다녔다.

1973년 봄, 루관추는 춘경기 물자공급조절회의에 참석하고 돌아오던 버스 안에서 알짜정보를 습득했다. 뒷좌석에서 승객 둘이 주고받던 이야기가 그의 귓바퀴를 미끄러지듯이 타고 들어와 달팽이관 속으로 쏘옥 들어와 박혔다. "최근 항저우의 대형방직공장이 폐고철 300톤을 처분하려고 전장鎭江부두에 쌓아두었는데 곧 팔릴 것 같다"는 것이었다.

루관추는 바로 그날 밤 야간열차를 타고 현장으로 달려갔다. 몇 번의 협상 끝에 폐고철 전량을 헐값에 사들일 수 있었다. 폐고철 300톤을 몽땅 투입해 낫만 대량으로 생산해냈다. 그때 그 낫들은 루관추 기업가 생애 최초로 대량생산한 제품이었다. 낫자루에는 '첸탕하이차오'鐵塘海潮라는 상표를 훈장처럼 달고서 중국 동남연해지역의 들판에서 눈부신 자태를 뽐냈다.

그는 다섯 살에 처음 낫을 들었다. 10대 초반에 낫을 버리고 망치를 들었다. 10대 후반에는 망치를 앗기고 낫을 들어야 했다. 20대 초반에 망치를 들었으나 망하고 다시 낫을 들어야 했다. 20대 후반에 그는 망치로 낫을 대량으로 만들어냈다.

코페르니쿠스적 대전환, 완상萬向을 낳다

1970년대 말까지 루관추 회사는 주로 농기구와 농기계 부품을 생산 판매했다. 생산방식을 이원화해 낫, 호미, 괭이, 쇠스랑 등 전통농기구는 일률적인 프레임과 디자인으로 대량생산한 반면, 경운기, 이앙기, 트랙터, 양수기 등 농기계 부품은 주문에 응한 다종소량의 공작소 생산방식을 채택했다.

루관추는 개혁개방 원년인 1979년 벽두에 중국공산당 기관지 『인민일보』 사설 「국민경제발전의 첩경은 교통운수업에 달려 있다」를 읽으며 국가가 향후 자동차산업을 국책산업으로 육성할 것을 간파했다. 그 사설은 루관추의 사업전반에 코페르니쿠스적 대전환을 가져왔다.

우선 기업명칭을 '농기계공업소'에서 '완상萬向기업'으로 바꿨다. 잡화점식 공작소 생산방식에서 현대기업의 대량생산 방식으로 전환했다. 또한 내수용 한 농기계생산에서 수출용 자동차 부품 생산으로 주력업종을 전환했다. 특히 자동차부품 중에서도 자동차 동력을 축의 각도 변화에 따라 전달하는 부품인 유니버설조인트 생산에 총력을 집중했다. 유니버설조인트를 선택과 집중전략으로 특화하기로 한 까닭은 직경 5~30센티미터의 그것이 머리카락 두께의 6분의 1가량만 마손돼도 교환해야 하는 소형 소모성 부품인 까닭에 제품 판매회전율이 높을 뿐만 아니라 당시 중국의 기술력 수준으로도 감당할 수 있는 제품이라고 판단했기 때문이다.

1980년 3월 루관추는 안후이 성 우후 시 고객에게서 유니버설조인트에 문제가 있어 반품을 요구한다는 서신을 받았다. 그는 즉각 불량 유니버설조인트를 전량 리콜할 것을 지시했다. 며칠 후 그는 전체 종업원을 공장 공터에 소집한 자리에서 불량 유니버설조인트 3만여 세트, 6만 달러어치를 폐철로 만들어버린 후 모조리 고물상에 팔아버리도록 지시했다. 또한 사규에 근거해 자신을 포함한 전 임직원의 임금을 3개월간 50퍼센트 감봉 조치했다. 이러한 조치들은 브랜드 가치를 각인시키기 위한 것이었다.

북벌의 추억

그해 가을 전국 자동차부속품 판매박람회가 산둥 성 자오난膠南에서 열렸다. 루관추는 장강³을 건너 '북벌'하기로 했다. 판매과장과 함께 트럭 두 대에 유니버설조인트 등 완상 제품을 가득 신고 박람회장을 향해 출발했다.

당시 비포장이 대부분인 국도를 덜컹거리며 1,500여 킬로미터의 긴 노정을 사흘 밤낮을 쉬지 않고 달려 박람회장 입구에 도착했다. 그러나 입구의 경비원들이 그들의 진입을 거세게 막아서며 소리 질렀다.

"너희들, 여기가 감히 어디라고 들어오려고 하는가. 듣도 보도 못한 뜨내기 업체는 볼 일 없으니 빨리 꺼져라."

문전박대를 당했으나 그들은 문전에서 한나절을 더 버텼다. 행사장 관리책임자와 연결이 닿아 그에게 먼 길을 사흘 밤낮을 쉬지 않고 달려온 정성을 감안해달라고 읍소했다. 그러나 관리책임자는 박람회장 안으로는 국영업체만 들어올 수 있고 절대 예외는 있을 수 없다며 진입을 끝까지 불허했다. 영업과장이 루관추에게 우는 소리로 보챘다.

"꽉 막힌 산둥 촌놈들, 우리 같은 우량 민영기업을 서자 취급하네요. 여기서 이러고 있지 말고, 우리 어서 항저우로 돌아가요. 사장님!"

루관추가 영업과장의 등을 가볍게 두드리며 달래듯 말했다.

"저들이 행사장 안에서 팔지 말라 했을 뿐, 문밖에서 팔지 말라고는 하지 않았네. 우리는 밖에다 '우리식 박람회'를 열자."

루관추는 행사장 밖 공터에 비닐깔개를 깔고 그 위에다 트럭 속의 모든 상품을 늘어놓았다. 박람회장을 드나드는 사람들에게 외쳤다.

"행사장 안의 것들과 비교해보세요. 값에 비해 품질은 중국 최고인 부품 사세요!"

이틀이 지났다. 사람들은 흥정은커녕 두 거지에게 눈길마저 주지 않고 지나쳤다. 루관추는 내심 당황했으나 곧 냉정을 되찾았다. 원인을 곰곰이 분석해 보았다.

"왜 이리 반응이 시큰둥할까. 노상에서 팔려면 가격이 아주 싸야 하겠지. 20퍼센트 정도 인하해도 여기까지 온 기름값은 나온다. 참, 그리고 여기는 사근사근한 항저우가 아니라 무게를 잡고 허세를 부리는 산둥이지."

사흘째 되는 날 아침, 그 '옥외박람회장' 앞에는 큼지막한 붉은 글씨 몇 자가 적힌 입간판 하나가 서 있었다.

"값은 반값, 품질은 천하무비天下無比."

두 사람은 입간판 옆에 입을 굳게 다물고 어깨와 목과 얼굴근육에 힘을 주고 양반다리 자세로 앉아 있었다.

하나둘 발걸음을 멈추었다. 사람들이 벌떼처럼 몰려들었다. 루관추의 옥외박람회는 단 하루 만에 동났다. 그러자 박람회장 안에 있던 바이어들이 빈 트럭을 에워싸고 너도나도 주문서를 썼다. 루관추는 210만 위안어치의 주문서를 받아들고 항저우 본사를 향해 달렸다. 북벌에 성공하고 돌아가는 개선장군이 된 기분이었다.

더욱 강해진 제1세대 민영기업가

역사라는 무대의 조명이 밝아지고 어두워질 때마다, 어떤 자는 몰락하고 어떤 자는 정상에 올랐다. 1984년은 중국 제1세대 민영기업가의 원년이다. 1984년 봄, 제1차 남순南巡 시 덩샤오핑은 상하이에서 입을 굳게 다문 채 단 한마디도 하지 않았다. 수행하던 당정간부들은 긴장했다. 그러나 주하이朱海에 이르러 "주하이 경제특구는 좋다"珠海經濟特區好라는 친필휘호를 남겼다. 뒷날 중국인들은 덩샤오핑의 혜안과 배려에 감격했다.

1984년 덩샤오핑은 바보호박씨로 최초의 백만장자가 된 녠광주를 친히 거명하면서 옹호했다. 같은 해 부신성步鑫生, 1934~2015과 마성리馬胜利, 1939~2014가 역사 무대에 등장했다. 전자는 저장 성 하이옌海鹽의 셔츠회사 사장 역할을, 후자는 허베이 성河北 省 스자좡石家庄의 제지회사 사장 역할을 맡았다. 부신성은 철밥통을 깨고 보너스 제도를 처음 시행해 제1차 국유기업개혁의 모델이 되었다. 마성리는 도급제를 실시해 파산 위기의 제지공장을 기사회생시킨 모범사장이 되었다.

전국의 국영기업들은 대표단을 조직해 하이옌 셔츠회사로 가서 견학했다. 부신성은 정상급 인물들을 골라 '친견'했다. 마성리도 전국각지에서 강연을 했다. 빈사의 늪에 빠진 국영공장 책임자들의 롤 모델이 되었다. 부신성과 마성리 둘 다 자생적 개혁가였다. 저장의 신흥 갑부로 떠오르던 루관추도 자신의 우상인 부신성을 세 번째 찾아가서야 만날 수 있었다. 부신성은 루관추에게 15분간의 '알현'을 허용했다.

강산이 네 번 바뀌었다. 마성리, 부신성 등 제1세대 민영기업가는 전몰해 이미 역사가 되었다. 단 한 사람, 루관추만이 살아남았다. 오늘날 민영기업가의 대부로서, 불로장생 기업의 아이콘으로서 왕성한 활약을 계속하고 있다.

제1세대 민영기업가들은 안주를 거부하는 특성과 정해진 틀에 박힌 생활을 거부하고 천부적 상인의 후각으로 시대변화를 냄새 맡았으며 변혁의 리듬을 타고 움직였다. 모험, 야성, 파괴, 혁신의 민영기업가들은 울타리 가장자리에 서서 울타리를 돌파해나갔다. 루관추는 녠광주와 마찬가지로 체제 밖에서 활동하며 생래적으로 무료함을 못 견뎌 한 인물이었다.[4] 그들은 개혁시대의 최전선에서 경계를 뛰어넘기도 했다. 정부가 당초 설정한 경계를 더욱 확장하게 만들었다. 하나같이 가난한 집안 출신으로 먹고살기 위해 발버둥치다 부자가 되었거나, 산업구국의 웅지를 품고서 남보다 뒤떨어지는 것을 싫어했다. 아무튼 그들은 시대의 우상이었다.

덩샤오핑의 선부론을 따르다

내게 덩샤오핑의 신의 한 수를 들라면 나는 서슴지 않고 답하겠다. "먼저 부자가 되어라"는 선부론先富論. 1984년 봄, 덩샤오핑은 개혁개방 제1도시 선전深圳을 시찰하던 중 '선부론'을 이렇게 풀이했다.

> "부자가 되어야 나누어줄 것이 생기니 누구든 먼저 돈을 벌어 부자가 되어라. 전국 모든 지역, 모든 인민이 한꺼번에 부자가 될 수 없다. 국가의 일부 지역, 일부 사람이라도 먼저 부자가 되라."

너무 널리 알려져 식상하게 느껴지는 "검은 고양이든 흰 고양이든 쥐만 잘 잡으면 좋은 고양이다"라는 뜻의 '흑묘백묘론'黑猫白猫論은 사실 덩샤오핑의 순수 창작품이 아니다. "남쪽 기슭으로 오르든 북쪽 기슭으로 오르든 정상에 오르기만 하면 된다"는 '남파북파론'南爬北爬論과 함께 쓰촨 지역에 널리 알려진 속담이다.

흑묘백묘론은 덩샤오핑이 그의 고향의 속담을 원산지 표시 없이 '임가공'해 출품한 것이다.

덩샤오핑의 선부론은 루관추와 그의 기업에 인격과 존엄성을 부여해주었다. 당초 루관추의 기업은 기업 지분의 50퍼센트는 현지 지방정부가 갖고, 50퍼센트는 루관추 및 농촌집체가 관리하는 반관반민의 향진鄕鎭기업[5] 형태로 출발했다. 1984년 말 현지정부는 선부론 구체화 정책의 일환으로 관할지역 내의 선부先富 루관추에게 파산 직전의 국영버스회사를 유상양도했다. 루관추는 3년 만에 빈사상태의 적자기업을 활력 넘치는 흑자기업으로 탈바꿈시킨 후 그 부활기업 지분 전액을 현지정부에 무상으로 양도했다. 이에 대한 답례로 현지정부는 루관추 기업의 정부 지분 비중을 3분의 1로 줄여주었다. 이러한 관방과 민간의 수평적 거래는 사회주의 시장경제체제가 확립된 현재의 시각으로 보아도 획기적이라는 표현이 부족할 정도의 '혁명적 거래'라고 평가받고 있다.

루관추는 체제전환기 중국의 가장 민감한 부분인 재산권 획정 문제를 지혜롭게 우회해 통과했을 뿐만 아니라 무한한 발전의 여지를 남기는 데 성공했다. 기업재산권의 외부 경계선, 즉 민과 관의 경계는 명료한 실선으로 획정한 반면, 기업재산권의 내부 경계선, 즉 루관추 개인과 출자자인 향진집체의 경계는 점선으로도 표시하지 않고 모호하게 방치했다. 이러한 재산권 획정 방식은 집체기업으로서의 특성을 상실하게 만든 반면 루관추 개인이

기업에 대한 절대적인 통제권을 장악하게 했다.

완샹의 그룹명칭이 '일만 만萬, 향할 향向'이어서일까. 물론 완샹의 명칭은 그룹의 스타트업 제품인 유니버설조인트의 중국명칭 '만향절'萬向節에서 딴 것이긴 하지만, 완샹의 총수 루관추의 가슴에는 일찌감치 거대한 그림이 그려져 있었다. 21세기에 들어서자 완샹은 업종 다각화와 전방위적 글로벌화에 매진하기 시작했다.

완샹은 2001년, 2,500만 달러를 투입해 경영난을 겪고 있던 미국 시카고의 부품업체 UAI의 지분 21퍼센트를 사들여 다국적기업으로 변모했다. 루관추는 2002년 저장 성 최초의 금융회사를 설립한 데 이어 2004년에는 1억 2,000위안을 투입해 민영자본이 대주주인 보험회사를 사들이고 같은 해 저장 성 최초의 상업은행 지분 10.34퍼센트를 사들여 지배대주주가 되었다.

2005년 10월, 완샹은 북한 내 최대 구리광산인 해산 동광산 15년 개발권의 지분 51퍼센트를 획득했으며 2012년에는 미국 전기차 배터리 생산업체 A123를, 2013년에는 미국 A/S시장 1위 판매망을 보유한 브레이크 부품 생산·판매기업 BPI Brake Part Inc. 를 인수했다.

그 외에도 완샹은 파이낸셜 금융서비스, 펀드운용, 신재생에너지, 전기자동차, 자원개발, 건설업, 항공운수업, 식품제조업, 농림업, 원양어업 등 각양각색의 업종에 수십 개 계열사를 거느린 중국 최대 민영그룹의 하나로 발돋움했다.

완샹그룹 본사 전경.
자동차 부품인 '유니버설조인트'를 생산하는
작은 공장으로 시작한 완샹 그룹은
현재 명실상부한 글로벌 기업이 되었다.
금융서비스, 신재생에너지, 건설업, 농림업 등
다양한 분야에 수십 개 계열사를 거느리고 있다.

나는 성공한 사람이 아니다

2015년 『포브스』는 완샹그룹 총수 루관추를 홍콩과 타이완, 화교를 포함한 15억 전 세계 중국인 중 50번째 부자로, 73억 세계 인구 중 301번째 부자로, 개인 순 자산 51억 달러를 보유한 글로벌 정상급 부호로 선정했다.

성공비결을 묻는 질문에 30년 전이나 지금이나 루관추의 대답은 언제나 한결같다.

"나는 아직 성공한 사람이 아니다. 성공과정에 있는 사람이다. 성공비결을 말할 자격이 없다."

"지나친 겸손의 말씀이다. 후세 사람들을 위해 성공의 비결을 한 말씀만 해달라"고 거듭해서 물어보면 루관추는 상기된 표정으로 이렇게 대답한다.

"내가 남과 다른 점이 있다면 그것은 70 평생을 거의 하루도 빠지지 않고 공부해왔다는 점이다. 매일 평균 세 시간씩, 365일 독서했다. 춘절 연휴기간에도 책을 놓지 않으려고 애써 왔다."

그의 좌우명은 '끊임없이 공부하고 끊임없이 창조·혁신하라'는 뜻의 '부단학습 부단창신'不斷學習, 不斷創新이다. 그의 70 평생은 한마디로 좌우명을 실천하는 삶이다.

루관추는 '여가시간을 어떻게 이용하는가'라는 주제로 글을 쓴 적이 있다. 매일 아침 5시 10분에 기상, 새로운 정보와 지식을 습득하고 6시 50분에 회사로 출근한다. 오후 6시 45분에 집으로 돌아와 식사를 한다. 7시에 뉴스와 토론 프로그램을 시청하고 저녁 8시부터 독서를 시작한다. 10시 30분경에 잠깐 샤워를 하고 다시 독서를 계속하다가 자정 무렵에 취침한다.

1983년 루관추는 항저우의 저장대학[6] 경영관리고문으로 위촉되었다. 매주 수요일 밤 젊은 대학생들과 함께 두 시간씩 경영학 수업을 청강했다. 훗날 교수들은 그를 겸손하고 성실한 만학도로만 알았지 저장 성 제1갑부라고는 상상도 못 했다고 회고했다.

루관추는 기업관리에 이론과 실천을 상호결합하기 위해 끊임없이 학습하고 혁신했다. 매일 세 시간 이상, 5만 자 이상의 정보를 학습해왔다. 중국공산당 월간 이론지 『구시』求是를 비롯해 『인민일보』 『광명일보』 『경제보』經濟報 등 전국과 지방의 각종 언론매체에 100여 편의 소논문과 시론을 발표했다.

이처럼 '부단학습 부단창신'의 좌우명은 루관추의 식견을 더욱 넓게, 더욱 깊게, 더욱 멀리 바라보게 해주었다. '부단학습 부단창신'의 실천은 그가 시대에 도태되지 않고, 시대의 아이콘으로 빛나게 한 열쇠다.

허름한 농가주택에 사는 글로벌 슈퍼리치

이 글로벌 슈퍼리치는 사치와 낭비, 권위주의적인 것을 싫어하며 말초적인 즐거움에도 젖지 않는다. 값싼 전자손목시계 외에는 어떠한 장신구는 물론 휴대전화와 지갑조차 몸에 지니지 않는다. 흔히 부호의 집은 저택이라고들 부른다. 하지만 루관추의 집은 저택이라고 부르기에는 민망할 만큼 허름한 농가주택이다. 그는 농가주택에서 30여 년째 실제 거주하고 있다. 1990년대에 지은 인근의 연립주택과 비교해도 촌스럽고 초라하다. 그의 유일한 취미생활은 집 앞에 있는 70제곱미터가량의 텃밭을 가꾸는 것이다. 이처럼 검소한 루관추에게 기자가 물었다.

"당신이 처음으로 산 사치품은 무엇인가?"

루관추는 일순 망연한 표정으로 고개를 돌려 한 젊은 사원에게 물었다.

"뭐가 사치품이지?"

그는 여전히 5시 10분에 기상한다. 창문 밖 들판에서는 어느새 농부들이 땅을 갈고 있다. 여전히 얼굴은 황토를 보고 등은 하늘을 이고 있는 그림자다. 60년 전과 변함없는 검은 그늘이다.

60년 전과 변함없이 농민은 여전히 중국사회의 최하층에 엎드려 있다. 루관추는 1998년 전인대 대표로 선출되었고 중국공산당 전체회의 대표를 두 번이나 역임했다. 매년 농민을 위한 정책을 제안한 거의 유일한 전인대 대표였다.

"모든 사람이 잘살아야 기업도 좋아진다. 농민 대다수의 삶이 윤택해져야 상위계층의 부유도 오래 유지될 수 있다. 과거 지주는 왜 타도되었는가. 그들 극소수만 부유하게 살기를 원했기 때문이다."

3 독선·독종·독신의 아이언우먼
둥밍주의 청렴함, 물고기는 맑은 물에 모인다

시작은 미약하나 그 끝은 창대하리라

내가 그녀 이야기를 꺼내는 까닭은 그녀가 중국을 대표하는 여성기업가라는 이유에서만이 아니다. 중국의 여자 부호와 여성기업가 중 대다수는 기실 누구누구의 아내 또는 딸이다. 따라서 내가 경악하며 주시한 대목은 정말이지 '0'에 가까운 그녀의 출발점이다.

돈도 배경도 없고, 인맥도 관시關係도 없고, 젊음도 미모도 없으며 심지어 남편도 애인도 없다. 36세의 과부가 말단여공으로 출발해 세계 최대 에어컨 회사의 총수가 될 수 있다니, 정말 아무것도 없고 예쁠 것도 하나 없는 중년의 과부를 중국 대표 여성기업가가 되도록, 아니, 그대로 놓아둔 중국사회가 한편으로 부럽고 한편으로 두렵다.

둥밍주董明珠는 1954년 8월 장쑤 성江蘇省 난징南京에서 한 평범한 집안의 7형제자매의 막내딸로 태어났다. 어릴 적 그녀는 착해도 성깔 있는 아이였다. 매사에 주의 깊고 예의가 발랐지만 은근히 고집 세고 자기 주관이 뚜렷했다. 학교성적은 초등학교 때부터 고등학교 졸업 때까지 1등을 한 번도 놓친 적이 없을 만큼 우수했다. 그녀는 우등생답게 규칙을 잘 지켰지만 자신이 만든 규칙대로 다른 아이들을 통제하는 걸 즐겼다.

혁명은 죄가 없고 반역은 정당하다는 '혁명무죄 조반유리'革命無罪, 造反有理 구호가 앙칼졌던 문화대혁명시대1966~76에 사춘기 소녀 시절을 보낸 탓이었을까. 그녀는 가끔 부모와 교사에게 말대꾸를 하거나 앙칼진 반항도 했다.

둥밍주는 매사를 빠르고 정확하게 계산하길 좋아했다. 특히 수에 관한 문제를 추리하고 이해하고 해결하는 수리능력이 탁월했다. 1973년 전국평균 대학진학률이 1퍼센트도 채 안 되었던 시절, 그녀는 난징에서 그리 멀지 않은 안후이 성 우후 시의 간부교육학원3년제 단과대학 통계학과에 입학했다.

저우언라이周恩來, 1898~1976. 1. 8, 주더朱德, 1886~1976. 7. 6, 마오쩌둥1893~1976. 9. 9 등 공산중국의 붉은 별들이 차례로 유성으로 사라지던 1976년, 대학문을 나온 그녀는 난징의 국영 화학공업연구소에 초급간부로 배치되었다.

1978년, 덩샤오핑이 3전3기에 성공하면서 중국의 키를 '우향우右向右!'로 확 틀었다. 덩샤오핑은 1978년부터 2000년까지 기본 의식주를 해결하는 단계인 '원바오'溫飽사회를 이룩하고, 2020년까지 의식주가 해결된 중산층의 삶을 누리는 '샤오캉'小康사회를, 2050년까지 태평성태인 '다퉁'大同사회를 이루겠다는 3단계 발전 목표를 제시했다. 일찍이 덩샤오핑을 단순한 '자본주의자'가 아니라 그야말로 '자본주의를 향해 질주하는 주자파의 수괴'로 경계했던 마오쩌둥의 혜안은 참으로 경이롭다. 2016년 현재 강산을 네 번이나 바꾼 세월의 강물이 굽이쳐 흐르는 어귀에서 중국은 '사회주의 시장경제'라는 미명의 중국식 자본주의로 줄곧 질주하고 있으니.

반만년 상인종이라는 중국민족성에 가장 맞지 않는 사회주의 계획경제체제를 실험한 30년간의 질곡에서 가위눌렸던 노대국이 덩샤오핑의 구령에 따라 '우향우!'로 급선회한 1978년 말, 둥밍주는 직장에서 추천해준 직장선배와 결혼했다. 그녀는 착실하고 과묵한 남편과 '원바오' 단계를 단숨에 건너뛰어 의식주가 해결된 '샤오캉'의 신혼생활에 만족했다. 아들을 낳고 또래 엄마들과 육아 수다를 떠는 등 중국의 중산층 엄마로서 살림하는 재미를 느꼈다.

1984년 어느 날 남편이 돌연 세상을 떠났다. 서른 살 그녀의 '샤오캉'은 끝났다. 외벌이 월급만으로는 '원바오'조차도 힘들어졌다. 당장 남쪽의 경제특구도시로 내려가서 돈을 벌고 싶었으나 두 살짜리 아들이 눈에 밟혀 떠날 수 없었다.

둥밍주는 남편과 사별한 지 6년째 되던 1990년, 14년간 몸담

중국을 대표하는 아이언우먼, 둥밍주.
가전제품 제조회사의 여공으로 시작해
글로벌 대기업의 총수가 된 입지전적인 인물이다.
사진은 2014년 9월 중국에서 열린 하계 다보스포럼에 참가한 모습.

왔던 난징의 국영기업을 사직했다. 여덟 살난 초등학교 2학년 아들을 시부모에게 맡기고 남행열차에 몸을 실었다. 36세 중년 과부의 첫 행선지는 '경제특구 1번지' 선전이었다. 국영기업 재직 경력은 취직과 직장생활에 많은 도움이 되었다. 그녀는 아주 수월하게 한 화학공장의 생산직 평사원, 즉 여공으로 취직했다. 난징의 국영기업 초급간부보다 두 배가 넘는 첫 월급을 받고는 선전에서 월급을 이렇게 많이 주는지 좀더 일찍 알았더라면 진작 남하했을 것이라는 즐거운 후회도 했다.

그러나 둥밍주는 선전 생활에 익숙해질수록 선전의 전반적인 도시 분위기가 인접해 있는 홍콩의 번화한 겉모습을 따라가는 것이 싫어졌다. 만연한 배금주의 풍조, 횡행하는 지하경제, 열악한 치안 상태가 거슬렸다. 선전은 성격이 유들유들하고 잔머리에 능한 자들이 돈 벌기에는 좋으나 자기처럼 강직하고 원칙주의자인 사람은 적응하기 어렵다는 생각이 굳어져갔다.

둥밍주는 마카오에 인접한 '경제특구 2번지 도시 주하이'에 출장 나갔다가 선전에 비해 한적하지만 질서정연한 도시 분위기가 마음에 들었다.

선전으로 돌아온 다음 날, 둥밍주는 신문 광고란에서 주하이의 하이리海利, 格力[1]의 전신라는 가전제품 제조회사가 18세 이상 36세 이하의 여공을 모집한다는 광고를 보고는 즉시 입사지원서를 냈다. 당시 하이리는 연간생산량 2만 대도 못 미치는 중소 규모의 국영 에어컨부품 조립회사였다. 여공들의 잦은 이직으로 일손이 달렸던 회사는 그녀에게 입사통지서를 보냈다.

동천무후로 등극한 편집광녀

둥밍주는 신입여공 중 최고령자였다. 회사는 그녀의 연령과 경력을 감안해 생산부서의 여공이 아닌, 영업부서의 말단 판매사원으로 배치했다. 회사는 그녀에게 판매와 영업의 기초개념조차 제대로 가르쳐주지 않았다. 그저 물건을 많이 팔기만 하면 좋고, 미수금을 받아오면 더 좋다고만 했다. 그녀가 처음으로 배당받은 지역은 빌린 돈 떼먹고 배 째라는 식 배짱부리기로 악명 높아 '통뼈'로 불리는 안후이 성이었다.

어느 날 저녁 영업부장은 둥밍주를 안후이 성 중심도시 허페이 合肥로 향하는 야간열차에 태웠다. 그녀가 회사에서 받은 것은 편도열차표 한 장과 목적지에 도착하면 개봉하라는 편지 한 통이 전부였다. 열차에서 파는 쓰레기나 다름없는 먹거리와 그것을 게걸스럽게 먹는 승객들의 몰골에 비위가 상한 그녀는 이틀 밤낮을 꼬박 굶었다.

허페이 역에 도착하자마자 허기부터 때우려고 한 식당에 들어갔다. 그녀는 음식을 시켜놓고 기다리다 편지 속에 무엇이 들어있는지 궁금해 개봉해보았다. 편지지를 반으로 찢은 쪽지 한 장이 나왔다. 쪽지에는 "N사장에게서 기한초과한 지 5년이 다 되도록 받지 못한 미수금 42만 위안을 받아오라"는 글이 적혀 있었다. 회수불능 미수금이나 다름없는 돈을 받아오라는 '미션 임파서블

불량채권추심' 지령문이었다. 밥맛도 일할 맛도 싹 달아났다.

선전에서 주하이로 직장을 옮긴 것이 후회스러웠다. 그녀의 첫 상대, N사장은 참으로 다루기 곤란한 악질채무자였다. 지난 5년 동안 같은 임무가 주어졌던 사원들을 매번 '돌아온 꿀 먹은 벙어리' 또는 '허페이 차사'로 만들어버린, 통뼈도 보통 통뼈가 아닌 '용가리 통뼈'였다.

예상대로 N사장에게 문전박대를 당하자 둥밍주는 계획대로 문전대치로 버텼다. 다음 날 오후 사장실 문이 열리자 그녀는 잽싸게 안으로 들어섰다. 툭 튀어나온 배에 번질번질하게 개기름이 흐르는 낯가죽을 걸친 중년남자가 소파에 45도 각도로 누워 있듯 앉아 있었다. N사장이었다. 둥밍주는 악취가 역겨워 코를 틀어막았다. N사장은 그녀를 힐끔 보고는 입꼬리가 처진 얇은 입술 사이로 느글느글한 목소리를 게워냈다.

"이렇게 자꾸 보채면 곤란하다. 돈 생기면 갚겠다고 몇 번이나 말했는데도 말귀를 못 알아듣는구나. 안후이 성장이 내 형님이고 허페이 시장이 내 동생이다. 구멍가게보다 못한 너희 회사 사장놈에게 전해라. 상황파악이나 제대로 하고 장사를 하라고 해라. 그리고 어이, 아줌마, 나잇살이나 먹어 궂은일 하느라 고생이 많은데. 아줌마의 얼굴이 이 몸이 한때 데리고 놀던 어떤 여자와 많이 닮아서 그런지, 마음이 짠해진다. 얼마 안 되지만 아줌마 회사 월급보다는 많은 돈을 줄 테니, 옷을

사 입든 아이 과자를 사주든 생활비에 보태 써라."

둥밍주는 순간 노기가 탱천함을 느꼈다. 그러나 치 떨리는 분
노를 이내 차가운 용기, 인내로 치환했다. 그러고는 한 번 물면
목이 잘려도 놓지 않는 한 마리 악어가 되었다. 그녀는 예리한 이
성의 이빨로 멧돼지의 몸과 독사의 혓바닥을 가진 악질채무자의
후안무치를 갈기갈기 찢어 '일말의 양심'을 발라내려고 했다. 사
람이라면 조금이라도 남아 있을 일말의 양심 앞에 부끄러움을
느껴 무릎을 꿇게 할 요량이었다.

그러나 N사장은 사람이 아니라 멧돼지의 몸과 독사의 혓바
닥을 가진 괴물이었다. 드라이아이스처럼 차가우면서도 뜨거운
'편집광녀'의 집요한 공세에 '어라, 이것 봐라. 이 여자 여간내기
가 아닌데' 하며 움찔했지만 멧돼지처럼 맷집 좋게 버텼다. 오히
려 그녀에게 온갖 협박과 모욕, 희롱과 회유를 가하면서 독사의
혓바닥을 날름거렸다.

톱으로 박을 켜는 듯한 지구전이 40일째를 맞던 날 아침, 둥밍
주는 가방에서 금박지로 예쁘게 포장한 물건을 꺼내 N사장에게
건네면서 말했다.

"오늘 밤 열차 편으로 주하이로 돌아가겠다. 그동안 많이 배웠
다. 이건 조그만 성의표시인데 웃으며 받아라."

N사장은 "잘 생각했다. 진작에 이럴 것이지"라고 구시렁거리며 선물포장을 뜯었다. 카세트테이프 한 개가 드러났다. "어, 이게 뭐지?"라며 당황하는 N사장에게 둥밍주가 목소리를 낮게 깔고 말했다.

"여기에는 귀하가 지난 40일 동안 내게 가한 공갈과 협박, 사기와 모욕, 살인 및 자살교사, 마약과 밀수, 방화와 유괴, 뇌물공여와 조직폭력 등 온갖 범행과 관련된 어록 중 알짜만 담겨 있다. 형법을 따로 볼 필요가 없을 만큼 거의 모든 범죄유형이 총망라되어 있는 진귀한 자료라고 여겨진다. 이처럼 귀중한 자료를 어찌 나 혼자만 가질 수 있겠는가? 그래서 이것이 포함된 카세트테이프 12개 전질선물세트 수십 개를 공안당국은 물론 귀하의 형님과 아우라는 성장과 시장뿐만 아니라 장쩌민江澤民, 1926~ 총서기를 비롯한 일곱 명의 정치국상무위원 전원에게 보내드리려고 하는데. 어떠신가?"

그녀는 도표가 인쇄된 A4 용지를 한 장 펼치며 상대방의 낯가죽에 파르르 이는 경련의 번개자국을 주시하면서 한층 더 낮은 목소리로 속삭이듯 말을 이어갔다.

"이것은 선물 보낼 대상자 리스트인데 혹시 귀하께서 빠뜨리면 섭섭하다고 생각할 인사가 있다면 누구라도 좋으니 가필해

달라. 아 참, 선물세트들은 이미 여러 곳, 여러 사람에게 맡겨 놓았다. 만일 두 시간이 넘도록 나의 소식이 끊긴다면 즉시 일괄발송될 것이다."

N사장은 '설마? 아니다. 이건 분명 엄포가 아니다. 저 여자는 저러고도 남을 여자다'는 생각이 들자 온몸에 소름이 돋았다. 털썩 그 자리에 주저앉아 두 무릎과 머리를 땅바닥에 찧고 또 찧었다. 그리고 두 손을 모아 '편집광녀'에게 10퍼센트 지연이자 4만 2,000위안을 합친 46만 2,000위안을 바쳤다. 이 '미션 임파서블'을 '미션 파서블'로 바꾼 쾌거는 오늘날 중국의 경제계, 특히 마케팅업계와 채권추심업계에 불멸의 신화로 살아 있다.

악질채무자의 용가리통뼈를 발라내버린 둥밍주는 자신감이 붙었다. 우후, 퉁링銅陵, 안칭安慶 등 후이난徽南지역을 싹쓸이하듯 훑어내려 갔다. 후이난은 송나라 성리학의 비조 주자朱子, 1130~1200와 그 후학들의 족적이 많이 남아 있는 지역이다. 유학자 시늉을 하며 살아온 얼치기 상인들의 무리, 유상儒商[2]들의 본거지이기도 하다. 둥밍주는 안후이에 2년째 주둔하면서 매출액 1,600만 위안을 돌파하는 기염을 토했다. 일개 영업사원의 매출액이 회사 총매출액 8분의 1을 돌파하는 '안후이 대첩'이었다.

평범한 외모, 중년의 과부 외판원 둥밍주는 일약 판매의 여황, 영업의 여신, '동천무후'[3]로 등극해 중국 천하에 위명을 떨치기 시작했다. 빛이 환하면 그림자도 짙은 것인가. 명성이 자자해지는 만큼 악명도 자자해졌다.

"피도 눈물도 없는 냉혈녀, 집념·집요·집착의 끝판왕 편집광
녀, 독선·독종·독신의 3독녀三毒女, 과부 돈키호테, 공주병과
황후병 합병증 환자……."

둥밍주에 대한 이루 헤아릴 수 없이 많은 악평 중 비교적 정갈
한(?) 악평이 나의 눈길을 끈다.

"그녀에게서 피와 눈물을 기대하지 말라. 그녀는 철근의 뼈와
철사의 핏줄로 이루어진 철의 여인이다."

거절하기 어려운 유혹

1992년 가을, 회사명을 하이리에서 'GREE'格利로 바꾼 회사
는 휘황한 '안후이 대첩'을 거둔 둥밍주에게 그녀의 고향 난징
으로 진군할 것을 명했다. 피도 눈물도 없는, 철근의 뼈와 철사의
핏줄로 이루어진 금속성 여인인 그녀였지만 오로지 피로써 사랑
하고 눈물로써 그리운 아들과 함께 살 수 있다는 생각에 가슴이
설렜다.

그러나 난징은 둥밍주 개인에게는 홈그라운드였지만 GREE
회사에게는 어웨이그라운드라고도 할 수 없을 정도로 난공불락
의 철옹성이었다. 춘란春蘭, 후이펑匯豊 등을 비롯해 내로라할 유

명 가전업체들이 난징의 가전제품 시장을 선점하고 있었기 때문이다. 특히 '춘란' 에어컨은 당시 현직 국가주석 장쩌민과 부주석 후진타오胡錦濤, 1942~ 의 고향인 장쑤 성 양저우와 타이저우泰州에 각각 본사와 공장을 둔, 양덕과 음덕을 겸비한 중국 가전업계 서열 1위 기업이었다. 그러한 난징에서 둥밍주는 1992년 한겨울 비수기에 200만 위안 상당의 GREE 제품 주문서를 받아냈다. 1993년 한 해 동안 그녀 한 사람이 기록한 1억 6,000만 위안의 판매실적은 GREE 회사 총매출액의 4분의 1이 넘는, 거짓말 같은 '어닝 서프라이즈'이었다.

고향 난징의 소비자들은 듣도 보도 못한 GREE 브랜드 에어컨을 산 것이 아니다. 난징의 자랑스러운 딸, 둥밍주 이름 석 자를 산 것이다. 그들은 돈도 남편도 관시도 없이 아등바등 고군분투하는 한 동향 중년 과부의 삶에 자신들을 투영하면서 위안을 얻으려 했다. 그들은 눈물 나게 안쓰러운 둥밍주에게 제품을 사는 동시에 자기 위안과 자기 격려를 샀던 것이다.

그러나 1994년 여름, 둥밍주와 GREE에 절체절명의 위기가 닥쳤다. 참다못한 호랑이 '춘란'이 주제넘게 까부는 하룻강아지 GREE 난징 총판 사원을 집단으로 빼가는 사건이 발생했다. 둥밍주는 24명의 배신자가 연명으로 낸 사직서를 받고 멍하니 정신을 잃고서 하마터면 쓰러질 뻔했다.

망연자실한 그녀에게도 유혹의 손길이 다가왔다. 그녀를 춘란의 난징 지사장으로 영입해 거액의 연봉으로 우대하겠다는 제의였다. 쉽게 거부할 수 없는 제의였다.

"머물 것인가, 떠날 것인가."

'머무름과 떠남,' 양자택일의 갈등으로 둥밍주는 밤을 하얗게 지새우며 고민에 고민을 거듭했다. 날이 새기 시작하는 첫새벽, 그녀는 결단했다. 떠나기로 했다.

놀랍게도 그녀가 떠나기로 한 것은 '회사'가 아니라 '지역'이 었다. 난징을 떠나 GREE 본사가 있는 주하이로 돌아가기로 한 것이다. 그녀는 주장훙朱江洪 총재 겸 회장에게 자신을 주하이 본사로 소환하는 복귀명령처분을 내려달라고 자청하는 서신을 보냈다.

훗날 한 공개석상에서 어떤 사람이 그녀에게 그때 왜 그런 '어리석은 의외의 선택'을 했느냐고 물었다. 그녀는 '어리석은 의외의 선택'이 아니라 '지극히 상식적이고 현명한 선택'을 했다고 반박하며 선택한 이유를 세 가지 털어놓았다. 첫째, 자신을 믿고 맡겨준 GREE의 은혜를 배신할 수 없었다. 둘째, 대기업 춘란의 횡포에 대한 저항감으로 고향의 강자보다 타향의 약자 편에 서고 싶었다. 셋째, 집단퇴사를 막지 못한 데 대한 응분의 책임을 지기 위해서였다.

GREE 수뇌부는 둥밍주를 주하이 본사로 불러들여 인사와 총무를 관장하는 경영부장으로 임명했다. 직위는 수직 상승했지만 보수는 10분의 1로 수직 낙하했다. 난징에서 일선 영업사원으로 뛰며 그녀가 받았던 연봉은 장려수당을 포함해 100만 위안이 넘었지만, 본사 경영부장 연봉은 10만 위안도 채 안 되었다.

무른 황금보다는 단단한 다이아몬드로

둥밍주의 진가는 야전에서 내근으로 돌아온 1994년 가을부터 발휘되었다. 영업여왕의 황금시대를 지나 중국대표 여성기업가의 다이아몬드시대로 진입했다. 그녀는 스스로를 '매니지먼트 시스템 디자이너'로 설정하고 GREE의 틀과 룰을 바꾸는 제도개혁가로 변신했다.

그녀가 맡은 경영부는 회사의 인사와 조직을 관장하는 중추부서인데도 생기가 없었다. 안락한 사무실에 앉아 수다나 떨면서 서류만 뒤적이다 월급만 축내는 잉여사원들의 집합소였다. 어려서부터 규칙 만들기를 좋아했고 그 규칙대로 자신과 다른 아이들을 다스리길 즐겼던 그녀는 조직발전을 위해 참신하고 효과적인 시스템과 룰을 창안해내는 일에 나섰다.

우선 간단한 사무실 근무수칙을 제정·공포했다. 무단결근과 무단지각, 조퇴와 무단이석을 엄금하고 근무시간에 사무실 내에서 음식 먹는 행위를 일체 금지해 이를 위반한 자에 대해서는 벌금을 부과하고 3회 이상 위반할 경우 해고 등 인사조치한다고 규정했다.

어느 날 한 여자 팀장이 퇴근 몇 분 전에 팀원들과 음식을 먹다가 둥밍주에게 발각되었다. 여자 팀장에게는 100위안, 기타 팀원들에게는 50위안의 벌금을 부과했다. 직원들은 둥밍주에게 그 여자 팀장의 가정형편이 몹시 어려워서 월급의 3분의 1에 달하는 벌금 100위안은 너무 가혹하다며 조금만 깎아달라고 읍소했다. 사장까지 나서서 관대한 처분을 당부했다. 그러나 둥밍주는 눈 하나 깜빡하지 않고 규정대로 집행했다. 며칠 후 그녀는 남몰래 자신의 사비 100위안을 털어 여자 팀장에게 쥐어주었다. 그 후 사무실 근무수칙은 공장 작업장과 직판장까지 확대·적용되어 현재는 전 세계 GREE의 모든 부서에서 지위고하를 막론하고 반드시 엄수해야 하는 사항이다.

둥밍주는 기업, 사회, 국가의 모든 규칙과 제도는 흑이면 흑, 백이면 백, 흑백이 분명해야 한다고 강조한다. 이도 저도 아닌 엉거주춤한 회색이어서는 절대 안 된다며 한 가지 실례를 든다.

"몇 해 전 상하이에서 교통사고에 관련한 조례를 제정해 시행한 적이 있다. 만약 행인이 교통신호를 어겨서 교통사고가 발생할 경우 운전사는 책임을 지지 않는다고 규정했다. 그러나 조례가 시행된 지 얼마 못 되어 한 택시기사가 교통신호를 무시하고 횡단하던 고등학교 교사를 치어 죽게 한 사건이 발생했다. 법원은 택시기사가 책임을 지도록 판결했는데 이것이야말로 조령모개_{朝令暮改}의 전형이다. 한 번 제정한 제도는 제도 그대로 집행해야 한다. 그래야 제도가 목적한 바를 달성할 수 있다."

둥밍주는 전통 방식인 매출액으로 영업실적을 평가하는 것이 아니라 판로개척 및 시장조사 연구, 가격감독의 업무량을 종합평가하고 영업부서의 인원을 대폭 감축해 정예화했다. GREE 영업사원 23명이 라이벌 회사의 영업사원 1,000명과 맞먹는 실적을 거두기도 했다.

이렇게 정예화된 둥밍주의 GREE에 참패한 업계의 라이벌 하나가 울부짖었다.

"언니는 사람을 통째로 잡아먹고도 뼈 한 조각 뱉어내지 않을 여자야!"

둥밍주는 담담하게 말했다.

"사업상 전쟁이 무정할 뿐, 내 잘못은 아니야."

사업에 관시가 웬 말이냐
"물이 맑아야 물고기가 산다." 이는 둥밍주가 항상 하는 말이다.

"물이 너무 맑으면 물고기가 없다고? 물이 너무 맑아서 모이지 않는 물고기는 물고기가 아니다. 벌레들이다."

그녀의 세계에서는 모든 게 투명해야 한다. 한 점의 회색지대를 용납하지 않는다. GREE의 도처에는 "뇌물을 주거나 받은 자는 반드시 해고하고 죄질이 엄중한 자는 형사고발한다"는 문구가 대문짝만하게 걸려 있다.

GREE의 현대화된 공장 작업장이나 사무실에도, 식당과 복도에도 '공평, 공정, 공개'의 붉은 현수막이 걸려 있다. 그 여섯 글자는 마치 절간에 들어서는 순간 만나게 되는 사천왕상의 그 섬뜩한 모습처럼 마음을 으스스하게 만든다. 부장급 이상 간부의 집무실에는 '공평공정, 공개투명, 공사분명' 열두 글자가 씌어진 액자가 걸려 있다. GREE의 모든 임직원은 둥밍주를 경외한다. 누구나 그녀의 충실한 심복이 되길 원한다. '명령만 내려주소서.' 카리스마적 리더십은 그녀의 솔선수범과 공정무사한 업무태도에서 나온다.

GREE를 한 번 떠난 자는 두 번 다시 GREE로 돌아올 수 없다. 동종 업종 임직원의 능력이 아무리 출중하더라도 스카우트하지 않는다. 다른 기업이 배양한 인재를 빼오는 행위는 기업윤리에 반한다고 확신하기 때문이다.

둥밍주의 원칙 앞에는 일가친척, 부모·형제는 물론 친생혈육에게도 예외가 없다. 한번은 어떤 중간판매상이 그녀의 친오빠에게 접근해 GREE와의 3,000만 위안 상당의 물량 공급계약을 성사시켜주면 2퍼센트의 커미션을 주겠다며 꼬드겼다. 친오빠는 둥밍주에게 그 업체를 잘 봐달라고 부탁했으나 한마디로 거절당했다. 둥밍주는 그 중간판매상과의 모든 관계를 단절했다. 친오빠와의 왕래도 거의 끊어버렸다.

둥밍주는 자기 아들은 어떻게 대우했을까. 그녀에게는 아들을 GREE의 요직에 발탁할 수 있을 만큼의 지위와 능력이 있었다. 그렇지만 아들이 자신의 관리 범위 내에 출현하길 원하지 않았다. 다행스럽게 그녀의 아들은 온전히 자신의 힘으로 창업했다.

다른 모든 나비가 살기 위해 꽃을 찾아다니며 즐기는 동안, 그녀는 반딧불이 되어 그 빛으로 자신과 기업의 길을 밝히려고 했다. 둥밍주는 주색향응으로 판매망을 넓히려 하지 않았다. '음주량'을 '판매량'으로 치환하려 하지 않았다. 성심성의로 판매망을 넓히려 했다. '심혈의 양'을 '판매량'으로 치환하려 했다.

어떻게 하면 좋은 비즈니스를 할 수 있는가? 둥밍주는 CCTV의 수석야담首席夜談 프로그램에 나와 이렇게 잘라 말했다.

"관시로 사업을 해서는 절대 안 된다."

오늘날 종업원 8만여 명, 주식 시가총액 1,000억 위안의 글로벌 대기업 총수 둥밍주는 대부분 인사를 '구내식당'으로 초대한다. GREE가 매년 접대활동비 명목으로 지출하는 예산은 500만 위안을 넘지 않는다.

둥밍주는 외부 출장에 비서를 대동하지 않는다. 한 해 6개월은 외부에서 활동하는데 불필요하게 수행비서들을 대동해 항공료와 숙박비, 식대 등 몇십만 위안을 낭비할 필요가 없다고 생각한다. 상업의 강호에서 20여 년을 떠돌아다니며 양심에 가책이 되는 일을 하지 않았기 때문에 홀로 먹고 홀로 자고 홀로 입고 홀로 움직이는 생활이 습관이 되었다.

박리다매를 거부한 독창적인 시스템

둥밍주는 1996년 마케팅담당 부사장, 1998년 사장, 2002년 사장 겸 부회장, 2007년 총재, 2012년 GREE그룹 회장 겸 총재로 승승장구하면서 절묘한 제도를 창안·시행했다. 그녀가 창안한 제도 중 세 가지만 골라 간략히 소개한다.

- 비수기 판매 인센티브제
- 고압선 인사관리제
- 회전목마형 순환감독제

첫째, 비수기 판매에 인센티브를 주는 '담계반리淡季返利 시스템'이다. 에어컨 시장의 매출액은 성수기와 비수기가 극명하게 엇갈린다. 통상 가전제품 제조업체들은 에어컨 시장이 본격적인 비수기인 겨울철로 접어들면 가격인하를 통해 재고 소진 및 판매 촉진을 도모하는 게 상례다. 그러나 둥밍주는 중국 전통 상전商戰의 전술핵무기라고 불리는 '박리다매'를 기피해 왔다. 그녀가 GREE를 장악한 이후 비수기에 가격인하 조치를 취한 적은 단 한 번도 없다. 그녀는 가격인하를 죽기보다 싫어한다. 그녀는 영업사원에게 비수기 매출액에 대한 마진율을 높여주고 유통회사에 비수기에 투자한 금액에 비례해 이익금을 반환해주는 '담계반리 시스템'을 제정했다.

'담계반리' 시스템 작동 후 GREE 에어컨은 비수기에도 매일 10만 대 이하로 팔린 적이 없었다. 10만 대 미만이었다면 물량이 달린 경우였다. 둥밍주는 박리다매 대신 고가·유명 브랜드 전략, 즉 명품 전략을 구사하길 좋아한다. 사실 21세기 중국시장은 박리다매 전략보다 유명 브랜드 전략이 잘 먹혀들어가는 시장이다.

둘째, '높은 보수, 엄한 처벌'의 '고압선 상벌제'다. 전력회사는 전력을 고압 송전선로를 통해 고압 송전을 한다. 전압이 높은 데 따른 위험성이나 전자파로 인한 각종 피해 등 많은 문제점이 있는데도 고압으로 송전하는 까닭은 전압의 제곱에 반비례해 전력손실이 줄어들기 때문이다. 둥밍주가 회사 수뇌부에 진입한 이후 가장 역점을 들여온 분야는 직원 처우개선이다. 현재 GREE 의 보수와 후생복지는 중국 동종업계 최고수준이다. GREE는 모든 직원에게 숙소를 무료로 제공하고 있다. 독신자에게는 1실에 26제곱미터의 원룸을, 기혼자에게는 60제곱미터의 아파트를 마련해주고 있다. 20년 이상 근속한 GREE 직원은 퇴직하더라도 아파트를 영원히 반환하지 않아도 된다. 개인소유로 명의를 변경해준다.

전력회사가 전력손실을 줄이기 위해 고압으로 송전하는 것처럼, GREE도 제품의 경쟁력 손실을 줄이기 위해 고임금과 높은 수준의 후생복지를 제공한다. 그러나 부당한 커미션이나 리베이트 또는 뇌물을 1전이라도 주고받을 경우에는 고압선을 건드린 것과 같은 참혹한 후과를 각오해야 한다. 즉각 해고는 기본이고 오랜 철창생활을 달게 받아야 하며 거액의 손해배상금을 패가망신할 때까지 토해내야 한다. 어떤 기업이 좋은 기업인가? 둥밍주는 답한다. 첫째, 적극적으로 납세하는 기업, 둘째, 사원의 행복을 위한 기업, 셋째, 주주의 이익을 위한 기업.

마지막으로 부서 간 업무통합 기능을 극대화한 '회전목마형 순환관리제'다. 경영부장 시절, 둥밍주는 GREE 조직의 아킬레스건은 경영파트와 재무파트를 연결하는 관절부분이라고 파악했다. 재무부서와 경영부서의 업무가 서로 분절되어 통합 기능을 저해하고 있었다. 그녀는 당시 주장훙 총재 겸 회장을 비롯, 회사 수뇌부에게 대외재무 부문을 경영부서의 통제하에 두는 등의 혁신안을 담은 대대적인 회사 시스템 개혁안을 제출했다.

1998년 1월 회사 수뇌부는 둥밍주를 사장總經理 겸 부회장副董事長으로 승진 발령하고 그녀에게 회사 구조개혁의 전권을 맡겼다. 둥밍주의 개혁은 리모델링을 넘은 제2의 창사 수준이었다. 여덟 명의 부사장을 두 명으로 대폭 감원하고, 춘추전국시대 제후처럼 할거하던 부서 20여 개를 여덟 개로 통폐합했다. 제1부사장이 기획부, 재무부, 회계부, 경영총무·인사부를 맡고, 제2부사장은 영업부, 생산부, 홍보부, 연구개발부를 책임지게 했다.

둥밍주는 이때 참으로 대담하고 독창적인 시스템을 디자인했다. 이름하여 '회전목마형 순환관리제'다. 제1부사장의 총괄하에 기획부는 재무부의 감독을, 재무부는 회계부의 감독을, 회계부는 경영부의 감독을, 경영부는 기획부의 감독을 받는 식으로 꼬리에 꼬리를 물고 회전목마처럼 돌아가며 작동되는 부서 간 순환감독관리 시스템이다.

둥밍주가 GREE의 사장 겸 부회장으로 취임한 1998년부터 2015년 현재까지 GREE에는 제때 회수하지 못한 미수금이 1전도, 해소하지 못한 악성매출채권이 1푼도 발생한 적이 없다.

현재 GREE는 에어컨 글로벌 넘버원 업체다. 세계 에어컨 생산량의 40퍼센트를 담당하고 있다. 에어컨의 한자이름 '공조'空操 그대로 UN국제연합 회원국 193개국의 공기空를 GREE가 조절操하고 있다. 브라질, 파키스탄, 베트남 등 6개국에서는 현지공장을 가동하고 있다.

갑을 꺾은 을

2004년 중국 최대 가전제품 유통업체 궈메이國美[4]는 큰 폭의 가격인하 조치를 단행해 시장에서 차지하는 GREE의 우월한 지위를 흔들었다. 궈메이의 일방적이며 획일적인 가격인하 조치는 일류 브랜드 GREE의 이미지를 손상시켰다. 궈메이와의 협상이 이렇다 할 타협점을 찾지 못하자 당시 전인대 대표로서 베이징에서 개최된 전인대에 참석하고 있던 둥밍주는 궈메이의 매장에

GREE는 세계 에어컨 생산량의 40퍼센트를 담당한다.

6개국에서 현지공장을 가동하고 있다.

사진은 미국의 에어컨 판매업체 컴퍼트업(ComfortUp)에서

GREE 에어컨의 장점을 홍보하는 영상의 한 장면이다.

서 GREE의 주력 브랜드를 철수시킬 것을 선포했다. 그러자 궈메이는 전국의 모든 매장에서 GREE의 모든 제품을 철수시킬 수 있다고 위협했다. 둥밍주는 반걸음의 양보도 한마디의 타협도 거부했다. 궈메이와 완전히 결별을 선포하고 홀로 만들고 홀로 파는 길을 택했다.

일반적으로 중국에서는 제조업체의 제품을 여러 채널로 뿌려주는 유통업체가 갑이다. 중국의 대형 유통업체는 제조업체에 제품을 받을 때 바로 결제해주지 않는다. 다 팔릴 때까지 기다렸다가 다시 주문할 때 이전 주문에 해당하는 대금을 결제해주는 게 예사다. 결제를 빌미로 물건을 또 받기 위해 금액의 10~30퍼센트를 남기고 결제해주기도 한다.

대다수 중국재계 전문가는 GREE가 전 중국을 총망라한 궈메이의 판매망에서 이탈한다는 것은 명줄을 스스로 끊는 자폭행위나 다름없다며 끌끌 혀를 찼다.

한 유명 마케팅 전문가는 한술 더 떴다. 제조업체의 명맥은 유통업체의 판매망에 의존해야만 이어갈 수 있는 판국을 망각하고 궈메이와 결별한 GREE는 곧 파산할 운명이 틀림없으며, 이에 대한 모든 책임은 독선적 편집광적인 행태로 협상결렬을 주도한 둥밍주가 져야 할 것이라며 저주에 가까운 막말과 비난을 퍼부어댔다.

그러나 그 후 전개된 실제 양상은 전문가들의 예상과는 정반대로 흘러갔다. 궈메이와의 결별을 계기로, GREE는 전국 방방곡곡에 수천 개의 직판장을 개설해 자체 유통망을 완비했다. 거기에다가 GREE 브랜드 경쟁력 향상에 주력하면서 GREE를 글로벌 일류기업으로 비약적으로 발전시켰다.

궈메이와 결별한 이듬해인 2005년, GREE 에어컨은 연간 판매량 1,200만 대를 돌파하는 신기록을 달성했다. GREE는 중국 챔피언을 넘어 당시 글로벌 1위 업체 LG전자를 제치고 세계 에어컨 제조업계의 챔피언으로 등극했다.[5] 둥밍주는 GREE의 파산을 단언하고 자신을 저주했던 전문가의 뺨을 세계챔피언벨트로 거세게 후려갈긴 셈이다.

2008년 벽두, 앞서 밀려온 거센 파도의 포말이 가시지 않은 GREE에 또 한차례의 거센 파도가 몰려들었다. 광저우 시 정부가 발주한 공개경쟁 입찰에서 경쟁업체 메이디美的, Midea[6]가 GREE보다 400만 위안이나 높은 가격을 제시했는데도 낙찰된 것이다. 불의에 굴하지 않고 비켜서지 않는 둥밍주는 경쟁업체를 반독점법 위반혐의로 광저우 시 인민법원에 고발했다. 양 기업 간의 소송전이 치열하게 진행되는 상황에서 둥밍주는 감히 광저우 시 시재정국을 피고로 법정에 세웠다.

2010년 광둥 성 인민대표대회에서 집착의 끝판 여왕 둥밍주는 당시 광둥 성 당서기이자 중앙정계에 떠오르는 샛별, 왕양汪洋, 1955~ 의[7] 면전에다 대고 그 사건과 행정소송의 지지부진을 질타했다. 결국, 예상 밖으로 그 사건은 시정부가 화해를 제안하는 식으로 종결되었다. 막강 '중국공산당 정부' 대 '민초 둥밍주'의 싸움에서 후자가 판정승을 거둔 것이다.

100년 전, 루쉰魯迅, 1881~1936은 "우리 중국인은 아무런 죄 없이 관청에 끌려가 얻어맞고서도 머리를 땅에 붙이고 '나으리 감사합니다!'라고만 한다"며 자기 민족의 굴종성을 개탄했다. 루쉰이 다시 살아나 이 행정소송의 결말을 보았다면 어떠했을까.

생방송 중 벌어진 세기의 도박판

2013년 12월 12일 CCTV는 '제14회 올해의 중국경제인물 시상식'을 생방송했다. 수상자는 GREE 회장 겸 총재 둥밍주와 샤오미小米 회장 겸 CEO 레이쥔雷軍, 1969~ 이었다. 시청자들은 자신도 모르게 입을 벌렸다. 눈과 귀를 의심했다. 중국의 대표 TV 채널에서 판돈 10억 위안약 1,900억 원이 걸린 세기의 도박판이 전개되고 있었다.

둥밍주와 레이쥔은 판돈 10억 위안의 내기를 했다. 5년 내에 샤오미가 GREE의 판매액을 추월할 경우 둥밍주가 레이쥔에게 10억 위안을, 추월하지 못할 경우 레이쥔이 둥밍주에게 10억 위안을 주기로 한 것이다. 시상식에 특별게스트로 초빙된 전년도 수상자인 마윈과 왕젠린王健林, 1954~ 도 각각 둥밍주와 레이쥔[8]에게 1억 위안을 베팅했다. 연이어 펼쳐진 현대 중국의 거상 4인방의 치열하고 흥미진진한 설전에 시청자들은 완전히 몰입되어 반쯤 넋을 잃었다.

사회자 마윈, 그대가 둥밍주에게 베팅한 이유는?

마윈 나는 전통제조업이 없다면 전통기업도 비전통기업도 없으며 전통적 사상만이 남을 뿐이라고 생각하기 때문이다. 나는 둥 총재가 GREE에 바친 23년 세월에서 참다운 기업가의 정신과 삶을 배웠다. 반면 레이쥔의 샤오미는 2, 3년간 빛나고 있는데 이게 '자발스러운 빛'인지 '진득한 빛'인지 아직 알 수 없다. 우리의 신경제기업은 오래 살아남는 게 가장 어렵다. 그래서 3세, 13세의 샤오미는 의미 없다. 23세, 33세의 성숙한 샤오미를 바란다. 얼마나 오래 건강하게 살아남느냐가 중요하다. 알리바바나 샤오미는 가상경제에 해당한다. 가상경제는 GREE 같은 실체경제의 지지가 없으면 존립할 수 없다. 가상은 실체가 있기 때문에 있다. 실체기업이 성장해야만 인터넷 기업의 미래도 있다.

사회자 레이쥔과 둥밍주 각각 3초 동안 상대방의 눈을 바라보라. 레이쥔, 그대는 둥 총재의 눈에서 무엇을 보았나?

레이쥔 살기, 둥 총재의 살기는 너무 무섭다.

둥밍주 잔뜩 겁먹은 눈빛만 보인다. 레이는 이 도박에 벌벌 떨고 있다. 그래서 내가 살기등등하다고 한다.

사회자 상대방의 단점을 1분 내에 정확하고, 솔직하고, 거칠게 말해 달라.

레이쥔 전통 브랜드 기업은 첫째, 각종 판매루트나 전문매장이 고객과 너무 멀리 떨어져 있다. 둥밍주는 1년에 몇 명의 고객

제14회 올해의 중국경제인물 시상식에서
포즈를 취하고 있는 레이쥔과 둥밍주(오른쪽부터).
둥밍주는 5년 내에 GREE가 샤오미에
추월당할 일은 없다며 10억 위안의 판돈을 걸었다.
이후 둥밍주는 샤오미가 부동산사업에 진출함으로써
이 내기가 무효가 되었다고 말했다.

을 대면할 수 있는가. 둘째, 길고 긴 판매루트를 거치면서 재고는 전부 길 위에 쌓여간다. 이는 매우 위험한 문제다. 셋째, 그녀가 해야 하는 일이 너무 많다. 그녀는 자신이 하고 싶은 일에 집중해야 한다.

둥밍주 레이쥔의 자신만만. 지나친 자신감은 그의 위기다. 그의 가장 큰 단점은 윈윈 정신이 없으며 모든 리스크는 남에게 전가한다는 것이다. 잘 팔리면 내 덕이고 안 팔리면 남 탓, 그의 진정한 위기는 이런 데 있다고 생각한다.

'레이쥔은 사기꾼'

2014년 중국기업총수 송년포럼이었다. 예정된 시간이 5분 지났는데도 주빈은 나타나지 않았다. 콘서트홀 청중석을 꽉 채우고 있던 청중들 일부가 웅성거렸다. 초조해진 사회자는 시계와 입구 쪽을 번갈아 쳐다보았다.

잠시 후 둥밍주가 빠른 걸음으로 단상에 나타났다. 사회자에게서 마이크를 건네받은 그녀는 박수 소리가 그치자마자 질문을 던졌다.

"지금 샤오미 휴대전화를 휴대하고 계신 분은 손들어보세요."

청중들은 "와!" 하는 짧은 탄성과 함께 뭔가를 의식한 것처럼 주위를 둘러보았다. 겨우 두 사람이 손을 들었다. 둥밍주는 얼굴에 웃음기를 머금고 '말言의 폭탄'을 투하하기 시작했다.

"왜 샤오미 휴대전화를 사용해요? 애플이나 화웨이는 비싸고 샤오미는 싸기 때문이지요. 나는 싸구려만 사지 고급 브랜드는 사는 사람이 아니다, 그렇지요? 개념을 확실히 할 필요가 있어요."

폭소가 터졌다. 뜨거운 박수 소리와 함께. 그런데 아무도 둥밍주의 이어지는 '말言의 대량학살무기, 핵폭탄'을 예상치 못했다.

"나는 레이쥔과 샤오미가 해외로 진출하길 희망해요. 그러나 안타깝게도 현지 공항과 세관에서 입국을 거부당하고 반입을 금지당할 거예요. 레이쥔은 다른 사람의 특허를 훔쳤어요. 도둑질한 기업을 위대한 기업이라 부를 수 있어요? 나 같으면 창피해서 얼굴을 들고 다니지 못할 것 같은데. 어제 나는 인터넷에 올라온 글을 보았어요. 샤오미와 메이디의 합작에 둥밍주가 급하게 되었다는 내용이던데, 내가 급하긴 뭐가 급해요? 법원은 메이디가 GREE의 특허를 훔친 죄를 인정해 내게 200만 위안을 배상하라고 판결했어요, 샤오미와 메이디는 두 사기꾼이 손잡은 '좀도둑그룹'일 뿐."

그다음 날, 중국의 거의 모든 언론매체가 「둥밍주, '샤오미는 사기꾼'이라고 공개비판」이라는 헤드라인이 붙은 기사를 대서특필해 중국 천하를 도배하다시피 했다. 그런데 이런 막무가내 독선·독종·독신 3독녀 둥밍주를 경탄하고 숭앙하는 사람들의 수가 비난하는 사람들의 수를 압도하고 있다.

21세기 중국인 상당수는 둥밍주의 이러한 슈퍼 아방가르드적인 언사에 미치도록 열광하고 있다. 그녀의 한마디 한마디를 진리에 근접한 어록으로 받들며 암송하는 열광의 추종자들도 생겨나고 있다. 둥밍주가 출현하는 곳은 열광의 도가니. 그녀를 인기 아이돌처럼 떠받드는 팬덤광팬들로 넘쳐나고 있다. 에어컨 세계 1위 기업 GREE의 매출액도 공활한 가을 하늘 높이 계속 비상하고 있다.

사랑과 일, 일과 사랑

어느 날 인터뷰 말미에 여기자가 물었다.

기자 조심스러운 질문 하나 해도 될까요?

둥밍주 좋아요.

기자 재혼하지 않는 가장 큰 이유는 아들이 있기 때문이지요?

둥밍주 아니에요.

기자 외람된 질문이지만, 홀로 되신 후 마음에 드는 남자를 만난 적이 있나요?

둥밍주 있어요. 그러나 너무 멀리 있어요.

기자 너무 멀리? 혹시 이역만리 해외에 계세요?

둥밍주 멀다는 의미는 공간적·지리적 의미가 아니에요. 마음이 동하는 사람은 너무 멀리 있고 가까운 사람은 마음이 멀리 있어요.

기자 당신을 사랑한다는 남자를 만난 적이 있나요?

둥밍주 없어요. 나를 사랑한다는 남자는 한 번도 만난 적이 없어요.

기자 남자들이 혹시 열등감이나 자기 비하 의식 때문에 어렵게 생각해서 그러는 건가요?

둥밍주 그건 잘 모르지만, 사랑과 사업은 완전히 다른 것 같아요.

제2부

시대의 흐름을 탄 슈퍼리치

시장화의 신세계에서는
'강병'보다 '부국'이 우선이다.
'부국'을 향한 최전선의 선두에
나를 서게 하리라.
· 왕젠린

만족은 성공의 적이며 기업의 무덤이다.
지난날의 하찮은 성취를
불태워버려야만 승리할 수 있다.
· 류융하오

4 거상이 된 홍군의 아들

왕젠린의 군인정신, 기업가의 요람은 사관학교다

고추와 정치가, 설탕과 기업가의 상관관계

사람들에게 쓰촨 하면 가장 먼저 떠오르는 것 두 가지만 말해보라고 한다면, 대개는 쓰촨 요리의 알싸한 매운맛과 이룰 수 없는 꿈을 꾸었고, 이길 수 없는 적과 싸운 『삼국지』 속 촉^蜀나라 영웅들의 비장한 멋을 꼽을 것이다.

중국인들 사이에 흔히 오가는 우스갯소리에는 "구이저우^{貴州} 사람들은 매운 것을 두려워하지 않고, 후난^{湖南} 사람들은 매워도 겁내지 않으며, 쓰촨 사람들은 오히려 맵지 않을까봐 두려워한다"는 말이 있다. 쓰촨 사람들이 얼마나 매운 요리에 열광하는지 잘 보여주는 말이다. 매운 것을 즐기는 이 지역 사람들의 공통점이 하나 더 있는데, 그것은 '경제와 장사에는 젬병, 정치와 혁명에는 귀신'이라는 세간의 평을 받아왔다는 사실이다. 쓰촨과 바로 이웃해 있는 후난에서 태어난 마오쩌둥은 매운 고추를 하루에 한 개 이상 먹고 "맵지 않으면 혁명도 할 수 없다不辣, 不革命"고 외치며 붉은 고추보다 붉은 공산혁명 의지를 불태웠다.

이와 반대로 광둥, 푸젠福建, 저장, 장쑤, 상하이 사람들 중에는 매운맛에 질색하는 대신 달지 않을까봐 노심초사하는 단 음식 애호가들이 많다. 이 지역 음식 가운데는 설탕을 아예 봉지째 들이붓다시피 해서 만든 설탕조림에 가까운 요리도 부지기수다. 이 지역 출신 상인들은 유대상인도 두 손 번쩍 들게 하는 순종 상인종들이다. 글로벌 슈퍼리치 TOP100에 든 중국인 15명 가운데 12명이, 중국 100대 민영기업가 중 72명이 모두 단맛을 탐닉하는 이 지역 출신이다.

나는 한때 "고추와 정치가, 설탕과 기업가의 상관관계 내지 인과관계"라는 연구테마로 논문을 써볼까도 생각했었다.[1] 이러한 등식관계가 세계 인류에 보편적으로 통용될 수 있는 것인지로 연구범위를 확대함으로써 인문사회과학과 자연과학, 생활과학을 두루 통섭하는 인류사에 새로운 지평을 여는 연구업적도 될 수도 있겠구나 하는, 딴에는 기발한 상상도 했었다.

그러나 요즘 나는 발상의 시초 단계부터 일반화의 오류가 있음을 발견하게 되어 부끄럽다. 정치 9단, 경제 10단의 덩샤오핑이 쓰촨 위인이라는 사실은 차치하더라도 맵지 않을까봐 두려워하는 캡사이신 마니아 쓰촨 출신 억만장자의 수가 기하급수적으로 늘고 있기 때문이다.

쓰촨 없는 중국은 팥소 없는 찐빵

"동쪽 하늘은 맑으나 서쪽 하늘에서는 비가 내리네."

중국의 번화한 동부연해 지역과 낙후되어 있는 서부내륙 지역 간의 격차를 단적으로 표현한 구절이다. 전체 중국지도를 세로로 접으면 종합경제력 비중은 '동이 9, 서가 1'로 동부가 압도적이다. 서부의 비중 1마저도 쓰촨충칭重慶 포함[2]이 대부분을 차지한다. 인류 생존에 부적합한 고산지대와 사막지대가 전체면적의 4분의 3에 달하는 중국 서부에서 쓰촨은 그야말로 젖과 꿀이 흐르는 천혜의 복지, 기름진 땅에 온갖 인재와 산물이 많이 나는 천부지국天賦之國이다. 쓰촨이 없었다면 중국경제지도는 동쪽만 있는 반쪽이가 될 뻔했을 것 같다.

2015년 중국 100대 부자 출신지별 순위는 쓰촨 출신이 아홉 명으로, 저장, 광둥, 상하이장쑤 포함, 베이징톈진 포함에 이어 5위를 차지했다. 중국 억만장자개인자산 190억 원 이상들의 거주지별 순위로는 2,160명의 억만장자가 살고 있는 쓰촨이 8위를 차지해 서부의 성과 자치구로서는 유일하게 전국 10위권 내에 들었다.

쓰촨 억만장자 이야기를 다 할 수는 없다. 쓰촨이 낳은 현대 중국재계의 양대 거두, 즉 2015년 중국 최고갑부 왕젠린과 중국 최장수갑부20년 연속 20위권 내 갑부 류융하오劉永好, 1951~ 를 이야기해 보고자 한다.

쓰촨이 낳은 중국재계의 양대 거두 왕젠린(위)과 류융하오.
왕젠린은 군인출신 갑부라는 특이한 이력의 소유자며,
류융하오는 중국갑부 순위에서
20년 연속 20위권을 지켜낸 중국 최장수갑부다.

쓰촨 출신 중국재계의 양대 거두 비교

왕젠린	VS	류융하오
1954년	생년	1951년
쓰촨 청두 산촌	출신지	쓰촨 청두 농촌
홍군(빨치산), 임업(나무꾼)가문	부모, 가문	농민, 농업(소작농)가문
5남 중 장남, 현재 5형제 모두 기업가	형제	4남 중 막내, 현재 4형제 모두 기업가
대학원 졸	학력	대졸
군인, 공무원, 국영기업 사장	창업 이전 경력	공무원(교사)
제17기 중국공산당 전당대회 대표	주요 정치 경력	제8대 중국인민정치협상회의 전국위원
제갈공명 스타일	인물 스타일	유비 스타일
군사전략가형 리더십	리더십 스타일	애민 덕치의 군주형 리더십
정부와는 가깝게, 정치와는 멀게	대표어록	만족은 성공의 적이다
완다그룹(萬達集團)	그룹명칭	신시왕그룹(新希望集團)
랴오닝 다롄 → 베이징(2008~)	본사 소재지	쓰촨 청두
부동산, 영화, 호텔, 백화점, 레저, 체육 문화산업	주력업종	사료업, 농축산, 금융업, 부동산업, 국제무역

• 2015년 중국 최고갑부
• 73억 세계인구 중 29번째
  슈퍼리치
• 마윈과 중국갑부 서열 1, 2위
  경합
• 독서광, 축구광
• 다롄 축구팀 구단주 역임,
  미술품 수집가
	특기사항	• 중국 최장수 갑부
		• 중국의 유일한 20년 연속
		  20위권 내 부호
		• 중국의 제일 존경받는 기업가
		• 모범적인 가족기업

• http://www.forbeschina.com과 http://www.caijing.com.cn과
  http://www.nfcmag.com을 참조해 직접 작성.

중국 최고부호의 아버지는 부자를 소탕하던 홍군

2010년 연말, 왕젠린이 베이징에서 '평생성취인상'을 받는 자리였다. 시상자는 롄샹聯想, Lenovo의 창립자 류촨즈柳傳志, 1944~였다. 평소 왕젠린과 형님 아우하며 가깝게 지내던 류촨즈는 마이크를 잡자마자 관중석을 향해 외쳤다.

> "알다시피 이 사람의 아버지는 부자들을 소탕하던 홍군 전사였다."

'헉!' 경악을 삼키는 관중석을 아랑곳하지 않고 류촨즈는 왕젠린에게 '말言의 단도'를 직입했다.

> "친동생보다 아끼는 그대에게 오래전부터 묻고 싶었던 질문이 있다. 억만장자인 그대와 부자들을 소탕하던 그대 아버지와의 사이는 어떠한가?"

순간 왕젠린은 비수에 찔린 듯, 선 채로 혼절한 듯 얼어버렸다. 한참 후 "이 문제는 원래 내가 답변을 미리 준비해온 게 아닌데. 이는 류 총재가 내게 묻겠다고 한 질문이 아닌데, 아, 어떻게 말해야 하나……." 중얼거렸다.

지난 세월 무수히 했던 기업설명회와 기자회견, 인터뷰 등에서도 사전에 주고받은 예상 질의답변서나 시나리오에 없는 돌발성 질문이 나왔지만 그때마다 거침없이 답하던 달변의 혀는 어디로 갔을까.

왕젠린은 다시 한참 후, "연로한 부모님을 위해서 고향 쓰촨 청두成都에 시가 1,000만 위안한화 약 19억 원짜리 3층 고급빌라를 지어드렸다. 그런데도 부모님은 낡고 값싼 손목시계를 차고 다니며 소박한 생활습관을 유지한다"는 등 더듬거리며 횡설수설했다.

그날 대륙의 대표 성취인이 허둥대던 모습에 오히려 시상자와 관중들이 민망할 정도였다. 왕젠린은 말미에 겨우 정신을 수습했는지 위축된 혀로 이렇게 얼버무렸다.

"그렇다. 내 부모님의 과거 목표는 이 땅에서 부자들을 모조리 쓸어버리는 것이었다. 그러나 현재 부모님은 돈이 있는 게 없는 것보다는 좋다고 여기고 있는 것 같다."

왕젠린은 1954년 10월, 쓰촨 성 청두 시 근교의 두장옌都江堰[3]에서 5남 중 맏이로 태어났다. 왕젠린의 아버지 왕이취안王義全, 1912~2015은 쓰촨 성과 시짱西藏, 티베트 사이에 위치한 산간벽지에서 세세대대로 내려오는 나무꾼 집안 출신이었다.[4]

왕이취안은 홍군 제4방면군이 고향 마을 어귀에 진군하자 홍군을 따라 2만 5,000리 대장정에 나섰다. 후일 왕이취안은 자신이 홍군이 된 까닭은 홍군을 따라나서면 매일 끼니 걱정은 없겠다고 생각했기 때문이라고 솔직하게 밝혔다. 왕이취안은 일선 홍군전사로서 악덕지주와 매판자본가를 소탕했고 또 이들을 편들던 국민당군 섬멸에 앞장섰다. 그러다가 1950년 한국전쟁이 발발하기 직전 퇴역했다. 퇴역 당시 왕이취안의 계급이 알려지지 않은 것으로 보아 그가 중화인민공화국의 정규군인 인민해방군으로 편입된 경력은 없었던 것으로 분석된다.[5]

그런데 퇴역 후 왕이취안이 맡았던 최고 직위는 신비의 베일에 싸여 있다. 쓰촨 성 임업부장, 쓰촨 성 당조직부장, 시짱자치구 고위간부설 아니면 공산당 특무요원을 맡았다는 등 각양각색의 설이 난무하고 있다. 각종 설說이 야살스러운 느낌의 '썰'로 전환되고 있다. 왕젠린이 아버지의 구체적 경력을 제대로 밝힌 적이 없기 때문이다.

2013년 중국 최대의 매체 블로그인 '보커천하'博客天下가 왕젠린의 아버지가 맡았던 최고 직위는 쓰촨 성 산골마을의 다진 현大金縣 삼림공업국 부국장, 즉 중앙부처의 평직원급에 불과했다고 밝혔다. 이러한 폭로성 뉴스에 중국인들은 "아하, 그래서 왕젠린이 입을 다물고 있었구나. 보통 공무원에 불과했던 자기 아버지에게 신비감을 더해주려고" "아들로서는 뻥튀기된 아버지의 경력을 굳이 바로잡을 필요가 없지 않은가. 왕젠린은 효자다" 등의 반응을 보였다.

2015년 5월 왕이취안이 103세로 사망하자 일부 매체는 그가 시짱자치구 부주석을 역임한 바 있다고 보도함으로써 중국 제1슈퍼리치 부친의 최고 직위는 일종의 미스터리로 신비감의 색

채를 더하고 있다.

억만장자인 자신과 부자들의 천적이었던 아버지의 인생역정의 극명한 대조가 부각되는 것을 저어함일까, 아니면 오늘날 중국의 권력과 재력의 세습현상에 대한 질시와 비판의 예봉을 피하고 싶어서일까. 나는 2010년 시상식에서 왕젠린이 허둥대던 모습이야말로 실체적 진실에 근접할 수 있는 첩경이라고 생각한다.

21세기 중국은 여전히 헌법상 노동자 농민연맹국가^{중국헌법 제1조}인데 실상은 전인대 대표 중에 노동자 농민은 2퍼센트 미만에 불과하고 당정관료와 기업가가 80퍼센트 이상을 차지하고 있는 '당정관료 기업가연맹' 국가다. 헌법 제1조를 위반해 잘 사는 나라라고 해야 하나? 하여튼 오늘날 중국이 보여주고 있는 이념과 현실, 명분과 실상의 극명한 모순대립현상을 명쾌하게 석명하는 지식인을 나는 아직 찾지 못했다.[6]

왕젠린의 어머니 친자란^{秦嘉蘭, 1930~} 역시 홍군가문 출신이다. 혁명전사의 딸로 태어난 덕분에 친자란은 방년 20세에 쓰촨 산골마을의 한 향^{鄕, 한국의 면}의 향장을 역임했다. 1953년 1월 1일, 친자란은 공산당 지방조직의 주선으로 18세 연상인 왕이취안과 결혼했다. 천자란은 최근 한 인터뷰에서 "결혼 60주년이 넘도록 남편은 한 번도 내 속을 썩여본 일이 없다. 이러한 좋은 남편을 골라준 당과 국가에 항상 감사한다"고 밝힌 바 있다.

상산上山의 길을 택한 어린 산적두목

왕젠린의 아명 '젠린'建林은 세세대대로 삼림에 의존해 살아온 가문의 장남으로 태어났기 때문에 숲을 잘 가꾸어 나가길 바라는 뜻으로 붙여준 이름이다.

1958년 아바장족창족阿壩藏族羌族 자치주 근처의 다진 현 삼림 책임자로 부임한 왕이취안을 따라 일가족은 다진 현 산골 오지 숲 속으로 들어가 살게 되었다. 오랜 세월 동안 이른바 중국판 부시먼 생활을 해야 했다.

인생사 새옹지마라던가, 왕젠린 일가족이 산골오지로 들어갔기 때문에 1958~60년까지 3년간 무려 4,000만 명의 아사자가 발생한 대기근 시절에도 그의 가족은 굶어 죽지 않고 살아남을 수 있었다. 다섯 아이를 굶겨 죽이지 않을 수 있었던 까닭을 친자란은 자신이 매일 천 길 낭떠러지 위에 걸린, 군데군데 판자가 떨어져나간 다리를 죽음을 무릅쓰고 건너서 화전을 일구어 소련감자를 심고 토끼를 기른 덕분이라고 회고했다. 그러나 엄밀히 말하자면 대기근 3년간 아사자의 대부분은 농촌지역과 도시근교 주민이었다. 숲이 있어 배를 채울 수 있는 초근목피가 남아 있던 산촌지역의 주민은 영양 상태는 좋지 않았지만 굶어 죽지는 않을 정도였다.

어릴 적 별명, '어린 산적두목'에 걸맞게 왕젠린은 산골동네 아이들에게 카리스마 있는 지도자로 군림하려고 했다. 키가 작고 옆으로 떡 벌어진 땅딸보 아이는 산골동네 아이들을 이끌고 이산 저 산을 뛰어다니며 빨치산 흉내와 사냥놀이를 즐겼다. 어린 산적두목은 열 살 무렵이 되자 매사에 긍정적이고 진지한 태도와 표정으로 동생들을 잘 챙기고 틈틈이 어머니를 도와 화전을 일구는 '애어른'으로 변했다.

그러나 그 시절 대부분의 산골아이가 초등학교를 마치면 곧장 일터로 투입되었던 것과 마찬가지로 왕젠린도 갓 입학한 중학교를 그만두고 다진 현의 영림서營林署 사환으로 배치되었다. 영림서는 산봉우리를 몇 개 넘어야 닿을 수 있는 험한 산중에 있었다.

왕젠린은 1967년 한 해를 꼬박 숲 속에서 보냈다. 사람들은 숲에서 관습으로 가득 찬 등짐을 내려놓는다는데, 13세 산골소년은 하루도 빠짐없이 원시삼림 속의 길을 오가며 무슨 꿈을 품었을까. 하산해 문화대혁명의 굿판에서 광란의 붉은 춤을 추는 홍위병을 꿈꾸었을까, 아니면 아버지처럼 산맥과 초원을 종횡하는 빨치산 홍군을 꿈꾸었을까.

이듬해인 1968년, 어린 산적두목은 숲에서 나와 군인의 길로 들어섰다. 왕젠린은 불온한 홍위병에 가담하는 하산下山의 길을 택하지 않고 정규군인 인민해방군에 자원입대하는 상산上山의 길을 택했다. 왕젠린이 14세 소년병으로 입대한 배경에는 홍군 경력이 있는 아버지의 권유와 홍군가문 출신인 어머니의 묵인이 있었다. 입대하면서 왕젠린은 자신의 이름 앞 글자 '건'建에 사람 '인'亻변을 붙여 '젠린'健林으로 개명했다.[7]

기업가의 요람은 웨스트포인트

왕젠린과 함께 훈련병 생활을 했던 한 퇴역 노병은 추억을 더듬는다.

> "훈련병 동기 중 왕젠린의 나이가 가장 어렸다. 아직 덜 자라서 그런지 몸에 맞지 않는 군복을 입은 앳된 그의 몰골이 귀엽기도 하고 안쓰럽기도 하고 우스꽝스럽기도 해 훈련병 동기들이 함께 웃었던 장면이 지금도 눈에 선하다."

고된 훈련병 과정을 끝낸 왕젠린은 고구려의 옛 도읍지이자 압록강을 경계로 북한과 마주하고 있는 지린 성 지안 현集安縣의 한 부대에 배치되었다. 국경선 접경에 주둔한 부대였기에 병영은 항상 팽팽한 긴장감이 감돌았다. 더구나 1969년 3월 중국군이 우수리 강 가운데 있는 섬 전바오다오珍寶島, 러시아명 다만스키 섬에 선제공격을 감행한 사건으로 촉발된 대규모 군사 충돌 등 중소분쟁[8]이 극에 달하던 시기였던 터라 병영 내의 각종 규율은 엄중하고 가혹했다. 특히 매년 혹서기와 혹한기에 각각 1회씩, 20킬로그램의 완전군장을 하고 40킬로미터의 험준한 백두준령 산악코스를 완주해야만 하는 지옥의 행군훈련은 살쾡이 같던 쓰촨 소년을 백수百獸의 왕 동북 호랑이로 성장시켰다.

이러한 극한의 고통을 체험한 왕젠린의 병영생활은 20여 년 후 그의 완다萬達그룹에 그대로 전이되어, 군대식 경영과 팽팽한 긴장감이 감도는 완다그룹 특유의 조직문화로 구현되고 있다.

왕젠린 완다그룹 총재는 "진정한 기업가의 요람은 웨스트포인트와 같은 사관학교이지 경영학석사과정MBA이 아니다"고 강조한다. 왕젠린은 완다그룹 전체 임직원에게 "모든 일에 시한을 정해놓고 일하라" "먼저 부하가 되는 법을 배우고 나중에 리더가 되는 법을 배워라"는 웨스트포인트식 리더십을 실천하라고 목청을 높인다.

군문에 들어선 지 10년째 되던 1978년, 왕젠린은 다롄大連의 인민해방군 육군학원에 진학했다. 장교가 되기 위해서였다. 중국의 육군학원은 우리나라의 육군사관학교와 비슷하지만 생도의 일부를 사병 중에서 모집한다는 점이 달랐다.[9]

성공의 비결은 다사·다독·다작

"육군학원 교관시절, 평생 잊을 수 없는 기억 속 장면이 하나 있다. 육군학원 수업시간에 이의를 제기하는 생도는 거의 없었다. 다들 교관의 말과 글을 그대로 받아쓰고 암기하기에만 바빴다. 그러나 왕젠린은 항상 교관들에게 답변하기 곤란한 질문들을 따발총 쏘듯 쏘아대었다. 교관들은 그러한 그를 부담스러워했다. 심지어 왕젠린 때문에 강의실에 들어가기가 무서워 이런 핑계 저런 핑계를 대고 결강하는 교관들도 있었다. 내가 한번은 대전차전을 강의하면서 교재에 기재된 바와 같이 적군의 전차가 커브를 돌 때 커브의 왼쪽 내측에 매복을 해야 한다고 설명을 하는 참이었다. 그런데 왕젠린이 손을 번쩍 들고 일어서며 자신의 생각은 전혀 다르다고 말했다. 즉 커브의 왼쪽 내측이 아닌 오른쪽 내측에 매복 포진해야 한다고 주장하며 그 근거 여섯 가지를 조목조목 밝혔다. 그의 논거가 하도 명료하고 정연해 나도 모르게 고개를 끄덕이고 말았다.”

이는 육군학원 시절 왕젠린의 은사이자 후일 완다그룹의 부총재로 영입된 장창췬張昌軍의 회고담이다. 기말시험에도 똑같은 문제가 나왔지만 왕젠린은 낙제를 각오하고 오른쪽 내측에 매복해야 한다고 적어냈다. 비록 왕젠린 개인은 그 과목에 낙제점수를 받았지만 이듬해부터 육군학원 교재는 왕젠린의 주장을 그대로 수용한 내용으로 수정되었다. 일개 생도의 이의제기를 진지하게 받아들여 바로잡은 그 교재는 2002년 육군학원이 폐교될 때까지 사용되었다. 이 대목에서 나는 왕젠린이 괜히 중국 최고갑부가 된 게 아니고, 중국이 괜한 G2가 아니라는 생각이 든다.

1979년 8월 왕젠린은 육군학원을 우수한 성적으로 졸업한 덕분에 극소수가 잔류할 수 있는 육군학원 교관이 되었다. 왕젠린에게는 당정간부들의 군사훈련 전문코스를 담당하는 직책이 주어졌다. 이러한 보직은 후일 왕젠린에게 당과 정부에 광범위한 네트워크를 형성하게 해주었음은 물론 그가 군이라는 폐쇄사회의 장교에서 시장경제 개방사회의 리더로 변신하는 계기로 작용했다.

군인 시절의 왕젠린.
그는 육군학원을 우수한 성적으로 졸업해
육군학원 교관이 되었다.
그곳에서 당정간부들의 군사훈련을 담당했는데
이 보직은 왕젠린이 당과 정부에
광범위한 네트워크를 형성하게 해주었다.

1983년 왕젠린은 랴오닝대학 경영관리전문 특별과정에 진학, 1986년 졸업해 석사학위에 준하는 경영관리전문학위를 취득했다. 그는 20년에 이르는 기나긴 군생활의 여가 대부분을 사색과 독서와 습작에 할애했다. 대학 도서관의 인문사회서적을 전부 독파할 각오로 닥치는 대로 읽었다. 특히 애독했던 서적은 역사와 문학, 법제와 행정, 경영관리 분야였다. 그는 책을 통해 동서고금을 막론하고 국가와 조직사회의 흥망성쇠는 지도자가 올바른 정책을 제도화해 이를 강력하게 집행하는 데 달려 있다는 '통치의 공식'을 발견해냈다. 현재 중국기업가 중에서 최고의 다독가로 널리 알려진 왕젠린은 선양군구가 발행하는 격일간지『전진보』前進報에 20여 편의 시와 수필을 싣는 등 문예창작에 발군의 재능을 보이기도 했다.

이처럼 왕젠린이 예사 군인들과 남달랐던 부분은 많이 생각하고, 많이 읽고, 많이 쓰는, 다사多思 · 다독多讀 · 다작多作의 '삼다주의'를 실천했다는 사실이다. 군복을 벗고 기업가로 변신한 지금도 그는 '삼다주의'를 계속 실행하고 있다. 다만 삼다주의 중에서 다작의 지을 '작'作만 '글을 많이 짓는 작'에서 '기업경영 발전에 좋은 시스템을 많이 제작하는 작'으로 바꿨을 따름이다.

"가난한 자는 책으로 말미암아 부자가 되고 부자는 책으로 말미암아 존귀해진다"는『고문진보』古文眞寶의 글귀에 왕젠린처럼 잘 어울리는 이가 또 있을까.

'강병'보다 '부국'이 우선이다

1986년 초 중국이 시장화의 신세계를 향해 나아가고 있는 가운데, 중앙군사위원회 주석[10] 덩샤오핑은 100만 명의 지상군 병력 감축 계획을 전격적으로 발표했다. 그 무렵 왕젠린은 장군이 되는 꿈을 접었다. 그리고 강산이 두 번 변하는 오랜 군 생활에 근본적인 회의를 품고 침잠했다.

"전시가 아닌 평시, 특히 지금 같은 시장경제시대에 군인이 할 역할은 무엇인가. 군인은 새로운 영역의 개척보다는 현 상태를 유지하는 수성守成에 쓰일 터인데, 수비는 따분하고 진격은 즐겁다. 수성보다 창업하고 싶다. 전시에는 군인이 꽃이지만, 평시에는 상인이 꽃이다. 평화시대가 열리면 전쟁시대의 꽃이던 군인은 이미 꽃이 아니다. 시든 꽃잎마저 모두 떨어내고 후대를 위한 씨앗을 품든지, 꽃이 된 상인을 지켜주고 받쳐주는 이파리로 바꾸어야 한다. 나 왕젠린은 이파리로 살고 싶지 않다. 꽃으로 살고 싶다. 시장경제시대의 꽃, 상인기업가로 살고 싶다. '부국'과 '강병'은 따로 떼놓을 수 없이 둘 다 중요하지만 시장화의 신세계에서는 '강병'보다 '부국'이 우선이다. '부국'을 향한 최전선의 선두에 나를 서게 하리라."

대다수 장교는 새장 문이 열려도 새장을 떠나려 하지 않는 새처럼 군문을 나오려고 하지 않았다. 새장 속을 벗어나는 것이 두

려웠기 때문이다. 왕젠린의 뇌리에는 어린 시절 쓰촨의 숲을 뚫고 하늘 높이 솟구치던 참매의 날갯짓이 떠올랐다. 새장 문이 활짝 열려 있는 새장 속의 야생의 맹금류는 시장경쟁의 창공을 마음껏·능력껏 비상하고 싶었다,

1986년 6월 왕젠린은 마침내 무관의 군복을 벗고 문관의 인민복[11]으로 갈아입었다. 육군학원관리처 부처장부과장에서 다롄 시 시강 구西岡區 정부 판공실 부주임한국의 구청 총무과 부과장으로 자리를 옮긴 것이다.

1989년 6·4천안문사태가 발생했다. 마지막 남은 사회주의 대국, 중국이 기로에 선 무렵, 3년 차 지방 초급간부 공무원 왕젠린도 다시 기로에 섰다. 시강구 정부는 막대한 채무를 지고 파산에 직면하게 된 관내 주택개발공사의 처리문제로 골머리를 앓고 있었다. 빈사 상태의 국영기업을 회생시키든지 안락사시키든지, 어떻게든 마무리를 지을 책임자를 공무원 중에서 물색하고 있었다. 그러나 돈바람 피바람 몰아치는 광야의 민간부문으로 나서려는 철밥통 공직자가 있겠는가.

왕젠린은 공무원 생활 3년 동안 공무원 사회가 군대 사회보다 더 썩었음을 온몸으로 깨닫고 있었다. 새로운 지평을 찾아내는 일을 즐기는 그에게 무사안일, 전례답습, 부정부패의 삼매경에 빠져 있는 공무원 사회는 더 이상 머물 곳이 아니었다.

3년 전 군복을 벗어던진 왕젠린은 이제 인민복마저 벗어던졌다. 애당초 공무원은 창업의 길로 진격하기 위한 교두보였던 것

이 아닌가. 공직을 완전히 내던지기로 했다. 독배를 마시는 심정으로 파산 일보 직전의 국영기업 사장직을 맡았다. 명색이 국영건설회사 사장인데도 사장실은커녕 별도의 칸막이도 없었다. 2층짜리 퇴락한 목조건물 위층 100제곱미터 남짓한 사무실을 사장을 포함해 20명 사원 전원이 함께 사용했다. 아래층을 석탄 보일러실로 사용했기에 위층 사무실의 창과 창틀은 항상 검은 석탄가루로 덮여 있었다.

사장과 사원들은 서로 새카매진 콧등을 바라보며 탄광 막장에서 나온 광부 같다며 쓴웃음을 지으며 퇴근했다. 여름에 사무실에 출근하자마자 제일 먼저 하는 일은 냉수를 바닥에 뿌려 실내 온도를 낮추는 일이었다. 회사 소유의 자동차도 없었다. 근처 식품 도매시장에서 임차한 낡은 소련제 승합차가 회사의 유일한 운수도구였다.

국영의 철밥통에서 민영의 법랑식기로

"명군이 신하를 다스리는 바는 상과 벌, 두 권력뿐이다."
• 한비자韓非子, ?~BC 233

왕젠린은 국영기업 사장 취임 첫날부터 군복을 입고 출근했다. 출근 첫날 그는 왕젠린식 성과급 제도를 시행했다. 실적이 좋은 직원에게는 표창과 함께 돈다발을 안겨주고 실적이 나쁜 직원에게는 경고처분하고 월급을 삭감한다는 포고령이었다. 금방이라도 숨이 넘어갈 듯했던 빈사 상태의 국영기업이 회생할 가능성을 보이자 시강 구 정부는 왕젠린 사장 개인에게 1만 5,000위안의 연말 보너스를 지급했다. 왕젠린은 송년회에서 자신과 실적이 저조한 네 명을 제외하고 직원 15명에게 1,000위안 씩 나눠주면서 고사故事를 들려주었다.

"강태공이 병사들을 이끌고 행군하던 중에 술이 한 병 생겼다. 강태공은 흐르는 개울물에 술을 다 쏟아 부었다. 그러고는 그 물을 수백 명의 병사와 함께 나누어 마셨다."

그러나 국영기업은 국영기업이었다.[12] 아직은 소유도 국가, 경영도 국가가 하는 국영기업시대였다. 왕젠린은 사사건건 당과 정부의 간섭을 받았다. 국영기업의 인사는 정부 제1인자 당서기의 말 한마디면 그만이었다. 국영기업 사장에게는 어떠한 인사권도 없었다. 왕젠린은 규율을 위반하고 행패를 부리는 문제 직원 두 명의 해고를 시강 구에 상신했으나 2개월이 지나도 가타부타 답이 없었다. 참다못한 왕젠린은 다롄 시 기율조사위원회 책임자를 찾아가 문제 직원을 해고시켜줄 것을 요청했다. 그제서야 시강 구는 문제 직원 둘을 다른 곳으로 전근 조치했다.

왕젠린은 1990년 5월 1일, 노동절을 맞이해 버스를 한 대 세냈다. 직원과 직원가족들을 태우고 다롄 시 외곽 북쪽의 삼림공원을 향해 출발했다. 노동절 연휴기간[13]을 직원단합을 위한 기회로 활용하기 위해서였다. 버스가 교외로 빠지는 길목에 이르렀을 때 바리케이드가 쳐 있었다. 공안 몇 명이 우르르 버스 안으로 들이닥쳤다. 완장을 찬 공안이 왕젠린에게 다가와 삿대질을 하며 호통쳤다.

"당신은 노동절 연휴기간에는 일체의 단체 행사를 금하는 당의 지령을 몰랐는가? 당신은 당기율조사위원회에 고발당했으니 즉각 행사를 중단하고 응분의 처분을 기다려라."

얼마 후 왕젠린은 직원 전체에게 1인당 200위안의 배상금을 지급하라는 명령과 함께 서면 경고조치를 받았다. 그는 한동안 극심한 배신감으로 가슴이 타서 밤잠을 설쳤다. 전근조치당해 앙심을 품은 자의 소행이라면 그럴 수도 있겠구나 하며 그냥 넘어갈 수 있겠는데 만약 가족들과 오붓하게 지내려던 현직 직원의 밀고였다면 그것은 이만저만한 문제가 아니었다.

군대식 일사불란한 명령체계가 국영기업에서는 작동되지 않았다. 그가 사장 취임 초 시행했던 성과급 제도도 감독기관이 직원 간에 불필요한 경쟁을 야기한다며 폐지하라는 지시를 내렸다. 조직 수장의 영이 제대로 서지 않았다. 그의 기억에서 영원히 묻어버리고 싶은 배신과 실의의 계절이었다.

1991년 초 국가체육개혁위원회와 다롄 시 체육개혁위원회는 다롄 시 3개 기업을 동북지역 최초의 주식제 시범기업으로 선정한다고 발표했다. 시범기업으로 선정된 기업은 정부편제 내의 국영기업에서 정부편제 외의 민영기업으로 바뀌고 국영기업의 관리자 신분도 공무원에서 민간인으로 바뀌는 것이다. 국영의 철밥통을 버리고 민영의 질그릇을 택하려는 사람은 거의 없었다. 하지만 왕젠린은 마치 그 순간을 오래전부터 기다렸다는 듯, 선착순 달리기하듯, 득달같이 달려가 맨 처음으로 신청했다. 중국 주식회사의 초기 형태인 주식제 시범기업의 사장이 된 그는 원래의 철밥통 속 국유지분을 국물 위에 뜬 기름 거둬내듯 조금씩 덜어냈다. 몇 년 후 왕년의 국영기업은 왕젠린 개인의 완다로 변했다. 국영의 깨진 철밥통을 민영의 고급법랑식기로 바꿔버린 것이다.

거성 덩鄧의 하산과 거상 왕王의 상산

1991년 말, 왕젠린은 시장경쟁의 낚시터에서 처음으로 돈맛을 보았다. 다롄 시 남산 주택건설 프로젝트에서 시정부 건설도급업자 측과 이익금을 4:6 비율로 분배받기로 한 건설공사 계약을 체결했다. 그때 그가 계약금조로 거머쥔 200만 위안은 향후 대박을 줄줄이 두레박처럼 길어올리는 마중물이 되었다. 다롄 시는 1992년 6월 구시가지를 중심업무지구CBD, Central Business District로 개조하는 청사진을 공표했다. 연이어 '신판 베이징거리 프로젝트'라고 이름 붙인 CBD 1단계 공사구간에 참여할 시공업체를 선정하기 위한 공개 경쟁입찰을 공고했다. 그러나 다롄 시 역사상 최대의 재개발사업은 '고비용 저효과'의 위험성이 높아 입찰에 나서려는 건설회사가 없었다.

공개 경쟁입찰 신청시한 마지막 날까지 아무도 입찰서를 제출하지 않았다. 왕젠린은 고민 끝에 신청 마감시간 몇 시간을 남겨놓고 입찰서를 제출했다. 그로부터 약 2, 3년 후, 단독시공사 완다가 완공한 2,000여 개의 상가 점포와 800여 채의 아파트는 분양을 시작한 지 한 달도 채 안 되어 매진되었다. 초단기간에 '공실률 0'을 달성해 중국 부동산업계의 신기원을 열었다. 신판 베이징거리 프로젝트는 1,000만 위안의 거금을 왕젠린에게 안겨주었을 뿐만 아니라 구청 단위의 중소건설회사 완다를 일약 다롄 시 대표 민영 부동산기업으로 급부상시켰다.

정상에 오른 적이 없는 자는 공감하기 어려운 말이지만, 정상에 오르는 것보다 정상에서 내려오는 것下山이 더 어렵다고 한다. 왕젠린이 다롄 시 부동산업계 정상 등정을 목전에 두고 있던 1992년 10월, 한 노인의 역사적인 하산 장면이 연출되고 있었다. 20세기 세계사의 무대에서 각국 정상들의 퇴장 중 가장 빛나는 장면을 동서양에서 각각 한 편씩만 든다면, 프랑스의 드골과 중국의 덩샤오핑의 하산 장면이다.

덩샤오핑은 처음도 좋았지만 끝은 더 좋았다. 1978년 12월 개혁개방을 부르짖으며 노대국의 방향을 우향우!로 확 틀어버린 처음도 좋았고, 1992년 10월 '중국특색적 사회주의'를 '사회주의 시장경제'로 버전 업그레이드시켜 상하이방上海帮 장쩌민에게 물려주고 스스로 정계에서 은퇴한 마지막은 더없이 좋았다.

덩샤오핑은 진시황을 비롯한 제국시대의 황제 245명은 물론 쑨원孫文, 1866~1925이나 마오쩌둥 등 공화국 시절의 역대 통치자들도 생각조차 할 수 없었던 일을 해냈다. 그는 대권을 스스로 후계자에게 물려주고 무대 뒤로 사라져버렸다. 그는 전임자가 세상을 떠나야만 후임자가 자리를 차지할 수 있었던 종신제를 버리고 전임자가 죽지 않아도 일정 기간 착실하게만 준비하면 자리를 이어받을 꿈을 품을 수 있는 임기제를 제도화해 정착시켰다.

요컨대, 덩샤오핑의 개혁개방이라는 등산로의 적절한 선택과 위대한 하산이 오늘날 G2시대 부국부민의 중국과 동북아의 빈국빈민 북한의 명운을 갈랐다. 1992년 가을, 쓰촨의 거성 덩샤오핑의 위대한 하산과 함께 쓰촨의 거상 왕젠린의 야심 찬 상산上山이 시작되었다. 덩의 비움과 왕의 채움이 교차한 계절이었다.

스포츠 마케팅의 천재

다롄[14]은 중국 북방의 쾌적한 항구도시다. 다롄 도심을 벗어나 자동차로 한 시간쯤 달리면 안중근安重根, 1879~1910 의사가 순국한 뤼순旅順감옥이 나온다. 다롄은 피부색만 황인종일 뿐 체격은 북유럽의 8등신 미녀들과 다름없는 여인들이 세련된 의상을 뽐내며 거리를 활보하는 미녀와 패션의 도시다.[15] 또한 다롄은 중국 최초로 축구를 접한 도시이자 근교에 유서 깊은 축구촌이 있을 정도로 중국의 대표적 축구도시다. 1913년 아시아 최초의 A

매치인 중국과 필리핀의 경기에서 뛴 중국대표팀 선수들은 대부분 다롄 출신이었다. 중국의 역대 축구 국가대표 선수도 다롄 출신이 제일 많다. 그래서인지 지난 한때 중국축구팀이 한국축구팀만 만나면 죽을 쑤는, 이른바 공한증恐韓症에 13억 중국인이 감염되었던 시절에도 다롄 시민만큼은 "누가 누구를 겁네誰怕誰?"라며 호기 반 객기 반을 부렸었다.

1991년 말엽, 오랜 군생활과 공직생활을 통해 당정요로에 깊은 파이프를 심어두었던 왕젠린은 1994년부터 중국에 프로축구 리그가 개시될 것이라는 첩보를 입수했다. 원래 프로축구 클럽은 기업가들이 스타 선수를 보기 위해서 모여드는 관중들을 자사 제품의 소비자로 만드는 기회로 활용하기 위해 생겨난 것이다. 왕젠린은 사회주의 시장경제라는 이름의 중국식 자본주의 성장과정에서 프로축구 리그는 반드시 도입되고 성행될 것임을 확신했다. 프로축구를 자신의 기업과 정치권력층을 연결해주는 일종의 등산고리카라비너로 삼아 정상에 오르는, 원대하고도 치밀한 로드맵을 그렸다.

1992년 초, 왕젠린은 공설운동장 부근에 주택단지 건설프로젝트를 구실 삼아 다롄 시 체육위원회와 접촉했다. 협상 중에 왕젠린은 느닷없이 체육위 소속 다롄실업축구팀에 거금 400만 위안을 쾌척했다. 당시 다롄 시장 보시라이薄熙來, 1949~ 는[16] 눈조리개를 크게 열고 구청 산하의 중소건설업체 사장 왕젠린의 행적을 주시했다. 그리고 왕젠린이 자신의 주요 스폰서로서 성장할 가능성이 있다고 파악하고 대우하기 시작했다. 큰 꿈을 꾸고 있었던 보시라이는 공개석상에서 다롄 시민은 축구를 좋아하니 자신도 반드시 축구를 좋아하겠다고 공언했다. 다롄시장 재임 중 보시라이는 자주 당정 간부 전원을 동원하고 축구경기와 축구훈련 캠프를 시찰했다. 다롄 시 우편엽서에 축구 관련 삽화를 넣기도 했다.

1993년 왕젠린은 거금을 들여 다롄실업축구팀을 인수하고 다롄완다 프로축구팀을 창단했다. 왕젠린의 축구마케팅은 그의 회사경영 전략과 흡사하다. 1994년 프로축구 원년에는 선수 전원에게 1실 2방의 아파트를 무상 제공했고 1996년에는 완다가 무패 우승하자 기존의 아파트를 회수하고 새로운 고급 아파트를 제공했다. 왕젠린은 선수들에게 고급자동차와 호화아파트와 거액의 현금 등을 안긴다. 선수 개인에게는 한 골당 10만 위안을 지급한다. 팀에는 경기의 중요도를 기준으로 60만 위안, 40만 위안, 30만 위안으로 3등분한 금액에서 승리 시에는 전액을, 비기면 절반을 지급하고 패배하면 한 푼도 없다. 상금 지급속도는 경기 중의 축구공 못지않게 빠르다. 선수들은 매주 경기가 끝나면 월요일 하루 쉬고 화요일에 거액의 현금을 손에 쥐게 된다. 대부분 왕젠린 자신이 직접 수백만 위안이 든 현금 가방을 축구 경기장 현장으로 들고 간다. 우승할 경우 팀에게는 순금으로 만든 축구공을, 선수 전원에게는 300그램짜리 금괴 한 개씩을 지급한다. 이 모든 것은 왕젠린이 그때그때의 기분에 따라 좌우되는 것이 아니라 구단운영 내규로서 제도화했다.

1997년 왕젠린은 중국의 차범근이라고 불리던 스트라이커 하오하이둥郝海東을 영입하기 위해 군부대팀인 '81팀'에 220만 위안이라는 거액의 이적비용을 지급했다. 하오하이둥이 다롄완다로 이적해온 직후에는 별도로 그에게 최고급별장과 벤츠 S600을 지급했다.

왕젠린의 다롄완다는 네 번의 리그 우승과 아시아클럽챔피언십 준우승 등의 위업을 달성하며 전성기를 누렸다. 완다그룹도 다롄완다와 연전연승의 업적을 경쟁이라도 하듯 승승장구했다. 다롄완다가 네 번째 우승했을 때 완다그룹은 이미 랴오닝 성遼寧省을 넘어 중국의 대표적 건설업체로 등극하게 되었다. 왕젠린은 2004년 다롄 선수단이 승부조작 스캔들에 휘말리자 축구 사업에서 손을 뗐다.

2013년 그가 돌아왔다. 중국축구계의 미다스의 황금 손, 왕젠린이 돌아왔다. 열혈 축구광 시진핑이 2013년 국가주석으로 등극한 것과 보조를 맞추듯 왕젠린은 축구마케팅을 재개했다. 이제는 글로벌 슈퍼리치답게 국내팀이 아니라 글로벌 프로축구팀 쇼핑에 나서고 있다. 왕젠린은 2014년 6월 스페인의 수도 마드리드의 상징물인 '스페인 빌딩'을 2억 6,500만 유로약 3,400억 원에 사들이는 동시에 스페인 프리메라리가의 명문팀 아틀레티코AT 마드리드팀의 지분 20퍼센트를 4,500만 유로약 600억 원에 인수했다. 2015년 초 일제히 중국 다섯 개 도시에 AT 마드리드축구 학교를 기공하고, AT 마드리드팀의 중국 투어경기를 성사시켰다.

AT 마드리드팀을 인수하는 왕젠린(가운데).
AT 마드리드팀은 스페인 프리메라리가의 명문팀으로서
왕젠린은 4,500만 유로로 이 팀의 지분 20퍼센트를 인수했다.
곧 중국 투어경기를 성사시켜
왕젠린식 스포츠 마케팅을 보여주었다.

미인계 마케팅의 귀재

1993년 3월, 중국특색적 신자유주의자, '바다로 나아가자'라는 슬로건을 내건 상하이방의 방주 장쩌민은 헌법을 일부 개정해 '국영기업'을 '국유기업'으로 바꾸었다. 헌법까지 개정해 국영기업조차 국가는 소유만 하고 경영은 민간에게 맡긴다는 국유기업으로 바꾼 것이다. 민영기업들은 "이제 아무도 우리의 앞길을 막지 못한다"며 신바람이 났다.

왕젠린은 그 시대의 신바람을 초고속 성장의 풍력발전으로 활용하기 위한 마스터플랜 수립과 실천에 돌입했다. 1993년 10월 광저우 주택박람회는 다롄의 대표 부동산기업 완다를 초청했다. 동북방의 다롄 시 주택건설업체로서는 머나먼 동남연해도시 광저우 주택박람회에 참가해 거둘 실익이 없어 보였다. 그러나 보다 빨리, 보다 멀리, 보다 높이 보는 눈을 가진 왕젠린은 박람회에 참가하기로 결정했다. 그는 "동서남북 중에서 돈을 벌려면 동남쪽 광둥으로 가라"는 유행어대로 새로운 시대의 새로운 동남풍이 부는 광둥에 진출함으로써 완다를 지방성 기업에서 전국성 기업으로 업그레이드하고자 했다.

"우리는 지금 개혁개방 태풍의 진원지 광둥으로 간다. 남벌이다."

주택박람회 개최 2주 전, 왕젠린은 완다의 수뇌부를 이끌고 현지로 날아갔다. 광저우에서 전국의 주택건설 전문가를 초빙해 일주일간 계속되는 마라톤 포럼을 개최했다. 이를 모든 현지 언론 매체에 기사화하고 전면기업 광고를 게재하는 등 '튀기 위한' 사전정지 작업을 했다.

박람회장 부스 가운데 최대규모인 330제곱미터가 넘는 크기의 부스를 할당받아 이를 박람회장에서 제일 눈에 잘 띄는 위치에 설치했다. 어디 그뿐인가. 비장의 전술핵무기, 미녀모델 여덟 명을 다롄에서 공수해와 완다 부스 입구에 배치시켜놓았다. 180센티미터 늘씬한 8등신 8선녀들은 관람객들을 뇌쇄적 눈빛과 치명적 몸매, 살인미소로 무참하게 녹여버렸다.

완다 부스 주변에는 '미녀에 의한 근사近死 체험'에 합류하려는 일반시민이 메뚜기떼처럼 몰려들어 북새통을 이루었다. 완다의 부스에는 다롄의 주택건설과 관련된 내용이 일절 없었다. 중국 전체 부동산업의 미래전망과 중국 방방곡곡에 펼쳐질 완다의 비전과 기업이념, 브랜드 이미지만 생동감 넘치게 전시되었다. 주택박람회 마지막 날 왕젠린은 직접 전문가 회의를 주재했다. 왕젠린은 귀로에 200여 명의 전문가와 함께 다롄으로 돌아와서 그들에게 완다기업을 시찰하게 했다. 그때 그 전문가들 중 약 120명을 완다의 고위관리자로 영입했는데 현직 부총재 네 명을 포함한 60여 명이 여전히 완다그룹의 중요한 직책을 담당하고 있다.

왕젠린은 축구와 미녀를 통해 관방의 지원과 전문가의 인력자원을 확보하는 데 성공했다. 개혁개방의 신바람을 자사의 부상浮

上에 필요 충분한 풍력발전으로 활용하는 데 성공했다. 1998년부터 중국 각 도시에 완다광장을 기공함으로써 완다는 중국 정상급 건설업체로 떠올랐다.

마카오 면적보다 넓은 완다제국

2000년 초, 왕젠린 회장이 직접 주재하는 완다그룹 전체임원회의에서였다. 한 임원이 장기근속 직원 둘이 각각 암과 간경화에 걸렸는데 국유기업 직원만 받을 수 있는 의료보험 혜택을 받지 못해 입원치료를 못 하고 있다는 딱한 상황을 보고했다. 민영완다그룹 총수 왕젠린은 즉각 두 직원에게 의료비 전액 200만 위안을 지원하라고 지시했다. 그러나 재무이사는 회사 금고에 남아 있는 현금이 2만 위안도 채 안 된다고 거의 우는 소리로 보고했다. 할 수 없이 왕젠린은 자신의 개인계좌에서 200만 위안을 꺼내 임시변통했다.

그 사건을 계기로 왕젠린은 주력업종인 주택건설업에 대해 전반적인 재검토작업에 착수했다. 주택건설업의 가장 큰 단점은 현금유동성의 불안정이다. 기업의 현금유동성이 좋지 않으면 이익이 난다고 해도 부도 확률이 높아진다. 주택건설업은 프로젝트가 있으면 현금유동성이 좋지만, 공사가 완료되면 현금의 흐름이 중단된다. 대부분 국가의 도시화는 50년 정도가 걸린다. 도시화가 일단락되면 주택건설 위주의 부동산업은 하향곡선을 그리기 시작한다. 집 한 채를 지으면 집 한 채를 파는 방식으로는 정부의 부동산정책의 변화 등 내외부 환경이 자주 변화하는 상황에서는 안정적인 현금유동성을 유지하기 어렵다.

왕젠린은 현금유동성 안정을 위해 엘리베이터와 변압기 생산 등 제조업에도 손을 대보았으나 여의치 않았다. 결국 완다의 주력사업을 오피스텔이나 상가 등 수익형 부동산 건설 및 개발로 전환하기로 결정했다. 그러나 수익형 부동산 건설업도 초기에는 순조롭지 않았다. 랴오닝 성의 중심도시 선양瀋陽에 완다광장을 건설하는 3년 동안 222건의 송사에 휘말렸다. 그 때문에 왕젠린은 자신의 머리카락이 222만 개가 빠져 반半대머리가 되었다고 농담 반 진담 반으로 말할 만큼 애를 먹었다.

주위에서 포기하라고 권했으나 왕젠린은 5년을 시한으로 잡고 수익형 부동산 사업에 필사적으로 매달렸다. 다른 사람들은 남쪽의 벽에 부딪치면 포기하고 북쪽으로 방향을 돌려 황하에서 빠져 죽는다고 하는데 왕젠린은 황하에까지 내몰려도 포기하지 않았다. 오히려 황하에 다리를 놓아 건너려고 했다.

피와 땀과 눈물에 젖은 세월의 강물이 쉬지 않고 흐르자 길이 열렸다. 한 번 길이 열리자 순식간에 수많은 길이 열렸다. 2004년에 상하이 우자오창五角場의 초대형 복합쇼핑몰 완다광장이 첫선을 보인 이후 중국 각지의 대도시에는 우후죽순으로 완다광장들이 솟아올랐다.

2007년 5월, 완다그룹은 소매 유통업체인 완취안萬泉백화점을 설립해 중국 상업부동산업계에서 최초로 유통업계에 진출한 기업이 되었다. 현재 완취안백화점은 완다그룹의 사업영역 중에서 뚜렷한 실적은 없지만 대형종합쇼핑몰인 완다광장에 사람의 물결을 몰아다주고 있다. 최근 중국에서는 온라인 유통시장이 급성장하는 반면 전통유통 채널은 상대적인 답보상태에 있으나 왕젠린은 백화점 분야는 전망이 밝은 것으로 낙관하고 있다.

2015년 현재 중국부동산업계에 서열 2위 기업은 없다는 말이 통용될 만큼 완다는 압도적 1위를 차지하고 있다. 백화점, 5성급 호텔, 영화관, 쇼핑몰이 구비된 26개의 완다광장을 비롯해 완다가 현재 보유한 상업용지 전체 면적은 마카오 전체 면적보다 넓은 약 29제곱킬로미터다. 세계 최대면적의 상업용지를 보유한 완다그룹은 세계 최대의 상업영토를 장악한 완다제국으로 불린다.

완다제국의 황제, 왕젠린은 2015년 연두 업무보고에서 2020년 완다가 보유 경영할 상업용지 면적은 세계 부동산기업 TOP10을 전부 합친 것보다 넓을 것이라고 호언한 바 있다. 왕젠린이 꿈꾸는 상업제국의 영토는 그가 제일 존경한다는 한무제漢武帝, BC 141~BC 81의 서역개척 수준을 이미 넘어섰다. 세계 TOP10을 모두 합친 면적보다 넓을 것이라니, 칭기즈칸1162~1227의 대원제국 차원을 넘보고 있음이 분명하다.

정치권력 대신 문화권력을 장악하다

"내가 군복을 벗고 재계에 투신한 가장 큰 이유는 고서화를 수집하고 싶어서였다."

오랜 군생활 탓인지 좀처럼 웃지 않는 왕젠린이 자주하는 농담
이다. 항상 표정이 근엄하니 이런 농담농담일 것이다을 할 때도 진
담같이 들린다. 마오쩌둥에 비견할 만큼 엄청난 독서량에서 우러
나오는 유려한 언변과 지혜, 지략은 왕젠린의 최대자산이다. 그
런 그가 골동품과 고서화 수집 마니아로서 문화예술 분야에 가
장 관심이 많고 조예가 깊은 중국의 슈퍼리치로 정평이 난 것은
당연한 이치라고 할 수 있다. 문화상품의 최대소비자인 글로벌
슈퍼리치가 문화산업에 투자해 최대의 문화상품 생산자의 길을
가려 함 역시 당연한 행로일 것이다.

2004년 10월, 완다그룹은 세계적인 미디어그룹 타임워너의
계열사 워너브러더스와 공동으로 영화상영관 회사를 설립하기
로 했다. 하지만 워너브러더스는 중국정부가 영화상영관 사업의
외자진입 규제정책을 고수하자 일방적으로 계약을 파기하고 본
국으로 철수해버렸다. 혼자 남은 왕젠린은 자신이 직접 영화관사
업에 죽기 살기로 뛰어들었다. 완다그룹의 물적·인적 자원을 집
중적으로 투입해 2008년부터 완다영화관萬達電影院을 흑자로 전
환시키는 데 성공했다. 베이징 올림픽이 거행된 그해부터 완다는
영화 및 엔터테인먼트 문화여행 레저업체로 또 한 번의 변신을
시도하며 영역을 대폭 확장했다.

2015년 현재 완다영화관은 252개의 가맹영화관과 1,350개의

스크린을 보유한 아시아 최대 영화관체인으로서 중국 박스오피스 수입의 18퍼센트를 점유하고 있다. 완다그룹이 영화·문화·여행·레저업종에서 벌어들이는 수익은 부동산업으로 벌어들이는 수익 다음을 차지할 만큼 급성장하고 있다. 도무지 만족을 모르는 왕젠린은 완다영화관을 워너브러더스를 뛰어넘는 세계 최대의 종합엔터테인먼트 기업으로 성장시키겠다고 공언한 바 있다. 2015년 완다그룹 종합업무 보고에서 왕젠린은 이렇게 밝혔다.

"완다가 왜 문화와 레저산업에 열중하고 있는가? 미국의 문화산업은 GDP의 24퍼센트를 차지한다. 미국의 최다 수출상품은 무기도 민간항공기도 아니다. 영화, 음악, 출판저작권 등 문화상품이다. 그런데 중국의 문화산업이 차지하는 비중은 GDP의 3퍼센트에 불과하다. 2014년 미국 레저산업 규모는 5,000억 달러에 달하나 중국은 아직도 체육복, 운동화 제조업을 레저산업으로 분류하고 있을 만큼 레저산업이 낙후되어 있다. 하지만 낙후된 그만큼 중국의 문화레저산업 전망은 무궁무진하다고 생각한다. 문화레저산업은 불경기가 없는 산업이다. 불경기일수록 문화레저소비가 늘어나기도 한다. 소비자 대부분 영화관에서 영화를 관람하고, TV에서 스포츠를 시청함으로써 불경기의 스트레스를 해소하려고 하기 때문이다."

임기제를 실시하고 있는 중국에서 정치권력은 길어도 10년이

후베이 성 이창 시(宜昌市)의 완다영화관.
왕젠린은 2004년 영화관사업에 뛰어들어 2008년부터 흑자를 내기 시작했다.
2015년 현재 252개의 가맹영화관과 1,350개의 스크린을 보유해
중국 박스오피스 수입의 18퍼센트를 점유하고 있다.

고, 사회주의 시장경제 체제하에서 경제권력은 길어야 3대지만, 반만년 유구한 문화국가 중국에서의 문화권력은 시한과 종점이 없다. 경제권력을 장악한 왕젠린은 정치권력 대신 문화권력을 장악해 문화의 힘을 기업경영 발전전략에 이입시켜 영업이익을 장기화·극대화하려는 것은 아닐까.

기자의 혼을 쏙 뺀 우문현답

2009년 춘절 무렵, 왕젠린은 스위스의 세계 경제포럼, 통칭 동계 다보스포럼에 참가했다. 다보스포럼은 영어, 중국어, 프랑스어, 독일어 등 4개 국어 동시통역 서비스를 제공했다. 일본어는 동시통역에서 빠져 있었는데 이에 대해 일본대표마저 항의하지 않았을 뿐만 아니라 세계 각국대표 그 누구도 이의를 제기하지 않았다. 왕젠린은 다보스포럼을 통해 세계 속의 중국의 위상을 실감할 수 있었다. 다보스포럼은 별도로 왕젠린과 중국은행 부행장 등 중국대표 두 명, 씨티은행 부행장 미국대표 한 명이 참여하는 세 명의 미니 토론회를 마련했다. 방청석에서 베이징에 주재 중이라는 이탈리아 기자가 왕젠린의 말꼬리를 잡고 삐딱한 말투로 따졌다.

기자 당신네 베이징 쇼핑몰에 입점한 절대다수의 상점이 부진을 면치 못해 점원이 고객보다 많다고 한다. 나의 베이징 친구가 5년 전에 산 아파트가 반값으로 폭락했다고 한다. 미스터

왕은 이에 대해 어떻게 생각하는가?

왕젠린 나, 미스터 왕이 알기로는 최근 몇 년간 개업한 베이징 쇼핑몰이 많지 않다. 쇼핑몰 직원이 고객보다 많다는 베이징 쇼핑몰을 알려달라. 완다는 지난달 베이징 근교에서 대형마트를 개업했는데 고객이 너무 많아서 베이징 시 공안국은 인근의 까르푸에 영업을 중단하라는 긴급명령을 내렸다. 내 말이 거짓인지 지금 당장 그대가 인터넷을 검색해보라. 또 소정의 정보제공비를 지급하겠으니 그대는 지금 당장 내게 반값으로 폭락한 베이징의 아파트를 알려달라. 나는 이 아파트단지를 몽땅 매입한 후 되팔아서 떼돈을 벌 것이다.

이러한 왕젠린의 우문현답에 폭소가 터졌고 이탈리아 기자는 얼굴을 숙인 채 종적을 감췄다.

왕젠린은 2012년 5월 세계 2위의 영화관체인업체 AMC를 26억 달러에 인수했다고 선포했다. 미국의 영화, 레저, 엔터테인먼트 기업 인수사상 최대의 인수액이다. 매년 적자를 면치 못하던 AMC는 완다로 흡수합병된 그해 말 곧바로 흑자전환했으며 2013년에는 뉴욕증시에 상장되었다. 왕젠린은 AMC가 흑자전환하게 된 최대동인動因을 AMC가 이윤을 창출하기만 하면 그 이윤의 10퍼센트를 AMC 관리층에게 보너스로 나눠줄 것이라고 약속한 것에서 찾았다. 이처럼 완다의 해외 원정은 기분 좋게 출발했다.

정부와는 가깝게, 정치와는 멀게

"왕젠린, 당신은 도대체 얼마나 많은 뇌물을 당정간부에게 바쳤기에 완다가 이처럼 급성장할 수 있었는가?"『포브스』의 한 기자가 말ᄅ의 꼬챙이로 왕젠린의 급소를 찔렀다.

> "금품을 바치다니. 중국에서 공직자에게 뇌물을 준 기업가의 말로가 얼마나 비참한지 누구보다 잘 알고 있을 기자가 이런 질문을 하다니, 기자 개인 특유의 인터뷰 기법으로 받아들이겠다. 한마디로 말하겠다. 당정간부에 대한 금품은 낫싱nothing, 당정정책에 대한 지지는 에브리싱everything이다."

2012년 9월 8일 왕젠린은 하버드대학 강연에서 그의 친구이자 정치 관련 발언을 절대 하지 않기로 유명한 류촨즈와 자신은 완전히 다르다면서 "정부와는 가깝게, 정치와는 멀게" 지내야 한다고 강조했다. 이러한 발언의 속내는 "왕젠린 자신은 개인적·정치적 야심은 추호도 없으니 안심하라. 당과 정부의 정책노선에 최대한 부응하겠으니 변함없는 지원과 배려를 해주기 바란다"는 의미로 해석된다.

2008년 완다그룹은 본사를 다롄에서 베이징으로 이전했다. 다롄 시 중심가에 있는 완다빌딩의 대부분은 다롄의 현지 기업에 임대하고 13층과 23층 두 층만 완다의 사무실로 유지하고 있다. 특히 13층 전층은 완다그룹의 당연락사무소와 전시관 등으로 사용하고 있는데 여기에 부사장급 위단于丹을 관리책임자로 잔류시켜놓고 완다그룹의 성지聖地로 특별히 관리하고 있다. 전체면적 1,800여 제곱미터의 파노라마관에서 시련과 극복의 완다그룹 20년사를 한눈에 볼 수 있도록 했다. 중국공산당과 정부로부터 받은 각종 표창과 감사패, 왕젠린과 역대 고위정치지도자들과 함께 찍은 사진을 진열해놓고 있다.

왕젠린은 2009년 베이징 남부 근교에 7억 위안을 투자해 53만 제곱미터 부지에 3성급 호텔식 숙소를 완비한 완다학원을 설립했다. 매년 연인원 80만 명의 임직원이 완다학원에서 정기적으로 합숙하며 직무교육과 극기훈련 등을 받고 있다. 이름만 학원이지 순전히 사관학교식 운영을 하고 있다.

민영기업의 연수기관인데도 중국공산당사, 당정주요정책해석 등을 필수과목으로 채택하고 있다. 이러한 정치색 선연한 과목을 필수교과 과정으로 채택하고 있는 민영기업 연수원은 중국에서 완다학원이 유일하다.

왕젠린이 베이징으로 간 까닭은?

어느 직업이나 그렇지만 경력이 쌓이고 안목이 열리면 '감'이라는 것이 생긴다. 정치, 경제, 법제, 사회, 문화, 역사, 지리 등 다양한 분야에 걸친 융합인문사회과학인 '중국학'SINOLOGY도 마찬가지다. 온갖 자료를 살피다 보면 아주 짧은 구절, 단어 하나에도 중요한 사실을 내포하고 있다는 감이 올 때가 있다. 왕젠린도

완다학원 전경.
베이징 남부 근교에 있으며
매년 80만 명의 임직원을 합숙훈련시키고 있다.
이름만 '학원'이지 '사관학교'와 다르지 않다.
민영기업의 연수기관인데도 중국공산당사, 당정주요정책해석 등을
필수교과 과정으로 채택하고 있다.

그렇다. 내가 감촉한 왕젠린의 특이사항을 두 가지만 고른다면 완다그룹의 베이징 본사 이전과 근대 중국의 상업의 성인, 상성商 聖이라 불리는 호설암胡雪巖, 1823~85에 대한 그의 신랄한 비판이 다. '베이징'과 '호설암' 두 가지 키워드로 왕젠린의 생각을 압축, 평가, 전망해보겠다.

우선 베이징 본사 이전문제다. "지방의 중소기업이 글로벌 대 기업으로 성장하면 본사를 수도로 이전하는 것이 당연한 일일 텐데 도대체 무엇이 문제일까?" 우리나라 독자들 일부는 의아하 게 생각하겠지만 왕젠린은 중국 민영기업 사상 아주 이례적인 행태를 보였다.

우리나라 100대 기업의 본사 대부분이 서울에 있는 것과는 달 리 중국의 100대 민영기업 중 베이징에 본사를 둔 기업은 레노보 등 불과 세 곳뿐이다.[17] 우리에게도 잘 알려진 알리바바, 완샹, 쏭 청, 와하하, 야그얼저장, 화웨이, TCL, ZTE, 메이디, 텐센트, 왕이, 버구이위안광둥, 상치, 완커, 스마오, 둥팡시왕, 메이터스상하이, 하 이얼, 하이신, 장위산둥, 신시왕, 창훙, 우량예쓰촨, 쑤닝, 보스덩장 쑤등 100대 민영기업의 본사는 저장, 광둥, 상하이, 산둥, 쓰촨, 장 쑤 등 중국 전역에 골고루 퍼져 있다.

그렇다면 왜 민영기업은 베이징으로 가지 않을까? 베이징은 너무나 정치적인 도시[18]로서 돈 버는 데가 아니고 돈 쓰는 데이기 때문이다. 권력도 금력도, 미남도 미녀도 모든 게 서울로 쏠려 있 는 한국과는 달리 베이징은 중국의 정치·문화 중심지일 뿐이다.

20세기 중국의 대표적 문학가 라오서老舍, 1899~1966는 베이징 사람에 대해 정치병 환자라고 개탄했다. 베이징 시민은 모두 정치가며 시사평론가다. 그들에게 정치는 소금이나 다름없다. 정치없이는 삶의 의욕을 잃는다. 주자학의 유풍에 젖어 있는 남부의 안후이호설암의 고향 사람들도 정치에 관심을 두는 편이지만 베이징 사람들에 비한다면 큰 무당 앞에 선 작은 무당에 불과하다.

문화대혁명시대 중국인이 정치적 열정을 불태워야 했을 적에 베이징 시민은 물고기가 물을 만난 듯했다. 웃통을 벗어젖히고 최선봉에 섰다. 마오쩌둥의 신격화 운동을 주도하고 베이징을 온통 혁명의 용광로로 만들었다. 이제 문화대혁명이라는 광기의 세월은 갔다. 개혁개방 정책이 시작된 지도 40년이 다 되어가고 있다. 그러나 옛날에는 황제와 지금은 주석과 이웃하며 산다는 정치적 우월감은 아직도 베이징 사람의 영혼을 사로잡고 있다.

정치와 관련된 화제를 싫어하는 광둥에서 정치 이야기를 했다가는 얼치기상인 취급받기 쉽지만 똑같은 이야기를 베이징에서 잘만 하면 하루아침에 우국충정이 충만한 거상으로 승격되기도 한다.

베이징상인의 머리에는 주요 정치지도자의 인사편람이 들어 있는 것처럼 보인다. 경력과 학력, 인맥과 가족관계, 특기사항 등이 술술 나온다. 정치적 광인은 경제적 백치를 낳는다. 기업의 목표는 이리저리 흔들린다. 베이징상인의 몸에서는 좀처럼 상인의 냄새를 맡기가 어렵다. 규칙만능 형식주의, 무사안일주의, 비밀주의, 세력권 의식, 직책의 사적 이용, 비능률의 관료 냄새만이 진동한다. 황실에서 말단까지 가리지 않고 크고 작은 권력을 이용해 돈을 긁어모았던 옛 영광이 눈에 삼삼한지, 그들은 한마디로 관료적 상인, 관상官商이다. 실제로 현재 활약 중인 베이징기업가들의 출신 비율은 대략 전통상인 50, 정부관료 50이다. 그들의 경영방식은 공권력 행사와 다름없다.[19]

호설암을 욕할 것인가, 따를 것인가

결론부터 말하자면 호설암은 상성이기는커녕 전형적인 안후이의 유상儒商일 뿐이다. 그에 관한 과장된 이야기는 후세의 소설가들이 날조한 신화일 따름이다. 호설암은 중국 고대로부터 전해지는 지모와 사상의 이치를 꿰뚫었을 뿐만 아니라 지고한 상덕과 환상적인 상술을 발휘했다는 책들이 중국에 등장하기 시작한 때는 1990년대 초였다. 그와 같은 성씨며 본향인 후진타오가 중앙정치 무대의 샛별로 뜨면서부터 더 유행을 탔다. 그중 몇몇 책은 한국에도 번역되어 알려졌다. 하지만 그 책들 가운데 호설암 본인이 쓴 것은 하나도 없다.

후이저우 산골의 찢어지게 가난한 빈농 출신의 장사꾼 호설암은 저술을 남길 만한 위인이 아니었다. 격식과 체통을 중시하는 주자학의 문화적 토양에서 극히 적은 분량의 어록, 그마저도 직접 그가 했는지 후일 소설가에 의해 각색되었는지 모를 몇 마디만 전해질 뿐이다. 상인으로서의 그의 행적도 실상은 본받아서는 안 될 것이 더 많다. 권력과 결탁한 덕택으로 그는 20년간 반짝했다가 말년에 폭삭 망해 일전 한 푼 없는 가난뱅이로 세상을 떠났다.

호설암은 왕유령王有齡, ?~1861이라는 유생의 손에 500냥을 쥐어주며 상경하면 매관할 뇌물로 쓰라고 했다. 후일 성공한 왕유령은 호설암을 음으로 양으로 지원했다. 정경유착의 달콤한 맛을 본 호설암은 유망하다고 생각되는 관리들에게 지속적으로 다량의 쥐약金品을 뿌렸다. 관리들의 지원으로 튼튼한 울타리를 만들고 자기에게 이익을 가져다주도록 이용했다. 이것도 후세의 소설가들에 의해 그가 인물을 볼 줄 아는 혜안이 있었다고 미화된다.

호설암은 청나라시대의 금융기관인 전장錢庄을 개설하고, 그 이익을 토대로 거상으로 부상했으며 환전상, 찻집, 견직물 가게 등 사업을 다각화했다. 왕유령이 병사하자 잠시 언덕을 잃은 호설암은 태평천국 진압군 사령관 좌종당左宗棠, 1812~85에게 반란군 진압성금 명목으로 내밀히 군량미 10만 석을 바쳐 그를 자신의 백그라운드로 삼는 데 성공했다. 그러다가 1882년 이홍장과의 권력투쟁에서 좌종당이 패배해 실각당하자 호설암의 기업도 급작스레 파산해버렸다. 무수하게 따르던 여인들도 그를 버리고 떠나갔다. 그의 말로는 참으로 비참했다. 호설암은 정경유착으로 일어나 정경유착으로 쓰러졌다. 시작도 좋지 않았고 끝은 더욱 좋지 않았다. 그런데 우리는 왜 그러한 그를 상업의 성인, 상성으로 받들며 열광하는지 그 이유를 모르겠다.[20]

호설암의 초상.
그는 정경유착형 비리를 일삼는 사업가의 전형이다.
태평천국 진압군 사령관인 좌종당에게
줄을 대어 승승장구하다가
좌종당이 이홍장과의 권력투쟁에서 패배하자
나락으로 떨어졌다.

공자孔子, BC 551~BC 479의 유학 아닌, 주자의 유학을 유교라는 일종의 종교로 떠받들며, 격식과 체통을 중시하는 유교주자학의 문화적 토양에서 살아온 우리 지식인의 오랜 관념을 어찌 하루 아침에 바꾸겠는가 하면서 논쟁을 피하고 살았다. 그런데 호설암을 가장 경멸하고 혐오하는 쓰레기 같은 인물로 신랄하게 비판한 중국 본토인, 그것도 보통 중국 사람이 아닌 중국 최고부자 왕젠린이라니, 나는 꼭 껴안아주고 싶도록 그의 출현이 너무 반갑고 고마웠다. 마치 백만대군의 원군을 만난 것 같았다. 그러나 흥분을 가라앉히고 그의 언행을 한꺼풀 벗겨보니 그게 아니었다.

한마디로 언행불일치, 표리부동, 이율배반의 극치다. 왕젠린은 말로는 호설암을 경멸하고 혐오한다면서 왜 행동은 호설암의 전철을 밟으려 하는가? 왜 정경유착으로 일어나 정경유착으로 망한 호설암을 비난하면서 대부분의 민영기업가가 기피하는 정치광인, 경제백치, 관상들의 소굴이라는 베이징으로 본사를 옮겼는가?

어느 시대에도 어느 국가에서도 마찬가지겠지만 특히 공산당 1당독재의 정치권력 중심국가 중국에서 기업가들은 정치권력과의 관계를 원활하게 유지해야 살아남는다. 시종일관 국가에 충성하고 집권정부의 방침에 적절히 순응해야 한다. 그러나 과유불급 過猶不及, 지나치면 되려 해롭다.

왕젠린과 완다여, 부디 살아남아 번창하라

우리들의 겨울은 가을에 벌써 다가왔다고
겨울엔 우린 겨울을 모르죠.
• 조해일, 「겨울이야기」

"내 친구가 왼쪽 눈이 애꾸라면 나는 그 오른쪽 얼굴만 보겠다"는 옛말이 있듯이 나는 당초 중국기업가들 이야기는 될 수 있는 대로 단점보다는 장점을, 비판보다는 칭찬을 많이 해야겠다고 작정했다. 특히 마무리는 반드시 험담보다 덕담으로 끝내리라고 다짐했다.

그런데 이번 왕젠린 편 끝자락에 이런 썰렁한 구절을 늘어놓은 까닭은 「완다그룹은 시진핑 누나의 회사, 시진핑과 왕젠린의 커넥션 의혹」 등의 제목을 단 충격적인 기사를 접했기 때문이다.

"2015년 10월 31일 자 『뉴욕타임스』[21]에 따르면 왕젠린 회장은 29일 미국 하버드대학 비즈니스스쿨 강연에서 시 주석 친누나인 치차오차오齊橋橋와 매형 덩자구이鄧家貴가 다롄완다 상업부동산에 투자했지만 지난해 12월 홍콩 증시 상장을 두 달 앞두고 주식을 처분했다고 밝혔다. 중국기업가가 최고 지도자 일가의 재산 문제를 언급한 것은 매우 이례적이다. 이날 왕 회장의 발언은 질문에 답하는 과정에서 나왔으며 이는 강력한 부패척결을 벌이는 시 주석에게 복병이 될 수 있다는 우려가 제기됐다."

사회주의 시장경제 체제 확립 후 중국정부는 원활한 창업과 효율적인 기업경영을 위해 최적화된 법제 인프라 구축에 매진해왔다. 그러나 만약 기업이 국법을 위반하거나 국가정책의 궤도에서 일탈할 경우 예외 없이, 가차 없이 가혹한 제재를 가해왔다. 그 얼마나 많은 중국 기업가들이 성공에 도취된 나머지 국법을 위반했다는 죄목으로 사형과 무기징역의 중형을 받고 하루아침에 이슬처럼 사라졌던가.

시진핑이 누구던가. 부패척결에 성역이 없다며 보시라이는 물론 저우융캉周永康, 1942~ 전 정치국상무위원마저 부패혐의로 단칼에 제거해버린 포청천包青天, 999~1062 스타일 주석이 아니던가. 이번 왕젠린의 발언은 엄청난 정치적 리스크를 부담하면서까지 성역 없는 부패척결에 대한 의지를 행동으로 보여온 시진핑의 행보에 찬물을 끼얹어버리는 병살타와도 같다고 생각한다. 왕젠린의 발언은 시진핑을 방어하기 위한 의도에서 나왔다고 한다. 하지만 시진핑으로서는 자신의 친인척의 실명이 세계적 미국 일간지에 정경유착의 음습한 이미지로 오르내리게 한 왕젠린의 주제넘고 방정맞은 입을 그대로 방치하겠는가.

혹자는 반문할지도 모른다. 중국 당국이 설마 중국 최고부자를 어떻게 하겠는가? 하지만 '설마'가 사람 잡는다고. 중국의 '설마'

는 빈부귀천, 남녀노소를 가리지 않고 사람을 죽이는 공포의 킬러다. 중국특색적 자본주의 개발독재국가 정치체제상 지금쯤 왕젠린은 무릎을 꿇은 채 장문의 반성문을 쓰며 관대한 처분만을 기다리고 있을 가능성도 배제할 수 없다.

끝으로 나는 왕젠린에게 그의 동향 출신 20–20[20년 연속 20위권내] 중국 최장수갑부 류용하오의 고언苦言을 들려주고 싶다. "승리에 도취되어 지뢰를 뜀틀로 착각하지 말라. 성공은 쉽지만 성공의 관리는 어렵다."

아울러 "왕젠린과 완다여, 부디 살아남아 번창하라"는 축원을 보낸다. 이러한 축원을 보내는 이유는 크게 두 가지. 하나는 내가 평소에 남이 잘되길 바라는 한국 사람인 까닭이겠고, 다른 하나는 혹시 그가 머잖아 사라져버려 그의 이야기를 하느라 밤잠을 설쳐가며 애쓴 나의 노고를 헛되이 하지 않았으면 하는 바람 때문이다.

5 최장수갑부가 진짜 갑부

류융하오의 결단력, 만족은 성공의 적이다

닭의 머리보다는 용의 꼬리가 좋다

예부터 중국상인 가운데 그래도 성실하고 정직하다는 평을 받아온 상인은 동쪽의 산둥상인과 서쪽의 쓰촨상인이었다. 그러나 산둥은 개혁개방, 특히 1992년 한중 수교 후 황해를 건너 몰려 들어온 한국 사람들의 돈맛을 본 후로는 돈때가 많이 묻었다. 그래서인지 이런 평판을 에누리 없이 받아들이기에는 그들 스스로도 겸연쩍은 듯 '이제는 아니다'라며 손사래를 친다. 그 대신 아직도 비교적 성실하고 정직한 상인을 찾으려면 쓰촨으로 가보라고 권한다.

"장사는 육십 년, 농사는 수만 년, 어떤 맛도 소금 맛보다 못하고 천 가지 업종도 농사만은 못하네."

오래된 쓰촨 속담이다. 쓰촨에서는 천 가지 만 가지 업종 중 그저 농사가 제일이었다. 쓰촨 사람들은 농업을 중시하고 상공업을 경시하며, 화합을 추구하고 경쟁을 기피했다. 승패는 버리고 중용을 구하고 자급자족하려 했다. 사고팔려고 하지 않는 게 쓰촨 사람들의 골수에 뿌리 깊은 생각이었다. 쓰촨 사람은 농업을 하듯 상업을 해왔다. 낡은 관념과 소극적인 사농공상의 수구적인 서열화가 온존해온 쓰촨에도 쓰촨 출신의 거성 덩샤오핑이 출현한 후 근본적인 변화가 일어났다.

중국 사람들은 장강을 용에 비유한다. 상하이가 '용의 머리'라면 쓰촨은 '용의 꼬리'라고 말한다. 세계 최대의 반도체 제조업체 인텔은 2006년 쓰촨 청두에 5억 달러를 투자해 반도체 공장을 완공했다. 인텔이 용의 꼬리 쓰촨에 공장을 건설한 까닭은 무엇일까.

크레이그 배럿 인텔 회장은 "쓰촨은 숙련된 인력자원이 많고 물류수송에 유리하기 때문"이라고 단언했다. 용의 꼬리 쓰촨은 값싸고 우수한 노동력을 가장 풍부하게 보유한 성省으로 평가받아왔다. 풍부한 인력자원과 잠재력, 광대한 내수시장의 보고인 쓰촨은 특히 2000년대 이후 전국 평균 성장률보다 높은 성장률을 기록하고 있다.

예나 지금이나 양귀비楊貴妃, 719~756와 측천무후, 이태백李太白, 701~762과 덩샤오핑 등 절세가인과 영웅호걸을 많이 배출해온 쓰촨은 21세기가 되자 류융하오와 왕젠린 등 슈퍼리치를 무더기로 쏟아내기 시작했다.

20년 세월을 한결같이 20위권 부자로 산 네 형제

> 그립고 아쉬움에 가슴 조이던
> 머언 먼 젊음의 뒤안길에서
> 인제는 돌아와 거울 앞에 선
> 내 누님같이 생긴 꽃이여.
>
> • 미당 서정주, 「국화 옆에서」

오늘날 중국의 최고갑부는 누구인가. 사람들은 으레 앞에서 이야기한 왕젠린2015년 최고갑부이나 알리바바의 마윈2014년 최고갑부을 손꼽을 것이다. 그러나 진정한 갑부 순위는 현재 재산을 얼마나 많이 소유하고 있는지보다는 갑부 자리를 얼마나 오래 견실하게 유지하고 있는지로 매겨야 한다고 생각한다. 이러한 견지에서 나는 중국의 갑부 중의 갑부는 단연 최장수 갑부 류융하오와 그의 형제들이라고 평가한다.

나는 졸저 『중국인의 상술』2002과 『황금중국』2005에서 모두 열 명의 중국갑부를 선정해서 자세한 이야기를 한 적이 있다. 그로부터 10년간 나의 주된 관심은 중국의 법률제도를 비롯해 정치외교, 군사안보, 거시경제 등 거대담론 분야였다. 그런데 2015년 가을부터 "인제는 돌아와 거울 앞에 선 내 누님같이" G2시대 중

국을 가능케 한 진정한 주인공, 기업가들의 이야기를 재개하려고
작정했다.

그러나 나의 살던 꽃피는 고향을 기대하듯 돌아와보니, 복숭
아꽃 살구꽃 아기 진달래 울긋불긋 꽃 대궐 차렸던 동네는 어디
로 가고 없고, 기업가들의 무덤으로 뒤덮인 공동묘지만 남아 있
었다. 매화, 벚꽃, 라일락, 장미, 백합, 수국, 모란, 연꽃, 해바라기
같던 아홉 명의 기업가는 죄다 자취도 없이 세월을 따라 떠나가
버렸다. 오로지 류융하오 형제, 황금빛 국화 네 송이만 남아 빛을
발하고 있다.

류융하오는 2015년 『포브스』가 발표한 중국부자순위에서
21위둘째 형 류융싱은 11위를 차지했다. 롤러코스터 타듯 부침이 극
심하나 한번 침몰하면 다시 부상하기 어려운 거센 풍파 흉용한
중국 상경계商經界의 바다에서, 20년 세월을 한결같이 20위권 내
부자로 살아남은 자는 류융하오 형제뿐이다.

중국 대표 모범가족기업, 최장수 중국대표 10대 민영기업가,
개혁개방 30년사를 빛낸 개혁풍운인물 30인, 중국 10대 기부천
사, 아시아태평양지역 창조력 기업가 챔피언, CCTV 올해의 경
제 인물, 3농농민·농업·농촌개혁 대표기업가 등 무수한 영광의 아
우라가 황국화의 황금빛을 발하며 월계관처럼 둘러 있는 류융하
오와 그의 형제들의 이야기다.

기업가가 된 공무원 형제들

1982년 중국의 개혁개방이 걸음마 단계에 있던 시절이다. 중앙정부가 과학기술영농 구호를 선창하자 농촌 전역은 과학을 배우고 농업에 응용하자는 열기가 후렴처럼 들끓어 올랐다.

쓰촨 성 신진 현新津縣 구자 촌古家村 한 농가에는 막 고향으로 돌아온 네 명의 젊은이가 열띤 토론을 벌이고 있었다. 그들은 후일 사해만방에 위명을 떨치게 된 류씨 4형제였다.

맏형 류융옌劉永言, 1946~ 은 30대 중반으로 국영기업 906컴퓨터사의 중견간부였고, 둘째 류융싱劉永行, 1948~ 은 신진 현 교육부 국장이었으며, 셋째 류융메이劉永美, 1950~ 는¹ 신진 현 농업국 과장을 맡고 있었다. 이야기의 주인공, 막내 류융하오는 쓰촨 성 기계공업관리학교에서 교편을 잡고 있었다. 그들은 그 시절로서는 드물게 고등교육을 받은 엘리트였다.

낙천적이고 도전적인 막내 융하오가 화제를 주도했다.

"저는 전문 영농인이 되고 싶어요. 평생 가난한 학교 선생 노릇을 하다가 인생을 허비하기는 싫다고요. 인생은 기껏 몇십 년, 눈 깜짝할 새에 지나가고 말 겁니다."

과감한 돌파력의 소유자 둘째 융싱이 고개를 크게 끄덕였다.

"융하오의 말이 백번 옳아. 우리는 아직 젊어, 한번 죽기 살기

류씨 4형제의 모습.
이들은 모두 고등교육을 받은 엘리트로
보장된 '철밥통'을 버리고 함께 사업을 시작한다.
이후 끊임없는 혁신으로 성공에 성공을 거듭한다.
거부가 된 지금도 검소한 생활을 하고 있다.

로 해보는 거야. 우리는 부모님에게서 총명한 머리와 부지런한 천성을 물려받은 데다 각자 전문지식도 가졌다. 더구나 개혁개방이라는 거대한 물결을 만났다. 이 좋은 기회를 놓쳐서는 안 될 거야."

계산은 빠르나 다소 소심한 편인 셋째 용메이가 조심스럽게 말문을 열었다.

"아내가 시골 농사꾼의 딸입니다. 사업에 실패한다 해도 처가에 도급받은 논이 몇 마지기 있으니 최악의 경우라도 굶어 죽을 리는 없을 겁니다."

마침내 과묵한 맏형 용옌이 몇 날 며칠 동안 계속된 마라톤 회의에 대미를 찍었다.

"지금 농촌에는 거대한 개혁의 격랑이 휘몰아치고 있다. 농촌 출신인 우리는 이 거대한 흐름에 동참해야 한다. 천년에 한 번 올까 말까 한 이 절호의 기회를 놓치지 말자."

류씨 4형제는 모두 공복을 벗어던지고 사업의 바다에 뛰어들었다. 그들의 사업밑천이라고는 각자 소유하고 있는 자전거, 흑백 TV, 시계 등을 팔아 모은 돈 1,000위안이 전부였다.

달걀보다 큰 메추리알

류씨 4형제는 중국의 새로운 정책을 잘 읽어냈다. 변화하지 않으면 안 된다는 시대의 큰 흐름을 읽어냈다. 남보다 한 발 먼저 철밥통을 내던지고 새로운 희망을 찾아 나섰다. 소박한 농민의 아들들이 믿고 의지한 것은 강철 같은 신념 하나뿐이었다.

우선 그들은 산에서 나무를 해다가 양계장을 지었다. 병아리 10만 마리를 사다 기르면서 '위신育新²양계장'이라고 이름 붙였다. 다행히 병아리들은 건강하게 잘 자랐다. 더러는 달걀을 낳는 조숙한 중닭도 생겼다. 내다 팔기에 제격일 만큼 컸다.

그러나 생각지 않은 문제가 생겼다. 이렇다 할 판로가 없었다. 며칠을 고심하던 끝에 막내 융하오가 지나가는 말로 청두 시 변두리에 돼지와 양을 파는 상설 가축시장을 안다고 했다. 맏형 융옌이 시큰둥하게 대꾸했다.

"거기는 나도 알아. 그렇지만 거기 가축시장에서는 돼지나 양은 몰라도 닭은 안 팔잖아?"

그러자 둘째 융싱이 막내를 거들었다.

"우리가 닭을 판다고 시장 사람들이 우리를 내쫓기야 하겠어요? 같은 가축을 파는 것도 아닌데, 한번 시험 삼아 몇 마리 가지고 나가봅시다."

류씨 4형제는 밤새 대나무를 엮어 닭 광주리를 만들었다. 막내 융하오가 다음 날 아침 일찍 자전거 꽁무니에 닭 광주리를 가득 싣고 청두의 가축시장으로 나갔다. 융하오는 시장에 도착하자마자 품에서 나팔을 꺼내 입에 대고 큰 소리로 외쳤다.

"싸다 싸! 영계가 1위안에 세 마리!"

우려했던 가축시장 사람들의 텃세는 없었다. 사람들은 지식인의 때를 벗지 못한 그의 모습과 대나무 광주리 속의 닭을 재미있다는 듯 번갈아가며 쳐다보았다. 한참을 그러다가 그들은 흥정조차 하지 않고 그냥 지나쳤다. 그렇게 반나절이 지났다. 융하오는 계속 소리쳤다. 조금씩 지치고 초조해졌다. 그때 누군가 그의 소매를 잡았다.

"아니 이게 누구세요, 류 선생님 아니세요?"

돌아보니 기계공업관리학교에 몸담고 있을 때 총애했던 제자였다. 융하오는 얼굴이 귀밑까지 달아오름을 느꼈다. 닭장수로 변한 은사에게 동정심을 느낀 제자는 융하오에게 10위안짜리 한 장을 쥐어주면서 닭을 몽땅 사가겠다고 했다.

융하오는 돈을 돌려주며 제자에게 목소리를 낮추어 말했다.

"자네 마음은 고맙네, 그러나 정말 날 도와주고 싶다면 1위안만 내고 세 마리만 사가게……."

제자가 닭 세 마리를 가슴에 안고 떠난 지 얼마 지나지 않아 한 사람씩 나타나 릴레이식으로 닭을 사갔다. 그들은 그 제자의 가족과 친구들이었다. 융하오는 날이 어두워지기도 전에 그날 가지고 나온 닭을 모조리 팔았다.

다음 날 밤에도 형제들이 닭 광주리를 엮어놓으면 새벽에 융하오가 자전거에 싣고 시장으로 나갔다. 그렇게 두 달여가 지나자 8만 마리의 중닭을 전부 팔아치울 수 있었다. 마지막 남은 한 마리까지 팔리자 류씨 4형제는 그제야 안도의 긴 한숨을 내쉬었다. 1만 위안의 순익을 남겼다. 당시 교사 한 달 봉급이 50위안도 채 안 되던 시절이라 굉장히 큰돈이었다.

지금도 류융하오는 그때가 평생 잊을 수 없는 감격의 순간이라고 회상한다. 돈에 대한 갈구와 집착도 어렵사리 1만 위안을 벌었을 그 시절이 억만장자가 된 지금에 비할 바 없다고 털어놓는다.

양계업 다음으로 류씨 4형제는 양돈에 손을 대보았다. 채소를 재배해볼까, 과수원을 할까 생각한 적도 있었다. 쓰촨의 비옥한 토지는 원하는 것은 무엇이든 얻게끔 해주었다. 류씨 4형제는 각자의 소질과 장점을 살려 각종 자료와 서적을 구하고 시장을 돌아다녔다. 농업기술 분야의 전문가를 초청해 강의를 듣기도 했다. 그들의 눈길은 메추리 사육에서 멈췄다.

1980년대 초 중국에서는 가난과 동의어로 취급되어왔던 전통 사회주의 이론이 도전받기 시작했지만 국영기업은 아직 마음 놓고 돈을 벌 수가 없었다. 정치적 임무만 완성하면 그만이었다. 이익을 보더라도, 손해를 보더라도 아무 상관없이 월급은 제때 나왔다. 이른바 '사회주의의 우월성'이었다.

그러나 개인기업은 이러한 사회주의 우월성을 누릴 수가 없었다. 국영기업처럼 본전을 까먹으면 국고보조는커녕 월급도 받지 못했다. 모든 개인기업은 생존하기 위해 죽기 아니면 까무러치기라는 필사의 정신과 함께 경제적 두뇌회전이 빠른 이코노믹 마인드가 절실히 필요했다.

류씨 4형제 가운데 계산이라면 셋째 융메이가 단연 탁월했다.

"달걀이 한 개에 1푼인데 달걀의 5분의 1 크기인 메추리알 한 개는 2푼이다. 메추리는 부화한 지 40일 만에 알을 낳고 한 쌍의 메추리는 1년에 다섯 세대로 불어난다. 이렇게 기하급수적으로 늘어나는 메추리의 값어치는 모두 100위안을 넘는다. 1년 만에 투자한 것의 만 배를 생산할 수 있다. 메추리 사육이야말로 가장 빠르고 쉽게 돈을 벌 수 있는 길이 아닌가."

메추리 대왕의 메추리 대살육

그들은 시험 삼아 자신들의 아파트 베란다에서 메추리를 키워보았다. 당시 메추리알 시세는 계란보다 훨씬 높아 짭짤한 이윤을 남길 수 있었다. 1983년 말 그들은 구자 촌에 대형 사육장을 짓고 본격적으로 메추리 사업에 착수했다. 그러나 불과 1년 전만 해도 뜨거웠던 메추리 사육열풍이 꽁꽁 얼어붙었다. 주변 사람들은 한사코 말렸다.

"메추리 전문사육 농가들도 죄다 빚더미 위에 올라앉을 지경인데 왜 하필이면 이때 메추리 사육인가?"

류씨 4형제에게는 아무도 못 말리는 고집이 있었다. 일단 길을 정해놓고 가기로 결정한 이상 두 번 다시 뒤돌아보는 일 따위는 하지 않는 것이다.

"사업성패의 관건은 시장보다는 상품 자체에 달려 있다. 기존의 메추리 한 마리당 사육 원가는 터무니없이 높은 데 반해 기술은 턱없이 뒤떨어졌으니 실패할 수밖에. 기술 수준만 올려주면 생산원가는 저절로 내려가는 법이다."

어떻게 할 것인가, 어디로 갈 것인가. 선택의 기로에 놓였을 때, 이번에는 그들의 전문지식이 빛을 발하기 시작했다. 메추리 한 마리당 사육원가를 3, 4푼으로 낮추기 위해 모든 자료를 수집하고 최적의 메추리 사육법을 개발하느라고 밤잠을 설쳤다. 세계적인 메추리 사육선진국들, 이를테면 일본이나 독일, 한국이나 프랑스는 나름대로의 독특한 노하우가 있었다. 그러나 중국은 그런 것은 상상도 할 수 없을 만큼 기술 수준이 제로에 가깝다는 실정을 깨달았다. 류씨 4형제는 굳게 맹세했다.

"반드시 우리에게 적합한 메추리 사육법을 개발해 중국의 유구한 축산업에 한 줄기 광채를 더하자!"

그들은 각자의 재간과 지식을 총동원했다. 사료배합과 우량종 선택에 관한 자료를 모두 컴퓨터에 입력하고 분석한 결과 지금까지와는 다른 독창적이고 입체적인 메추리 사육법을 개발할 수 있었다. 즉 메추리 분뇨로 돼지를 기르고, 돼지 분뇨로 물고기를 기르고, 어분을 다시 메추리 사료로 쓰는 순환방식이었다. 이 순환식 메추리 사육법으로 원가가 대폭 절감되자 생산단가는 계란과 거의 비슷한 수준으로 떨어졌다. 메추리 시장은 되살아났고 선진 과학기술에 새로운 전기와 희망을 가져왔다.

류씨 4형제의 과학적 메추리 사육법은 사람들에게 축산업으로 부자가 될 수 있는 길을 환하게 밝혀주었다. 1985년 류씨 형제가 직접 사육하던 메추리는 15만 마리로 당시 메추리 단일농가로는 전국 최대규모였다.

"농민이 돈을 벌어야만 우리도 돈을 벌 수 있다. 우리 돈벌이의 근본을 타인도 잘살아야 한다는 원칙 아래 두자."

그들은 메추리 사육 노하우를 원하는 사람 누구에게나 친절과 열성을 다해 전수해주었다. 메추리를 기르는 농가가 하나에서 열로, 열에서 다시 백으로 늘어났다. 메추리 사육열은 구자 촌에서 신진 현 전체로 퍼져나가 2만여 농가가 메추리만 사육하는 전문 농가로 탈바꿈했다.

"우리가 국내에서 돈 버는 것을 가지고 무슨 큰 재주라도 되는 양 자랑할 수는 없다. 재주가 있으면 세계시장을 점령하고 외국인의 주머니에서 돈을 벌어들여야 하지 않는가?"

둘째 류융싱의 강력한 주장으로 1986년 말 메추리 가공공장이 세워졌다. 통조림 등으로 가공된 메추리 고기와 알이 국내 16개 성으로 팔려나가고 옛 소련 등 10여 개국으로 수출되었다. 류씨 형제가 메추리 사육사업에 착수한 지 불과 3년 만에 중국은 독일, 프랑스, 일본을 제치고 세계 최대의 메추리 생산국으로 부상했다. 지금도 쓰촨 성 신진 현은 중국뿐만 아니라 세계적인 메추리 집단 사육장으로 명성을 떨치고 있다. 1987년 중국 정부는 류씨 형제에게 '메추리 대왕'이라는 칭호와 함께 국가과학기술대상을 수여했다. 재산이 명성과 함께 넝쿨째 굴러들어오기 시작했다.

다음은 『중국경영보』中國經營報의 여기자와 류융하오가 한 인터뷰다.

기자 기업가가 지녀야 할 가장 중요한 덕목은 무엇이라고 생각
하세요?

류융하오 불굴의 투지와 탈피할 수 있는 정신력이지요.

기자 탈피? 불굴의 투지는 무슨 말인지 알겠는데, 탈피라니요?

류융하오 민영기업 초창기에 제일 필요한 덕목은 대담성과 불굴
의 투지입니다. 그러나 기업이 커지면 이것만으로는 부족합니
다. 탈피, 즉 낡은 껍질을 벗어던져야 합니다. 이는 너무나 괴
로운 과정입니다. 중국의 거의 모든 기업은 탈피해야만 새로
운 생명을 얻을 수 있는 지경에 이르렀습니다. 이 자리에서 비
화 하나를 소개할까 합니다. 사실 저희는 업종을 메추리 사육
에서 돼지 사료로 전환하면서 엄청난 대살육을 저질렀습니다.

기자 대살육?

류융하오 하룻밤 새 메추리 15만 마리를 전부 죽여버린 것입니다.

기자 굳이 그렇게 잔인한 행동을 취할 필요까지 있었나요?

여기자의 질문에 류융하오는 무덤덤하게 말했다.

류융하오 전쟁에서 배수진을 치려면 먼저 타고 있는 배를 불살
라야 합니다. 그리고 후퇴 가능한 모든 도로도 차단해야만 합
니다. 그래야 필살의 투지를 불태울 수 있습니다. 상업 전쟁에
서도 마찬가지입니다. 지난날의 하찮은 성취를 불태워버려야
만 승리할 수 있다고 판단했지요.

기자 그렇지만 총재님께 재산과 영광을 선사해준 메추리였잖아요?

류융하오 저희 형제들은 스무 살 이전에는 신발도 신어본 적이 없을 만큼 찢어지게 가난했습니다. '메추리 대왕'이라는 칭호는 성공의 표상이요 긍지였으나 한편으로는 멍에이기도 했습니다. 알게 모르게 우리는 세계 최대의 메추리 사육장 주인이라는 자만에 빠졌습니다. 만족은 손해를 부르고 겸손은 이로움을 가져온다는 옛말이 있습니다. 인생도 기업도 마찬가지입니다. 개인과 기업의 발전의 원천은 영원히 만족해하지 않고 분투하는 데 있습니다. 만족은 성공의 적이며 기업의 무덤입니다. 우리 4형제는 메추리 15만 마리를 불태워 죽이면서 부둥켜안고 울었습니다. 그리고 다짐했습니다. 무에서 출발한 우리는 다시 무로 돌아가야 한다고. 그리고 더욱 위대한 유를 창조해나가자고.

만족은 성공의 적이다

메추리 대왕이 되면서 돈도 벌고 명예도 얻어 나른한 행복감에 빠져 있던 무렵, 류융하오는 청두 시에 나갔다가 장사진을 친 사람들의 행렬을 보았다. 호기심이 든 그는 행렬의 맨 끝에 있던 한 노인에게 다가갔다.

류융하오 노인장, 여기서 뭐 하세요?

노인 돼지 사료를 사려고 하는데, 댓 시간은 더 기다려야 한다네.

그의 머릿속에는 한 줄기 생각이 유성처럼 스쳤다.

"돼지 사료가 이렇게 환영을 받다니. 하기야 돼지고기 없이는
단 한 끼니도 생각할 수 없는 우리 중국 사람이니 고기라면 곧
돼지고기를 뜻하지.[3] 메추리가 제아무리 '동물 인삼'이니 영양
식품이니 해도 어찌 돼지고기를 능가할 수 있을까. 더구나 쓰
촨의 돼지고기는 전국에서 제일 맛있기로 이름 높고, 여타 지
역에서 양돈은 부업이지만 쓰촨의 8,000만 농민에게는 주업
이나 마찬가지잖아."

융하오는 계속 그 노인에게 말을 붙였다.

류융하오 도대체 어떤 돼지 사료지요?

노인 타이의 정다^{正大}[4]라는 회사에서 만드는 거라네.

류융하오 아, 그 타이의 다국적기업 CP그룹에서 만든 돼지 사
료가 요즘 인기라더니……. 그런데 가격은 어때요?

노인 한 근에 5전이네.

류융하오 와, 무슨 돼지 사료가 그렇게 비싸요?

노인 나도 처음에는 돼지 사료가 사람 먹는 쌀보다 비싸다니,
좀 심하구나 했지. 그러나 다른 사람들이 그래도 이걸 먹이는
게 싸게 치는 거라며 권했지. 그래서 큰맘 먹고 열 근을 시험

돼지고기를 고르는 중국인들.
중국인의 돼지고기 사랑은 유명하다.
전 세계 돼지고기 소비량의 절반을 중국이 차지할 정도다.
돼지고기 가격이 오르면 전체 물가가 오를 정도로
중국인의 돼지고기 소비량은 상상을 초월한다.

삼아 사서 먹여보았는데, 정다 사료 한 근을 먹인 돼지가 재래식 사료 세 근을 먹인 돼지보다 빨리 크더라고.

쓰촨의 농민들은 돼지에게 소처럼 생풀이나 건초를 먹이는 게 예사였다. 좀 형편이 나은 농가에서는 보리나 고구마를 먹였다. 이런 재래식 사료는 당분만 많았지 단백질과 기타 필수 영양소는 턱없이 모자랐다. 어린 돼지를 성돈으로 키우려면 최소한 1년 이상이 걸려야 했다.

황량한 벌판에 초라한 토담집이 보이고 주변에는 더러운 물이 흐른다. 지저분하기 짝이 없는 몰골을 한 어린아이들이 버쩍 마른 돼지들과 함께 진흙탕에서 뒹군다. 사람과 돼지의 구분이 모호하다.
침울하게 흐르던 배경음악이 별안간 경쾌하게 바뀌고 흑백 화면도 총천연색 컬러로 확 밝아진다. 화면 속에는 크고 깨끗한 현대식 건물들이 나타난다. 중국 대륙에 진출한 외국의 사료공장이다. 전자동 컨베이어 벨트, 말끔한 작업복을 입은 여공들이 미소를 띠면서 즐겁게 일하고 있다. 조금 전에 본 황무지와 더럽고 여윈 아이들과 돼지들의 모습은 온데간데없다. 새롭게 열린 신천지에 피둥피둥 살찐 돼지들과 양떼들만 그득하다.

어느 외국 사료회사의 TV 광고다. 류씨 4형제는 분노로 입술을 깨물었지만 그 장면은 인정할 수밖에 없는 엄연한 현실이었다. 외국 사료회사는 수천 년 동안 전해오던 중국의 양돈 방식과 사료 체계를 뿌리째 뒤흔들어놓았다. 중국에 진출한 20여 개의 외국 사료업체는 영세한 중국 양돈 농가로부터 천문학적 액수의 재원을 빨아들이고 있었다. 적자 경영을 견디다 못한 국내 사료 공장들은 하나둘씩 사라지고 중국 양돈업은 삭을 대로 삭은 짚이 언제 재처럼 풀썩 사그라들지 알 수 없는 형국이었다.

중국 최대의 양돈성인 쓰촨의 사료 판매소 주변은 외제 사료를 구입하러 온 사람들로 북적댔다. 외제 사료를 좀더 많이 차지하기 위해 사료 판매원에게 담배나 술을 선물하거나 몰래 웃돈까지 얹어주는 진풍경이 벌어지고 있었다.

류씨 4형제는 손에 손을 잡고 다짐했다.

"메추리 사업은 더 이상 오를 데가 없을 만큼 최고 자리에 올려놓았다. 이제 다른 곳으로 눈을 돌려 더 높은 고지를 찾아 나서야 할 것이다. 중국 양돈업의 현대화를 위한 돌파구를 돼지 사료 개발에서 모색해보자. 저 외국 사료회사에 손해를 주는 그만큼 가난하고 낙후된 중국 농민들을 구하는 것이다. 여기에 더욱더 큰 성공의 기회가 잠재되어 있다. 경쟁력 향상으로 외제 사료와 치열한 한판 싸움을 벌여보자."

그들은 남달랐다. 외제 사료가 중국을 농락하는 절망적인 상황

2007년 류융하오는 반기문 UN사무총장(오른쪽)과 만나
기업의 사회적 책임에 대해 논의했다.
『칭다오화보』(青島畫報, *Qingdao Pictorial*) 2011년 6기에 실렸다.

이면에서 무한한 희망을 보았다.

일찌감치 그들은 중국 소비자들의 애국심에 미련을 버렸다. 그 대신 경쟁력 향상에 사업의 명운을 걸었다. 사업의 시동은 애국심으로 걸었지만 사업의 주행은 경쟁력 향상으로 밀어붙였다. 시장경제에서 가장 중요한 개념은 국가의 군사력이 아니라 기업의 경쟁력이다.

중국인의 DNA를 구성하는 돈(Don)

1980년대 말부터 중국정부는 사회주의 애국심을 강조하며 국산품 애용을 외쳤다. 그러나 국산품 애용은 상인종[5]이자 태생적 자본주의자, 비단장수 왕서방인 중국 소비자들에게는 쇠귀에 경 읽기였다. 그들은 값싸고 품질 좋으면 그만이지 국산품 애용이 밥 먹여주느냐며 코웃음을 쳤다. 그런데도 국영기업은 품질을 향상시키려는 노력은 하지 않고 그저 개혁개방 이전의 좋았던 시절, 즉 품질은 조악해도 사회주의 애국심으로 불타는 인민들이 국산품을 사주던 시절만 그리워하고 있었다. 이런 시대착오적이고 태만한 경영으로 파산하지 않는 업체가 있다는 게 오히려 희한한 일일 것이다. 류씨 4형제는 세상의 흐름을 옳게 파악하고 있었다.

여기서 한마디 덧붙이고자 한다. 자존심 높은 중국인이 한국인을 경탄해 마지 않는 몇 가지 가운데 대표적인 것이 한국인의 순열한 애국심이다. 가깝게는 IMF 시절 온 국민이 다시 한 번 나라를 살려보자며 동참한 금모으기 운동과 멀게는 잃어버린 조국을 되찾기 위해 꽃다운 목숨을 초개와 같이 버린 안중근, 이봉창, 윤봉길 등 수많은 항일 독립투사의 희생을 보며 중국인들은 대부분 죽었다 깨어나도 흉내조차 낼 수 없는 일들이라고 말한다2014년 7월 4일 국빈방한 중이던 시진핑의 서울대학 강연에 초청받은 자리에서 나는 그가 안중근, 윤봉길 등 항일애국지사의 실명을 원고를 보지 않고 거론하는 대목에서 경탄을 금치 못했다. 중국은 지금 자국의 국가이익 극대화전략 차원에서 한국 껴안기에 온갖 노력을 다하고 있음을 감지할 수 있었다. 우리가 이러한 절호의 기회를 지혜롭게 잘 활용하면, 자유·민주·평화통일을 이룰 수 있는 날도 멀지 않았다는 희망을 나는 그날 보았다. 중국인들은 애국이 뭐고 나라가 대관절 뭔데, 천하에 둘도 없는 자신의 목숨이나 또 그 목숨만큼 귀중한 금붙이를 뭐 하려고 나라에 바치느냐며 고개를 심히 갸우뚱거린다.

근세 이래 중국인은 사실 민족주의, 자본주의, 공산주의, 민주주의 등 '주의'를 그저 깃발로만 내세우고 무늬로만 치장한 적이 많다. 지금의 사회주의 시장경제에서의 '사회주의'도 그렇다. 개혁개방 이후 중국에서 사회주의는 악센트도 없고 콘텐츠도 없는 '공정한' '공평한' 따위의 단순 소박한 '평등의 동의어'쯤으로 변질해버렸다. 그런데도 일본과 서방의 일부 이데올로그는 사회주의가 중국의 본질인 양 착각한다. 또는 의도적으로 그렇게 설정해놓고, 중국이 조만간—그 '조만간'은 계속 연장되고 있다— 구소련과 동유럽의 전철을 밟을 거라고 공언하며 아직도 중국분열론, 중국붕괴론 등에 매달리고 있다. 사반세기가 넘도록.

중국인은 한국인이 목숨을 바쳐 싸우는 지고지순의 이념조차 아무런 거리낌 없이 실리를 위한 도구로 쓰는 데 도가 텄다. '박리다매,' 중국인에게 박리는 수단이고 다매가 목적이다. 즉 박리를 선전용 이념으로 내걸어놓고 그것을 다매를 위한 수단으로 쓴다. 결국 진짜 목적인 '후리다매'를 달성하는 것이다. '사회주의 시장경제'도 마찬가지. 중국에게 사회주의는 수단이고 시장경제가 목적이다. 즉 사회주의를 선전용 이념으로 내걸어놓고 그것을 시장경제를 위한 수단으로 쓰며 결국은 진짜 목적인 부국강병의 '중국식 자본주의'를 실현하는 것이다. 좌회전 깜빡이를 켜놓고 아무렇지도 않게 우회전하는 게 중국이고 중국인이다. 왜 좌회전하지 않았느냐고, 속았다고 원망하지 말라. 그게 중국이고 중국인이다.

국민 대부분이 애족애국자인 한국인과 달리 그 많은 중국인 가운데 '이 몸이 죽어서 나라가 산다면' 하고 국가를 위해 자신의 생명과 재산을 바친 위인들의 수는 손가락으로 꼽기에도 힘들 만큼 드물다. 실제로 중국에서는 '애국심'보다 '애국주의'라는 말을 훨씬 많이 쓴다. 중국인의 가슴속에는 '애국'이 '마음'에 있는 게 아니라 마음 바깥에 쪼그리고 앉아 있는, 그저 추상적이고 관념적인 이데올로기에 지나지 않는다.

반면 외국인이 중국인을 이야기할 때 약방의 감초처럼 써온 '실리주의' '실용주의' 따위의 상용어들은 정작 중국인들에게는 무척 희한하고 생경한 단어들이다. 오직 '실리'와 '실용' 그 자체만 있을 뿐이다. 중국인에게 실리와 실용 그 자체가 생명이고 삶인데 감히 '주의' 따위의 사족을 붙이려드는가! 중국인의 일상용어 '성이'生意는 왜 사느냐 따위의 형이상학적 의미가 아니다. 장사나 영업을 뜻한다. 중국인이 추구하는 삶이란 한마디로 장사를 잘해 잘 먹고 잘사는 데 있다. 자본주의 상징, 아니 그 자체라고 해도 좋을 지폐[6]와 수표와 어음 등을 세계 최초로 발명하고 상용해온 중국인이다. 그래서 말인데, 중국인의 유전인자DNA는 돈Don의 첫 글자 D와 '나'의 영어표기 NA가 합쳐진 것은 아닐까. 그래서 우리는 지금 세상의 모든 돈을 빨아들이려는 돈의 초대형 진공청소기 모습으로 물신화한 거대중국을 목도하고 있는 것은 아닐까.

장강의 금덩어리, 류씨 4형제의 선택은?

이화에 월백하고 은한이 삼경인 제
일지춘심을 자규야 알랴마는
다정도 병인 양하여 잠 못 들어 하노라.

고려 말 문신 이조년李兆年, 1269~1343의 시조 「다정가」다. 고등학교 국어교과서인가, 나는 슬프도록 아름다운 이 시조를 처음 접한 후 한참 동안 시조시인을 꿈꾸었고 오랫동안 문학청년 흉내를 냈었다.[7]

지금의 서울 서남부와 김포 일대에서 가난하게 살던 농부 이조년은 어느 날 형 이억년李億年과 함께 강 건너 고양으로 날품팔이를 가려고 길을 나섰다. 나루터 근처에서 금덩어리 두 개를 발견한 이조년은 이를 형과 하나씩 나누어 가졌다. 그런데 배를 타고 한강을 건너던 중 이조년이 갑자기 자신이 가지고 있던 금덩어리를 강물에 던져버리는 게 아닌가. 형이 깜짝 놀라 그 까닭을 물었다.

동생 이조년은 이 황금을 갖는 순간부터 "형님이 없었다면 황금을 모두 가질 수 있었을 텐데 하는 생각에 형님이 미워지려 합니다. 이 황금이 우리 형제의 우애를 망치게 할 수 있는 액물이라는 생각이 들어 버렸습니다." 이 말에 형도 감동해 황금을 강물에 던져버렸다. 이후 그곳을 '금덩어리를 던져버린 여울'이라는 뜻의 '투금탄'投金灘이라고 불렀다. 투금탄은 오늘날 서울 강서구 가양동 구암공원 안의 옛 나루터다.

나는 2015년 10월 19일음력 8일 밤, 구암공원을 찾아갔다. 하얗게 핀 배꽃 대신 울울한 아파트 숲에 여드레 반달이 은빛 피를 수혈하고 있었다. 나는 희부연 은하수가 삼경을 가리킬 때까지 그곳을 서성거렸다. 중국 최장수부자 류씨 4형제 이야기를 쓰느라 잠 못드는 밤이었기 때문이다.

중국의 어머니 강, 장강 상류와 장강을 이루는 무수한 물줄기가 실핏줄처럼 얽혀 흐르는 쓰촨,[8] 중국의 역대 광역행정구역 이름에 '내 천川' 자가 있는 유일한 성인 쓰촨은 중국에서 나루터가 제일 많기로 이름나 있다.

쓰촨 농부의 아들 류씨 4형제도 나루터로 가던 중 형제 중 하나가 금덩이 네 개를 우연히 주웠다면, 그들도 장강을 건너면서 이조년 형제처럼 금덩어리를 강물에 버렸을까? 만에 하나 금덩어리를 장강에 버렸다면 우리나라처럼 후세에 재물을 버리고 우애를 택한 미담의 주인공으로 남을 수 있었을까. 투금탄, 재물과 우애는 함께할 수 없는 걸까. 재물과 우애 중 하나를 버리고 하나만 취해야만 하는, 그 원천 모를 양자택일의 강박관념 같은 강물은 왜 중국 대륙과는 달리 한반도에서만 여전히 굽이치며 흐르고 있는 걸까.

기업의 생명은 제품의 품질

류융하오와 그의 형제들은 공장보다 연구소를 먼저 지었다. 1987년 말 그들은 200만 위안을 투자해 시왕希望과학기술연구소를 설립했다. 이듬해 봄, 그들은 300만 위안을 들여 시왕사료공장을 기공했다. 30여 명의 저명한 사료 전문가와 축산학 관련 교수들을 미국, 프랑스, 오스트레일리아, 폴란드, 홍콩 등으로 연수를 보내고 외국의 전문가를 초빙하고 학술 교류도 실시했다. 추가로 400만 위안이라는 거금을 투입했다. 연구소 설립과 연구개발비 등에 투자한 금액이 공장건설에 투자한 금액의 두 배가 되었다. 류융하오는 이렇게 말한다.

"현대 시장경제에서 기업인은 먼저 품질향상과 신제품 개발에 정력을 집중해야 한다. 그렇지 않으면 스스로 기업경영을 포기하겠다는 것과 마찬가지다."

기업 경쟁력은 흔히 가격 경쟁력과 품질 경쟁력으로 나뉜다. 가격 경쟁력은 같은 품질을 경쟁자보다 얼마나 싼 가격으로 공급할 수 있느냐 하는 것이고, 품질 경쟁력은 같은 가격에 얼마나 좋은 품질을 제공할 수 있느냐 하는 것이다. 앞서 애국심보다 경쟁력을 택했던 류씨 4형제는 경쟁력 중에서도 가격 경쟁력보다 품질 경쟁력을 우선적으로 택했다. 중국 내 여타 사료업자들이 품질 향상은 내팽개친 채 원가 절감에 주력하면서 가격 경쟁력을 높이는 데만 진땀을 빼고 있던 시절, 류씨 4형제는 원가 절감보다는 오히려 품질 향상으로 제품 경쟁력을 높이는, 다른 업체들은 엄두조차 못 낸 발상의 전환으로 돌파구를 마련했다. 물론 거기에는 시왕사료의 경쟁상대가 저렴한 국산 사료업체가 아니라 품질 좋은 외국업체였던 이유도 있었다.

외제 사료의 성분을 분석한 결과 주요성분은 어분으로 밝혀졌다. 당시 중국산 어분의 질은 국제수준에 비해 형편없이 뒤떨어졌다. 그렇다고 거액의 달러를 들여 어분을 수입할 수는 없는 일이었다.

"번데기로 어분을 대체해보자."

류씨 4형제와 시왕사료 연구진은 고심 끝에 번데기를 떠올렸다. 쓰촨 성 농가에 지천으로 깔린 번데기는 풍부한 단백질과 각종 영양소를 함유하고 있다.

물론 단순히 아이디어 차원에만 만족해하지 않았다. 류씨 4형제는 돼지 사료를 개발하기 위해 번데기 가루와 어분을 혼합하는 시험을 수백 차례 반복했다. 최상의 비결을 찾아내려고 노력한 끝에 번데기와 어분의 배합 황금비를 발견할 수 있었다. 그러나 그것만으로는 외제 사료와의 품질 경쟁력에서 우위를 차지할 수 없었다. 이번에 눈길이 닿은 것은 공업용 분유 찌꺼기였다. 그것과 번데기와 어분을 주성분으로 30여 종의 원료를 배합하는 실험이 또다시 수백 차례 계속되었다.

1989년 초에 이르러 세상 어디에 내놓아도 손색없는 '시왕 1호'라는 이름의 시제품이 세상에 모습을 드러냈다. 여기에 다시 류씨 4형제는 300만 위안을 추가로 투입해 사료 과립화 기계 등 주요설비의 국산화에 성공했다. 1989년 말 드디어 연간 10만 톤의 생산이 가능한 국산화 사료공장이 완공되었다.

15만 마리 메추리 대살육 사건 이후 류씨 형제가 돼지 사료 개발에 쏟아부은 돈은 총 2,000만 위안, 메추리 사업에서 번 돈을 전부 투자한 거액이었다.

"갈 데까지 가보는 거다. 아무리 우둔한 포수라 해도 수백 번, 수천 번 쏘기를 반복하면 언젠가는 목표를 명중시킬 것이다.

실패를 반복하면 언젠가는 본령에 닿을 수 있다. 이것이 우리 시왕그룹의 역정을 하나로 꿰뚫는 최고의 신조다."

이 말을 할 때면 시왕그룹 총재 류융하오는 어김없이 두 주먹을 불끈 쥐곤 한다.

다매는 목적, 박리는 수단

시왕1호는 확실히 기존 사료에 비해 탁월한 장점이 있었다. 첫째, 투자 회수기간이 크게 단축되었다. 젖먹이 돼지에서 성돈으로 키우는 데 과거에 8개월이 걸렸던 것이 이제는 3, 4개월이면 족했다. 둘째, 손이 훨씬 덜 갔다. 시왕1호는 사료에 물을 부어 반죽만 해주면 그만이었다. 끝으로 사료에 투입되는 양곡을 대폭 절약할 수 있었다. 사료의 주성분이 어분과 번데기 가루, 공업용 우유다 보니 사람이 먹을 양곡이 곧장 돼지의 뱃속으로 들어가던 과거의 폐단을 대폭 줄일 수 있었다.

류씨 4형제는 시왕1호를 외제 사료와의 경쟁에 출전시켰다. 쓰촨의 축산농가는 시왕1호에 우레와 같은 박수로 호응했다. 품질은 최고의 인기를 누리던 타이의 정다 사료와 비슷했지만 가격은 좀더 저렴했다. 쓰촨 성 농민들은 앞다투어 이 비스킷 맛이 나는 노란색 과립 사료를 돼지에게 먹였다.

류씨 4형제는 양돈가를 직접 방문해 시왕1호의 효과를 물어보았다.

"요즘 아저씨 댁 돼지들은 잘 커요?"

류용하오는 먼 친척뻘인 류라오우劉老五 아저씨를 찾아갔다. 쉰 살이 넘은 나이에 살짝곰보였으나 근면하고 착실한 성격에다 양돈업에 나름대로의 식견이 있는 어른이었다.

그는 긴 의자를 나무그늘 밑으로 옮겨놓으며 용하오를 반겨 맞았다.

류라오우 우리 류씨 집안을 빛낸 용하오가 왔구나, 어서 이리 와 앉으렴.

류용하오 아저씨, 전 일이 있어 곧 가봐야 해요. 아저씨네 돼지 가 어떻게 크는지 보고 싶어 왔어요.

류라오우는 크게 웃으며 말했다.

"용하오, 넌 정말 대단한 아이야. 애당초 나는 너를 싹수 있는 녀석이라 알아봤지. 우리 마을, 아니 쓰촨의 양돈 농가 중에 네 덕을 안 본 사람이 있으면 어디 한번 나와보라지. 저 돼지 우리 속을 좀 들여다보렴. 저놈들이 얼마나 반질반질하게 잘 자라고 있는지, 저놈들은 내게 지난 한 달 새에 1,000위안 이 상을 벌게 해줬어."

융하오는 한 양돈업자에게서 편지를 받았다. 거기에는 감사의 뜻을 담은 글과 함께 시왕1호의 광고문으로 쓰면 좋을 글이 적혀 있었다.

"한 근 먹이면 한 근 살찌네."

융하오는 편지를 여러 번 읽어보다가 무릎을 쳤다.

"바로 이거야, 이걸 광고문구로 써야겠다."

시왕1호를 뒤이어 출현한 30여 종의 시왕사료 포장지에는 "한 근 먹이면 한 근 살찌네"라는 문구가 빠짐없이 새겨졌다. 시왕 1호는 중국 전역의 수백만 양돈 농가에게 희망을 선사해주는 제일의 사료로 알려졌다.

류씨 4형제는 품질 경쟁력 향상으로 내공을 기른 다음 가격 경쟁력 향상에 들어갔다. 중국 전통 상전의 전술핵무기인 '박리다매'로 대공세를 가했다. 판매가는 국산 사료보다 적당히 높게, 외제 사료보다는 한 푼이라도 낮게, 이윤율은 0.5~0.7퍼센트로 책정했다.

적지 않은 사람이 '박리'를 '적은 돈'과 똑같이 생각한다. 기실이는 오해다. 겉보기에는 한 사람의 고객을 통해 벌어들이는 돈은 매우 적다. 그러나 이러한 하나의 '적음'이 있어야 더욱 많은 고객을 불러들이는 것이다. 적음이 모여 많음이 되고, 한 고객을 통해 벌어들인 돈을 합하면 큰돈이 된다. 다매가 목적이고 박리는 수단이다. 박리다매는 자금과 상품 회전율을 높여 매출을 신장시키고 경영을 확장시켜 결국 '후리다매'의 달콤한 과실을 따먹게 된다. 이윤을 좀더 많이, 빨리 거두려고 욕심을 부리다가는 '박리다매' 아닌 '박리소매'가 되어 상품도 잘 팔리지 않고 사업도 망친다.

일반적으로 중국 제품은 품질에 비해 값이 싸 환영받아왔다. 그러나 값에 비해 품질이 좋은 상품을 생산하는 품질 경쟁력 기업이 이제 값도 싼 가격 경쟁력 박리다매 전략까지 실시한 것이다. 2012년 현재 시왕사료 둘째 형 류융싱의 둥팡시왕 포함가 중국 사료시장의 70퍼센트 이상을 점하는 세계적인 사료 메이커로 성장한 것은 결코 우연이 아니다.

2001년 12월 중국의 WTO 세계무역기구 가입 당시, CCTV 대담 프로그램에 출연한 중국의 각계명사들은 "10년 후 중국 제품은 여전히 싼 데다가 품질 경쟁력마저 갖출 것이다. 그때 세계 시장은 Made in China로 평정되어갈 것이다"라고 입을 모아 맞장구를 쳤다.

나는 간지러움과 함께 소름이 돋는 괴이한 느낌을 떨쳐버리고 싶었다. "저 참을 수 없는 중국인 허풍의 무거움이여! 설령 품질 경쟁력이 올랐다 치자. 그러면 가격도 올라 가격 경쟁력이 떨어지겠지. 10년이 아니라 100년을 더 기다려도 그날은 쉽게 오지 않을 거야"라며 TV 채널을 다른 데로 돌려버렸다. 그렇지만 뭔가 찜찜한 여운이 혜성의 꼬리처럼 길게 남았다.

그런데 요즘 나는 경악스러운 가성비의 샤오미를 비롯해 무수한 '대륙의 실수'들을 보면서 섬뜩함에 몸을 떤다. '부지피부지기不知彼不知己 백전백패'의 비극적 결말이라는 망측한 상상을 지우려고 뇌리의 TV 채널을 돌리려는 듯 고개를 좌우로 강하게 흔든다. 한중 FTA는 우리나라의 내로라할 혜안과 식견을 갖춘 전문가들이 지혜를 한데 모아 체결했으니 '지피지기知彼知己 백전백승'의 성과를 거두리라 축원한다.

아이디어를 실천하라

1992년 9월 시왕그룹이 창립되었다. 맏형 융옌은 이사회董事會 주석, 둘째 형 융싱은 회장董事長, 셋째 형 융메이는 사장總經理, 언변이 제일 좋은 막내 융하오는 총재 겸 법인대표[9]가 되었다.

"새로운 사상이나 아이디어가 있다고 온종일 시위해서는 안된다. 저마다 훌륭한 사상을 가지고 있다고 생각한다. 중요한 것은 내가 어떻게 이 새로운 사상과 아이디어를 기업경영에 응용하고 실천느냐에 달려 있다. 아이디어 자체는 상당한 가치가 있다. 그러나 아이디어는 아이디어일 뿐이다. 진정으로 가치 있는 것은 아이디어를 진정한 현실로 만드는 것이다.

시장을 확장하려면 반드시 상품의 질을 높이되 원가를 절감해야 한다. 서비스가 첫째고 판매는 둘째다. "판매가 곧 서비스다"는 이 말은 '시왕'의 가족이 반드시 갖추어야 할 제일 덕목이다. 질을 중히 여기면서도 양으로 승리를 획득해야 한다. 현대 사회에서 과학기술 개발은 생산력 증대의 핵심이다. '시왕'이 계속 발전하려면 반드시 과학기술 분야에서 최고를 쟁취해야 한다.

우리 중국은 농업대국이다. 풍부한 농업자원이 있다. 따라서 '과학기술'과 '자원' 두 가지는 '시왕'의 영원한 언덕이자 배경이다."

류융하오는 시왕그룹 창립식 개회사에서 이렇게 강조했다. 그의 개회사는 오늘날까지 전체 시왕그룹의 핵심정신이 되고 있다. 시왕그룹의 탄생은 류씨 4형제의 사업에 무한한 생기를 불어넣었다. 특히 류융하오는 이듬해인 1993년 3월 제8대 전국정치협상위원으로 당선되었고, 같은 해 10월에는 전국공상연합회 부주석으로 취임했다. 중화인민공화국 사상 최초로 민간기업인이 정치계에 참여하게 된 것이다. 당과 정부 인사가 기업체의 최고경영자로 임명되어온 정통 사회주의 체제하에서는 꿈도 꿀 수 없는 혁명적인 사건이었다.

1995년 류씨 4형제는 '시왕'의 구조를 조정해 각자 역할 분담했다. 큰형 융옌은 다루시왕大陸希望을 창립해 전자부문을, 셋째 융메이는 화시시왕華西希望을 창립해 부동산 개발을 전담하기로

했다. 둘째 융싱과 넷째 융하오는 시왕의 주력업종인 사료와 기타 업종을 장강을 기준으로 남북으로 나누었다. 장강 이북은 융싱이 맡아 '둥팡시왕'東方希望을, 장강 이남은 융하오가 '난팡시왕'南方希望을 각각 창립했다.

1997년 융하오는 다시 '난팡시왕'을 확대개편해 '신시왕그룹'新希望集團을 재창설했다. 둥팡시왕은 상하이에 본사를, 신시왕은 고향 쓰촨 청두에 본사를 두었다. 그러나 이 모든 시왕은 여전히 시왕그룹이라는 큰 지붕 아래 들어 있다. 1990년대 말 이후 2016년 현재 시왕은 부동산, 전자, 금융업계에 진출해 발전에 발전을 거듭하고 있다.

류씨 4형제의 3대 성공전략

중국 최장수갑부이자 대표적 모범가족기업이니만큼 성공비결은 많다. 류씨 4형제의 성공전략을 세 가지만 추려본다.

첫째, 정능생혜定能生慧, 즉 목적을 정해야 지혜가 열린다. 이 중국식 선택과 집중 경영전략의 본령은 "어떤 것을 선택하는 것이 아니라 많은 것을 버리는 것, 즉 버려야 구하리니"에 있다. 완수한 과업을 자랑스럽게 생각하는 것 이상으로 버린 일에 대해서도 자랑스럽게 생각해야 한다. 기업가의 지혜는 정할 '정'定 자를 떠날 수 없다. 아주 작은 중심점 한 개를 찍는 데서부터 출발한다. 작디작은 메추리알 사업에서 출발해 돼지 사료 생산기업으로 성장했다. 거기서 다시 농축산 생산 판매 일원화 사업을 출발점으로 삼아 금융, 부동산, 화공, 낙농업, IT 등 다양한 산업으로 동심원을 그리듯 사업영역을 확대해나갔다.

중국기업가 대부분은 부나방처럼 자기가 좋아하는 불업종이 있다는 이유만으로 몸이 타들어가는 것조차 모른 채 불 주변을 맴돌다 재가 되었다. 그러나 류씨 4형제는 돼지우리를 확고부동한 중심점으로 삼아 중심점에서 외곽으로 동심원을 그리듯 착실히 기업영토를 확장했다. 중국인 대부분은 '류융하오' 하면 제일 먼저 "아, 그 양돈업자!"라고 반응한다. 하지만 류융하오는 양돈업자, 꿀꿀, 돼지우리 냄새 밴 듯한 이미지를 오히려 즐긴다.

> "돼지투자가 황금투자보다 좋다. 우리 중국인은 황금은 없어도 되지만 돼지고기 없이는 살 수 없기 때문이다."

류씨 4형제는 축산업으로 시작해 사료업에 뿌리를 내렸다. 시왕그룹의 세계화 전략 중심 역시 사료업이다. 금융, 부동산, 화공, IT 업종이 각광받을 때도 그들은 사료업과 밀접한 낙농업을 제2의 주업종으로 선택했다. 낙농업의 유제품은 축산업에서 나오며, 축산업의 대부분은 사료업에 의존한다. 류융하오는 민영기업집단으로서는 최초로 국가공상행정국에 등록했으며 최초로 상하이 증시에 상장했고 중국 최초의 민영은행인 민성은행民生銀行을 창립했다. 류씨 4형제가 손대는 업종마다 흔들리지 않고 연전연승하는 비결은 사료업을 중심점으로 확정한 데 있다.

둘째, 고요하게 흐르는 깊은 물이 바다로 나간다. 얕은 산골짜기 물은 졸졸 흐른다. 큰 강의 깊은 물은 고요하게 바다로 흘러간다. 깊고 큰 뜻을 품은 자는 요란 떨지 않고 정중동하며 성장한다. 집중과 확장은 일견 대립적인 개념이다. 류융하오는 이 둘을 유기적으로 결합시킨 기업전략을 구사했다. 그는 왕년의 전설적인 인물 위쭤민禹作敏, 1930~99이[10] CCTV에 나와서 다추좡大邱莊은 세계 최대농장으로 미국을 추월했다고 자랑을 늘어놓을 때 일찌감치 '우물 안 개구리 기업가'의 비극을 예감했다.

류융하오는 세계 저명기업 총수들의 시간 활용법을 참고삼아 자신의 이상적인 '1년 3등분 시간활용법'을 제정해 실천하고 있다. 1년 중 5일만 쉬고 나머지 360일을 3등분한다. 120일은 기업의 경쟁력 강화를 위한 경영전략 수립과 이의 제도화 작업에 할애한다. 120일은 기업내부 조직관리와 주요업무 처리 집행을 진두지휘하는 데 쓴다. 나머지 120일은 해외출장에 활용한다. 류융하오는 야후의 창업자 제리 양에게는 창업자의 자세와 스트레스의 참 의미를, 제너럴일렉트릭GE의 전 CEO 잭 웰치에게는 사람을 감별하는 법과 고용원칙 등을 배웠다.

제리 양은 자신이 동종업계 경쟁자보다 기술력이 겨우 3개월 정도 앞섰다고 했다. 악착같이 노력하지 않고 끊임없이 전진하지 않으면 다른 사람에게 추월당할 것이다. 경쟁 상대보다 한 단계 높은 단계로 올라가기 위해 엄청난 스트레스를 받는다. 제리 양은 류융하오에게 스트레스가 많은 사람일수록 성공한 사람이라고 귀띔해주었다.

잭 웰치는 사업 파트너를 선택하거나 인재를 초빙할 경우 재덕겸비才德兼備, 후덕무능厚德無能, 재승박덕才勝薄德, 무능박덕無能薄德의 네 가지 유형으로 구분해 대처한다고 조언했다. 잭 웰치는 재덕겸비형은 신뢰중용하고, 후덕무능형은 절차탁마시키고, 재승박덕형은 경이원지敬而遠之하고, 무능박덕형은 촉수금지觸手禁止, 즉 무기한 단교한다고 했다.

셋째, 깊은 못을 마주한 것처럼, 살얼음을 밟는 것처럼, 안전제일이다. 실패는 쉽지만 성공 후의 실패는 더욱 쉽다. 성공은 어렵지만 성공 후 관리는 더욱 어렵다. 악마는 디테일에 있듯 개미구멍으로 방죽이 무너진다. 자만과 방심은 기업의 무덤이다. 단도처럼 짧은 성공의 쾌감 끝에 장검처럼 긴 실패의 고통으로 신음하는 중국기업가들. 성공의 저주는 다음 네 가지 경우에 어김없이 내려진다. 첫째, 성공의 흥분으로 정신이 혼미해져 지뢰를 뜀틀로 착각하고 무작정 뛰어드는 경우. 둘째, 절식할 때 과식하고 비움을 기피하고 채움에만 몰입하는 경우. 셋째, 정상에 오르기까지의 창조와 근면이 정상에 오른 후부터는 타성과 권태로 변질되는 경우. 넷째, 리더 한 사람의 독선과 오만에 빠져 타인의 아부와 맹종 또는 환멸과 배신을 유발하는 경우.

류융하오는 이들 네 저승사자의 출현을 효과적으로 억제하는 방법은 의법치사依法治社, 즉 기업을 다스릴 시스템을 완비하고 깊은 연못을 마주한 것처럼, 살얼음을 밟는 것처럼 신중을 기하는 경영전략을 수립하며 그것을 실천하는 것이라고 강조한다. 시왕그룹의 사업타당성 분석과정은 어렵고 복잡한 것으로 정평이 나 있다. 청두화공과 화룽화공을 인수합병할 때 류융하오는 무려 다섯 차례나 기술 및 시장 검증회의를 직접 주재했다.

류융하오는 자신을 포함해 어느 누구의 사적 의견을 믿지 않는다. 의심하고 또 의심하고 비판하고 또 비판한다. 의심과 비판의 여지가 완전히 없어져야만 프로젝트 추진을 최종 결정한다. 주요 경영정책 결정은 총재 한 표로 절대 통과할 수 없으며 단 한 표만으로도 부결하도록 제도화했다. 패닉 브레이크 작동으로 기업이 미끄러지고 전복되는 사고발생을 사전에 차단하는 기업경영의 ABS브레이크 시스템을 개발한 것이다.

검소함의 달인 류씨 4형제

류씨 4형제의 외모는 친형제간이지만 언행은 일란성 네 쌍둥이 같다. 한 장갑 안의 네 손가락처럼 크기와 모양, 맡은 역할이 조금씩 다를 뿐이다. 류씨 4형제는 덕망과 학식, 근면 성실, 겸손 검소, 친화적 리더십은 물론 헤어스타일, 옷차림, 식성 심지어 주말에는 아내와 함께 식사하는 습관까지도 같다. "무엇이 무엇이 똑같을까? 옻가락 네 짝이 똑같아요"에다 "류씨 4형제가 똑같아요"를 덧붙여도 괜찮을 정도다.

"나는 하루에 100위안 이상은 절대 쓰지 않아요. 유명 브랜드가 뭔지도 모르고요. 그런 것은 신경조차 쓰지 않아요."

중국의 진정한 갑부 류융하오가 한 말이지만 그가 말하는 '나'는 대부분 '우리 류씨 4형제'를 가리키는 의미나 마찬가지다.

CCTV 대담프로그램에 나온 류융하오에게 진행자가 물었다.

사회자 총재님의 성공비결을 한마디로 말씀해주세요.

류융하오 항상 깨어 있고자 하는 노력입니다. 매일 열두 시간씩 매년 5일만 쉬고 360일 일하는 각오로 살아왔습니다. 사람이란 타성에 빠지기 쉬운 동물이지요. 사람은 후퇴할 수 없는 길에 몰려야만 자신의 모든 지혜와 재능을 발휘하게 됩니다. 외부환경이 어떻든 저희는 항상 최악의 상태에 있다고 끊임없이 자기암시를 가합니다. 항상 깨어 있기 위해서지요.

사회자 시왕그룹의 사훈은 무엇인가요?

류융하오 성誠·신信·정正·일一, 즉 성실한 태도와 신용을 근본으로 삼아 정당하고 합법적인 방법으로 제일을 추구하는 것입니다.

사회자 지금 IT 산업 등 첨단산업이 각광을 받고 있습니다. 가축 사료가 주업종인 시왕그룹의 주력업종을 첨단산업으로 전환할 계획은 없는지요?

류융하오 허구한 날 신경제만 중시하고 전통경제를 등한시한다면 어떻게 먹고 입고 살 수 있겠습니까? 전통경제가 없으면 새로운 희망도 없어요.

시왕그룹 산하 모든 계열사 구내식당에는 간부식당이 따로 없기로 유명하다. 총재는 특별한 일이 없는 한 구내식당에서 평사원들과 같이 점심을 먹는다. 총재는 제일 빨리 식사를 마친다. 쓰촨 농부의 아들답게 단 한 톨의 밥알도 남기지 않는다. 그들이 평소에 가장 즐기는 메뉴는 삭스핀상어 지느러미이나 제비둥지, 바닷가재요리 등 산해진미가 아니라 마파두부와 후이궈러우回鍋肉, 제육볶음등 쓰촨의 전통 대중음식이다.

류씨 4형제는 양복을 잘 입지 않는다. 그들이 평상시에 즐겨 입는 티셔츠, 바지, 구두는 모두 합쳐도 1인당 300위안약 6만 원이 넘지 않는다. 그들의 옷차림이나 헤어스타일은 보통 중국 사람과 조금도 다를 바 없다. 현재 류씨 4형제가 개인재산 총합이 약 120억 달러2015년 중국갑부 순위는 샤오미의 레이쥔에 이어 7위,[11] 2001년 1위, 20년간 10위권 내 유지, 한국 최고갑부 이건희 110억 달러가 넘는 글로벌 슈퍼리치라는 사실을 그들의 외양에서 찾아보기 힘들다.

2016년 현재 만 64세의 류용하오는 머리카락이 이마를 가린 중학생 머리에 염색은 물론 무스나 스프레이도 바르지 않는다. 담황색 점퍼를 걸치고 싸구려 검은색 구두를 즐겨 신는다. 40년 세월 동안 한결같은 헤어스타일과 패션이다.

류용하오는 2005년, 15년 넘게 타고 다니던 1989년형 산타나한국의 쏘나타급를 눈물을 머금고 벤츠로 바꿨다. 산타나에 에어백

기능이 없는 등 안전상에 문제가 있으니 안전성이 보완된 것으로 바꿔 타시라는 주위의 읍소 때문이었다. 류씨 4형제는 비행기를 탈 때 퍼스트 클래스는 물론 비즈니스 클래스도 아닌 이코노미 클래스만 고집한다. 자가용 비행기를 보유한 왕젠린2015년 제1갑부이나 마윈2014년 제1갑부과는 딴판이다.

류씨 4형제에게 술과 담배는 평생 한 번도 입에 대어본 적이 없을 만큼 거리가 멀다. 그래서 "간은 상해도 좋으니 정은 상해서 안 된다"는 주당들의 본거지 산둥이나 동북3성을 관할범위로 하고 있는 둥팡시왕의 류융하오는 사업의 최대 애로사항의 하나로 자신이 비주류非酒流 소속이라는 점을 든다. 그들은배우자까지 포함 춤과 노래와 마작도 못 하며, 연예계 스타와 명품에 어떠한 관심도 흥미도 없는 멍텅구리들이라고 자처하고 있다. 실제로 정말 그렇다.

류씨 4형제는 잘난 척, 있는 척, 아는 척, 높은 척하지 않는다. 그들은 욕설을 하거나 험담을 하거나 큰 소리로 호통을 치지 않는다. 얼굴에는 항상 온화한 미소를 짓고 언행 하나하나를 신중하게 해 상대방이 불쾌하지 않도록 애쓴다. 시왕그룹의 임직원들은 류씨 4형제에게 공포나 타성에서 나오는 복종이 아니라 마음에서 우러나오는 복종을 하고 있다고 사석이나 공석에서 입을 모은다. 류씨 4형제의 성씨가 덕치형 군주 모델인 촉나라 유비劉備, 161~223나 한고조 유방劉邦, BC 247~BC 195과 같은 모금도 유씨 '王' '李' '張'과 함께 중국 4대성의 후예라서 그럴까라며 우스운 상상도 해본다.

내가 좀 삐딱한 시각으로 보면, 류씨 4형제는 먼 후일, 대부분 좋은 면만 부각하는 학생용 위인전의 인물로 적합할 것 같다. 후세의 작가들이 쓰기에도 류씨 4형제의 인생궤적에 억지로 미화할 부분이 별로 없어 수월할 것 같다. 반면 성인용 인물전의 대상으로는 마치 공자 왈 맹자 왈 하는 성현의 전기를 읽는 것 같아 너무 밋밋하고 따분해 인기가 없을 것 같다.

중국인은 배고픔은 참지 못하나 배 아픔은 잘 참는다

"학문은 세상의 모든 마침표를 물음표로 바꾸는 데서 시작한다."

이는 나의 '학문연구 기본법' 제1조다.

종교와 학문은 준별되어야 한다. 종교는 "믿습니다!"로 출발할 수 있지만, 학문은 "묻습니까?"로 출발해야 한다. 평생 남의 말을 잘 믿어 잘 속아온 나는 어찌 된 셈인지, 신문이나 잡지 속의 글은 물론 교과서나 심지어 사전과 법전, 지도 속의 글과 사진조차 잘 믿지 않는 괴벽이 있다. 이러한 '문자 사진 의심증' 때문에 여태까지 사는 데 말 못할 애로사항이 많았다. 고립과 고독을 피할 수 없었다. 하지만 이러한 '문자 사진 의심증' 덕분에 나는 교과서를 비롯해 오만 군데에 실려 있는 '윤봉길 의사 체포 사진'

의 조작사실을 밝혀낼 수 있었고, 이어도의 중국 측 기점도 바로잡아 제주해군기지 건설의 절실함을 호소할 수 있었다. 대한민국 역사상 역사와 지리교과서 내용을 바로잡은 사람이 나 말고 또 누가 있는가 하는 자긍심 하나로 살아왔고 앞으로도 살아갈 것이다. 여생도 마침표를 물음표로 바꾸면서 살아갈 것이고 죽는 날도 그러다가 죽을 각오다.

이렇게 물음표 마니아인 필자인데 중국기업가 이야기를 하면서 무엇을 주저하랴. 류융하오는 앞에서 말한 바와 같이 졸저들에 등장한 열 명의 중국부자 중 유일하게 살아남은 부자다. 2002년 당시 나는 류융하오 형제를 칭찬 7, 비판 3 비율로 써야겠다고 작정했는데 이상하게도 최대한 지면을 할애해 최대한 우호적 시각으로 이야기했던 기억이 난다. 비판을 위한 비판을 하려고 해도 비판할 거리가 없었다. 이번에는 류융하오와 그의 형제들이 뱉은 낱말 하나하나, 문장 하나하나의 마침표를 물음표로 바꿔 재검증하고 발기발기 해체하리라 굳게 마음먹었다. 류씨 4형제 개개인보다 형제들의 수평관계를 집중적으로 점검하면 뭔가 나올 것 같았다. 형제는 같은 길을 같은 보조로 사업을 개척해나갔기 때문에 충돌을 피할 길이 없었을 것이다. 불화와 암투, 사달이 날 뻔한 사건이 묻혀 있을 것이다.

우선 중국 온라인상의 모든 뉴스와 블로그, 카페 게시 글과 댓글을 전수 분석하듯 샅샅이 훑어보았다. 중국은 최근 구글이나 카카오, 페이스북 같은 해외사이트의 접속을 차단했다. 하지만 중국 국내 인터넷사이트는 7억 네티즌이 중국갑부들과 그들의 가족들을 자근자근 씹어대는 저질 욕설받이이자 스트레스 해소를 위한 배설구다. 그런데 당사자 상당수는 악성 댓글들에 발끈하지 않고 의연한 태도를 보인다. 중국부자 L은 "졸부라서 죄송해요"라고, 중국부자 W는 "나를 칭찬하는 자는 나의 적, 나를 욕하는 자는 나의 스승이다. 더욱더 심한 욕설을 내게 퍼부어다오"라는 댓글 신공을 보이며 오히려 즐기고 있는 것처럼 보인다. 중국 당국도 살인, 강간, 강도, 마약, 납치유괴, 폭파방화, 조폭테러[12]같이 사회적으로 물의를 일으키는 일, 국가 최고지도층과 그들의 가족과 관련된 일, 국가분열 및 반란혐의 등의 중범죄와 직간접으로 관련된 일 외에는 거의 방치수준의 행태를 보이고 있다(물론 예의주시, 엄중감시하고 있을 것이다). 다른 한편으로는 이런 익명의 욕설 해방구를 일정 부분 용인해주는 유화책이 중국 IT 산업의 급성장 요소이기도 하다.

그런데 류융하오와 그의 형제들에 대해서는 "시왕 총재님 형제들은 모두 너무 검소한 생활을 하시어 탈이에요. 그렇게 많은 재산으로 이제 맛있는 요리도 먹고 비싼 옷도 입고 좋은 차도 타고 다닐 만하지 않습니까? 이제 좀 쓰세요"라는 아부 반 찬양 반 글 일색이다. 간혹 부정적 글도 있지만 그것은 정부 정책에 대한 비판이지 류씨 4형제에 대한 비판은 아니었다.

후계자와 상속인 문제는 중국의 블랙홀

온라인에서 찾을 수 없다고 쉽게 포기할 내가 아니다. 국제회의 주제 발표차 중국에 출장 간 기회를 이용하기로 했다. 7층 대형빌딩이 통째로 서점인 베이징의 시단투슈다샤西單圖書大廈를 비롯해 오프라인 서점은 물론, 베이징 뒷골목 구멍가게에서 파는 3류 잡지도 가리지 않고 정보를 수집해보았다. 그 결과 내가 얻은 깨달음을 요약하면 이렇다.

중국인은 배고픔은 참지 못하나 배 아픔은 잘 참는다. 부자들을 배 아파하지 않는다. 부자들이 남보다 몇십 배의 노력으로 돈을 벌었으니 그만큼 쓰는 것을 욕하지 않는다. 다만 불법·탈법으로 돈을 벌고 주제넘게 방탕하게 쓰거나, 잘난 척, 있는 척, 아는 척, 높은 사람과 친한 척하는 부자들을 비판한다. 그런데 류씨 4형제는 강산이 변하는 세월 동안 나이는 10여 세, 재산은 10여 배 늘어난 것 외에는 그들의 이름 끝 글자를 모은 언행미호言行美好 그대로 언행과 우애가 여전히 아름답고 좋다. 류씨 4형제의 우애와 처신은 찢어지게 가난했을 때나, 중국 최장수갑부 가족이 되어서나 의구하다. 그래서 류씨 4형제의 시왕그룹은 남녀노소 빈부귀천 가리지 않고 중국인이라면 누구나 공인하는 인민대표 모범가족기업이다. "형제는 안에서는 싸워도, 밖에서 모욕하면 함께 그것을 막는다"는 『시경』詩經의 말이 생각난다.

"우리나라 전래동화 『흥부와 놀부』와 비슷한 중국의 전래동화가 있으면 알려주세요. 후사하겠습니다."

이는 내가 오래전 개인 블로그에 올려놓은 광고문이다. 여태껏 답이 없다. 30년 중국학도의 한 사람으로서 나는 『흥부와 놀부』처럼 '흥부=빈자=착한 사람' vs '놀부=부자=나쁜 놈'이라는 권선징악적 대립구조를 담은 중국의 동화나 설화는 물론, 그 비슷한 것조차 듣도 보도 못했다.

류씨 4형제 개개인의 점點과 형제 사이의 수평관계인 선線에서 이렇다 할 허점을 찾지 못한 내가 눈물을 참고 물음표 붙이기 과업을 접기 일보 직전, 마지막으로 수직관계 선을 아래쪽으로 한번 그어보았다. 그런데, 아, 싱크홀! 폭이 일망무제하고 깊이가 천곡지심千谷之深한 싱크홀을 발견했다.

그 초대형 싱크홀은 다름 아닌 1가구 1자녀 정책이 낳은 치명적 폐해, 선택의 여지가 없는 후계자 선정, 1인 상속 문제다. 이는 비단 류씨 4형제만의 문제가 아니다. 중국의 모든 기업가는 물론 중국 전체의 명운이 달려 있는 문제다. 이 문제는 중국의 대변혁을 내장하고 있는 시한폭탄, 아니, G2시대 중국의 모든 빛을 일순에 빨아들여 버리는 '블랙홀'이 될지도 모른다.

제3부

스마트산업의 협객들

지금 우리는 시작한다.
우리는 새 역사를 쓰고 있다.
너저분한 무승부보다
화끈한 승부를 택하자.
• 마윈

실패는 죄가 아니다.
목표가 없거나 너무 낮은 것이 죄다.
꿈의 힘을 믿어라!
• 레이쥔

6 '차이니즈나이트'를 새로 쓰다

마윈의 의협심, 소상공인을 수호하라

주입교육의 수레바퀴 아래서 꿈을 키운 꼬마 협객

마윈은 1964년 10월 15일 저장 성 항저우에서 태어났다. 아버지는 국공내전國共內戰 당시 장제스蔣介石, 1887~1975 측 국민당군 분대장이었다. 1949년 중국공산화 이후 그의 집안은 지주, 부농, 반혁명 분자, 악질분자, 우파분자 등 '흑黑5류'로 분류되어 감시와 숙청의 대상이 되었다. 그의 아버지는 집안에 드리운 먹장구름이 하얀 뭉게구름으로 바뀌었으면 하는 염원을 담아 아들의 이름을 '운雲'으로 지었다.

스무 살 이전의 마윈을 단 한 줄로 요약하자면 이렇다.

"여덟 살 전에는 개구쟁이. 초등학교 시절은 말썽꾸러기. 중고
교시절은 사고뭉치."

세계 소상공인의 수호 협객을 자처하는 글로벌 슈퍼리치 마윈(가운데).
2015년 11월 필리핀에서 열린 APEC CEO 정상회의에서
오바마 미국 대통령(왼쪽)과 대화를 나누고 있다.
어려서부터 엉뚱한 행동만 골라하던 개구쟁이가
중국재계의 제일가는 상협(商俠)이 될 줄 누가 상상이나 했을까?

마원은 어릴 적부터 시키는 일은 잘하지 않으면서 엉뚱한 일을 하길 좋아했다. 집에서는 아버지에게 가혹한 체벌을 당하는 '곤봉교육'을, 학교에서는 오리주둥이에 모이를 강제로 밀어넣는 식의 '주입교육'을 받으며 자랐다. 곤봉교육과 주입교육의 수레바퀴 아래서 소년은 현실세계에서는 할 수 없는 일들이 난무하는 무협지의 몽환세계로 침잠해 들었다. 항저우 출신의 세계적인 무협소설가, 진융金庸, 1924~ 의 무협소설[1]을 전부 독파했다. 특히 『소오강호』笑傲江湖, 『천룡팔부』天龍八部, 『의천도룡기』倚天屠龍記는 소년의 3대 애독서이자 교과서였다. 소년의 꿈은 강호를 호령하는 무림의 최고수 '마원 대협'이었다.

마원은 자신을 무협지의 주인공과 동일시했다. 지금도 변함이 없다. 악당들을 제거한다며 또래 아이들과 백골이 드러나도록 싸웠다. 그러던 어느 날 소년협객은 '정의를 위한' 패싸움을 하다 살점이 찢기고 피범벅이 되어 병원으로 실려 갔다. 병원에 마취약이 떨어져 의사가 무마취로 열세 바늘을 꿰맬 때까지 소년협객은 무협지의 주인공을 연상하며 신음 한 번 내지 않았다. 공부와는 담을 쌓고 허구한 날 패거나 맞거나를 반복하던 마원은 결국 문제아만 모아놓은 특수중학교로 강제 전학 조치되었다. 부모와 교사, 이웃 대부분은 그의 앞날을 일찌감치 포기했다.

마원이 제일 좋아하는 과목은 영어인 반면 제일 싫어하는 과목은 수학이었다. 아버지가 12세 생일선물로 사준 라디오를 무척 아꼈으며 항상 영어방송을 틀어놓고 지냈다. 13세부터 자전거에 외국인 관광객을 태우고 항저우 시내를 싸돌아다녔다.

수학시간은 마윈이 무협지를 몰래 읽는 시간이었다. 수학을 정해진 공식에 뻔한 답을 꿰맞추는 재미없는 숫자놀음으로 여겨 내팽개쳤다. 그는 중고교 시절 수학시험에서 100점 만점에 10점 이상을 받아본 적이 드물었다. 마윈이 고입 재수생, 대입 삼수생이라는 고난의 청소년 시절을 보내게 한 원흉은 수학이었다. 첫해 고입시험에서 수학을 0점 받은 탓에 낙방했고, 이듬해 31점을 받아 3류 고등학교에 겨우 진학했다. 고3 시절 수학교사는 "너 같은 수학 백치에게는 고등학교도 과분하다. 만일 네가 대학생이 된다면 내 이름을 거꾸로 불러도 좋다"며 대놓고 기를 죽였다. 그 수학교사의 저주 때문이었을까. 1982년 마윈은 첫 대입시험^{高考}에 낙방했다. 수학성적은 100점 만점에 1점으로 꼴찌 수준이었다.

'수포자'^{수학포기자}를 넘어 수의 백치 '수치'^{數痴}라고나 할까. 오늘날 글로벌 IT 업계의 거두 마윈이, 특히 이공계를 중시해온 사회주의 국가에서 '황제과목'이나 다름없는 수학에 젬병이었다는 사실은 시사하는 바가 적지 않다.

너무 작고 못생겨서 혐오감을 주기에

대학입시에 실패한 마윈은 사촌동생과 함께 시후^{西湖} 호반의 한 3성급 호텔에 일자리를 구하러 갔다. 사촌동생은 정규직으로 취직되었지만 마윈은 임시직, 즉 '알바'로 고용되었다. 하지만 그마저 석 달을 넘기지 못하고 해고되었다. 마윈이 해고된 사유는 이렇다.

"키가 너무 작고, 얼굴도 너무 못생겨서 고객들에게 혐오감을 주기 때문."

호텔 알바직에서도 쫓겨난 마윈은 사무보조원도 하고 짐꾼도 했다. 삼륜오토바이를 타고 책 배달을 하기도 했다. 그러나 왜소한 체격 때문에 주로 어깨와 허릿심에 의지하는 육체노동으로는 입에 풀칠하기도 힘들 것 같았다. 완력이 아닌, 필설의 힘으로 살아갈 수밖에 없는 자신의 숙명을 절감했다. 이듬해 대학입시에 응시했으나 또 낙방했다. 낙방의 원흉은 역시 수학. 점수는 불과 19점, 과락이었다. 수학교사의 저주는 아직 풀리지 않았다.

마윈의 부모는 그에게 대학진학을 단념하고 기술을 배우라고 권했다. 마윈은 "이제 와서 무슨 기술을 배우지?"라고 낙담하며 주걱턱을 내밀고 자전거로 항저우 골목을 누비고 다녔다. 간혹 외국인을 만나면 통역을 자처해 군것질을 할 만큼의 용돈을 벌었다.

1984년 마윈은 부모의 만류를 무릅쓰고 세 번째 대학시험에 도전했다. 마윈이 당시 중국에서는 희귀한 대입 3수생이 된 까닭은 큰 꿈을 품어서라기보다는 대학을 나오면 세 치 혀로 먹고살 수 있는 직종에 취업할 수 있는 기회가 많을 것 같아서였다. 다행히도 그해 대입 시험문제가 유난히 쉽게 출제된 덕분에 마윈은 수학 과목에서 89점을 맞았다. 생애 최고의 수학성적을 받았는데도 종합성적이 커트라인에서 5점 미달해 또다시 낙방했다.

대입 3수에도 실패하자 절망한 마윈은 며칠을 골방에 처박혀 나오지 않았다. 좋아하던 무협지도 접어둔 채 『티베트 사자의 서』 등 심령학 서적을 읽다가 졸음이 밀려오면 '이대로 영원히 깨어나지 않았으면, 내세에는……' 하며 잠만 내리 잤다. 그러던 어느 날 오후, 그의 골방에 항저우사범학원단과대학 영어학과 입학통지서가 날아들었다. 입학생 수가 정원에 미달되자 영어시험 성적 100점을 맞고도 불합격한 마윈을 보결합격자로 선정한 것이다. 입학통지서가 날아든 그날을 기준으로 마윈의 생애는 구舊마윈과 신新마윈으로 구분된다. 신세계가 펼쳐진 것이다.

다시 태어난 마윈

"나는 과거의 내가 아니다"I am not what I was.

영어학과 신입생 시절 마윈이 항상 되뇌던 영어구절이다. 벼랑 끝에 몰린 폐인에서 구사일생으로 대학생이 된 마윈은 전혀 다른 사람이 되었다. 마치 기원전BC의 구舊마윈에서 기원후AD의 신新마윈으로 다시 태어난 것처럼.

그의 이름 운雲은 먹장구름에서 뭉게구름으로 변했다. 명랑·쾌활하고 이지적 사고에 융통성이 풍부하며 결단성이 있고 다정다감한 젊은이로 변했다. 품행이 방정하고 학업성적도 우수한 데다 영어실력은 미국인 교수조차도 혀를 내두를 정도로 특출났다. 마윈은 자기 자신에게 확신을 가지고 다른 사람들을 움직였다. 자신의 생각이 열매를 맺을 수 있도록 하는 데 탁월한 능력을 발휘했다. 마윈은 타고난 웅변실력으로 대학 총학생회 회장으로 당선되었다. 2회 연속 항저우 시 대학생연합회 총회장을 맡기도 했다. 마윈은 대학 시절 천재적 창조력과 독창성을 바탕으로 능동적인 행동과 연설을 하는 '행위자'로 변신했다.

1988년 마윈은 대학졸업과 동시에 항저우전자공업학원 영어 및 국제무역강사가 되었다. 강의실은 수강생들로 항상 만원이었다. 일반시민까지 몰려들어 선 채로 수업을 듣는 '입석 청강생'들이 넘쳐났다. 그의 수업은 교사는 읊고 학생은 듣는 방식이 아니었다. 교사는 칠판에 적고 학생은 받아쓰는 방식도 아니었다. 인터랙티브, 학생이 자발적으로 참여하며 함께 즐기는 수업이었다.

항저우 시 10대 우수청년교사로 선정된 1992년, 마윈은 퇴직교사 몇몇과 함께 번역전문회사 하이보海博를 설립했다. 그러나 개업 첫 달 총수입이 700위안에 불과해 번역사 월급은커녕 건물 임차료 월 2,400위안도 감당하기 어려웠다. 마윈은 유명한 소상품 다품종 도매시장, 이우義烏[2]로 가서 손전기, 내의, 공예품 등을 사서 항저우 시내에 내다 팔았다. 그 무렵 마윈의 직업은 영어강사 겸 번역회사 사장 겸 보따리장사라는, 이른바 '쓰리잡스'였다.

007도 놀랄 마윈의 첫 미국여행기

"당신에게 인생일대의 전환점은 알리바바를 창설한 1999년 인가?"

한 인터뷰에서 기자가 이런 질문을 던지자 마윈이 기자의 말을 끊으며 단호한 어조로 말했다.

"아니다. 내 나이 만 31세 시절, 1995년이었다."

그해 마윈은 혼이 양탄자를 타고 날아가고 넋이 마술 램프의 연기로 흩어질 만한 엄청난 사건을 겪었다. 1994년 초 항저우 시정부는 미국 측 투자자 J와 상하이-항저우 고속도로[3] 건설합작 투자계약을 체결했다. 문제는 투자금 입금 예정일이 1년이 지나도록 감감무소식이었다는 것이다. 애가 탄 시정부는 항저우 바닥에서 영어 최고수로 알려진 마윈에게 투자계약서상에 번역 문제가 있는지 검토해줄 것을 의뢰했다.

마윈이 영문본과 중문본을 면밀히 대조한 결과 번역에는 문제가 없었다. 하지만 한 미국인에게서 미국 측 투자자 J가 국제사기꾼이라는 제보를 받고 이를 시정부에 보고했다. 시정부는 마윈에게 현지조사 임무를 맡겨 그를 J의 주소지인 미국 라스베이거스로 출장을 보냈다. 네바다 사막 한가운데 있는 라스베이거스 공항으로 마중 나온 J를 본 순간, 마원은 심장을 달아맨 힘줄이 끊어질 정도로 놀랐다. '이 자는 사기꾼이 아니라 조폭 보스!'라고 직감했다. 영화 「대부」의 돈 코르네오네말론 브란도 역의 음성을 흉내 낸 듯한 J의 음침한 목소리가 확신을 더했다. J는 사업과 관련한 일은 내일 천천히 이야기하자며 마원을 시내의 한 카지노장으로 데려갔다.

미국에 간 것도, 카지노에 간 것도 난생 처음인 마원은 얼떨결에 25달러를 베팅해 600달러를 땄다. 다음 날 아침 J는 한층 더 음침한 목소리로 마원에게 자신이 '사막의 자칼'이라는 폭력조직의 보스라고 밝혔다. 그러면서 "이 도시는 들어오기는 쉽지만 나가기는 어려운 곳"이라며 왜소한 동양인을 감금할 의향을 비쳤다. 하지만 마원이 누구던가. 또 하나의 중국사로 불릴 만큼 방대한 진융의 무협소설 속 온갖 초식招式, 동작·품새을 필살의 혀로 내공화한 그가 아니던가. 마원은 중국 흑사회의 은어와 미국 암흑가의 슬랭을 동시에 고급영어로 전환시키며 협객풍의 말투로 호쾌하게 응수했다.

"우하하. 과연, 대붕은 대붕을 알아보는군! 그렇지, 라스베이거스 협객 보스가 중국 전통비밀결사 홍방紅帮, Gong Bang 지파支派 두령을 몰라볼 리가 없지. 나는 오랜 세월 항저우 호반에 은거하며 귀형을 흠모해왔던 터, 이렇게 여기 사막의 성채를 친히 배알하게 되었다. 요즘 세간에는 천라지망天羅地網, 즉 하늘의 그물과 땅의 그물이라는 '인터넷'이 풍미하고 있다. 귀형과 함께 이 인터넷사업을 크게 벌이고 싶다. 우리 서로 손을 맞잡고 큰일을 한번 도모해보자. 중국에는 널린 것이 호구들이다. 우선 나는 항저우의 호구 하나를 물색해놓았다. 그렇지 않아도 예서 더 머물며 귀형을 배우고 싶었다. 불감청고소원 不敢請固所願이라, 나의 귀국을 만류하는 귀형의 호의에 심심한 사의를 표한다."

조폭 보스 J는 어지러웠다. "이 볼품없는 중국인의 정체는 뭘까? 동부지역 백인들도 영어를 이토록 현란하게 구사하기 힘든데. 눈빛도 예사롭지 않은 것이, 어제 카지노에서 베팅한 돈의 몇십 배를 딸 때도 덤덤한 태도 하며, 어쩌면 이 괴인은 전설적인 홍방의 두목일 수도 있겠다. 그게 아니라면 속임수 대마왕일 것이다." 조폭 보스 J는 생각에 빠져 액션을 잠시 망설였다.

마윈은 조폭 보스 J의 집중력이 떨어진 틈을 타 몸만 빠져나와 공항으로 내뺐다. 창졸간에 생긴 일이라 귀국 비행기 티켓마저도 짐 속에 두고 나왔다. 수중에 가진 거라고는 여권과 카지노에서 딴 돈에서 택시비를 주고 남은 몇백 달러뿐. 중국행 비행기 티켓을 살 수 없었다. 마윈은 국내선 터미널로 달려갔다. 아무 비행기나 제일 빨리 이륙하는 비행기를 타기 위해서였다. LA행 델타항공 여객기에 황급히 몸을 실었다.

그로부터 10여 년 후, 마윈은 한 인터뷰에서 당시를 회고하며 몸을 떨었다.

"그때 조폭 보스 J에게 꺼냈던 '인터넷'은 사실 그게 뭔지도 모르고 던진 미끼였다. 인터넷이라는 단어는 영어강사 시절 우연히 주워들은 것이다. 당시 나는 인터넷이 컴퓨터 부품의 일종이라고 알고 있었다. 나중에 안 사실이지만 조폭 보스 J는 부하들을 공항으로 보내 나를 발견하는 즉시 사살할 것을 명했다. 지금 생각해도 내가 그때 무작정 제일 빨리 이륙하는 여객기를 잡아탄 것은 현명한 판단이었다. 한발 빨라 목숨은 구했으나 그때 라스베이거스에 두고 온 짐은 아직 구해내지 못했다."

마윈은 LA에서 다시 시애틀로 날아갔다. 시애틀에 사는 친구를 만나 중국행 티켓을 살 돈을 빌리기 위해서였다. 친구는 시애틀에서 아주 조그마한 사업을 하고 있었다. 마윈은 그곳에서 난생처음 '진짜 인터넷'을 접했다. 친구가 마윈에게 무엇을 찾으려면 컴퓨터에 그것을 입력한 후 엔터 자판만 두드리라고 알려주었다. 그러면 모니터에 즉시 나타난다는 것이었다. 마윈은 'Beer'를 입력했다. 'Beer'는 마윈이 생애 최초로 인터넷에 검색한 단어가 되었다. 금방 독일맥주, 미국맥주, 일본맥주가 쏟아져 나왔다. 그러나 중국맥주는 단 한 병도, 단 한 캔도 나오지 않았다.

마윈표 인터넷 양탄자, 차이나옐로페이지

"무슨 007 영화 찍냐며, 아무리 내가 정색하고 이야기해도 곧
이듣지 않겠지. 누가 믿어줄까나."

마윈은 시애틀발 베이징착 중국민항 CA 이코노미 클래스에
앉아 라스베이거스, 카지노, 조폭 보스, 탈출, 인터넷으로 이어지
는 거짓말 같은 첫 미국여행길을 반추했다. 마치 자신이 『아라비
안나이트』에 나오는 양탄자를 타고서 과거와 미래, 실체와 가상
세계를 넘나드는 것 같았다.

그로부터 20년 후, 2015년 9월 23일 미국을 국빈방문 중이던
시진핑은 시애틀의 보잉공장을 찾아 연설하던 중 중국민항 CA
가 보잉기 300대를 구입하는 계약을 체결했다고 밝혔다. 그때 시
진핑 바로 뒷줄 단상에 중국기업사절단 대표로 앉아 있던 마윈
은 무슨 생각을 했을까.

다시 20년 전인 1995년으로 돌아가보자. 귀국하는 하늘길에서
마윈은 '알리바바와 40인의 도둑' '신드바드의 모험' '알라딘과
마술램프,' 부와 권력과 미녀와 마법 등이 살아 움직이는 『아라비
안나이트』를 방불케 하는 기발한 상상력의 실크양탄자 한 장을
짜내었다.

지상의 천당, 항저우로 내려온 마윈은 곧장 주변의 친구와 제
자 24명을 모았다. 자신이 상상력의 실크로 짠 실크양탄자, '중

국 최초의 인터넷회사' 구상을 열성을 다해 설명했다. 대부분 "촌 사람이 미국을 한 번 갔다 오더니만 정신이 좀 이상해진 건 아닌 가?" 하면서 듣는 둥 마는 둥 했다. 한 제자만 그게 뭔지 몰라도 한번 시험 삼아 해보고 안 되겠다 싶으면 금방 빠져나오면 어떠냐고 했다. 마윈은 우선 치고 달렸다Hit and Run. 24명 모두 뒤따라 달렸다, 엉겹결에.

1995년 4월, 마윈은 여동생과 제부, 부모와 친척에게서 2만 위안을 추렴해 중국 최초의 인터넷회사 '하이보 인터넷'海博網絡을 창업했다. 곧이어 뒤따라온 24명의 친구 및 제자와 함께 중국 최초의 홈페이지 서비스사이트 '차이나옐로페이지'를 개설했다.

마윈표 인터넷 양탄자 차이나옐로페이지의 주요사업은 중국 기업들의 홈페이지를 제작해주는 것이었다. 그러나 창업 당시 중국에서 인터넷은 어디까지나 믿으면 있는 것이요 믿지 않으면 없는 것이었다. 3개월 후 상하이를 필두로 중국 전역에 인터넷이 보급되기 전까지 의심 많은 중국인 대부분은 마윈을 허무맹랑한 사기꾼으로 취급했다. 초창기 차이나옐로페이지는 미국의 지인에게 연락해 인터넷상의 해당 내용을 인쇄하게 한 후 그것을 다시 중국에 팩스로 보내달라고 해서 확인하는 방법을 택할 수밖에 없었다.

1996년 인터넷이 중국 전역에 보급되자 홈페이지 제작업체 선두주자 차이나옐로페이지는 각광받기 시작했다. 마윈의 주 수입원은 한 페이지당 2만 위안씩을 받는 홈페이지 제작 수수료와 도

메인과 웹 호스팅 서버 임대수입이었다. 천광율사사무소, 항저우 제2기 공장, 우시 샤오훙옌, 베이징 궈안축구팀이 차이나옐로페이지의 대문페이지 광고주가 되는 등 하이보 인터넷의 영업이익은 폭발적으로 증가했다.

그해 9월 대형국유기업 항저우전신杭州電信이 등록자본금 3억 위안으로 인터넷 사업에 뛰어들었다. 알라딘의 마술램프라면 모를까, 마윈의 회사는 등록자본금만 1만 5,000배에 달하는 거인 항저우전신의 경쟁상대가 될 수 없었다. 마윈은 협상 끝에 차이나옐로페이지를 항저우전신에 흡수합병시키는 대신 자신은 항저우전신 전체 지분의 21퍼센트를 차지할 수 있었다. 마윈은 항저우전신의 인터넷부문 영업부장 자격으로 중국 각지를 떠돌며 판촉활동을 벌였다.

CCTV 다큐멘터리프로그램 「마윈서생」馬雲書生에는 2 : 8로 빗은 머리에 배낭을 어깨에 걸친 마윈이 CCTV 사무실 문을 열고 들어서는 장면이 나온다.

"저는 차이나옐로페이지를 팔러온 사람인데요……."

한 직원이 짜증스러운 표정으로 일어나서 마윈을 문밖으로 밀쳐내며 투덜댄다.

"경비원들은 도대체 뭐 하는지 모르겠다. 저따위 외판원을 함부로 들락날락하게 놓아두다니."

그 다큐프로그램에는 한 간부직원과 방문객이 차를 마시며 나누는 다화茶話 한 토막이 흘러나온다.

직원 저 외판원 체구와 얼굴 좀 보세요. 꼭 빌어먹게 생겼지요.
방문객 그러게요.

숲과 나무를 함께 보는 줌인-줌아웃

마윈은 신이 나지 않았다. 부모 친지들은 마윈이 철이 들어 국유기업의 중견간부가 되었다고 대견해했지만, 스스로는 고통스러운 나날을 보냈다. 비효율 저생산성의 국유기업 철밥통 수뇌부는 마윈의 참신한 개혁안을 번번이 묵살했다. 마윈은 자신이 용의 꼬리로 살 수 없는 사람임을 깨달았다. 뱀의 머리가 되어 그 뱀을 천하제일의 용으로 웅비시키는 데 무한한 즐거움을 느끼는 사람이 되고 싶었다.

1997년 9월 마윈은 베이징의 국무원 대외무역경제합작부[4]의 스카우트 제의를 받고 항저우전신에서 완전히 손을 털기로 결심했다. 항저우전신에 자신의 지분 21퍼센트를 주당 0.23위안의 염가로 팔아버렸다. 그동안 항저우전신에 700만 위안이나 벌게 해주었는데도 그의 수중에는 단돈 10만 위안만 떨어졌다.

인터넷 실크양탄자, 차이나옐로페이지를 가슴에 묻은 마윈은 세상 끝까지 그를 따라가겠다는 충성파 직원 18명을 이끌고 상경했다. 마윈팀은 중국 IT 영재들의 메카 베이징 중관 촌中關村의 한 아파트에서 합숙하며 대외무역경제합작부의 홈페이지 개발에 몰두했다. 중국의 모든 것을 DB화해 부활하는 용, 중화의 굴기를 세계만방에 선양하겠다는 사명감에 부풀었다. 1998년 말 대외무역경제합작부는 인터넷 홈페이지를 개설한 최초의 국무원 중앙부처가 되었다.[5]

마윈은 베이징 생활 15개월 동안 중앙정부 핵심부처가 발주한 프로젝트를 수행하면서 거시적·미시적 사고방식을 동시에 체득했다. 카메라로 줌인-줌아웃을 하듯 거시적 시야와 미시적 시각을 오가는, 특유의 다이내믹한 경영전략전술을 함양한 것이다. 마윈은 모두에게 감동을 주는 프로의식과 장인정신을 가진 스페셜리스트인 동시에 거시적 시야로 폭넓은 지식을 습득해 나무와 숲을 함께 볼 줄 아는 힘을 가진 제너럴리스트로 성장했다. 특히 IT강국 중국과 자신의 미래에 대한 확신을 가지게 된 것이 최대 수확이었다.

만리장성의 낙서에서 캐낸 노다지

"만리장성에 오르지 못한 자는 사나이가 아니다"不到長城非好漢라고 일찍이 마오쩌둥이 말한 바 있다. 그러나 나는 "만리장성에 올라서도 한쪽 면만 보면 사나이가 아니다"到長城只看一面非好漢라고 말하고 싶다.

1999년 1월 1일 아침 마윈은 18명의 직원을 이끌고 베이징 서북부 바다링八達嶺 만리장성에 올랐다. 바다링의 명칭은 사통팔달이라는 뜻에서 유래했다. 베이징 체류 15개월 동안 한 번도 시가지를 벗어나지 않았던 그들인지라 모처럼의 외출에 신바람이 났다. 일행 중 하나가 만리장성 벽돌에 새겨진 "○○○ 여기에 오르다" "사랑해 QQ" 등 헤아릴 수 없이 많은 낙서를 가리키며 뭐라 뭐라 외쳤다.

순간, 마윈은 그 낙서들에서 노다지 인터넷 금맥을 발견했다. 천 리, 만 리, 수만 리, 수억만 리, 사통팔달로 무궁무진하게 뻗어나가는 금맥, 즉 BBS전자게시판시스템[6]을 본 것이다. 소상인·소기업은 벽돌을 구성하는 모래흙과 같다. 무수한 모래흙 알갱이를 인터넷으로 뭉치면 벽돌이 되고 다시 벽돌들을 사이트로 접착시켜 쌓으면 사통팔달 IT 만리장성이 된다. 인터넷 경제의 특징은 작은 것으로 큰 것을 무찌르고 빠름으로 느림을 압도하는 것이다. 대기업이 고래라면 소기업은 새우다. 현대 자본주의식 경영에서 소기업 새우는 대기업 고래의 먹이가 되거나 고래가 먹고 남은 부스러기를 먹고 산다. 수많은 영세 무역상이 거대 무역회사에 도태되고 있다.

하지만 다양성과 변화, 개성화 천국인 인터넷 세계에서는 다양하고 다채롭고 독창적인 제품과 서비스로 승부를 걸 수 있다. 법 앞에 만인이 평등하듯 인터넷 앞에 만업萬業은 평등하다. 인터넷의 가치단위 페이지뷰 앞에 대기업과 소기업도, 국유기업과 민영

"만리장성에 올라서도 한쪽 면만 보면 사나이가 아니다!"
1999년 1월 1일 마윈은 18명의 직원과 만리장성에 올랐다.
그는 만리장성 벽돌에 새겨진 여러 낙서를 보며
BBS 시스템을 착안한다.
이것이 바로 IT 만리장성, 알리바바의 시작이다.

기업도, 외자기업과 내자기업도 모두 평등하다. 인터넷이야말로 돈도 정보도 인맥도 없는 소상인·소기업의 생존과 발전을 위한 블루오션이다. 인터넷 세계의 블루오션은 경쟁이 아니라 창조에서 생기며, 여기에는 높은 수익과 빠른 성장을 가능하게 하는 어마어마한 기회가 존재한다.

그렇다. 인터넷을 소상인의 구원자, 소기업의 수호신으로 만들자. 의리의 협객은 힘없는 약자들을 위해서 사악한 고수들을 제압하고 무림천하를 평정한다. 영원한 무협지 마니아 마윈은 스스로를 소상공인들을 독과점 거대기업의 횡포에서 구해내는 상림商林 천하의 협객, 상경계의 상협商俠으로 자리매김했다.

마침내 길을 나선 상협 마윈

하얀 눈송이들이 21세기 상협 마윈 일행의 하산 길을 차렵이불처럼 덮기 시작했다. 만리장성에서 내려오는 계곡 옆 솔가지 위에 소복소복 눈송이가 내려앉은 모습은 의외로 아름답다. 눈 내리는 날이 귀한 장강 남녘 항저우 청년들은 서설瑞雪의 아름다움에 함몰되어갔다. 어느새 발길이 숙소로 정한 여관에 닿은 줄도 몰랐다. 그들은 큰 방 하나를 빌려 합숙하기로 했다. 저녁식사 후 마윈은 직원들을 모아놓고 오래전부터 생각한 바를 토로했다.

"지난 15개월 동안 여러분의 노고를 충심으로 치하한다. 대외무역경제합작부 프로젝트는 성공적으로 끝났다. 이제 여러분은 세 갈래 선택의 기로에 서 있다. 첫째, 야후yahoo.com.cn로 가는 길이다. 여러분이 야후로 간다면 내가 강력히 추천할 것이며 야후는 여러분을 반드시 채용할 것이다. 더구나 야후의 보수는 최고수준이다. 둘째, 신랑sina.com.cn이나 소후sohu.com.cn로 가는 길이다. 여러분이 원한다면 추천할 것이다. 그곳의 대우 역시 정상급이다. 셋째, 항저우로 돌아가 나와 함께 일하는 길이다. 일단 회사는 내 집에 차린다. 월급은 800위안뿐이다. 회사에서 도보로 5분 이내 거리에 방을 구해라. 여러분에게 3일 동안 생각할 시간을 주겠다. 세 길 중에서 한 길을 택하라."

마윈이 말을 끝내자마자 직원들은 하나둘 자리를 떴다. 18명 모두 밖으로 나가버렸다. 큰 방에 홀로 남은 마윈은 실망과 고독의 심연으로 급전직하했다. 큰 방이 사막 같았고 자신은 그 사막 한가운데 버려진 마른 우물 같았다. 차 한 잔 마실 만큼의 시간이 흐르자 18명이 한꺼번에 방으로 돌아왔다. 그들은 마윈을 에워싸고 일제히 외쳤다.

"우리는 모두 그대 마윈에게로 간다."

마윈은 눈물을 쏟으며 그들을 포옹하고 포효했다.

"동지들이여, 나는 영원히 여러분에게 절대 미안한 짓을 하지 않을 것을 이 자리에서 맹세한다. 우리 모두 고향으로 돌아가자. 돌아가서 0에서부터 다시 시작하자. 우리 모두 한마음 한 뜻으로 한평생 한 번도 후회하지 않을 한세상에서 하나뿐인 회사를 만들어보자."

창밖은 눈이 쌓여 몽환의 은세계를 이루었다. 그들은 베이징배갈 이과두주二鍋頭酒 한 병씩을 들어 건배를 외치며 병째로 들이켰다. 모두 머리를 싸매고 장중한 노래「진심영웅」眞心英雄을 목 놓아 불렀다. 그들은 통음하며 통곡했다. 그들은 그날 밤 언행을 전혀 기억 못 한다. 항저우로 돌아간 다음 날부터 어떻게 살아갈 것인지도 몰랐다. 그러나 그날 밤, 술도 뜨겁고 마음도 뜨겁고 노래도 뜨거웠던 것만은 기억한다.

타무아유, 남은 없는데 나는 있다!

1999년 2월 21일, 올드 밀레니엄 마지막 해의 춘절연휴 마지막 날 저녁, 항저우 호반화원 마윈의 집에서 찍은 비디오테이프가 알리바바의 잉태장면을 여실히 보여주고 있다. 그의 아내 장잉張英과 18명의 열성파 사원이 마윈을 둘러싸고 있다. 마윈은 손을 휘저으며 격정적 어조로 자신의 꿈과 각오를 토해낸다.

"지금 우리는 시작한다. 우리는 새 역사를 쓰고 있다. 우리의 기업 대 기업 B2B[7] 인터넷서비스사이트는 청사에 길이 남을 것이다. 너저분한 무승부보다 화끈한 승부를 택하자. 철권 타이슨이 우리를 때려눕히더라도 금방 튀어오르자. 죽을 때까지 싸울 각오로 덤비자."

연이어 마윈은 주머니에서 지폐와 동전을 꺼내어 탁자에 부서져라 던진다.

"사업자금은 각자 주머니에 있는 쌈짓돈으로 충당한다. 친구와 친척의 돈은 빌리지 말자. 리스크가 너무 크다. 지금 당장 너희가 가진 모든 돈을 몽땅 꺼내놓아라. 너희는 중대장, 소대장급 간부를 맡을 것이다. 사단장 이상의 간부는 따로 초빙할 것이다."

마윈은 18명의 투자자에게 18나한의 칭호를 붙여주었다. 무협에서 나한은 일정한 경지에 오른 협객을 말한다. 후일 18나한의 하나인 현 알리바바그룹 자원부총재 진젠항金建杭은 『IT시대주간』에서 당시를 회고했다.

"지금은 알리바바 출자자 총회일로 불리는 그날 저녁, 솔직히 18나한 그 누구도 알리바바의 앞길을 믿지 않았다. 비디오테이프 기록을 잘 살펴보라. 마윈을 제외한 참석자들은 하나같이 실성한 사람마냥 눈에 초점이 없다."

창업에 성공하려면 시장을 정확하게 분석할 줄 알아야 한다. 창업 아이템이 블루오션인지 레드오션인지 먼저 시장을 파악해야 한다. 알리바바 창사 당시 중국의 인터넷 업체 대다수는 포털사이트에 몰입하고 있었다. 야후, 신랑왕, 소후, 왕이, 중화왕 등 포털사이트가 인터넷 수익모델로서 대박을 터뜨리고 있었다. 반면 B2B 전자상거래는 개념조차 없던 시절이었다. 수익성과 성장성은 차치하고 시장의 진입 가능성마저 모호했다. 그러나 다른 한편으로 포털사이트는 이미 경쟁의 핏물로 가득 찬 레드오션이었다.

오프라인이 육지라면 온라인은 바다와 같다. 바다처럼 인터넷에는 도로가 따로 없고 인터넷 자체가 누구나 통할 수 있는 길이다. 인터넷이 본시 광범위하고 큰 잠재력을 지닌 블루오션이거늘, 오프라인 사고방식으로 이미 정해진 길을 따라 이어가는 사업이 무슨 의미가 있겠는가. 설령 떼돈을 번다고 해도 남의 뒤를 따라가고 싶지는 않았다. 마윈은 선천적으로 정해진 공식에 답을 꿰맞추는 게 죽도록 싫었다. 그래서 수학성적이 그 모양이었을까. 마윈은 인터넷 바다에서 경쟁에 의해 더럽혀지지 않은 블루오션, B2B 전자상거래시장의 신항로를 열기로 했다.

군자가 대로행이라면 협객은 독고행이다. 상림협객 마윈은 왁자한 대로보다 호젓한 오솔길을 택했다. 제아무리 넓은 도로라도 차가 많으면 막힌다. 행인이 적으면 비록 외나무다리라도 쉽게 지나갈 수 있다. 인터넷 사업은 진입장벽이 낮아 쉽게 시작할 수 있다. 일단 진입한 후에는 남들에게 없는 나만의 것으로 승부해야 살아남을 수 있다. 인터넷 바다에서는 진정한 블루오션, '타무아유'他無我有, 남은 없는데 나는 있다만이 살길이다.

타유아우, 남이 있으면 나는 뛰어나다

남에게 없는 것을 내가 가지고 있는 게 제일 좋다. 남도 있고 나도 있는 단계부터는 타유아우他有我優, 즉 나는 남보다 뛰어나야 한다. 내 회사 이름은 남들도 있다. 회사 이름은 남들보다 더 높고 크고 쩌렁쩌렁하고 우렁차야 한다. 뜻과 소리도 더 좋아야 한다. 무엇보다 세계 모든 나라 사람이 부르기에 좋은 이름이어야 한다. 마윈은 새 회사의 출산이 임박한 즈음에 좋은 회사 이름 짓기에 고심에 고심을 거듭했다. 그러나 모든 조건에 들어맞는 회사 이름을 짓기가 쉽지 않았다.

1999년 3월 초, 마윈은 LA 출장 중이었다. LA 시내의 한 커피숍에 앉아 거리구경을 하던 중 차도 건너편 건물 광고판에 쓰인 '알리바바'라는 글자가 눈에 들어왔다. 마윈은 커피를 따라주는 종업원에게 물어보았다.

마윈 알리바바를 아세요?
종업원 물론이죠. "열려라, 참깨!"Open the Sesame

마윈은 60여 개국 사람들에게 알리바바를 아느냐고 물어보았다. 모르는 사람이 없었다. 하나같이 알리바바 이름이 독특하고 재미있다고 입을 모았다. 청취 가능한 세계 모든 언어의 발음도 비교해보았다. 신기하게도 '알리바바' 발음은 거의 똑같았다. 나도 구글의 번역사이트에 들어가 확인해보니 억양만 좀 다를 뿐 발음은 90퍼센트 이상 같았다.

1999년 3월 18일길일, 등록자본금 50만 위안으로 '알리바바'를 창립했다. 다음 달 15일, 천년간 영속할 글로벌사이트라는 염원을 담아 '알리바바'alibaba.com를 정식으로 개통했다. 훗날 마윈은 알리마마alimama.com, 알리베이비alibaby.com도 등록했다. 기업과 기업을 연결하는 B2B 무지개다리로 알리바바는 글로벌 IT상경계의 하늘에 가로걸려 나타났다.

그해 6월 어느 날, 항저우 하늘에 걸린 무지개를 보았는지, 알리바바의 사무실 겸 마윈의 집에 귀인이 찾아왔다. 그는 스웨덴의 대표기업 인베스트 AB의 벤처투자담당 부총재 차이충신蔡崇信이었다. 벤처자금융자 건으로 협상한 지 4일째 되던 날, 예일대학 법학박사 출신의 캐나다 국적 화교인 그는 마윈에게 알리바바에 입사하겠다는 의향을 밝혔다. 깜짝 놀란 마윈은 알리바바의 월급이 너무 적어 생활이 힘들 거라며 만류했다. 그래도 차이충신은 고집을 꺾지 않았다. 연봉 100만 달러의 인베스트 AB 부총재를 사직하고 단돈 월급 500위안의 알리바바 최고재무관리자 CFO로 자리를 옮겼다. 차이충신은 외부에서 영입한 알리바바 최

초의 사단장급 간부다. 전 직장의 1,000분의 1도 채 안 되는 보수
를 주는 마윈의 품에 안긴 이유를 묻는 질문에 그의 답은 항상 간
명하다.

"첫째, 마윈의 형용 불가한 매력, 둘째, 알리바바 특유의 소수
정예의 조직력, 셋째, 전자상거래시장의 무한한 장래성."

알리바바는 법무와 재무에 정통한 차이충신을 품은 이후부터
글로벌 규범에 맞는 경영을 할 수 있었고 국제벤처투자VC의 신
뢰도를 향상시킬 수 있었다. 2015년 현재 차이충신은 여전히 알
리바바 CFO로 재직 중이다.

1999년 중국 인터넷의 화단은 백화제방百花齊放의 시절을 보내
고 있었다. 베이징이나 상하이에 본사를 둔 사이트는 막대한 벤
처투자를 흡입하고 있었다. 반면 항저우에 본거지를 둔 알리바바
는 매체의 스포트라이트로부터 멀리 있는 관계로 묵묵히 내공을
기르고 있었다.

"술맛만 좋으면 골목이 아무리 길더라도 무섭지 않다"
알리바바는 창립 초기 6개월간 일절 광고를 하지 않았다. 대신
압도적으로 뛰어난 글로벌 경쟁력을 갖춘 B2B 플랫폼 구축에 총
력을 기울였다. 마윈은 38개 국내외 자본의 투자 제의를 거절했
다. 잔챙이의 입질은 외면하고 대물만을 낚는 강태공처럼 거물

투자 파트너를 기다렸다. 1999년 10월 마침내 찌가 수면 아래로 묵직하게 잠기는 듯한 초대형 투자자의 어신이 나타났다. 세계적 투자은행 겸 증권회사 골드만삭스가 알리바바에 500만 달러를 투자하기로 결정한 것이다.

그로부터 며칠 후인 10월 31일, 마윈은 베이징에서 야후 최대 주주이자 소프트뱅크 총재 손정의孫正義, 1957~ , 2015년 일본 최고갑부 와 만났다. 손정의는 할아버지가 경북 대구 출신인 재일동포 3세 로서 사회의 맨 밑바닥에서부터 기어오르며 자신의 꿈을 실현한 전설적인 인물이다. 소프트뱅크는 매년 평균 700개 기업 가운데 70개 기업을 골라 투자하는데 그중에서 단 한 기업만 손정의가 직접 나서서 협상을 한다.

마윈이 직접 나선 알리바바 프레젠테이션은 예정시간이 한 시 간이었다. 6분을 사용한 시점이었다. '정의'正義라는 이름대로 마 윈의 협객풍모에 묘한 동질감을 느꼈을까. 이 한국계 3세가 갑자 기 강단 앞으로 걸어 나왔다. 마윈의 발표를 끊으며 괴상한 영어 마윈의 평가로 물었다.

손정의 잠깐만, 나는 당신 회사에 투자하고 싶다. 필요한 돈은 얼마인가?

마윈 나는 돈은 필요 없다.

손정의 돈이 필요 없다면, 무엇 때문에 나를 만나는가?

마윈 내가 만나려고 한 것이 아니라, 사람들이 당신을 만나 보라고 했기 때문이다.

손정의　(잠시 침묵, 풀죽은 목소리로) 나는 4,000만 달러를 투자하고 싶다.

마윈　"……"

손정의　(목소리를 약간 높여) 지금 당장 4,000만 달러를 당신에게 투자하겠다.

마윈　너무 많다.

손정의　(당혹스러운 목소리로) 그럼, 3,000만 달러를 투자하겠다.

마윈　(잠시 침묵, 마른 어조로) 항저우로 돌아가서 다시 생각해보겠다.

손정의　(기죽은 목소리로) 수락을 기다리겠다.

항저우로 돌아온 마윈은 그날 밤, 손정의에게 편지를 보냈다.

"미안하지만 3,000만 달러는 필요 없다. 2,000만 달러면 받을 수 있다. 그럴 수 없다면 이쯤 해서 그만두고 다음을 기약하자."

그해 12월 8일, 베이징에서 마윈과 손정의가 다시 만났다. 두 사람은 변호사 없이 독대하며 계약서에 서명하는 데 3분이 채 걸리지 않았다. 2000년 1월 손정의는 마윈에게 2,000만 달러를 송

마윈과 손정의(오른쪽).
마치 무협소설의 한 장면 같은 만남이었다.
투자받는 사람이 투자금을 낮추는 초유의 줄다리기 끝에
손정의는 마윈에게 2,000만 달러를 투자했다.

금했다.

마윈과 손정의 이야기는 "아무리 허구라도 정도껏 써야지, 이
토록 상궤에 어긋나게 쓰면 어떻게 합니까?"라고 퇴짜를 놓아도
아무 말도 못할 만큼 믿기 힘들다. 차라리 『아라비안나이트』나
무협소설이 더 실화 같다. 1,000년 후 인류는 이 국제벤처 투자사
례를 전설이나 야사쯤으로 여길 공산이 크다. 갑을관계가 뒤바뀐
'을갑관계'의 을 측인 마윈은 후일 이렇게 회고했다.

"기업에 돈이 필요 없을 때가 융자받기에 가장 좋은 시기다.
그때의 융자는 마치 햇빛 쨍쨍한 날에 지붕을 수리하는 것과
마찬가지다. 돈이 아쉬울 때 융자를 받으면 기업은 피동적 위
치에 처하게 된다. 당시는 알리바바 전체 직원이 60명도 채
되지 않을 때다. 사실 2,000만 달러도 지나치게 큰 액수였다.
200만 달러면 충분했다."

"마윈은 나폴레옹처럼 키가 작달막하지만 나폴레옹보다 위대
한 웅지를 품었다." 2000년 『포브스』가 마윈을 올해의 표지인물
로 등장시키자, 마윈은 단숨에 세계적인 기업가로 떠올랐다. 알
리바바도 세계 최고의 B2B 사이트로 급부상했다. 새 천년 첫해
와 더불어 '알리바바와 40인의 도둑'은 몰라도 '알리바바와 마
윈'을 모르는 사람은 없는 세상이 시작되었다.

타우아신, 남이 뛰어나면 나는 새롭다

2001년 글로벌 인터넷 업계는 혹독한 빙하기에 진입했다. 그해 4월 나스닥이 폭락하자 거의 모든 인터넷기업은 파산하거나 파산 일보 직전에 내몰렸다. 영원히 아우라가 감싸고 있을 것 같았던 알리바바도 심각한 위기에 직면했다. 인터넷 빙하기에 아무도 인터넷 회사를 믿지 않았다. 더욱이 전자상거래는 쳐다보지도 않았다. 마윈은 칭찬의 잠에서 깨어났다. 그는 감원을 결정하고 전략을 B2B에서 잠시 BtoC^Back to China로 수정했다. 알리바바는 2001년 목표를 살아남는 것으로 설정했다. 최후의 생존자가 되기 위해서는 새롭고 새롭고 또 새로워져야 했다. 마윈은 알리바바의 기술혁신에 모든 역량을 집중했다. 매월 한 개 이상의 시스템을 새롭게 개발해냈다. 그가 최후까지 의지한 것은 '타우아신' 他優我新, 남이 뛰어나면 나는 새롭다의 각오와 그 실천이었다.

마윈은 인터넷 빙하기에 매머드로 죽지 않았고 코끼리로 살아남을 수 있었다. 인터넷 강호의 추운 겨울을 이기고 화사한 봄꽃으로 돌아올 수 있었다. 2003년 새봄과 함께 인터넷 강호에 봄바람이 불었다. 알리바바보다 돈이 훨씬 많은 회사들이 주식시장에 상장됐다. 기존의 인터넷 회사들 상당수가 주력업종을 게임으로 전환했다. 알리바바의 많은 사원은 이직했고, 게중에 실력 있는 자들은 창업해나갔다.

그해 4월 어느 날, 마윈은 도쿄의 한 중화 요릿집에서 손정의를 만났다. 한국인 3세 글로벌 큰손은 대화 도중 주위를 둘러보며 갑자기 목소리를 낮추었다. 도쿠가와 이에야스, 미야모토 무사시, 청석골 임꺽정을 3분의 1씩 섞은 듯한 어조로 머릿속의 기업경쟁력 평가표를 펼쳐 보였다.

"eBay와 알리바바의 플랫폼 수준은 비슷하다. eBay는 넘을 수 없는 높은 벽으로 보이지만 사실은 '노'No다. 일본에서 야후는 이미 eBay를 젖혔다. 이제 중국 차례, 당신 마윈이라면 충분히 해낼 수 있다."

2003년 5월 10일 늦은 오후, 마윈의 집 별실에서는 독특한 의식이 거행되고 있었다. 별실 한쪽 벽 위에는 '알리바바' 편액이 걸려 있었고 제단 위에는 보물을 쓸어 담는 왕이라는 뜻의 '타오바오왕'淘寶王 세 글자를 붉은 글씨로 새긴 명패가 놓여 있었다. 명패 좌우에는 큰 칼과 화살 통, 향로와 촛불 하나가 있었고 단 앞에는 향 한 묶음도 갖추어놓았다. 마윈과 핵심간부 열 명은 차례로 명패 앞에서 세 번 무릎을 꿇고 아홉 번 머리를 조아리는 '삼배구고두'三拜九叩頭의 예를 올렸다.[8] 이 독특한 의식은 중국 3대 비밀결사의 하나인 천지회의 신비의식을 벤치마킹한 것이다.

21세기 상림협객 마윈이 신비의식을 마친 그날 저녁 8시 정각, 인터넷에 타오바오닷컴taobao.com이 정식 개설됐다. 타오바오는 중국전자상거래 시장에서 기념비적 사건이다. 마윈이 B2B 영역을 수직으로 드릴링하고 있다고 여길 때 실상은 은밀히 C2C 영역을 수평으로 터널링하며 나아갔던 것이다. 후일 마윈은 술회했다.

"1995년 내가 중국 최초로 인터넷 회사를 차렸을 때 사람들은 나를 사기꾼이라고 했다. 그때는 억울하고 화가 났다. 사기꾼이 아닌 사람에게 사기꾼이라 하니까. 2003년 타오바오를 내놓았을 때 사람들은 나를 미치광이라고 했다. 그때는 오히려 고맙고 기뻤다. 이제야 사람들이 내가 미치광이라는 사실을 알아차렸구나 하고."

타신아기, 남이 새로우면 나는 신기하다
"도마뱀의 짧은 다리가 날개 돋친 도마뱀을 태어나게 한다."
최승호의 시 「인식의 힘」에 나오는 한 구절이다.

① 남이 없으면 나는 있고 알리바바
② 남이 있으면 나는 뛰어나고 중국최고 B2B
③ 남이 뛰어나면 나는 새롭다 타오바오.

마윈은 이러한 필승의 삼단 멀리뛰기로 전자상거래업종 중국 챔피언이 되었다. 하지만 눈앞의 경쟁상대 eBay는 클래스 자체가 달랐다. 삼단 멀리뛰기 그랜드슬램을 몇 년간 연속으로 휩쓸고 있는 세계챔피언이었다. 타오바오 출범 당시 중국의 C2C 인터넷 비즈니스 시장에 대한 전망은 매우 부정적이었다. 중국의 C2C 시장은 미국처럼 성숙하지 않았다.

타오바오의 등장은 곧 글로벌 C2C 강호의 방주 eBay에 내미는 도전장이었다. 당시 eBay의 연간 영업이익은 70억 달러인데 알리바바는 1억 달러에 불과했다. 혹여 알라딘의 마술램프 속 거인 '지니'라도 나와서 마윈을 도와주면 모를까, 승산이 없어 보였다.

절망적인 상황 속에 도전자 타오바오는 챔피언 eBay에 다채로운 광고전을 펼치며 죽기 살기로 덤벼들었다. 그러자 무서운 범 eBay는 중국 인터넷 업계와 연합해 하룻강아지 타오바오를 봉살 force-out하는 '미중 C2C 카르텔'을 체결했다. 미중 C2C 카르텔 연합군은 타오바오의 온라인 광고루트를 철저히 차단했다.

공중의 그물망, 인터넷에 가하는 공중봉쇄는 치명적이었다. 타오바오의 광고루트는 전통 굴뚝산업의 그것처럼 버스와 에스컬레이터, 지하철 벽이나 운동장 등 지상전에 의존할 수밖에 없었다. eBay 측의 패권 독점적 수법은 타오바오를 절체절명의 위기에 빠뜨렸다.

파멸 일보 직전, 행운의 여신이 손을 내밀었다. 방심한 eBay가 돌연 회원 유료화를 실시한 것이다. 마윈은 절호의 기회를 놓치지 않았다. 무림고수는 촌음 사이에 상대방의 허점을 잡아내어 승패를 결정짓는다. '3년간 타오바오 수수료 완전무료'라는 회심의 일격을 가했다. 세계 1위 e커머스기업 eBay의 바벨탑에 금이 가는 순간이었다.

마윈의 수수료 무료화는 eBay를 공략하기 위한 것만은 아니었다. "나는 의심한다. 고로 존재한다"를 '인민좌우명'으로 삼은 듯, 현금 이외의 삼라만상 우수마발을 의심하는 '의심의 끝판왕' 중국인들을 전자상거래 시장으로 끌어들이기 위한 고육지책이었다.

경영에서 성공은 디테일에 있고, 실패는 프레임에 있다. 유료화는 계란을 꺼내기 위해서 닭을 잡는 거나 매한가지, eBay의 패인은 상대를 경시하고 잘못된 프레임을 짠 것에 있었다. 하지만 상대방의 실수로 얻은 승리는 오래가지 못한다. 수수료 무료화는 그야말로 자기 몸을 상해가면서 꾸며낸 계책, 고육지책으로서 오래 유지할 것이 못 된다. 여전히 남은 나보다 더 있고 더 뛰어나고 더 새로운데, 어떻게 해야 남의 높은 벽을 넘을 수 있을까.

그렇다. 멀리뛰기로 안 되면 높이뛰기다. 타신아기他新我奇, 남이 새로우면 나는 신기하다의 높이뛰기로 지존 eBay의 높은 벽을 뛰어넘는 거다. 그러려면 '현금교 신도'인 대다수 중국인들이 직접 현금을 주고받지 않는 온라인 거래를 믿도록 해야 한다. 따라서 견실한 플랫폼의 설치가 필요한 것이다.

마윈은 2003년 10월 타오바오 플랫폼에서 '남이 새로우면 나는 신기한' 높이뛰기를 해보였다. 담보 플랫폼 서비스, 제3자 지불결제 솔루션인 알리페이Alipay, 支付報[9]를 창제한 것이다. 알리페이는 단 한 번의 클릭만으로도 안전하게 결제할 수 있게 한 온라인 간편결제 시스템이다. 은행계좌나 신용카드를 알리페이 계정에 등록해 전자상거래 웹사이트에서 물건을 살 때마다 사용한다. 제3자 결제 시스템인 알리페이는 상품 배송기간에 구매대금을 보관하고 있다가 구매자가 상품수령을 확인한 후 판매자에게 구입자금을 전해주는 방식이다.

마윈은 알리페이로 온라인 구매에 대한 중국인들의 신뢰도를 높이는 데 성공했다. 타오바오는 중국 전자상거래 시장을 소비자들이 믿고 구입할 수 있는 환경으로 바꿨다. 마윈은 알리페이로 eBay의 가빠져가는 숨통에 마지막 검을 찔러넣었다. 중국시장에서 거의 사체화된 eBay는 2006년 미국으로 운구되었다. eBay는 중국시장에서 철수한 것이다. 훗날 마윈은 담담히 술회했다.

"eBay는 바다에 사는 상어였고, 타오바오는 강에 사는 악어였다. 상어와 악어가 바다에서 싸우면 결과가 뻔하기 때문에 우리는 상어를 강으로 끌고 오기로 했다. 악어가 바다에서 상어와 싸운다면 어떻게 되겠는가. 틀림없이 물려 죽는다. 강에서 싸운다면 상황은 달라질 수 있다."

오늘날 타오바오는 중국 C2C 시장의 90퍼센트 가까이를 점유, 독점적 위치를 고수하고 있다. 타오바오와 텐마오天猫, 2010년 타오바오에서 분리한 B2C 전문 온라인 쇼핑몰의 2014년 매출액은 2조 3,000억 위안으로 아마존과 eBay의 매출액을 합친 액수보다 훨씬 많은 세계 최대의 온라인 쇼핑몰로 성장하고 있다.

마윈에게만 있는 독특한 그 무엇, 무협에서 나온다

"지피지기 백전백승"이라고 일찍이 손무孫武가 말했다. 나는 "타무아유 타유아우 타우아신 타신아기[10] 만전만승"이라고 말하고 싶다.

영원한 블루오션은 없다. 돈벌이가 된다 싶으면 반드시 경쟁자가 나타난다. 시장은 피 흘리는 경쟁의 레드오션이 되어 유혈이 낭자해진다. 시장경쟁에서 백전백승하려면 남들이 흉내 낼 엄두조차 못 내는, '남은 영원히 없는데 나는 영원히 있다'라 할 수 있을 영속적인 타무아유-블루오션가 있어야 한다.

마윈에게는 그만의 독특한 그 무엇이 있다. 중국 100대 갑부는 물론 글로벌 슈퍼리치 TOP500에도 없는 그 무엇이 있다. 그 무엇은 바로 '협객'이다. 협객은 바로 마윈의 영속적인 타무아유이자 영원한 블루오션이다.

읽는 책을 보면 그 사람의 본질을 자연스레 알 수 있다. 마윈의 독서 이력은 시간 때우기용 잡서로 치부되는 무협지약간의 SF소설 포함의 자취가 선명하다. 마윈의 독서목록에는 샤오미의 레이쥔, 바이두의 리옌훙李彦宏, 1968~ , 텐센트의 마화텅馬化騰, 1971~ 을 비롯한 중국 IT 기업가들의 필독서인 빌 게이츠, 스티브 잡스 등 실리콘밸리의 영웅들과 관련된 서적을 찾기 어렵다. 그의 강연과 인터뷰 녹취록을 보면 자연과학 서적은 물론 동서고금의 인문사회과학 명저를 인용한 횟수가 극히 드물다. 반면 무협소설의 인용빈도 수는 매우 높다. 그런데도 마윈의 어록은 그야말로 '글자마다 비점批點이요, 구절마다 관주貫珠로다'[11]를 뛰어넘는다. 현실 세계에서 만나기 어려운, 가상세계에서나 미래세계에서 차원의 벽을 뚫고 나온 듯한 매우 독특하고 기이한 명언이 많다. 한마디로 무협소설은 마윈의 영원히 마르지 않는 사상의 원천이자 언행의 원류다.

마윈의 힘은 무협소설에서 나온다. 마윈은 알리바바를 무림으로 상정했다. 마윈의 아호는 풍청양風淸揚으로『소오강호』에 나오는 화산파華山派의 고수이자 푸른 도포를 입은 노대협이다. 풍청양은 제자에게 절세무공인 독고구검獨孤九劍을 전수한 후 푸른 바람과 함께 사라진다. 마윈의 집무실은『사조영웅전』射鵰英雄傳의 배경인 도화도桃花島, 회의실은『의천도룡기』에서 명교明敎의 총본산으로 나오는 광명정光明頂이다. 알리바바의 주요 사무실 이름은 무협지에 나오는 지명과 일치한다. 다만 마윈의 화장실 이름만 무협지에서 찾기 어려운, '빗소리를 듣는 별채'라는 우아한 의미의 청우헌聽雨軒으로 불린다. 웬일이지 알아보았더니 그마저 그의 영원한 사부이자 무협소설계의 지존인 진융의 집 화장실 이름을 본뜬 것이다.

현 알리바바그룹 CEO 루자오시陸兆禧는 톄무진鐵木眞, 칭기스칸, 경영리스크 관리수석이사CRO 사오샤오펑邵曉鋒은 거지방의 최고수인 곽정郭靖, 최고정보관리책임이사CIO 우융밍吳泳銘은 '동사서독'東邪西毒의 동사東邪인 것을 비롯해 알리바바의 주요 임원 목록에는 본명 옆에 별호난이 따로 있어 그곳에 무협지 속 인물의 이름이 적혀 있다. 알리바바의 평사원들은 무협지의 엑스트라로 자주 등장하는 '점소이'店小二를 본따 이름 앞에 자신의 성을 붙여 '~소이'로 불린다.

IT 천하제일 고수를 가리다

진융의 무협소설 『사조영웅전』에는 그 유명한 '화산논검'華山論劍이 나온다. 전진교全眞敎 왕중양王重陽의 제의로 화산에서 그와 함께 동사 황약사, 서독 구양봉, 북개北丐 홍칠공, 남제南帝 단황야 등 강호 5대문파의 천하오절이 겨뤄 왕중양이 천하제일의 칭호를 얻는다.

2000년 7월 29일, 마윈은 홍콩에서 자신의 영원한 사부이자 우상인 진융을 처음 만났다. 진융은 마윈을 마치 자신의 무협소설 속 주인공의 현신처럼 반겼다. 마윈은 항저우 시후에서 IT 천하제일 고수를 뽑는 인터넷 검술시합 '시후논검'西湖論劍을 개최하자고 제안했다. 이에 진융은 흔쾌히 응했다.

2000년 9월 10일 마윈은 제1회 시후논검을 개최했다. 진융을 심판관 겸 좌장으로, 소후의 장차오양張朝陽, 1964~ , 왕이의 딩레이丁磊, 1971~ , 신랑의 왕즈둥王志東, 1967~ , 8848의 왕쥔타오王峻濤, 1962~ 등 IT 4대천왕을 주빈으로 초청했다. 50여 개 다국적기업의 임원들과 각계 업계의 대표들과 기자 수백 명이 참관인 자격으로 참여했다. 시후논검 개최 전까지만 하더라도 IT 강호에 존재감이 미미했던 마윈은 시후논검 이후 IT 5대천왕으로 급부상했다. 시후논검의 실체는 마윈과 알리바바의 선전무대이자 기업설명회IR였다. 화산논검의 왕중양처럼 시후논검의 최종 승리자는 마윈이었다.

이후 매년 개최된 시후논검의 초청 인사를 보면 중국 IT 강호의 부침과 글로벌화 추세를 알 수 있다. 제3회는 오늘날 BAT바이두, 알리바바, 텐센트시대의 양대거두 바이두의 리옌훙과 텐센트의 마화텅을, 제4회는 소프트뱅크의 손정의를, 제5회는 야후 창업자 제리 양을 초청했다. 2005년 제6회 시후논검이 끝났을 무렵, 중동지역의 사업가들조차 '알리바바와 40인의 도둑' 대신 '알리바바와 마윈' 이야기를 좋아했다.

중국 무협소설에는 매우 독특한 협객집단이 등장한다. 개방丐幫, 거지방이 그것이다. 거지 유협들의 집합체인 거지방은 소림사나 무당파보다 활약이 두드러지는 방파幫派다. 거지방의 세력은 한 나라를 뒤덮을 정도다. 거지방에 속한 인원은 평소에는 200만에 달하지만 황하나 장강이 범람하면 700만까지 불어난다. 거지방의 거지유협들은 목숨을 걸고 의리를 지키는 것이 특징이다.

2006년 9월 9일, 마윈은 항저우에서 제1회 중국 인터넷상공인網商대회, 일명 'IT 거지방대회'를 주최했다. 수만 명의 전자상거래 소상공인이 "혁신으로 천하를 제패하라"는 기치를 치켜들고 항저우 시후 제방으로 몰려들었다. 시후논검이 주로 IT 고수들을 위한 논단이었다면 거지방대회는 전자상거래업계 유협들의 전국총연합대회였다. IT 업계의 엑스트라였던 수만 명의 소상공인은 거지방대회에서는 모두가 주인공이 되었다. 마윈은 부모를 모르는 고아에서 중국 낙농업계의 거두로 성장한 멍뉴蒙牛 총재 뉴건성牛根生, 1958~ 을 비롯해 각종 업계에서 자수성가한 소상공인들을 거지방대회의 특별손님으로 초청했다. 거지방대회는 규모로 보나 열기로 보나 중국 IT 업계뿐만 아니라 중국 상경계 전반에 영향력을 미쳤는데 그 사회문화적 가치와 역사적 의의가 어마어마하다.

마윈 개인사에서도 IT 거지방대회는 1999년 새해 첫날 만리장성에서 맹세한 소상공인의 수호자, '상협 마윈'의 꿈이 현재화되는 현장이었다. 꿈과 현실 간의 D2R Dream to Real 플랫폼을 설치하는 광장이었다.

칼 대신 인터넷을 쥔 협객

독고구검은 『소오강호』에 등장하는 검법이다. 마윈의 별호이자 아바타, 풍청양은 독고구검을 화산파 대제자 영호충令狐衝에게 전수한 장본인이다. 독고구검은 전진하는 초식만 있을 뿐 후퇴하는 초식은 없다. 공격초식만 있을 뿐 수비초식은 없다. 독고구검은 한마디로 '공격이 최선의 수비' 초식이다.

2001년 마윈은 그의 아바타 풍청양의 손에 들린 독고구검을 건네받았다. 마윈은 알리바바 기업문화의 통일성과 영속성을 보증하기 위한 아홉 개의 가치관을 독고구검이라는 이름으로 공포했다. 단결, 상호학습, 품격, 간편, 열정, 개방, 혁신, 전념, 봉사와 존중. 독고구검은 알리바바의 전체 임직원이 제련하고 단련해야 할 정신의 철검이자 실천의 철칙이다.

육맥신검六脈神劍은 무협소설 『천룡팔부』에 나오는 비전무공이다. 육맥신검은 진짜 검을 잡고 휘두르는 검법이 아니다. 마치 컴퓨터 자판을 두드리는 손가락에서 눈에 보이지 않는 경력을 뿜어내어 검처럼 휘두르는, 독고구검보다 한 수 위인 무림최강의 신공이다.

2004년 7월 마윈은 덩캉밍鄧康明을 알리바바 부총재로 발탁하면서 그에게 독고구검보다 더 강력한 신공을 개발하는 임무를 맡겼다. eBay를 물리치고 글로벌 전자상거래업계의 새 방주로 등극한 알리바바에게 독고구검은 걸맞지 않은 부분이 많았기 때문이었다. 2004년 9월 덩캉밍은 300인 전문가 회의와 그룹 고위층의 반복 토론을 거쳐 독고구검을 여섯 개 항목으로 새롭게 담금질한 육맥신검을 마윈에게 바쳤다.

같은 해 10월, 마윈은 육맥신검고객제일, 단결협력, 변화의 포용, 신의성실, 열정, 전심전력을 알리바바의 최고 근본규범인 헌장 및 사훈으로 공포했다. 육맥신검은 다시 1맥마다 5계 행동강령으로 구성됨으로써 총 30개 항의 계율을 이뤄, 이른바 '알리바바 6맥 30계'로 불린다. 이 육맥신검, 알리바바 6맥 30계는 인사고과 평정표인 동시에 신입 및 경력사원 입사시험필기 및 면접에 항상 나오는 기출문제다.

이처럼 마윈은 감히 '협'俠으로서 기업문화를 무장시켰다.

'협'은 마원의 삶을 통째로 꿰고 있는 모노레일이다. 마원의 살을 벗겨보라. 칼 대신 인터넷을 쥔 협객이 나타날 것이다.

상공인의 수호신 마원

중국은 무엇으로 사는가. 다시 말해 중국을 움직여온 힘은 어디에서 비롯되는 것인가. 그것은 유교의 힘, 유교를 추앙했던 문사文士들에 의해 지탱되고 이끌려온 것인가.

한마디로 '아니다.' 중국이란 건물에서 공자는 지붕에서 꿈꾸고 협객은 집에서 산다. 중국 문화의 지붕은 유교사상이고 그 지붕 아래의 집은 의협전통이다. 멀리는 선사시대부터 가까이는 중국 혁명에 이르기까지 중국에 대한 온전한 이해는 민간 사회문화를 지배한 의협전통을 바르게 평가할 때만이 가능하다. 한 제국을 형성한 유방 집단이나, 거지와 탁발승을 거쳐 백련교白蓮敎의 비밀 결사에 가입해 명나라를 창건한 주원장朱元璋, 1328~98, 가깝게는 정강산井剛山과 대장정의 마오쩌둥과 덩샤오핑까지, 그 자체가 의협으로 결합해 천하를 얻고 새 국가를 건설한 협객들이다.[12] 여기서 말하는 협객은 무협소설이나 무협영화에 등장하는 좁은 의미의 무사가 아니다. 협객은 선사시대 영웅호걸들의 상무전통을, 문사는 하·상·주 3대의 예악문화 전통을 계승했다, 서로 다른 두 문화 조류의 조수간만 차이가 전체 중국 역사와 운명을 빚어내고 그 방향을 결정지었다.

중국에는 왕릉보다 높은 무덤, 황릉이 245개가 있다.[13] 황릉보다 높은 지고지상의 무덤, 림林은 두 개다. 관우關羽, ?~220의 수급이 묻혀 있는 허난 성 뤄양洛陽의 관림關林과 산둥 성 취푸曲阜에 있는 공자의 무덤, 공림孔林이 그것이다. 중국 천하를 이끄는 두 수레바퀴는 관우의 신神과 공자의 도道다. 관우신앙은 범위로 보나 열성으로 보나 공자숭배를 초월한 지 오래다. 한국이나 일본과는 달리 중국에서 관우신앙은 공자숭배를 압도해왔다.

관우는 일관되게 신과 의를 중시했다. 관우는 충성과 신의의 상징이기에 성실과 신의를 생명으로 받드는 중국상인들의 정신적 지주다. 중국인들은 관우를 살아서는 신의를 지킨 협객으로, 죽어서는 신의를 지키는 상인들의 수호 재신財神으로 떠받들어왔다. 중국식 복식부기를 발명했다고 전해지는 관우의 청룡언월도 칼날은 예리하다. 한자 '리'利는 이익과 함께 칼날의 날카로움을 뜻한다.

중국의 시공에서 공자가 문사의 대표라면 관우는 민간 무사집단, 즉 협객을 대표한다. 문사와 관료들은 공자를 스승으로 삼고 협객과 상인들은 관우를 신으로 받든다. 전자는 공자의 신용을, 후자는 관우의 신의를 최고덕목으로 삼았다. 신용과 신의는 얼핏 같은 말 같지만 준별된다. 약속에는 정직함이 신용이고 의리에는 정직함이 신의다. 신용이 문사의 붓과 말言이라면, 신의는 협객의 칼과 행동이다. 문사가 『논어』 등 사서삼경을 읊조릴 때 상인은 청룡언월도에 묻은 피를 핥듯 장사를 해왔다. 예리한 칼끝에 목숨을 건 신의가 뭉툭한 붓털에서 나오는 신용보다 훨씬 준열

중국의 사상구조

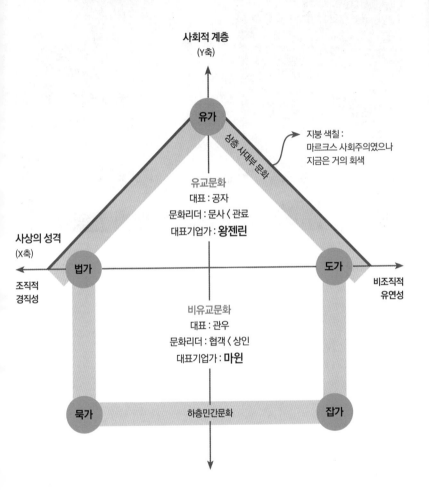

사회적 계층
(Y축)

유가

지붕 색칠 :
마르크스 사회주의였으나
지금은 거의 회색

상층 사대부 문화

유교문화
대표 : 공자
문화리더 : 문사 〈 관료
대표기업가 : **왕젠린**

사상의 성격
(X축)

법가

도가

조직적
경직성

비조직적
유연성

비유교문화
대표 : 관우
문화리더 : 협객 〈 상인
대표기업가 : **마윈**

묵가

하층민간문화

잡가

• 강효백, 「공자는 지붕에서 꿈꾸고 협객은 집에서 산다」,
『협객의 칼끝에 천하가 춤춘다』, 한길사, 1995, 284~289쪽을
참조해 새롭게 작성.

마윈상에 참배하는 중국인들.
이 현상은 서구 언론에서 소개할 정도로 화제가 되었다.
오늘날 중국에서 마윈은 소상공인의 수호협객이자
재신관우의 현신으로 추앙받고 있다.

하다. 그래서 협객과 상인은 관우 앞에서 한몸이 된다.

중국인의 최대 신앙의 대상은 석가모니나 예수도, 공자나 옥황상제도 아니다. 관우다. 상점이나 가정집에서도 가장 신성한 곳에 관우상을 모신 신당을 차려놓고 조석으로 예배드리고 있다. 세계 어느 나라의 차이나타운을 가더라도 반드시 관우 사당이 있다. 특히 '돈은 신神이고 신은 곧 돈'이 본령인 중국상인들의 관우신앙은 각별하다. 거의 모든 중국상인은 관우 재신상을 모셔놓고 아침저녁으로 제사 지내고 있다.[14]

그런데 2010년경부터 중국상인들 사이에는 광군제光棍節, 솔로데이, 매년 11월 11일나 노동절, 국경절 등 특별세일 기간에 저승의 재신 관우 대신 이승의 협기 충만한 마윈 등을 재신으로 모셔놓고 대박을 비는 풍조가 번지고 있다. 앞의 사진처럼 광둥상인들이 마윈이나 류창둥劉昌東, 1974~ 을[15] 위한 제단을 차려놓고 대박을 기원하고 있는 장면이 좋은 거증자료다.

중국에서는 소상공인의 수호협객 마윈이 재신관우의 현신으로 떠오르고 있다. 앞으로도 이런 추세가 계속된다면 중국 도처에서 관우상 대신에 마윈상을 모셔놓고 아침저녁으로 참배드리는 풍경이 예사인 날이 오지 않으리라 장담할 수 없겠다. 알리바바의 한 직원은 "그는 기업종교를 창립했다. 마윈은 우리의 신이다"라고 했다.

알리바바B2B < 타오바오C2C < 텐마오B2C < 꿈to현실D2R

마윈의 상상력은 타의 추종을 불허한다. 상상력은 정신의 자유이며 실재의 자유다. 상상력은 매우 현실적인 능력으로서 실재의 전부를 파악한다. 상상력은 과거와 현재와 미래가 만나는 어디서나 작동된다. 무협지나 인터넷 모두 이러한 상상력으로 이루어진 가상사회다. 마윈은 인터넷기업을 가상기업이라고 부른다. 가상기업인 인터넷기업은 상상력이 없으면 아무것도 성취할 수 없다.

마윈은 기발한 상상력으로 굴착한 자기만의 가상세계라는 동굴에 웅크리고 있지 않았다. 자신과 무협지의 주인공을 동일시하는 데만 만족하지 않았다. 마윈의 위대함은 무협소설에서 도출해낸 의협정신과 아이디어를 무궁무진한 상상력으로 제련하고 숙성시켜 기업경영에 응용하고 실천하는 데 있다. 즉 이공계에서 기초과학 이론으로 기술 산업화를 추구하듯 마윈은 무협지 속 가상세계의 가능한 모형들을 형상화하는 힘, 즉 상상력을 바탕으로 글로벌 전자상거래 시장의 신기원을 열어나갔다.

마윈은 중국문화의 지하수맥인 협객의 기질과 정신을 자신의 가치체계로 내면화했다. 그는 다시 내면화된 의협의 가치체계를 알리바바그룹의 기업가치관으로 승화시키고 전자상거래 인터넷 시스템으로 현재화했다. 마윈은 '타무아유, 타유아우, 타우아신, 타신아기'라는 집념불패의 '16자 비결'을 시전하면서 B2B 알리바바1999~ , C2C 타오바오2003~ , B2C 텐마오2010~ 플랫폼의 새 지평을 열어나갔다.

소상공인의 수호신, 마윈의 꿈 실현단계

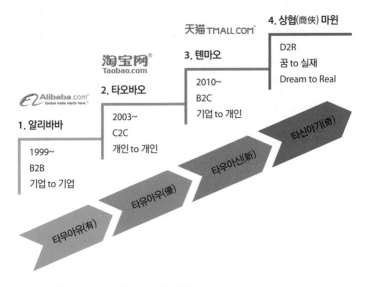

4. 상협(商俠) **마윈**
D2R
꿈 to 실재
Dream to Real

天猫 TMALL.COM
3. 톈마오
2010~
B2C
기업 to 개인

淘宝网®
Taobao.com
2. 타오바오
2003~
C2C
개인 to 개인

Alibaba.com
Global trade starts here.™
1. 알리바바
1999~
B2B
기업 to 기업

타무아유(有)

타유아우(優)

타우아신(新)

타신아기(奇)

• 각종 온·오프라인 자료를 참고해 직접 작성.

마윈은 한 걸음 한 걸음 꿈을 이루어가는 과정 자체에 무한한 즐거움을 느꼈다. 자고 일어나니 온 천지가 은세계였다. 꿈이 현실로 이루어졌는지도 몰랐다. 어느새 '세계 소상공인의 수호자'가 된 마윈은 그의 꿈을 세계 최대의 전자상거래그룹 알리바바라는 현실로 만든 플랫폼, D2R이 만들어지는 줄도 몰랐다.

2013년 시진핑 시대의 개막과 함께 '중국몽'中國夢, Chinese Dream의 구호가 등장한 직후부터 마윈의 꿈은 '중국의 세계화'를 넘어 '세계의 중국화'[16]를 이루는 차원으로 대규모 버전업되었다.

세계 최대 전자상거래기업은 알리바바의 종착지가 아니라 새로운 출발점이다. 2015년 현재 알리바바그룹은 유통업과 금융, 게임, 클라우드컴퓨팅, 문화콘텐츠, 헬스케어, 스포츠 산업, 미디어 등 업종을 불문하고 전방위적으로 사업을 확장 중이다. 마윈은 지금 알리바바의 가치와 이념이 전 세계에 확산되는 비즈니스 생태계를 꿈꾸고 있다. 2015년 12월 12일, 알리바바그룹은 홍콩의 유력일간지 『사우스차이나모닝포스트』*South China Morning Post* 인수를 공식 발표했다.

7 시진핑이 레이쥔만 빼놓고 다니는 까닭
레이쥔의 고객창조, 제품은 베껴도 고객은 창조하라

'11월 11일 후베이 우한'

"인간은 환경에 의존하지 인간에 의존하는 것이 아니다"라고 헤로도토스는 『역사』에서 말했다. 여기에 나는 "미생물이 그 배양액에서 자라듯 인간도 자연적·인문적·사회적 환경에서 자란다"고 말하고 싶다.

공포의 가성비, 샤오미의 오너 레이쥔, 그는 누구인가. 상대가 상대인 만큼 심층분석을 하고자 한다. 그런데 대륙의 중심부 후베이湖北 우한武漢 출신인 그를 알려고 문자 속으로 들어가면 들어갈수록 오리무중이다. 도대체 이 사람의 정신세계, 의식형태, 행동양식의 추이는 무엇인가. '샤오미'로 물화物化한 이 사람의 정체는 무엇인가. 지구상의 천재를 초월한 '외계인급 괴재'일까 아니면 '미친 짝퉁 대마왕'에 불과할까? 보통의 미시적·단편적

'대륙의 기적'으로 불리는 샤오미의 레이쥔.
이 사람의 정신세계, 의식형태, 행동양식은 무엇인가?
'외계인급 괴재'일까 아니면 '미친 짝퉁 대마왕'일까?
그에 대해 알려고 할수록 오리무중이다.
2016년 2월 샤오미의 새 플래그십 스마트폰 Mi5 발표 장면.

접근방법으로는 가늠이 안 된다. 할 수 없이 문자 밖으로 나온다. 비장의 '우주의 망원경'과 '미물의 현미경'을 함께 꺼내들고자 한다.

세상에 이음동의어는 없다. 우주란 '집 우' '집 주'가 아니다. '우'는 공간을, '주'는 시간을 뜻한다. 즉 우주는 천체를 비롯한 만물을 포용하는 물리학적 공간인 '우'宇와 과거·현재·미래 구별 없는 무한한 시간인 '주'宙가 질서 있게 통일된 세계다.

'샤오미 레이쥔'을 시간역사과 공간지리의 십자가 한가운데 놓고 조준하고자 한다. 실제로 사회과학에서 역사와 지리의 기반 밖에 세운 모든 학설이나 이론은 가설일 뿐이라고 하지 않던가. 줌인-줌아웃하며 '우주의 망원경'의 영점을 잡았다. 샤오미 레이쥔의 시공간 키워드는 '11월 11일 후베이 우한'이다.

"샤오미는 11월 11일 '중국판 블랙프라이데이'로 불리는 중국 최대 쇼핑이벤트인 '광군제' 기간에 2,268억 원어치 상품을 팔았다"고 한 한국 신문이 보도했다.

그러나 '중국판 블랙프라이데이'는 없다. 11월 11일 '광군제'라는 이름의 중국 최대 '빅세일 데이'만 있을 뿐이다. 만일 중국 기업들이 이날을 검은색을 싫어하는 일반 중국인들의 성향을 무시하고 '차이나 블랙프라이데이'라고 했다면 어떻게 되었을까. 십중팔구 일체의 매매행위를 삼가해야 하는 대흉일로 인식되어 상품이 동나기는커녕 지갑을 닫는 날이 되었을 것이다.

중일 양국의 '블랙프라이데이'의 추억

중국 근·현대사상 진짜 '중국판 블랙프라이데이'로 부를 만한 하루가 있었다. 공교롭게도 '1'이 네 개 겹치는 11월 11일, 그해 그날은 한층 더 공교롭게 요일마저도 금요일이었다.

그날은 바로 '1938년 11월 11일,' 중화민국 임시수도 우한 전역이 일제 침략군에게 점령되던 날이다. 그날 이후, 중국은 다시 임시수도를 서부내륙 산악도시 충칭으로 옮겨야 했다. 다른 한편으로 그날은 일본 침략군에게도 '블랙프라이데이'였다.[1]

1937년 7월 7일 중국 본토를 전면 침공한 일본군은 그해 11월 중화민국 수도 난징을 점령했다. 약 한 달 동안 30만 양민을 학살하는, 즉 매일 '민간인 1만 명 죽이기 파티,' 난징대학살의 만행을 저질렀다. 그 후에도 일제는 산시山西, 산둥, 허베이, 상하이, 광저우를 차례로 점령했다. 임진왜란 이래의 숙원을 풀기 위해 중일전쟁을 일으킨 일제는 중국 내지를 마음껏·능력껏 유린했다.[2] '이토록 손쉬운 상대인 줄 알았더라면 진작 삼켜버릴 걸' 후회하듯 정복자로서 느끼는 쾌감에 탐닉했다. 연전연승에 도취된 나머지 일제는 어떠한 외세의 무력이나 문화도 흔적을 남기지 않고 빨아들여버린, '검은 늪 대륙의 스펙'을 망각했다.

"아차차, 너무 깊이 들어왔구나." 중국, 중심성, 중심시로 '中'이 세 개 겹치는 우한을 점령한, '1'이 네 개 겹치는 금요일 그날 이후부터 일본군은 중국 전선에서 교착상태에 빠져버렸다. "딱, 거기까지." 대나무를 쪼개는 듯한 파죽지세도 그날까지였다. 호랑이 등에 올라탄 듯한 기호지세도 그곳까지였다. 그날 그곳 이후부터 액셀러레이터만 있었지 브레이크가 없었던 일본 제국주의는 패몰의 깊은 늪으로 빠져들기 시작했다.

일본군은 답답하고 찜찜한 분위기에서 벗어나려 군홧발의 방향을 동남아로 바꾸었다. 그러나 "이기면 이길수록 망해가고 있는 듯한" 기괴한 공포감은 갈수록 증폭되었다. 하와이를 불길한 예감의 늪에서 구해줄 구명튜브쯤으로 착각했던가. 일제는 1941년 12월 7일, 자폭행위나 다름없는 진주만 공습을 감행했다. 태평양전쟁 초반, 일제는 점령지역을 확대해가는 것 같았지만 실상은 발에서부터 다리로, 허리로, 어깨로, 머리로 패망의 검은 늪에 침몰해갔다.

일제 침략사 후반전1938. 11. 11~1945. 8. 15을 단칼에 갈겨 일괄한다면, 광란의 침략 댄스스텝이 후베이 우한에서 엉켜버린 후, 패망의 늪으로 빠져들면서 허우적대는 꼴이었다. 일본이 점령했다고 착각한 것은 물 위에 뜬 수초와 수초를 연결한 수초줄기였을 뿐 중국이라는 검은 늪 자체는 아니었다. 그런데 늪 속의 보물을 차지하겠다고 늪에 들어온 자는 늪에 빠져 죽는 순간까지 자신의 탐욕을 반성하지 않는다. 오히려 더러운 늪에 속았다며 애꿎은 늪을 원망하는 정신 착란증세에 빠지는 경향이 있다.

전쟁을 일으킨 가해자 전범국가[3] 주제에 피해국인 것처럼 '피해자 코스프레'를 해대는 일본 우익 행태의 본질도 이러한 착란증세에 있다고 분석된다.

우한 시 기차역을 점령한 일본군(위)과 반격에 나선 중국군.
1937년 7월 7일 중국 본토를 전면 침공한 일본군은
그해 11월 난징을 점령했다. 이후 산시, 산둥, 허베이, 상하이, 광저우를
차례대로 점령하며 정복자의 기쁨을 맛봤다. 하지만 그것도 잠시,
1938년 11월 11일 우한 전역에 발을 들여놓는 순간부터
일본군은 깊은 늪에 빠져버린 듯 오도 가도 못하는 처지가 되었다.

속지 않는 법보다 속고 나서 참는 법부터 배워야 한다

"하늘에는 머리가 9개 달린 새, 땅에는 후베이 사람"天上九頭鳥, 地下湖北佬이라는 중국속담이 있다. 그러나 나는 "9두조 후베이 사람, 99두조 레이쥔"九頭鳥湖北佬, 九十九頭鳥雷軍이라 말하고 싶다.

비단 일본군이나 외세뿐만이 아니다. 후베이는 중국인에게조차 심연의 검은 늪이다. 오죽했으면 중국이 낳은 20세기 세계적 지성, 린위탕林語堂, 1895~1976마저도 후베이 사람을 일컬어 "허심탄회한 맹세를 선언하는 동시에 머릿속으로는 음모를 꾸미는 사람들"이라고 혀를 내둘렀을까.

중국경제지도를 세로로 접으면 서쪽 대부분은 사람이 살기 어려운 사막과 황무지, 고산지대다. 따라서 동쪽에 경제력의 90퍼센트가 쏠려 있다. 그 동쪽 중심부에 자리 잡은 성이 후베이다. 후베이의 중심도시 우한에서 동서남북으로 1,000킬로미터 정도를 가니 각각 상하이, 충칭, 광저우, 베이징이 나타난다. 이들 중국의 4대 주요도시를 야구장의 홈, 1루, 2루, 3루라 치고 이를 서로 연결하면 다이아몬드 모양이 나온다. 바로 그 다이아몬드의 중심부인 마운드에 후베이 우한이 투수처럼 우뚝 자리 잡고 있다.

순종 상인종, 중국상인팀의 상위타선, 톱타자 광둥상인부터 2번 푸젠상인, 3번 저장상인은 물론, 슬러거 4번타자 상하이상인마저도 후베이 우한상인 투수의 변화구에 타이밍을 빼앗겨 무릎을 꿇고 만다. 외국상인은 말할 필요조차 없고, 후베이에서 장사하는 거의 모든 타지역 출신 중국상인들은 입을 모은다.

"여기서 장사를 하려면 속지 않는 법보다 속고 나서 참는 법부터 배워야 한다. 속고 나서도 할 말 없게 만드는 자들이 후베이 장사치들이다. 간교하고 음흉한 그들에게 속는 스트레스는 마치 쓰디쓴 금계랍을 먹고 난 벙어리의 고통일 것 같다."

오죽 답답했으면 '한 음흉'하는 중국상인마저 같은 중국의 후베이상인을 '간교' '음흉'이라는 극단적인 용어까지 동원하며 비판하겠는가.

"하늘에는 머리가 9개 달린 새, 땅 위에는 후베이 사람."

후베이 사람들이 무척 좋아하는 대련對聯이다. 후베이 사람 한 명의 머릿속에는 여덟 개의 작은 머리가 또 들어 있어 그 영리함이 사람을 놀라게 한다는 뜻이다. 문제는 후베이 사람의 교활함을 꼬집는 이 대련을 정작 본인들은 자랑스럽게 여긴다는 점이다. 상하이와 베이징을 비롯한 중국 대도시에서는 '9두조'九頭鳥라는 간판을 걸어놓은 상점들을 심심찮게 볼 수 있다. 그 상점의 주인은 십중팔구 후베이 사람이다.

위대한 짝퉁 샤오미 주인의 머릿속에는 새의 머리가 몇 개나 들어 있을까. 후베이의 보통 사람도 8개나 들어 있음을 감안한다면, 레이쥔의 머릿속에는 최소 98개의 새 머리가 들어 있을 것이다. 그래서 '9두조 후베이 사람, 99두조 레이쥔'이라는 새로운 대련이 하나 더 필요할 것이다.

불온한 아름다움, 몽롱미

중국 제1의 강 장강이 관통하고 중국 최대의 호수 둥팅 호洞庭湖를 알처럼 품어서일까. 후베이는 짙은 안개로 유명하다. 우한 톈허天河국제공항도 안개로 인한 항공기 연발착이 제일 많은 공항으로 악명 높다. 안개 낀 정경이 주는, 그 어른어른해 희미하고 몽롱한 아름다움, '몽롱미'朦朧美, 나의 조어.⁴ 사람의 의식을 흐리멍덩하게 한다는 의미를 곁들인 '몽롱미'는 기지·풍자·반어·해학 등 네 가지의 하위개념을 품은 서양미학의 골계미에 가깝다. 후베이 출신 레이쥔의 샤오미에도 사람의 정신을 몽롱하게 만드는 불온한 아름다움, 몽롱미가 도사리고 있다.

『삼국지』의 주된 전쟁터였던 후베이는 극적인 장면이 많이 연출된 곳이기도 하다. 삼고초려三顧草廬의 샹양襄陽에서부터, 적벽대전의 츠비赤壁, 관우의 관용이 빛나는 화룽다오華容道, 관우가 참수형을 당한 당양當陽 등 끝도 없이 많다. 강과 호수와 안개가 많은 후베이는 신의와 배신, 충성과 온갖 모략이 넘쳤던, 비장미를 감싼 몽롱미가 흐르는 강호의 세계라고 부를 만하다.

후베이 사람은 중국 사람 중에서 '몽롱미'의 원래 표현이라 할 수 있는 '장후치'江湖氣가 제일 강하다고 정평이 나 있다. 장후치는 경제적 실리에 밝고 교활하고 속임수에 강한 야바위 기질을 가리키는 말이다. 후베이 사람에게 시장이란 사람들이 서로를 속

이도록 허가된 장소에 지나지 않는다. 장후치, 몽롱미의 절대경
지를 추구하는 그들은 거짓말이 드러나도 절대 인정하려고 하지
않고 본심을 타인에게 쉽게 노출하지도 않는다.

중국경제지도의 중심은 후베이, 후베이의 중심은 우한, 우한
의 상업 중심은 한커우漢口, 한커우의 중심 상가는 한정제漢正街
다. '중'이 다섯 개 겹치는 곳에 위치한 한정제는 중국에 현존하는
가장 오래된 상설 시장이다. 오중동심원의 핵심에 있는 것이 시
장이라는 사실이 참으로 의미심장하다. 이러한 역사가 있었기에
중국은 '시장'이라는 노골적 자본주의 용어가 붙은 '사회주의 시
장경제'를 수십 년째 국시로 명시해올 수 있었던 것 아닐까?

"세계를 사고 세계를 팔아라."買世界, 賣世界

이는 2001년 중국이 WTO에 가입하자 한정제가 내건 구호다.
한정제는 해적판 서적이 많기로도 타의 추종을 불허한다. 해적들
이 상선 갑판에 밀어닥치듯, 정품의 5분의 1 가격에 불과한 해적
판 서적이 판을 친다. 한정제 말고도 후베이는 '값싸고 질 좋은'
짝퉁 상품이 많기로 사해만방에 이름을 떨치고 있다.

현 제12기 전인대 대표를 겸하고 있는 레이쥔이 후베이가 낳
은 대표적 기업가라면 20세기 후베이 출신의 대표적 정치가는
린뱌오林彪, 1907~71다. 자신을 후계자로 키워준 마오쩌둥을 배신
한 린뱌오는 쿠데타 음모가 발각되자 적국이었던 소련으로 야반

한정제의 정문. '소상품시장'이라는 글귀가 눈에 띈다.
한정제의 시초는 명나라 헌종(憲宗) 때인 1465년,
한커우 나루터에 모인 배들의 갑판 위에서 벌어진 장터다.
1573년 만력(萬曆) 원년에는 후베이와 후난, 광둥과 광시 지방에서
거둬들이는 모든 조운(漕運)양곡의 집결지를
한커우로 정하면서 본격적으로 발전하게 되었다.

도주하던 중 몽골사막에서 비참한 최후를 맞았다. 린뱌오는 본심을 드러내지 않은 채 등 뒤에서 음모를 꾸미는 데 능숙한 전형적인 9두조 후베이 사람이었다.

중국의 31개 광역지방행정 구역별 특색은 각각 31개의 개별국가라 할 만큼 상당히 다르다. 반면 인구는 많으나 유럽보다 널찍한 땅에서 살아와서 그런지, 원래 민족성이 그런지 중국인은 배타적 지역감정을 별로 드러내지 않는다는 특징이 있다. 그런데 예외가 딱 하나 있다. 린뱌오처럼 겉과 속이 다른 다중인격자 후베이 사람과 거래할 때는 '항상 깨어 있으라'고 주의를 환기하는 중국인의 수가 적지 않다. 중국의 대표적인 여성기업가 둥밍주가 공개석상에서 '레이쥔은 사기꾼'이라고 독설의 십자포화를 퍼부었던 이면에는 후베이 사람에 대한 여타 지역 중국인들의 공동전선이 형성되어 있기 때문은 아닐까.

'나는 세상사람과 다른 비상한 인물이야'

레이쥔은 1969년 12월 16일 후베이 우한 인근인 몐양 현沔陽縣 자오완 촌趙灣村에서 평범한 농민의 아들로 태어났다. 둥팅 호 북안에 위치해 있는 고향마을은 농무가 낀 풍광이 그윽했다.

레이쥔은 어려서부터 영특하고 매사에 진지하면서도 자의식이 강한 모범생이었다. 어른들에게 자신이 원하는 세상, 흥미로운 주제, 새로운 개념들을 펼치길 즐겼다. 평소엔 겸손한 편이나 간혹 "나는 세상사람과 다른 비상한 인물이야"라면서 나르시시즘에 가까운 독특한 캐릭터를 드러내기도 했다. 유년기부터.

전기가 들어오지 않았던 고향마을의 조명기구는 등잔불이 전부였다. 레이쥔이 초등학교 2학년 때다. 컴컴한 부엌에서 밥을 짓던 그의 어머니는 천장 위의 환한 불빛을 보고 깜짝 놀랐다. 밝은 빛을 발하는 유리알, 그 발광체는 일곱 살밖에 안 된 어린 아들이 건전지 두 개와 은박포일 튜브, 종이를 나무상자에 넣어 만든 축전지에 연결시킨 백열전구였다. 마을사람들이 환한 불빛을 보고서 불나방처럼 몰려들었다. 백열전구와 레이쥔을 번갈아 쳐다보면서 세상을 환하게 빛낼 신동이라고 입을 모아 칭송했다.

레이쥔은 초등학교 3학년 때 전학 간 읍내의 학교에서도 군계일학이었다. 그의 옷깃에는 항상 지덕체를 겸비한 '3호학생'三好學生의 징표인 붉은 꽃이 달려 있었다. 1984년 레이쥔은 몐양사범부속중학교를 졸업하고 후베이 제일 명문고 센타오仙桃고등학교에 입학했다. 고교 시절 레이쥔은 바둑에 심취해 학교 바둑경진대회에서 우승하기도 했다. 당시唐詩도 좋아했는데 특히 오대십국五代十國 시대의 비운의 황제 이욱李煜, 937~978의 「우미인」虞美人[5]을 읊으며 눈물을 흘리기도 했다. 전교 10위권 내의 우등생이자 모범생 레이쥔은 1987년 9월, 중국의 10대 명문대학인 우한대학2014년 중국 대학서열 5위[6] 컴퓨터학과에 장학생으로 입학했다.

꿈의 힘을 믿어라!

어느 늦가을 밤, 우한대학 신입생 기숙사 사감은 대운동장을 바라보다가 이상한 광경을 보았다. 한 학생이 홀로 대운동장을 돌고 또 돌고 있었다. "도대체 저 학생은 누구일까." 사감은 낯설지 않은 얼굴 윤곽과 체격을 지닌 그 학생이 몇 바퀴째를 돌고 있는지 유심히 쳐다보았다. 청년은 가로등 불빛이 내리비치는 벤치에 앉았다. 몸매가 호리호리하고 얼굴이 앳된 남자가 모습을 드러냈다. 아, 18세 새내기 장학생, 레이쥔! 레이쥔은 옆구리에 끼고 있던 책을 펼쳐 들었지만 책 읽기에는 사위가 너무 어두웠다. 다시 책을 옆구리에 긴 채 걷기 시작했다. 무엇에 홀린 것처럼 가끔 하늘을 쳐다보며 일정한 속도와 보폭으로 돌고 또 돌았다. 무엇이 평소 조용하던 모범생에게 이런 기이한 행동을 하도록 한 것일까? 그것은 옆구리에 끼고 있는 한 권의 책 때문이었다. 그 책은 낮에 도서관에서 빌린 『실리콘밸리의 불』^{硅谷之火, *Fire in the Vally*}[7]이었다.

스티브 잡스를 비롯한 실리콘밸리 영웅들의 이야기가 생동감 있게 그려진 책은 레이쥔을 몇 시간째 무아지경에 빠져들게 만들었다. 사서가 도서관 문 닫을 시간이 되었으니 나가달라고 하자 레이쥔은 펼친 책을 든 채로 자리에서 일어났다. 책을 읽으면서 기숙사로 걸어 들어갔다. 책상에 앉아 마지막 페이지를 덮자 갑자기 그의 가슴속이 활화산의 마그마처럼 들끓어 올랐다. 『실리콘밸리의 불』의 불씨가 그의 가슴에 옮겨붙어 광야를 태우듯 온몸으로 번져나갔다. 그는 심장이 쿵쾅거려 잠을 자기는커녕 방에 머물 수조차 없었다. 기숙사를 뛰쳐나와 대운동장을 향해서

달렸다.

달이 별자리 몇 개를 옮겨가는 시간이 흐르도록, 대운동장을 돌고 또 돌아도 가슴속 불길을 진정시킬 수 없었다. 레이쥔은 급브레이크를 밟듯 발걸음을 겨우 멈췄다. 고개를 들어 가장 크고 밝고 높게 떠 있는 별 하나를 뚫어지듯 바라보았다. 하늘이 놀라고 대지가 들썩일 만한 위업을 이루는 위인이 되기로 결심했다. 그 별의 높이만큼 자신의 꿈의 깃발을 게양했다. 맹세했다. 내 꿈을 내건 깃발의 하강식은 영원히 없다고.

사반세기가 탄환처럼 지나갔다. 2014년 우한대학 대강당에서 모교를 빛낸 대선배 자격으로 샤오미의 레이쥔 총재는 후배들 앞에 섰다. 자신의 하강식 없는 꿈의 깃발 이야기를 이어나갔다.

"나는 그날 밤 별을 보면서 굳게 다짐했다. 남다른 목표를 정해 꿈을 현실화하자! 우선 2년 만에 모든 학점을 이수하자! 다행히도 우리 우한대학에는 독특한 학점제도가 있었다. 지금도 있는가? 조기 졸업제도. 1학년 2학기부터 나는 이수학점의 두 배에 달하는 학점을 신청했다. 사실 어려운 건 아니다. 마음만 먹으면 누구든 할 수 있다. 고3 시절과 비교해보라. 대학과정은 느슨하다.

나는 아직 성공하지 않았다. 성공과정 중에 있을 뿐이다. 성공 중의 나의 비결이라면 몽롱한 꿈을 명료한 목표로 전환한 것이다. 눈 감은 꿈은 몽롱해도 되지만, 눈 뜬 꿈, 희망의 목표는 명료해야 한다. 명료한 목표를 향해 한 걸음 한 걸음 나아가는 것이다.

실패는 죄가 아니다. 목표가 없거나 너무 낮은 것이 죄다. 목표가 없는 삶은 살아도 산목숨이 아니다. 정신적 식물인간이다. 사랑하는 후배들이여, 목표를 너무 낮게 설정하는 잘못을 저지르지 말라. 항상 자신이 손에 쥐고 있는 것 이상을 추구하라. 자신이 이룬 일에 결코 만족하지 말라. 성취하면 곧 자신의 목표를 높여 잡아라. 목표에 도달하기 위해 노력하다가 중간에서 넘어진다 하더라도 더 높은 목표를 향해 돌진하라. 정상에 오르려면 많이 넘어져야 한다. 기어 다니는 곤충만 넘어지지 않는다. 우리는 곤충이 아니다. 우리는 인간이다. 작심삼일일 수도 있다. 그래도 포기하지 말고 또 새 계획을 세우고 새 목표를 정해라. 다시 말한다. 꿈을 품은 후에 그 꿈을 절대로 포기하거나 축소하지 말고 끝까지 악바리로 실천해보라. 성공할 때까지 자신이 한 번 내건 꿈의 깃발을 죽어도 내리지 말고 한 걸음 또 한 걸음 전진해나가라. 그러면 성공의 최고봉이 그대를 반기며 나타날 것이다. 나의 사랑스럽고 자랑스러운 후배들이여, 나의 연설을 이 한마디로 마무리하고자 한다. 꿈의 힘을 믿어라!"

레이쥔이 격정적인 연설을 마치자 우한대학 대강당에 운집한 청중들은 환호성을 지르며 일제히 일어나 박수를 쳤다. 무려 5분간이나 계속된 기립박수였다.

모교는 우한대학, '부교'父校는 우한전자상가

레이쥔의 대학 1학년 성적표는 올 A+로 컴퓨터학과뿐만 아니라 전교 1학년생을 통틀어 최고성적이었다. 학비 전액 면제에다 도서구입비조로 장학금도 지급되었다. 하지만 그는 만족하지 않았다. 컴퓨터 공학이란 기초이론과학이 아니다. 실제 산업에 응용할 수 없다면 올 A+나 올 F나 매한가지. 컴퓨터 공학이 재화를 창출할 수 없다면 뜬구름 같은 탁상공론에 지나지 않는다고 규정했다.

레이쥔은 2학년 때부터 수업 외의 시간에는 캠퍼스 밖으로 쏘다녔다. 큰 배낭을 걸머지고 컴퓨터 상공인들의 육박전이 벌어지는 최전선, 우한전자상가로 뛰어들었다. 소프트웨어, PC 조립, 워드프로세서 등 IT 실무기술은 물론 최대의 이윤을 뽑기 위한 영업 전략과 상술을 체득했다. 전자상가 사람들은 남녀노소 할 것 없이 레이쥔을 친절하게 대해주었다. 그들은 레이쥔이 명문대학 학생이라는 티를 전혀 내지 않고 항상 겸손하며 소탈해서 좋았다고 회고한다.

레이쥔은 모교 우한대학에서 컴퓨터 이론을 배웠고, 부교父校, 나의 조어 우한전자상가에서 IT 실무를 배웠다. 그러나 중국 중부 지역의 IT 유통업 허브로 번영을 구가했던 우한전자상가는 2010년을 정점으로 퇴락하기 시작했다. 인터넷 쇼핑몰의 급성장으로 소비자들이 발품을 파는 것보다는 온라인을 통해 클릭 몇 번으로 손쉽게 주문하는 것을 선호하게 되었기 때문이다. 우한전자상가의 대다수 매장은 IT 물류보관센터로 전락했다. 여기에는 샤오미의 출현도 한몫했다.

레이쥔의 모교 우한대학은 의구한데 부교 우한전자상가는 간데없다. 몇 해 전 춘절 무렵, 레이쥔은 우한전자상가에 들렀다가 물류창고로 변해버린 매장을 지키는 옛 친구를 만났다. 그 자리에서 레이쥔은 "미안하다"는 말만 반복했다.

1989년 5월, 레이쥔은 우한전자상가에서 평생의 지기이자 4년 대학 선배인 왕취안궈王全國를 만났다. 현재 진산소프트웨어金山軟件, Kingsoft의 부총재 겸 CIO로 재직 중인 왕취안궈는 당시 대학 조교 겸 우한대학 부설 컴퓨터회사의 기술유지보수팀장을 맡고 있었다. 둘은 의기투합했다. 그해 8월 C언어 설계 등 암호화 소프트웨어 사용자인터페이스UI를 개발해 시장에 내놓았다. 그러나 시장사람들은 레이쥔 생애 최초의 상품을 철저히 외면했다.

첫 상품이 전량 폐품 처리된 그해 말, 중국 땅에 컴퓨터바이러스가 창궐했다. 레이쥔은 동기생 펑즈훙馮志宏과 컴퓨터 백신개발에 매달렸다. 펑즈훙은 후일 이렇게 술회했다.

"그해 우한의 겨울은 너무 추웠다. 방학이라 학교식당도 문을 닫아 우리는 등산용 버너로 라면을 끓여 끼니를 때웠다. 레이쥔은 내가 끓여준 라면을 참 맛있게 먹었다. 겨우 내내 우리 둘은 하루도 빠지지 않고 눈보라를 헤치고 작업실을 오갔다. 추위로 갈라진 손잔등을 호호 불면서 '면역 90'을 개발해 냈다."

컴퓨터 백신 '면역 90'의 프로그래밍 언어는 파스칼Pascal이었다. '면역 90' 최종 버전은 당시 모든 바이러스를 검사·치료·삭제·격리할 수 있는 면역기능을 구비했다. 게다가 중영문中英文 호환 환경과 백신 DB를 자동으로 업데이트시킬 수 있는 기능까지도 완비했다. 지금은 별것 아니지만 1989년에 스무 살 청년이 개발해낸 것치고는 신기한 발명품이었다. 한국영화 「신기전」의 화살이나 「최종병기 활」의 활에 비유해도 손색없을 만큼.

'면역 90' 한 세트의 판매가는 260위안으로 우한에서만 몇십 세트가 팔려 레이쥔은 몇천 위안을 벌었다. 최초로 맛본 '돈의 맛'이었다. 후일 지도교수의 추천을 받아 '면역 90'은 후베이 성 대학생 과학기술성취 최우수상을 받기도 했다.

생애 최초·최대의 굴욕에도 꺾이지 않는 성취욕

오늘날 레이쥔은 세계가 공인하는 달변가다. 타고난 변설가 마윈과는 달리 레이쥔의 언변은 후천적으로 단련된 것이다. 대학 시절 레이쥔이 공개석상에서 한 발언은 중언부언, 횡설수설, 엉망진창이었다. 1990년 봄 후베이 성 공안국경찰청은 21세의 대학생 레이쥔을 연사로 초빙했다. 그가 '면역 90'으로 우한 바닥에서 최고의 컴퓨터바이러스 백신전문가로 알려졌기 때문이었다.

난생처음 국가기관, 그것도 살벌한 공안국에서 강연을 하게 된 레이췬은 연단에 오르자마자 몸을 부들부들 떨었다. 심장은 두근두근, 팔은 와들와들, 다리는 후들후들. 두 시간으로 예정된 초청강좌를 15분 만에 끝내버렸다. 미리 준비한 강연원고에 코를 박은 자세로 다 읽어버린 것이다. 별도로 준비한 읽을거리도 없었다. 당황한 레이췬은 처음부터 다시 원고를 더듬더듬 읽어 내려갔다. 두 번째 읽기가 끝났는데도 한 시간이나 더 남아 있었다.

레이췬은 세 번째로 처음부터 다시 읽어 내려가는 3회독을 시작했다. 참다못한 후베이 성 공안국장이 연단으로 뛰어 올라왔다. 공안국장은 레이췬의 원고를 낚아챔과 동시에 그에게 우렁찬 목소리로 '짜이젠!'再見 작별의 거수경례를 올렸다. 그 기상천외한 3회독 강연이 공안국장의 거수경례로 무산되는 순간, 장내는 조소와 야유의 폭발음으로 진동했다.

나라가 치욕 당한 날을 '국치일'이라고 한다면 레이췬 개인에게는 '개치일'個恥日이라고나 할까. 그날은 21년간, '칭찬 100, 꾸중 0' 비율의 '절대찬양'을 들으며 살아온 21세 레이췬에게 생애 최악의 모욕·굴욕·치욕 3욕의 망신살이 한꺼번에 겹친 날이었다.

그런데, 그런데 말인데, 레이췬은 특이했다. 특이해도 여간 특이한 게 아니었다. 보통 사람 같으면 평생의 트라우마로 무대공포증, 발표울렁증에 걸려 죽어도 두 번 다시 연단에 서지 않으려고 할 텐데, 레이췬은 전혀 그렇지 않았다. 초청강연에 계속 응했다. 한 시간 강연이면 열 시간 이상 준비하고 거울 앞에서 3회 이상 리허설했다. 이러한 '강연 준비 방법'을 자신의 생활철칙으로 습관화했다. 그러자 음성녹음 파일을 MP3로 변환하듯, 눌변의 레이쿤을 달변의 레이쿤으로, 스스로 언변파일 자체를 변환해버렸다.

그 무렵 레이쿤은 "신문에 이름이 나오는 유명인사"가 되어 후베이 공안국에서 당한 굴욕을 만회하고 싶어했다. 컴퓨터에 관한 글을 어느 지방 일간지에 투고했으나 게재되지 않았다. 열 번 찍어 안 넘어가는 나무 없다는 식으로 계속 투고했으나 게재되지 않았다. 오기가 발동한 레이쿤은 무려 30편을 투고해보았지만 감감무소식이었다. 그 신문사도 참 어지간하다. 불굴의 집념이 가상해서라도 한 번쯤 실어줘도 될 텐데.

삼세 번이라고 세 번 정도 도전하다가 여의치 않으면 포기하는 게 보통이다. 그러나 레이쿤은 무려 30번이나 도전해 실패했는데도 포기하지 않았다. 성공강박증과 성취욕도착증 합병증 중증환자 광狂 천재, 레이쿤은 전방위 전천후 무한투고 작전을 펼쳤다. 각종 잡지와 신문의 논조와 특색, 필진의 성향 등을 면밀히 조사·분석했다. 그런 후 레이쿤은 연발 기관총 발사하듯 여러 편의 원고를 한꺼번에 여러 군데에 중복·삼중복 투고했다.[8] 마침내 투고하는 족족 게재되기 시작했다. 레이쿤의 이름이 걸린 똑같은 글이 다섯 군데 매체에 동시 게재되기도 했다. 유수한 컴퓨터 관련 잡지사의 고정필진으로 위촉되기도 했다. 특히 학술지

『컴퓨터 연구와 발전』 창간호에 그의 컴퓨터 백신 관련 소논문이 실린 것은 향후 레이쥔이 IT 업계에서 활동하는 데 주요한 동력원으로 작용했다. '중국 최연소 컴퓨터 바이러스 백신 전문가'는 앳된 21세 레이쥔의 대표 스펙이었다.

'레이잡스'의 날개 없는 추락

레이쥔은 우한대학 입학 2년 만에 졸업학점을 모두 이수했다. 신입생 시절 운동장을 한밤중에 수십 바퀴 돌면서 세운 목표를 완수한 것이다. 레이쥔은 3학년 때부터 IT 창업자의 길로 들어섰다. 왕취안궈, 리루슝李儒雄 등 선배·동기들과 함께 컴퓨터회사 싼써三色를 설립하고 중문입력 시스템 진산한카金山漢卡를 모방한 제품을 시장에 내놓았다. 레이쥔 생애 제3호 제품이자 제1호 짝퉁제품이었다. 짝퉁은 원품에 비해 품질은 비슷하지만 가격은 반값이었다. 그러자 원품은 파리가 날리는데 짝퉁은 불티가 날렸다. 레이쥔의 수중에 한때 100만 위안 가까운 돈이 굴러들어왔다.

앞서 레이쥔이 심혈을 기울여 시장에 내놓은 제1호와 제2호 제품들은 창작품에 가까웠지만 돈맛은 제대로 못 보았다. 반면 제1호 짝퉁으로 제대로 된 돈맛을 보았다. 몇 달간 우한 바닥에서 어린 짝퉁왕자 레이쥔은 최연소 백만장자로, '어린 백만장자'로 인구에 회자되었다. 제1호 짝퉁에 감명받은 소비자들은 레이쥔을 중국의 '스티브 잡스'라는 뜻으로 '레이잡스'라는 예명으로 부르기 시작했다.

그러나 메뚜기도 한철, 짝퉁도 한철이다. 대학생 레이쥔이 만든 원조짝퉁보다 가격도 저렴하고 품질도 월등한 대기업 대자본의 '짝퉁의 짝퉁, 짝퉁의 후손'들이 대거 쏟아져 나왔다. 짝퉁은 대를 이을수록 우성유전자만 드러나는가. 갈수록 윗대보다 높아가는 막강 경쟁력의 짝퉁 F1, F2, F3, …… F∞에 의해 원조짝퉁 쌴써의 매출액은 급전직하했다. 순식간에 회사의 운영은 말할 것도 없고, 그들 젊은 짝퉁고양이카피캣들은 밥 먹기도 어려워졌다. 그들은 6개월 만에 카피캣 하우스 쌴써를 자진 철거하기로 했다. 카피캣 하우스의 잔해에서 레이쥔과 왕취안궈는 각각 286 PC와 프린터를 한 대 건졌고 리루슝은 386 PC를 한 대 주워들었다.

레이쥔은 어린 백만장자, 어린 짝퉁왕자, '레이잡스'에서 '카피캣 거지왕자'로 추락했다. 그것도 낙차가 꽤 크게.

태풍의 길목에 서면 돼지도 하늘로 날아오른다

1992년, 22세의 레이쥔은 당시 중국 최고의 소프트웨어 회사인 진산에 입사했다. 레이쥔은 입사 7년 만인 29세에 진산의 총수자리에 올라 중국청년들의 우상이 되었다. 하지만 후일 레이쥔은 진산 16년을 회고할 때면 항상 인상부터 찌푸리며 푸념한다.

"우는 날이 웃는 날보다 훨씬 많았던, 고통의 연속이었던 시절이었다."

이 대목에서 레이쥔은 입조심해야 할 것 같다. 만약 그가 한국에 와서도 투덜댄다면, 100만 한국 청년 실업자가 100만 개의 욕설바가지로도 담아내기에 모자랄 울분을 퍼부어댈 것 같다.

"그래 너 잘났다. 22세에 대기업에 입사해 29세에 그 기업의 총재로 등극한 성취감을 실컷 누려놓고서는 고통의 시절이었다니! 양껏 돈을 못 먹었다는 푸념은 그 잘난 샤오미 짝퉁폰 메모장에나 갈겨대라! 요즘 우리나라는 20대에 정규직 사원으로 취직하면 대단한 성공으로 친다. 이 요망한 카피캣아, 염장 좀 그만 지르고 꺼져라!"

레이쥔은 왜 진산 이야기만 하면 투덜댈까. 진산은 중국 IT 산업 맹아기인 1980년대에 생겨난 이후 현재까지 생명을 유지하고 있는 중국 IT 업계의 산증인이다. 중국의 수많은 IT 인재는 그들의 모태, 진산에 대해 필설로는 표현하기 어려운 애정을 품고 있다.

그러나 진산은 주인이 있는 회사가 아니다. 이름만 민영기업이지 실제는 민영기업의 옷만 걸친 국유기업이다. 초대 사장 장쉬안룽張旋龍부터 2대 사장 추보쥔求伯君, 3대 사장 레이쥔 모두 오너가 아니라 전문경영인이었다. 창업자와 경영인은 회사에 대한 마음가짐과 애정의 차원이 다른 법이다. 전자가 친부모라면 후자는 남이나 마찬가지다. 특히 회사에 자신의 지분이 한 푼도 없는 경영인은 멀게는 '나그네'요, 가깝게는 '전당포 아저씨'다.

진산의 돈줄은 거대 국유기업 쓰퉁四通이 잡고 있었고 소프트웨어는 중국 대표 민영기업 렌샹이 쥐고 있었다. 쓰퉁과 렌샹의 괴뢰나 다름없는 진산의 목표는 몽롱했다. 사정이 이러하니 발걸음도 우왕좌왕했다. 워드프로세서에서 전자사전으로, 바이러스 백신으로, 게임으로 주력업종이 계속 바뀌었다. 진산은 새 천년 들어 중국 IT 3대거두 BAT가 인터넷 미다스의 손으로 급성장한 것과는 반대로 깊은 침체상태에 빠졌다. 더구나 진산은 마이크로소프트이하 MS와의 해적판 논쟁의 틈바구니에 머리를 처박았다가 뺄 수 없는 상태에 이르렀다. 2007년 말 레이쥔은 홍콩 주식시장에 진산을 상장시켜놓은 직후, 돌연 사표를 던졌다.

"점진적 개혁지향 회사에서 창업자가 아닌 자는 결코 혁명가가 될 수 없다는 사실을 절감했다. 점진적 입헌군주론자 캉유웨이康有為, 1858~1927가 민주공화혁명가 쑨중산孫中山, 1866~1925이 될 수 없는 것처럼. 태풍의 길목에 서면 돼지도 하늘로 날아오르는데 왜 우리는 연조차 날리지 못했을까? 우리가 진산이라는 염전에다 화초를 심으려 했기 때문이다."

이렇게 레이쥔은 회한어린 자문자답으로 이임사를 맺었다. 진산 총재를 사직함으로써 37세의 젊은 나이로 현업의 강호를 떠났다. 그러나 마윈은 마윈, 레이쥔은 레이쥔. 후베이 강호는 예사

강호와 다르다. 레이쥔은 마윈의 애독서 『소오강호』의 주인공이 호탕하게 웃으며 빈손으로 강호를 훌훌 떠난 것과는 상황이 전혀 다르다. 배신과 모략의 몽롱미 넘치는 후베이 강호의 괴재 레이쥔은 2004년 진산의 계열사 줘웨왕卓越網을 아마존www.amazon.cn에 팔아치우면서 개인재산 7,500만 달러를 챙겼다. 게다가 진산을 홍콩 증시에 상장시키면서 꿰찬 3억 5,000만 홍콩달러 덕분에 2007년 말 기준 중국갑부 서열 10위에 랭크되었다. 레이쥔은 천문학적 거액을 챙겨들고 대륙 갑부의 강호를 떠나 글로벌 슈퍼리치의 망망대해로 나아간 것이다.

레이쥔은 29세에 죽었다

레이쥔 칭찬은 딱 여기까지만. 혹시 자신이 황금만능주의자, 출세지상주의자라고 생각하는 분들이나 성공처세술의 스킬만을 알고 싶은 분들에게는 이 글을 계속 읽는 것이 시간과 정력 낭비가 아닐까 싶다.

22세 대기업 입사 후 현재까지 레이쥔의 삶의 궤적을 단 한 줄로 요약하면 이렇다.

"29세 대기업 총재, 37세 거액 챙겨 사직, 40세 샤오미 창립, 46세 현재 중국갑부 서열 6위."

'정면교사'로서의 레이쥔은 29세에 죽었다. 37세에 관에 들어

중국 IT 업계 4대 강호 비교일람표 (2015년 12월 현재)

성명	마윈 Jack Ma	레이쥔 Lei Jun	리옌훙 Robin Li	마화텅 Ma Huateng
생년	1964	1969	1968	1971
개인재산 (억 달러)	227	132	153	161
중국부호순위	2위	6위	5위	4위
세계부호순위	33위	87위	62위	52위
출신	저장 항저우	후베이 셴타오	산시 양취안	광둥 산터우
학력	항저우사범대학 영어학과	우한대학 컴퓨터공학과	베이징대학 정보관리학과	선전컴퓨터대학 소프트웨어학과
기업명칭 (본사소재지)	알리바바 (항저우)	샤오미 (베이징)	바이두 (베이징)	텐센트 (선전)
주력 업종	전자상거래	스마트기기	인터넷 검색엔진	인터넷 메신저

특기 사항	• 소상공인의
	  수호협객
	• 무협지를
	  경영전략 및
	  기업이념에 반영
	• 3세대 기업가 대표
		• 고객을 창조하는
		  창객(創客)
		• 대표적 카피캣에서
		  애플을
		  추월하자로
		• 4세대 기업가 대표
			• 대표적 유학파
			  (미국 뉴욕대학)
			• 엘리트 미남
			• 세계 2위 검색엔진
				• 조용한 성격이나
				  잦은 송사에
				  휘말림
				• 자선사업에 열중
				• 한국 카카오
				  2대 주주

평가	*특3단 타우아신(新)	*특4단 타신아기(奇)	*특2단 타유아우(優)	*특2단 타유아우(優)
중국4대기서 캐릭터 비교	『수호전』의 송강	『서유기』의 손오공 (*가짜 복제 손오공)	『삼국지』의 조자룡	『삼국지』의 손권

• 평가 기준: 1단 타무아유(남이 없는데 나는 있다), 2단 타유아유(남이 있으면 나는 뛰어나다),
  3단 타우아신(남이 뛰어나면 나는 새롭다), 4단 타신아기(남이 새로우면 나는 신기하다),
  특1단 지속적 타무아유, 특2단 지속적 타유아우, 제3단 지속적 타우아신, 특4단 지속적 타신아기.

• 각종 온·오프라인 자료를 참고해 직접 작성.

갔다. 40세에 장례식을 치르고 '샤오미'라는 묘지에 묻혔다. 레이쥔은 진짜와 가짜, 진실과 거짓, 정의와 불의가 전도된 이 풍진 세상에 우상으로 숭배되고 있다. 그러나 나는 후세에 레이쥔이 '반면교사'로 인구에 회자될 것을 확신한다. 그 세상에 아직 진실과 정의가 살아 있다면.

그는 모교 우한대학 컴퓨터공학과 전 과정을 2년 만에 이수하고, 부교 우한전자상가에서 IT 실무를 익혔다. 대학 3학년 때 소프트웨어를 두 가지 개발했고, 4학년 때 원품을 베낀 복제품을 시판해 백만장자가 되었다. 어린 나이인지라 귀엽게도 봐줄 만한 그 맹랑한 카피캣은 '레이잡스'라는 예명까지 얻었다. 공안국에서 일생 최초의 치욕을 당했는데도 초인적인 노력으로 선천적 눌변을 후천적 달변으로 바꿔버렸다. 30회 연속투고 좌절에도 굴하지 않고 무제한·무차별 투고전략을 감행해 21세에 IT 전문 칼럼니스트가 되었다. 22세 당시 중국 IT 업계 최고기업 진산에 입사해 29세에 진산의 총재로 등극했다.

이러한 불요불굴의 청년 레이쥔의 성공신화는 실의와 좌절에 빠진 우리나라 청년층에게 분발의 계기가 될 것 같아 약간 미화해서 최대한 부각시키려고 했다. 비록 성취욕도착증 환자나 나르시시즘에 빠진 사이코패스 성향도 보였지만, 그야말로 "하면 된다" "천재란 노력하는 것이다"라는 본보기를 보여준 부분은 박수칠 만했다. 그러나 딱 거기까지. 29세에 기업가의 반열에 들어선 이후 레이쥔의 삶의 궤적을 톺아보면 보냈던 찬사의 갈채를 거두어들이고 싶은 생각이 든다. 도리어 비판의 메스를 꺼내 들고 싶다.

"인생의 처음 40년은 본문이고, 나머지 30년은 주석이다"라고 철학자 쇼펜하우어가 말한 바 있다.

먹고 튀어라Eat and Run

나는 잘 알려진 것이나 많이 논의되어온 것보다는 새로운 것과 적게 논의되어온 것과 잊힌 것을 사랑한다. 기실 샤오미와 레이쥔은 식상한 주제다. 온갖 샤오미 제품과 샤오미와 레이쥔 예찬기사들이 국내에 연일 쏟아져 나오는 덕분에 샤오미 모르는 국민이 거의 없을 지경이다. 더구나 나는 전기 작가는 물론, 졸부들의 자서전 대필 작가가 아니다. 중국법을 핵심으로 한 융합인문사회과학인 중국학 학도로서, 검 대신 필을 쥔 문협文俠으로서 "기쁘다. 샤오미 오셨네!"를 외치는 느글느글한 합창단의 일원이 될 의향은 추호도 없다.

따라서 눈에 잘 띄지 않고 귀하고 듣기 어려운 이야기를 하고자 한다. 비록 거칠지만 자기 뇌로, 자기 머리로 샤오미 레이쥔을 해부·분석하고 나름의 관점으로 까칠하게 한 소리 하고자 한다. 원래 찬5 : 반5 균형적 시각이 좋지만, 워낙 여론이 '찬미하세 샤오미' 쪽으로만 쏠려 있는 탓에 찬2 : 반8 비율의 다소 의도적이며 강도 높은 비판적 고찰을 하고자 한다. 혹시 거슬리거나 지나치다고 느껴지더라도 "이런 시각도, 목소리도 있겠구나" 하며 너 그렇게 혜량하기 바란다. 몇 가지만 골라 짚어 보겠다.

한번 승자는 영원한 승자인가? 과정은 어떠하든 결과만 좋으면 좋은 건가? 일단 부와 권력을 차지한 자는 이후의 삶을 어떻게 살든지 모두 성공한 사람이고 본받아야 할 롤 모델인가? 결단코 '아니다!' 남의 눈에 피눈물 나든지 말든지 신경 쓰지 않고 오직 부와 지위를 쟁취하는 것만을 생의 목표로 삼은 자는 그의 목표달성 여부와 관계없이 이미 죽은 목숨이다. '나도 저렇게 되어야지' 하는 '정면교사'로서의 생명은 끝난 것이나 마찬가지다.

실제로 중국의 삼성전자 격이었던 진산이 내리막길로 접어든 변곡점은 레이쥔이 총수로 등극한 1999년부터였다. 이미 언급했듯 그의 재임기간 내내 진산은 MS와의 해적판 관련 소송 등 꼬리에 꼬리를 물고 이어지는 각종 구설수, 관재수에 시달렸다. 왕년의 중국 초일류회사는 한때 임금을 몇 달 동안 체불하는 등 막다른 골목까지 내몰려야 했다.

그런데도 레이쥔은 항상 "진산 16년은 우는 날이 웃는 날보다 훨씬 많았던, 고통의 연속이었다"며 칭얼대듯 불평하고 있다. 또한 이를 진산의 실질 지배주 쓰퉁과 렌샹의 지나친 간섭 때문이라고 책임을 전가하고 있다. 하지만 다른 시각으로 본다면, 만일 그 두 지배기업이 레이쥔의 훔치기, 베끼기 등 불법과 합법의 담장 위를 도둑고양이처럼 아슬아슬하게 기어가는 경영행태를 방관했더라면 진산은 망해도 한참 전에 망했을지도 모른다.

압권은 37세 생일2007년 12월 16일에 했던 그의 이임사. 레이쥔은 천문학적인 거액을 먹고 튀면서Eat and Run "진산이라는 염전에다 화초를 심으려 했던 것이 잘못이었다"는 한마디를 남겼다. 미우나 고우나 16년간 몸담았던 회사에 원망과 저주 가득한 침을 뱉고 떠난 것이다.[9]

남들은 한창 취직걱정을 할 나이 29세에 총수를 맡아 8년간이나 이끌어온 대기업인데, 어떻게 저런 식의 악담을 퍼붓고 떠날 수 있단 말인가! 구구절절 교언영색의 변명은 늘어놓지 말라. 중국의 실정법과 상관습에 비추어볼 때 합법적이었다는 해명 따위는 듣고 싶지 않다. 순전히 제 한 몸 제 일만 생각하는 에고이스트여, 은혜를 모르고 은혜를 원수로 갚는 배신자여, 그런 그대의 복제품을 구입하는 소비자들과 그대의 관찰자인 나는 서로 부끄러울 따름이다.

"부자와 훌륭한 지위에 있는 관리치고 에고이스트 아닌 자는 없다"고 톨스토이가 말했던가.

시진핑은 왜 레이쥔만 빼놓고 다닐까

시진핑은 2015년 9월 미국 국빈방문 시 150명의 역대 최대 경제사절단을 이끌고 가 경제외교에 집중했다. 알리바바의 마윈, 바이두의 리옌훙, 텐센트의 마화텅, 롄샹의 양위안칭楊元慶, 1964~ 등 IT 업계 총수들을 망라한 방미경제사절단 명단에 샤오미의 레이쥔은 없었다. 그해 10월에 이어진 시진핑의 영국 국빈방문을 수행한 149명의 방영경제사절단 명단에도 레이쥔의 이름은

2015년 9월 미국 워싱턴 마이크로소프트 본사를
방문한 시진핑(앞줄 가운데)과 경제사절단.
마윈(앞줄 왼쪽에서 넷째), 저커버그(앞줄 왼쪽에서 첫째) 등의 모습이 보인다.
레이쥔은 당시 경제사절단에 뽑히지 못했다.

찾아볼 수 없었다. 시진핑은 왜 레이쥔만 빼놓고 다닐까?

알리바바의 마윈을 비롯해 우리나라를 한 번도 방문하지 않은 주요 중국기업가는 드물다. 왜 샤오미의 레이쥔만 '샤오미 예찬가'가 울려 퍼지는 우리나라를 한 번도 방문하지 않았을까. 최근 몇 년간 레이쥔의 해외 방문이라고는 2015년 4월 기업설명회 명목의 인도 방문이 전부다. 집권 이후 북한에만 콕 박혀 있는 김정은 버금가는 수준이다. 설마 머릿속에 98개의 새 머리를 가진 99두조 레이쥔이 고소공포증에 걸린 것은 아닐 텐데 왜 그런 것일까.

그 답은 중국의 대표적 여성기업가 둥밍주가 한 "레이쥔은 사기꾼" 발언을 인용하는 것으로 대신하겠다. 2014년 12월 20일 중국기업 총수 송년포럼에서 세계 최대 에어컨 제조업체인 GREE의 둥밍주 총재는 말의 핵폭탄을 터뜨렸다.

> "나는 레이쥔과 샤오미가 해외로 진출하길 희망해요. 그러나 안타깝게도 현지 공항과 세관에서 입국을 거부당하고 반입도 금지당할 거예요. 레이쥔은 다른 사람의 특허를 훔쳤어요. 도둑질한 기업을 위대한 기업이라 부를 수 있어요? 나 같으면 창피해서 얼굴을 들고 다니지 못할 것 같은데."

그다음 날, 중국의 거의 모든 언론매체는 이 사건을 「둥밍주 '샤오미는 사기꾼' 공개비판」이라는 제목으로 대서특필했다. 우리나라 같으면 명예훼손죄, 모욕죄로 고소한다고 난리법석이었을 터인데 레이쥔은 찍소리도 없다. 반면 둥밍주를 경탄하고 숭앙하는 사람들의 수가 비난하는 사람들의 수를 압도하고 있다. 정말 둥밍주의 말처럼 레이쥔은 해외방문을 '안' 하는 것이 아니라 '못' 하는 것은 아닐까.

2015년 12월 29일 밤 나는 명동 D중국음식점에서 주한중국대사관 대리대사대사는 본국휴가 중를 비롯한 외교관 수십 명과 송년회를 함께했다. 동석한 중국외교관30대 세 명, 40대 두 명, 50대 한 명 여섯 명과 산둥배갈 '옌타이구냥'煙臺姑娘을 홀짝이며 담소를 나눴다. 나는 샤오미에 대해서 집중적으로 탐문했다.

'샤오미는 한중 양국 모두에게 부끄러운 존재''그런 복제고양이들 때문에 우리는 G2가 못 돼''마윈이 정통 무림의 방주라면 레이쥔은 무림을 분탕질하는 사파두목''당정 공직자들은 그와의 접촉을 근절''조만간 시 주석이 손을 볼 것 같아' 등 외교적 수사를 섞은 곡사포가 아닌 직사포 폭격이 쏟아졌다. 의외였다.

우리는 파장 무렵 "샤오미가 망해야 중한FTA가 산다!" "샤오미가 망해야 한중 두 나라가 산다!"라는 자극적 구호를 통쾌하게 외치며 잔을 비웠다.

레이쥔은 현재 중국의 반독점법, 특허법, 상표법, 디자인법, 부정경쟁방지법 등 위반 혐의로 피소된 상태다. 즉 레이쥔은 국제지식재산권법[10] 등 국제규범은 물론이고, 각종 중국 국내법 위반으로도 복수의 당사자에게 제소당한 피고소인 신분이라는 사실을 유념해야 한다. 제아무리 가성비가 좋다 한들 불법 복제품에 지나지 않는 샤오미는 설상가상으로 오너리스크에 빠져 있는 상태다. 샤오미와 레이쥔, 겉으로는 매우 화려하고 융성한 듯하나 모래 위에 집을 지어놓은 것처럼 불안하다.

역겨운 '뇌비어천가'는 이제 그만

"세계 스마트폰 시장의 슈퍼스타로 떠오른 샤오미"
"대륙의 실수가 아닌 대륙의 실력"
"값싸고 질 좋은 가성비의 지존 샤오미"
"샤오미 자회사, 즈미ZMI 국내 첫 신제품 발표회에 억대 경품 팡팡"
"이렇게 좋을 수가, 홍미 3노트, 어머 이건 꼭 사야 돼"
"이걸 '샤오미 현상'이라고 하는데 앞으로도 '현상'은 계속될 것 같아"

"기쁘다. 샤오미 오셨네!"인가, '샤오미늬우스'인가. 국내 온·오프라인 매체 보도는 거의가 마치 샤오미의 홈페이지나 기업설명회를 그대로 옮겨온 광고기사 같다. 참을 수 없는 '뇌雷비어천가'의 느끼함이여! 중국의 지식재산권 침해에 예리한 비판의 칼끝을 거침없이 들이대던 서방 언론들조차 불법 복제품 샤오미에 대해서는 본체만체한다. 아주 가끔 "샤오미의 부끄러움 없는 애플 카피가 삼성보다 심각하다"고 뚱딴지같은 소리를 하며 애꿎은 삼성을 끌어들일 뿐이다.

레이쥔은 샤오미를 창업하기 전까지만 해도 본명보다 '레이잡스'로 불러주길 바랄 정도로 예명을 좋아했으나, 샤오미가 잘 나가자 완전히 변했다. 스티브 잡스와 함께 '레이잡스'도 죽었으니 두 번 다시 자신을 레이잡스로 부르지 말라고 신신당부하고 있다.

  "샤오미가 애플을 모방한다고? 애플을 뒤엎어버리겠다."

스티브 잡스가 무덤에서 분을 참지 못하고 나올 만한 카피캣 레이쥔의 적반하장도 유분수 격인 망언이다. 상황이 이런데도 애플의 디자인 책임자가 샤오미 제품의 디자인에 대해서 '도둑질'이라고 비난했다는 단신 기사가 전부다.

샤오미에 대한 서방의 뭉뚱한 언론보도 태도는 샤오미 매출액 비중의 97퍼센트가 아직 중국 내수시장에 머물러 있다는 점에서 비롯된다. 샤오미는 뛰어봤자 벼룩이기 때문에 자국에 창궐할 가능성이 거의 없다고 판단하는 것이다. 그런데 그냥 지나쳐서는 안 될 대목이 있다. "레이쥔은 내가 친아들 다음으로 아끼는 사람이다." 글로벌 미디어 황제 루퍼트 머독K.R. Murdoch, 1931~ 의 공개 비호다. 세계 저명인사는 물론 중국 정·재계 인사들도 언급을 꺼리는 레이쥔인데, 유독 머독만이 그를 옹호하는 이유는 뭘까.

머독의 제3대 아내재임기간 1999~2013, 슬하에 자녀 두 명였던 웬디

덩이 중국계였기 때문일까. 레이쥔이 비도덕적인 악덕 자본가로 악명 높은 머독 자신의 분신 같아서 나온 발언이 아닐까. 나는 후자에 베팅한다. 머독은 뉴스를 '쇼'로 보고 대중을 '보스'로 떠받든다. 그는 대중의 욕망이 아무리 천박하더라도 충족시켜줘야 한다고 생각한다. 이런 부분에서 머독과 레이쥔은 매우 흡사하다.

가짜는 나쁘고 짝퉁은 더 나쁘다. 언제부터인가 우리는 '가짜'보다 '짝퉁'이라는 용어를 즐겨 쓰고 있다. 짝퉁은 진품에 가까운 가짜 명품을 일컫는다. 짝퉁은 우리의 관념 속에서 어느새 가짜의 영역보다는 진짜의 영역에 근접한 '준準진짜'로 승격되어 있다. 동시에 짝퉁에 대한 거부감, 저항감, 죄의식도 희석되어버렸다.

짝퉁은 가짜를 유명상품으로 오인하게끔 외관상 진품에 가깝게 모방하거나 위변조한, 이른바 '지능형 가짜'다. 형사범 중 지능범은 형벌이 감경되는 것이 아니라 오히려 죄질이 안 좋은 범죄에 속한다고 판단해 가중처벌하는 게 일반적이다. 따라서 지능형 가짜 짝퉁은 더욱더 엄단해야 하고 차제에 가짜를 미화하는 출처불명의 유행어를 폐기처분해야 한다고 생각한다.

산은 산이고 강은 강이듯, 삼성과 LG는 진짜고 샤오미는 가짜다.

기업들의 돈을 뜯어먹는 천사?

셰익스피어의 희극 『베니스의 상인』에 고리대금업자로 나오는 샤일록은 악의 상징이자 피눈물도 없는 나쁜 사람으로 인식되고 있다. 도스토옙스키의 『죄와 벌』에 나오는 고리대금업자인 전당포 노파 알료나도 악의 표본으로 등장하는 것을 볼 수 있다.

중국의 인민정부는 인민의 피를 빨아먹던 무수한 황색 피부의 '샤일록과 알료나'들을 박멸했다. 악랄하고 음습한 구사회의 상징으로 그들은 역사의 오물종말 처리장에 오랫동안 처박혀 있었다. 그러나 80년대 초 시작된 개혁개방과 함께 그들은 하나둘씩 몸을 털고 일어나 하수구로 거슬러 올라갔다. 90년대가 되자 '샤일록과 알료나'들은 천안문 광장의 맨홀 뚜껑 바로 밑에까지 다다라 그곳에서 암약하며 화려한 부활을 꿈꾸었다. 그리하여 21세기 중국에서는 '그림자 금융, 천사투자' 등 각종 이름의 고리대 광풍이 불고 있다.

진산을 퇴직하며 약 2조 원의 개인재산을 챙긴 '무직자' 37세의 레이쥔은 한동안 유유자적, 무위도식하는 천사가 되었다. 진산을 퇴직한 다음 날인 2007년 12월 17일부터 샤오미를 설립등기한 2010년 4월 16일까지, 정확히 2년 4개월간 레이쥔의 직업은 천사투자가天使投資家, 즉 엔젤투자가로 알려졌다. 레이쥔이 엔젤투자가라니? 과연 레이쥔이 유망한 벤처기업에 투자하는 큰손이 되었을까? 엔젤투자가란 기술과 아이디어는 있으나 자금력을 갖추기 어려운 창업 초기 기업에 투자도 하고 경영자문도 하면서 기업을 성공적으로 성장시킨 후, 투자이익을 회수하는 개인투자자를 말한다. 자금이 부족한 창업자에게는 이름 그대로 천사같은 투자자다.

『베니스의 상인』이나『죄와 벌』 등의 고전문학에서 단골악역을 맡던 왕년의 고리대금업자들은 현대 금융 자본주의 사회에서 엔젤투자가로 불리고 있다. 엔젤에는 투자라는 이름만 빌려 고리대금업을 영위하는 '블랙엔젤'도 적지 않다. 블랙엔젤은 엔젤투자를 빙자해 자금이 급한 벤처기업에 돈을 빌려준 뒤 돈을 뜯어내는 사기꾼이나 다름없다. 사실 블랙이나 화이트나 관계없이 엔젤투자가는 위험할 수 있다. 자신이 투자했다는 이유만으로 창업자의 경영 독립성을 훼손할 수 있기 때문이다. 그렇다면 레이쥔은 화이트엔젤일까, 블랙엔젤일까.

레이쥔은 이른바 엔젤투자가로 활동하는 동안 인터넷 패션 브랜드 판커Vancl, 중견 브랜드 신발회사 르타오LeTAO, 인터넷 금융사 라카라Lakala, 웹브라우저의 UC, 상품수출입 대행사이트 둬위안왕多園網, www.duoyuanwang.com, 온라인 동영상서비스 커뉴yx.keniu.com 등 모두 17개사에 투자해 이들 기업들의 실질 지배주주가 되었다.[11]

이들 17개 기업군의 총자산은 2,000억 위안에 달했다. 샤오미를 창업하기 전이라 샤오미 계열사라고도 하지 않고 '레이쥔계 기업'들로 불렸다. 비록 2년여 기간이지만 생존하는 자연인 이름을 딴 기업군의 명칭은 중국은 물론 세계적으로도 드문 일이리라. 아무튼 그는 일찌감치 레이쥔계라는 이름으로 바이두, 알리바바, 텐센트에 이어 중국 4대 IT 자본그룹이 되었다.

그런데 세상에 이렇게 덩치 크고 무거운 엔젤이 있는가. 레이쿼을 단순히 엔젤투자가로 부르기에는 너무 거대하지 않은가. GE를 이끄는 잭 웰치나, 트랜스월드항공 회장 칼 아이칸이나, 소프트뱅크의 손정의를 엔젤투자가라고 부르지는 않는다. 즉 레이쿼은 화이트엔젤〈 블랙엔젤〈 기업사냥꾼이었다.

레이쿼은 비상장기업은 인수방식으로, 상장기업은 주식매집 방식으로 기업을 약탈하는 기업사냥꾼이었다. 비상장기업은 50퍼센트 이상의 지분을 매입하는 방식으로, 상장기업은 강제적 기업매수 대상이 되는 기업의 주식을 매집하는 방식으로 지배주주가 되었다. 그는 기업사냥 대상이 된 기업이 발행한 총주식의 5퍼센트를 매집한 후 경영권 인수 의사를 타진하는 방식으로 기업을 수집해나갔다.

"돈벌이로는 이때가 제일 쉬웠어요."

그가 화이트엔젤이었든 블랙엔젤이었든 기업사냥꾼이었든 무슨 상관이랴. 레이쿼의 언행에서는 중국이 과거 사회주의 계획경제 체제 시절 제1의 공공의 적으로 삼은 금융자본가로서 한 번쯤은 느껴보았음직한 사회의식, 역사의식, 공동체의식 등을 고민한 흔적을 찾을 수 없다.

화이트엔젤〈 블랙엔젤〈 기업사냥꾼 = 레이쿼에게는 늦가을 길가의 은행잎 쓸어 담기보다 쉬운 '돈 쓸어 담기'였다. 그런데 샤오미 창업과정을 살펴보면 "더욱 크게 먹기 위해서 2년 4개월이나 참느라고 너무 혼났어요"라고 실토할 것만 같다.

형은 네가 급사할까봐 걱정이야

"어이, 베끼기 마왕 레이쥔! 법의 한계를 더욱 넘어야 사법당
국의 주목을 받겠지. 법의 울타리를 무제한으로 벗어나야 철창
신세를 지겠지. 성공하려면 수단과 방법을 가리지 않는다. 그
렇지 레이쥔? 그러나 그런 길은 내가 추구하는 바가 아냐. 그
러니 레이쥔, 또 알바들을 동원해 파리떼처럼 징징거리며 악플
달 생각은 말아. 아무튼 형은 네가 급사할까봐 걱정이야."

메이주魅足, MEIZU의 창업자 황장黃章, 1975~ 이 샤오미의 보급
형 스마트폰 홍미 1호가 처음 출시되자 중국 인터넷 매체 텅쉰왕
騰迅網, 2013년 7월 31일 자 기사을 통해 레이쥔을 무차별 공격하며 한
말이다. 레이쥔은 홍미 3호가 나온 현재까지 꿀 먹은 벙어리다.
오늘날 황장은 레이쥔의 천적이지만 둘은 진산에서 한솥밥을 먹
던 동료였다. 샤오미 창업 전후, 황장은 레이쥔이 투자자의 신분
으로서 메이주의 산업기밀을 도둑질했다고 폭로한 바 있다.

이는 내가 접한 샤오미 레이쥔 관련 국내외 모든 온·오프라인
기사 중에 가장 신랄한 비판의 목소리다. "기쁘다. 샤오미 오셨
네!" 연중무휴의 '뇌비어천가' '샤오미늬우스'에 메스꺼워 혼났
는데, 동치미 한 사발 들이켠 것처럼 속이 다 시원하다.

"급사할까봐 걱정"이라는 극언까지 쏟아내며
레이쥔을 무차별 공격한 메이주의 창업자 황장.
사실 황장은 레이쥔과 진산에서 한솥밥을 먹던 사이인데
레이쥔이 샤오미를 창립할 때쯤
그가 산업기밀을 도둑질했다고 폭로한 바 있다.

샤오미 창업 전후 무슨 일이 일어났던 걸까? 2010년 4월 16일 '베이징 샤오미과기유한공사'가 베이징 공상국에 설립등기를 마쳤다. 샤오미 14명의 설립등기 이사 중 절반은 진산에서, 절반은 MS에서 왔다. 진산 출신 이사는 지상의 고객과 스킨십 마케팅을 전개하는 지상전을, MS 출신 이사는 하늘의 인터넷 제공권을 장악하는 공중전을 담당하기로 했다.

IT 사업은 속도가 생명이다. 더구나 항상 속전속결을 강조하는 레이쥔이 왜 진산 퇴직 후 2년 4개월 만에야 샤오미 설립등기를 했을까. 이에 대해 거의 모든 온·오프라인 자료는 인재를 중시하는 레이쥔이 인재영입에 삼고초려 못지않은 정성을 기울이다 보니 시간이 걸렸다는 식의 '뇌비어천가'를 부르고 있다. 과연 그럴까. 영악함의 지존, 99두조 레이쥔의 행적을 표적 수사하듯 살살이 훑어보았다. 드디어 단서가 하나 잡혔다.

2008년부터 시행된 노동계약법 제23조와 제24조에 따르면 산업비밀을 보유한 고급기술자, 고위관리자, 기타 비밀유지 의무자들은 전 고용자의 제품과 동일한 제품을 생산·영위하거나 또는 같은 업무에 종사하는 경쟁관계의 기타 고용자에게 취직하거나 자신이 개업해 동일제품을 생산·경영하거나 같은 업무에 종사하는 것을 최대 2년간 제한한다.

2007년 6월, 애플의 야심작 아이폰이 처음으로 세상에 모습을 드러냈다. 모바일 생태계에 대혁명이 일어나자 레이쥔은 딴살림을 차리기로 결심했다. 아이폰 복제품 제조판매 회사를 설립하기 위해 주도면밀한 계략을 꾸몄다. 고지식한 국유기업 쓰퉁과 정품 위주의 민영기업 롄샹의 지배를 받는 진산에서는 아이폰 베끼기 사업이 어렵기 때문이었다. IT 사업의 성패는 전문 고급인력 자원의 확보에 달렸다. 지식재산 절취의 달인 레이쥔은 고급인재 유인의 대가였다. 무릇 사기꾼이 그러하듯 그는 관련 법률·법령에 달통했다.

레이쥔은 진산을 상장시켜 챙긴 거액으로 한편으로는 엔젤투자라는 예쁜 이름의 '기업사냥'을 했고 한편으로는 인재영입이라는 고상한 이름의 '인재 빼돌리기'를 하면서 경쟁업종 재취업 제한기한 2년이 넘기만을 기다렸다. 이렇게 추론한다면 지나친 비약일까.

고객은 친구이자 개발자다

가짜는 나쁘다. 그러나 가짜에게는 가짜의 진실이 있다. 샤오미의 레이쥔에게 배울 것 딱 한 가지만 든다면 고객개념에 대한 일대혁신과 그 실천이다. 즉 최상의 인터넷 서비스를 통해 기업 수익을 극대화한 전례 없는 비즈니스다.

고객은 누군가. "인민을 위해 서비스하자"라거나 "소비자를 왕처럼 모시자"는 서구식 구호는 사실 1949년 공산화 이후의 중국문화에 걸맞지 않다. 중국상인의 지존, 닝보寧波상인들은 예로부터 고객들을 옷과 먹을 것을 주는 부모, 즉 '의식부모'衣食父母라고 불렀다. 오직 고객만이 나의 상술과 돈 버는 오페라에 감동해 상품과 서비스를 사간다. 고객의 돈을 벌어 그 돈으로 나의 의식주를 영위할 수 있으니 고객은 나의 부모나 매한가지다. 친부모는 나를 낳고 길러주셨지만, 내게 먹을 것을 주고, 입을 것을 주고, 아내를 맞게 하고, 가업을 일으켜 세우도록 한 사람은 고객들이다. 그래서 고객들을 친부모처럼 공경하고 잘 모셔야 한다.

"고객은 왕이다"보다 "고객은 부모다"가 훨씬 살갑고 차원 높은 고객관리 전략이다. 그러나 고객이 어떻게 왕이 되고 부모가 되는가. "고객을 왕 또는 부모로 여기자"는 구호는 고객을 여전히 대상으로 보았지 주체로 보지 않았다. 샤오미는 "고객은 친구이자 개발자"라며 고객개념 자체에 일대혁신을 감행해 고객을 주체로 한 '소비자 = 생산자, 고객 = 개발자'라는 혁명적 발상의 마케팅 전략을 창출해냈다.

샤오미의 발화점은 마케팅이다. 샤오미 5대 경영원칙은 ① 혁신 ② 집중 ③ 극치 ④ 쾌속 ⑤ 마우스 투 마우스입에서 입으로다. 이는 곧 샤오미 마케팅전략 원칙이다. 레이쥔 이하 샤오미 전체 임직원이 가장 중시하는 일은 고객이 보낸 문자에 대한 회신이다. 매일 평균 한 시간 이상을 할애해 진지하고 친절한 회신을 보낸다. 고객에 대한 회신의 양과 질은 모든 임직원의 인사고과 평정에서 가장 큰 비중을 차지한다. 샤오미 카페에 고객들이 매일 올리는 평균 12만 건의 게시글 중 약 8,000건을 정선해 분야별로 분류하고 전문직원이 회신을 담당한다. 매우 중요한 게시글은 레이쥔을 포함한 샤오미 최고수뇌부 여덟 명이 직접 피드백한다.

고객들이 자신의 게시글이 어느 전문직원에 의해 어떻게 처리되고 있는지를 알 수 있게끔 서비스 전 과정에 실시간 실명제를 실시한다. 2016년 1월 3일 현재 샤오미의 누적 답신 건수는 총 4,946여만 건이다.

제품은 베껴도 고객은 창조한다

노키아는 왜 몰락했을까. 레이쥔은 다년간 중국 휴대전화 점유율 1위를 차지했던 노키아 몰락의 제1원인으로 고객관리 소홀을 꼽는다. 노키아의 팬들은 노키아 글로벌 부회장에게 문자를 보내는 등 수십 차례 제품개선을 제안했으나 그때마다 "고견을 연구·검토하겠다"는 상투성 답신만 받았을 뿐 실제로 아무런 개선도 하지 않았다.

샤오미 성공신화의 핵심은 고객을 감히 개발과정에 참여시키는 것이다. 샤오미 고객은 단순 소비자가 아니다. 레이쥔은 샤오미 고객을 소프트웨어 개발자의 일원으로 샤오미의 연구개발에 함께 참여할 수 있도록 모든 창문을 활짝 열었다. 샤오미 웹사이트에는 이용자들의 피드백이 실시간으로 올라온다. 마케팅 전략이 '이용자의 개발자화'라는 경지에까지 이르게 되었다.

제품연구와 개발과정뿐만 아니라 샤오미 제품이 공식 시판되기 전에 팬덤 100명을 미리 선발해 먼저 사용하게 하기도 한다. 샤오미의 마케팅은 100퍼센트 온라인으로 이루어진다. 샤오미는 사용자의 불만이나 건의를 바로 수용해 그것을 상품이나 서비스에 반영하는 속도를 광속화한다. 연구개발, 테스트, 발표, 마케팅에 이르는 전 과정에 걸쳐 고객의 아이디어를 반영하는 것은 고객을 영원한 샤오미 팬으로 만들기 위한 99두조 레이쥔 특유의 계략이다. 샤오미 고객은 몸으로 샤오미를 느끼고 샤오미에 대한 의견을 개진해나가는 중에 자신도 모르게 샤오미와 함께하지 않으면 안 될 만큼 샤오미와 깊은 관계를 맺게 만든다.

스타와 아이돌은 서로 다른 개념이다. 별처럼 하늘에서 빛나 감히 범접할 수 없는 스타와는 달리 아이돌은 TV나 매체에서 자주 접해 친근한 느낌이다. 아이돌은 완벽한 것보다는 살가운 이미지를 구축하고 있다. 샤오미는 아이돌을 추종하는 중국 신세대의 팬덤문화를 읽어내며 이를 경영에 적극적으로 활용하고 있다. 일반 팬을 1,500만 명 거느린 샤오미의 2016년 1월 3일 현재 팬덤의 수는 약 332만 명이다. 레이쥔의 샤오미 제품 발표 키노트 영상 속에는 팬덤들의 환호와 박수가 끊이지 않는다.

레이쥔은 매년 봄이면 팬클럽 축제를 연다. 이때 샤오미 제품을 더 싸게 내놓는다. 레이쥔은 단순히 물건을 사고파는 사이를 넘어 팬과 아이돌과의 관계를 만들려 하고 있다. 소비자가 상품을 극도로 좋아하는 경지에 이르면 이해타산적 관계에서 공동운명체적 관계로 진화한다. 고객과 상품의 관계는 마치 팬과 아이돌과의 관계로 승화한다.

이러한 레이쥔의 소비자 중심 마케팅 전략은 마오쩌둥의 군중노선 전략과 많이 닮았다. 군중노선이란 원래 지도층의 모든 정책과 실천은 군중을 위한 것이어야 하고 동시에 군중을 통해 이루어져야 한다는 전략이다. 마오쩌둥의 것은 정치 전략이고, 레이쥔의 것은 마케팅 전략이란 것 외에는 군중의 구성원만 다를 뿐이다.

마오쩌둥의 군중은 노동자·농민 중심의 무산계급자인 데 반해 레이쥔의 군중고객은 샤오미 팬을 중심으로 한 광범위한 소비자라는 점에서 다르다. 팬을 떠나 존재할 수 없는 샤오미의 소비자 중심 노선은 마케팅 전략의 극치다. 비록 샤오미의 제품은 복제품이지만 고객만큼은 '창조하는 고객, 창객創客'이어야 한다는 것이다.

'샤오미, 너나 잘하세요'

오늘날의 레이쥔을 만든 것은 기업가로서 철저한 이윤추구와 목표를 이루기 위한 집념이다. 어쩌면 양날의 칼처럼 그것 때문에 한 방에 갈 수도 있다. 실實도 중요하나 명분 없는 실은 한번 타격받으면 한 번에 갈 수 있다. 그게 이치다.

스마일곡선 이론에 따르면 스마일곡선 상단의 양 끝은 연구개발과 마케팅이고 중간의 휘어진 부분은 제품생산 부문이다. 밝은 기업은 인력과 재원을 마케팅과 연구개발 양 끝 부분에 집중적으로 투입하는 기업이다. 어두운 기업은 마케팅과 연구개발에는 소홀하고 제품생산에만 전념하는 기업이다.

2015년 12월 말 현재 샤오미 전체 직원은 약 2만 명으로 그중

스마일곡선 이론으로 본 샤오미의 미래

밝은 기업

마케팅　　　연구개발

제품생산

어두운 기업

제품생산

마케팅　　　연구개발

샤오미

복제품생산

연구개발　　마케팅

• 각종 온·오프라인 자료를 참고해 직접 작성.

1만 5,000명은 고객과의 마우스 투 마우스식 서비스를 담당한다. 약 4,000명은 (복제품) 연구개발 전담부서에 포진하고 있다. 현재 샤오미가 밝은 기업처럼 보이는 착시현상은 혁신적인 마케팅 전략으로 부실한 연구개발 부분을 상쇄하기 때문이다. 그러나 샤오미가 앞으로도 계속 독창적·창의적 제품개발에 힘쓰지 않고 베끼기·훔치기로 복제품 생산에만 열중한다면 망할 날이 그리 멀지 않았다고 전망한다.

메뚜기도 한철, 짝퉁도 한철이다. 오늘날 대학생 시절 레이쥔을 일약 백만장자로 만들었던 원조짝퉁의 데자뷔[12] 현상이 발생하고 있다. 샤오미는 가격도 저렴하고 품질도 월등한 '짝퉁의 짝퉁, 짝퉁의 후손'들에게 일대 반격을 당하고 있다. 카운터펀치를 연방으로 맞은 것처럼 매출 증가세가 갈수록 약화되고 있다. 샤오미가 여전히 다른 회사의 제품을 마음대로 갖다 쓰면서 경쟁 회사의 짝퉁 제품에 대해서는 적대감을 보이는 것은 자기모순의 극치다. 샤오미 F1, F2, F3, …… F∞들이 일제히 외친다.

"샤오미, 너나 잘하세요."

제4부

중국의 비밀병기 화교

성공은 기회포착, 신의성실, 불굴의 실천력이
행운의 여신과 만날 때 이루어진다.
• 시즈청

남이 안 하는 일을 해야 성공한다.
• 쿡

나를 칭찬하는 자는 나의 적이고
나를 비판하는 자는 나의 스승이다.
• 패트릭

8 중국을 비추는 초신성

푸젠화교의 진취성, 나이 스물이면 사장이 되어라

서구자본보다 화교자본을 잡아라

노른자는 흰색이고 흰자는 노란색인 신기한 달걀 이야기를 아시나요? 중국과 화교를 포함한 중화권이 달걀이라면 중국은 핵심인 노른자고 화교는 그 주변인 흰자다. 그런데 개혁개방 이전의 중화권을 경제력으로 구분한다면 노른자 중국은 흰색이고 흰자 화교는 노란색인, 이 세상에서 단 하나뿐인 이상한 나라의 이상한 달걀이 된다.

1980년, 중국 동남부에 네 개의 섬이 나타났다. 광둥 성의 선전, 주하이, 산터우汕頭와 푸젠 성의 샤먼廈門이 그것이다. 사회주의 붉은 바다에 나타난 자본주의 푸른 섬을 일컬어 경제특구¹라고 했다. 덩샤오핑은 동남부지역의 발전과 그로 인한 내륙지역으로의 파급효과를 기대하며 "먼저 부자가 되어라"는 선부론을 내

걸었다. 마오쩌둥의 균부론均富論이 모두가 평등하게 가난하게 살아야 하는 '균빈론'均貧論이었음을 간파했던 것이다. 10여 년 동안 문화대혁명이라는 광란의 이념투쟁 놀음으로 가산을 탕진해버린 중국은 수출하려 해도 수출할 물건이 없었기에 우선 외자유치에 주력해야 했다. 외국자본이 위험을 무릅쓰고 중국에 들어오도록 하기 위해서는 경제특구라는 이름의 '창구'가 필요했다.

애당초 덩샤오핑은 서구자본의 유치를 기대조차 하지 않았다. 처지를 바꿔 생각해보라. 현재의 북한이나 다름없었던 동방의 빨갱이 극빈국 중국인데 서구자본이 뭘 믿고 들어오겠는가. 자본주의의 섬? 창구? 죄다 '덫'일 뿐이다.

덩샤오핑은 알고 있었다. 경제특구는 서구 자본주의 제국에게 섬도, 창구도 될 수 없다는 사실을 너무나 훤히 간파하고 있었다. 개혁개방 낚시터의 강태공 덩샤오핑의 대상어는 화교[2]들이었다. "바닷물 닿는 곳에 화교가 있다" "한 그루 야자수 아래에 화교가 셋"이라는 말처럼 세계 각지에 널리 분포된 화교들은 돈을 많이 벌어 언젠가 고향으로 돌아가겠다는 금의환향의 꿈을 품고 살고 있다. 덩샤오핑은 돈 보따리를 물고 몰려오는 물고기화교떼를 기대하면서 목 좋은 포인트인 광둥과 푸젠에 경제특구라는 이름의 '좌대'를 설치한 것이었다.

실제로 1998년 IMF 이전까지 중국에 진출한 외자기업 가운데 80퍼센트가 화교기업이었다. 미국을 비롯한 서구 자본주의 국가의 기업들이 본격적으로 동남부의 '경제특구'가 아닌, 중국 전역

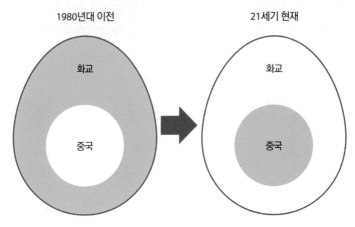

화교 → 중국 재력 이동

1980년대 이전

21세기 현재

화교

화교

중국

중국

- 2014년 말 현재 중국의 외환보유고는 3조 8,690억 달러로 세계 1위다.
  일본과 EU 그리고 미국의 외환보유고를 모두 합한 것보다 1.8배 많은
  수치이며 홍콩과 타이완 등 동남아 화교자본의 총합 1조 3,500억 달러보다
  세 배 많은 수준이다. 일본은 1조 2,601억 달러로 세계 2위,
  한국은 3,636억 달러로 세계 6위다.

- CIA가 출간하는 *The World Factbook*을 참조해 직접 작성.

의 각종 '개발구'에 진출하기 시작한 것은 2001년 12월 중국이
WTO에 가입한 이후부터다.

2014년 말 현재 중국의 외환보유고는 3조 8,680억 달러 세계
1위, 일본+EU+미국의 약 1.8배다. 이는 홍콩과 타이완을 비롯한 동남
아 화교자본의 총합 1조 3,500억 달러의 세 배 가까운 수준으로
황금빛 농도가 훨씬 진해졌다. 다른 시각으로 보면 중국 개혁개
방 38년사는 화교에서 중국으로의 '재력이동의 역사'다. 경제특

구는 노른자는 흰색이고 흰자는 노란색이었던 '비정상적 달걀의 정상화 작업'에 동원된 도구다. 즉 경제특구는 윤택한 화교자본을 빈한했던 중국 내지로 빨아들이기 위해 동남연해지역에 꽂아 둔 '빨대'다.

'나이 스물에 사장이 되지 못하면 사나이가 아니다'
별빛을 모으면 보름달보다 밝다. 몇 해 전이던가, 음력 6월 보름날 밤, 나는 몽골 초원에 누워 그 사실을 확인했다. 은하수가 폭포수처럼 쏟아질 듯한 별의 바다에서 오래전 푸젠에서 만난 한 앳된 사내가 떠올랐다. 20대 초반의 새파란 나이에 자신의 업체를 몇 개나 거느리고 있다고 푸젠 총각은 자랑처럼 말했다.

"여기에는 해도 달도 없어요. 별만 가득하지요. 하지만 별들이 발산하는 빛은 보름달보다 찬란하지요."

정말 그렇다. 푸젠은 소기업의 천국이다. 작은 별처럼 무수한 소형업체가 발하는 경제력의 빛은 한 개의 보름달 같은 대기업의 빛보다 강하다. 이렇다 할 대형 국유기업은 하나도 없다. 종업원이 20명도 안 되는 소규모 사영업체가 경제총량의 90퍼센트 이상을 차지하는 푸젠의 경제는 비할 바 없는 활력이 넘치고 있다.
약관의 남이南怡, 1441~68 장군은 이시애李施愛, ?~1467의 난을 평정한 후 백두산에다 평정비를 세우고 비문에 이렇게 새겼다.

"남아 스물에 나라를 평정하지 못하면 훗날 그 누가 대장부라 하리오."

후에 이 비문은 '배고픈 것은 참아도 배 아픈 것은 못 참는' 간신배에 의해 '나라를 얻지 못하면'으로 변조되었다. 결국 젊고 푸르던 남이 장군의 목은 서른도 못 되어 추악한 음해에 잘리고 말았다. 우리나라와 달리 '배 아픈 것은 참아도 배고픈 것은 못 참는' 중국 푸젠 지방에는 오래전부터 전해오는 말이 있다.

"나이 스물에도 사장이 되지 못하면 사나이라고 말할 수 없다."

푸젠 지방은 예나 지금이나 20대 전후의 청소년 사장들 천국이다. 남이 장군 나이보다 훨씬 어린 나이에 대여섯 개 업체의 사장이 되었다는 소식은 푸젠에서 뉴스거리도 아니다. 겁을 상실한 어떤 '무서운 아이'는 두 자릿수에서 세 자릿수의 업체를 운영하고 있다. 푸젠상인은 수중에 10만 위안이 있으면 은행에서 10만 위안을 더 빌려 투자하려고 한다. 다른 지역 중국상인들처럼 쩨쩨하게 은행에 5만 위안을 저축하고 5만 위안만 투자하지 않는다.

푸젠 지역에는 작은 부자와 소기업은 많으나 큰 부자와 대기업이 적다는 아주 뚜렷한 특징이 있다. 이처럼 유별난 특징은 푸젠 지역발전의 양날의 칼로서 장점인 동시에 단점이다.

2015년 중국 100대 부자 중 푸젠 출신 부자는 세 명43위, 70위,

98위에 불과하다. 100대 부자 출신지 성省별 순위는 푸젠이 최하 위권인 데 반해 개인재산 19억 원 이상을 보유한 천만장자가 많이 사는 성별 순위는 광둥, 저장, 장쑤에 이은 4위로 최상위권이다. 또한 내륙의 신장웨이우얼 자치구두 개, 닝샤후이족 자치구한 개, 네이멍구 자치구한 개에도 있는 중국 100대 민영기업이 푸젠에는 단 한 개도 없다.

푸젠의 맞은편 타이완에서 중소기업과 가족기업이 발달한 원인도 다른 데 있는 것이 아니다. 오늘날 타이완 사람 대부분은 명말청초에 섬으로 건너간 푸젠 사람특히 푸젠 동남부, 민난지방의 후예다.

이는 2014년 말 현재 4,239억 달러의 외환을 보유해 외환보유고 세계 5위한국은 3,636억 달러로 6위에 드는 타이완에 글로벌 슈퍼리치 TOP200에 드는 갑부는 단 한 명에 불과한 상황과도 맞아 떨어진다. 중소기업의 천국이라면서 타이완을 부러워하는 우리나라 사람의 수가 적지 않은 그만큼, 삼성, 현대, SK, LG 등 글로벌 대기업을 지닌 한국을 부러워하는 타이완 사람의 수도 많다. 남의 떡이 더 커 보이는 건가.

화교의 주류를 이루는 푸젠 출신 거장들

푸젠에는 중국의 신발수도이자 세계 최대의 신발제조 메카라고 불리는 진장晉江이 있다. 취안저우 시泉州市 예하의 현급시縣級市인 진장은 2015년 현재, 전 중국의 도시를 통틀어 경제력으로

5위 안에 드는 최강 소도시다. 진장에는 '나이키'와 유사한 로고를 사용하는 중국체육용품 대표기업 안타安踏를 비롯해 리닝李寧, 쌴싱三興 등 수천여 개의 신발업체가 연간 6억 켤레의 신발을 생산하고 그중 50퍼센트를 해외로 수출하고 있다. 인구 60만에 불과한 소도시중국에서는 소형도시로 분류 진장이 세계 최대의 신발제조 메카가 된 내력을 알려면 화교 이야기를 하지 않을 수 없다.

홍콩700만, 마카오50만, 타이완2,300만을 제외한 세계 각국에는 6,000만 화교개혁개방 이후 신화교 1,200만 포함가 살고 있다. 해외화교 중에는 푸젠어 사용자가 3,000만 명으로 가장 많고, 광둥어 사용자 1,500만 명, 커자客家어 등 기타 중국방언 사용자 1,000만 명, 만다린 표준어 사용자 500만 명 순이다. 이렇듯 푸젠 출신 화교수가 광둥 출신보다 훨씬 많은데도 미국과 서구에서 화교하면 으레 광둥 출신으로 생각하는 까닭은 영국 치하였던 홍콩의 주민원적이 대부분 인근 광둥 성이었고 19세기 말 미국의 흑인노예를 대체하는 노무인력으로 수출되었던 중국인 노동자, 즉 '쿨리'의 대다수가 광둥 출신이었기 때문이다.

푸젠화교들이 이웃한 광둥화교들과 가장 다른 부분은 자녀교육이 엄격하다는 것이다. 푸젠화교들은 특히 자녀가 백인 등 현지인과 피와 살을 섞게끔 절대 놔두지 않는다. 타이완 해협 건너편 타이완 국민의 90퍼센트 이상도 명말청초에 건너간 푸젠 사람들의 후예다. 타이완의 전 총통 천수이볜陳水扁, 1951~ 과 리덩후이李登輝, 1923~ 의 원적지도 푸젠 성이다. 타이완에 거주하는 푸

동남아시아의 화교

	필리핀	말레이시아	싱가포르	인도네시아	타이
화교 수	150만 명	570만 명	220만 명	630만 명	610만 명
전체인구 비중	1.5퍼센트	29퍼센트	77퍼센트	3.5퍼센트	12퍼센트
상장주식 자본비중	50퍼센트	61퍼센트	81퍼센트	73퍼센트	81퍼센트
주류 출신지역	푸젠	푸젠〉광둥	푸젠	푸젠	광둥〉푸젠

• CIA가 출간하는 *The World Factbook*을 비롯한 각종 온·오프라인 자료를 참조해 직접 작성.

젠의 후예 2,300만 명을 합친다면 대륙 밖에 살고 있는 중국인 가운데 푸젠 사람이 압도적인 다수를 차지한다. 말레이시아, 인도네시아, 싱가포르 등에 사는 동남아화교의 60퍼센트 이상, 특히 150만 명 필리핀화교 가운데 90퍼센트가 푸젠의 후예다. 아세안 각국에서 활약하는 화교 거상들은 대부분 푸젠 출신이다.

앞서 말한 바와 같이 푸젠상인은 중국과 타이완에서 사업할 경우에는 뭇별이지만 이국만리 멀리 떠나 사업하면 보름달보다 훨씬 밝은 초신성 슈퍼스타로 변한다. 2015년 『포브스』 선정 글로벌 슈퍼리치 TOP110에 포함된 중국인 16명 중 다섯 명이 화교인데, 그중 두 명의 슈퍼리치가 푸젠 출신이다. 각각 필리핀과 말레이시아 최고갑부인 푸젠화교 두 사람의 이야기를 해보자.

필리핀 시장에서 노점상이나 점원으로 일하는 사람들은 대부분 필리핀 원주민이고 한쪽 구석에서 돈을 세거나 관리하는 사람들은 푸젠화교들이다. 1억 700만 필리핀 전체 인구 중 1.5퍼센트를 차지하는 푸젠화교가 필리핀 전체 상장주식의 50퍼센트 이상을 차지하고 있다.

말레이시아의 쿠알라룸푸르, 페낭, 조호르바루 등 대도시에는 화교가, 중소도시와 농어촌 지역에는 말레이계가 살고 있다. 은행이나 관공서의 일선 창구는 다수 인종인 말레이계가 차지하고 있다. 그러나 뒷줄에 앉아 있는 관리직으로 갈수록 화교들의 비중이 커진다. 말레이시아는 총인구의 약 29퍼센트가 화교인데 이들이 상장 주식의 61퍼센트를 소유하고 있다.

옷보다 신발, 필리핀은 신발이다

옷이 중요할까, 신발이 중요할까. 옷을 자랑하려고 해도 신발이 없으면 못 한다. 비단옷을 입고 고향에 돌아가고 싶어도, 비단옷을 입고 밤길을 걷고 싶어도 신발 없으면 할 수 없다. 신발은 자신을 통해 주인을 드러낸다. 신발은 사람을 태우고 다닌다. 옷이 정태靜態라면 신발은 동태動態다. 옷이 크기만 지닌 스칼라scala라면 신발은 크기와 방향을 함께 지닌 벡터vector다. 옷과 신발 모두 중요하지만 사회적 동물인 인간으로서 단 한 가지만 택하라면 옷보다 신발이다.

문명인이 원시인과 다른 점은 신발을 신고 걷는 것이다. 문명사회에서 신발은 실용보다는 신분의 상징이다. 신은 자와 신지 않은 자, 신을 수 있는 자와 신을 수 없는 자로 구분된다. 신데렐라는 유리 구두를 신어야 신데렐라다.

필리핀을 이해하는 키워드는 '신발'이다. 필리핀 국토에서 북쪽 루손 섬과 남쪽 민다나오 섬은 비슷한 크기인데 영락없는 신발 한 켤레 모양이다. 필리핀의 역사에서 태평양제국의 야욕을 품고 차례로 등장한 스페인, 미국, 일본이 신고 다녔던 군화 한 켤레가 연상된다.

필리핀 하면 신발의 여왕, 이멜다가 떠오른다. 남편 마르코스 전 대통령이 추방당한 당시 2,000켤레의 신발[3]을 남겨놓고 대통령궁을 떠나야 했던 '타락한 버전의 신데렐라'다. 마닐라에서 북서쪽으로 50분 정도 차로 달리면 세계에 몇 안 되는 신발박물관인 마리키나 신발박물관이 나타난다. 이 신발박물관은 2011년 이멜다가 자기 소유 구두 800켤레를 기증해 더 유명해졌다.

그러나 필리핀의 키워드 '신발'의 정점은 필리핀 관광 필수 코스인 SM몰 오브 아시아Mall of Asia다. 이 아시아 최대규모의 초대형 복합 쇼핑몰에는 SM신발쇼핑몰을 중핵으로, 명품 전문상가, 의류쇼핑몰, 백화점, 호텔, 마트, 영화관, 위락시설, 스포츠센터, 전자상가, 식당가, 오락실 등 사람이 사고, 먹고, 마시고, 보고, 놀고, 즐기고, 자고 하는 모든 것이 구비되어 있다. 몰 오브 아시아의 소유주는 필리핀 최대그룹 SM그룹이고, SM그룹의 'SM'은 다름아닌 '신발가게'Shoe Mart의 약칭이다.

SM그룹 총수이자 21세기 동남아 최고갑부이자 세계 73억 현생 인류 중 73위 슈퍼리치인 시즈청施至成, Henry Sy, 1924~.[4] 지난날의 비단옷장수 왕서방을 대체하는 현재와 미래의 신발장수, 시서방을 이야기하려 한다.

신발대왕이 된 13세 피란민

"아주 오랜 옛날 한 낯선 남자아이가 아주 먼 곳에서 이곳으로 왔다. 그의 손에는 돈 한 푼 없었고 그의 발에는 신발 한 짝 없었다. 무일푼 맨발 소년은 영어와 타갈로그어ᵖᶦᶫᶫᵖᶦᶰ ᶜᵉᶰᶻᶦᵉ 한 마디 할 줄 몰랐다."

2002년 필리핀 파이스턴대학 초청강연에서 시즈청은 이렇게 말했다.

시즈청은 1924년 푸젠의 작은 항구도시 진장⁵에서 태어났다. 1937년 일본군은 30만 난징대학살의 만행도 부족했는지 상하이, 저장의 항저우, 닝보까지 밀고 내려왔다. 시즈청의 부모는 일본군이 푸젠까지 쳐들어오는 것은 시간문제라고 내다보았다. 시즈청 일가족은 황급히 목선 수십 척에 몸을 싣고 떠나는 진장 주민 수천 명의 난민행렬에 동참했다.

암울했던 20세기 전반의 중국인 보트피플들은 머나먼 섬나라 필리핀을 목적지로 택했다. 그들이 가까운 타이완이 아닌 필리핀을 택했던 까닭은 당시 타이완은 일본의 식민지였는 데 반해 필리핀은 미국의 식민지였기 때문이었다. 마닐라에 도착한 시즈청

SM그룹의 총수 시즈청과 필리핀의 SM몰 오브 아시아.
거대한 규모가 보는 이를 압도한다.
신발쇼핑몰을 중심으로 명품상가, 의류쇼핑몰, 백화점, 호텔, 마트,
영화관, 스포츠센터, 전자상가, 식당가 등이 꽉 들어차 있다.

일가족은 시내에 채소가게를 차려 생계를 꾸렸다.

13세 소년 시즈청은 여느 푸젠 소년들처럼 돈궤 주위를 맴돌며 자랐다. 학교 가는 시간을 제외하고는 낮에는 돈궤를 관리하며 부모의 장사를 도왔고 밤에는 돈궤 위에서 숙제를 했다. 숙제를 마친 후에는 역시 돈궤 위에서 잠을 잤다. 그가 파이스턴대학에 입학한 이듬해인 1942년 1월 2일 일본군이 마닐라까지 쳐들어왔다. 일본군은 마닐라를 불바다로 만들었다. 시즈청네 가게도 잿더미로 변했다.

진장 난민들은 일본군이 머나먼 섬나라까지 그들을 쫓아오듯 쳐들어올 줄은 꿈에도 생각 못 했다. 아이러니하게도 피란 온 마닐라는 만신창이가 되었건만 고향 푸젠 진장은 멀쩡하다는 참으로 기막힌 소식이 전해졌다. 성이장사, 즉 중국인의 삶의 뜻이자 터전을 잃은 시즈청 일가족은 마닐라에 남아 학업을 계속하겠다는 시즈청만 남겨두고 진장 난민들과 함께 고향으로 되돌아갔다.

중일 양국의 블랙프라이데이, 1938년 11월 11일 금요일 이후 일본군은 후베이 우한에서 교착상태에 빠져버렸다. 덕분에 푸젠 성 전역에는 일본군의 군홧발이 미치지 못했다. '웰컴 투 동막골'이 아닌 '웰컴 투 푸젠 성'이라고나 할까. 푸젠 성은 중일전쟁 전 기간을 통틀어 일본군이 군홧발을 한 발짝도 찍지 못한 중국 유일의 동부 연안 성이다. 귀향한 진장 난민들은 "괜히 필리핀으로 피란 가자고 부추긴 사람들 때문에 망했다"면서 '인생만사 새옹지마'라 위안했다. 그들은 먼 훗날 진장을 신발의 수도로 변모시킬 씨앗 하나를 필리핀에 심고 왔다는 사실은 전혀 몰랐다.

그로부터 2년 후 필리핀에 맥아더 장군과 함께 미군이 돌아왔고 곧이어 제2차 세계대전이 끝났다. 미군들은 '워커'라는 이름으로 더 유명한 컴뱃 부츠군화를 신고 다녔지만 필리핀 서민들은 도시에 살든 농촌에 살든 거의 맨발로 다녔다. 1960년대 우리나라의 집 전화기와 마찬가지로 1940년대 필리핀에서는 신발이 부의 상징이었고 자부심이었다. 전란이 그치고 사회가 안정되자 필리핀 시민의 의식주 생활 중 최우선은 신발이 되었다. 옷보다 신발이라고 당시 마닐라에서 가장 장사가 잘되는 업종도 물론 신발이었다.

푸젠의 후예 시즈청은 생계비와 학비를 벌기 위해서라기보다는 거의 본능적으로 신발가게의 점원과 구두수선공으로 일했다. 신발가게에 밀려드는 손님들 때문에 점원은 힘들어 입이 튀어나오는데 주인은 돈 버는 재미를 참을 수 없어 입이 귀에 걸렸다. 그런데도 수전노 가게주인은 월급을 제때 주지 않으려고 했다. 궁리 끝에 시즈청은 가게주인에게 거부할 수 없는 제안을 하나 했다. 무보수로 점원 노릇을 하는 대신 가게 내에 별도로 미군 군화만 전문으로 파는 코너를 할애해달라는 것이었다. 그리고 거기서 나오는 수익의 60퍼센트만 자신이 차지하겠다는 조건을 제시했다. 얼핏 보기에 시즈청은 요즘 말로 '열정페이'를 자청했던 것이다. 그렇지 않아도 점원들에게 월급주기가 죽기보다 싫었던 가게주인은 제안을 흔쾌히 수락했다. 이렇게 시즈청은 무보수 신발

1944년 10월 20일 필리핀 레이테 섬에 상륙하는 맥아더 장군(가운데).
레이테 섬은 신발의 여왕 이멜다의 출생지이기도 하다.
미군의 상륙 이후 필리핀에서는 미군들이 신었던 전투화,
일명 '워커'가 유행하기 시작한다.
시즈청은 이 흐름을 놓치지 않았다.

가게 점원 겸 신발가게 내의 미군 군화 전문판매 코너의 주인이
되었다.

가게 내의 가게주인은 사장이 아닌가? "나이 스물에도 사장이
되지 못하면 사나이라고 말할 수 없다"는 푸젠의 후예로서 시즈
청은 가게 내의 판매코너 주인이라도 되어야 직성이 풀렸다. 그
리고 조용히 가슴속에 칼 하나를 품듯 꿈을 품었다.

> "누구나 신발은 필요하다. 모든 필리핀 사람이 나의 신발을 신
> 게 되리라. 신발대왕이 되리라."

1948년 시즈청은 꿈을 실현하는 발판을 마련하기 위해 중대
결단을 내렸다. 6년간 갖은 고생을 하며 번 전 재산과 푸젠화교
들에게서 빌린 돈을 몽땅 털어 마닐라 중심가에 '슈마트'Shoe Mart
간판을 단 가게를 차렸다.

신발가게의 성쇠는 무엇보다 입지 선정, 인테리어, 신발의 진
열에 달려 있다. 시즈청은 '비공식 경로의 군화 물량공급상'인 익
명의 미군병사에게 자문을 받아 본토 미국 스타일로 매장을 차
렸다. 미제 명품구두와 캐주얼 신발을 미국에서 직수입해 팔았
다. 시대를 앞서간 그의 신발가게는 문전성시를 이루었다.

그 무렵 시즈청은 주위 사람들의 만류에도 대학을 중퇴했다.
푸젠의 후예로서 24세가 되어서야 '늦깎이' 사장이 되었다고 생
각한 그가 신발가게 경영에 전념하기 위해 내린 결정이었다. 주

위 사람들은 돈 버는 재미에 미쳐 대학도 중퇴하는 한심한 청년을 보았을 뿐 그의 꿈 '신발대왕'은 보지 못했다.

시즈청은 신발가게 지점을 세 군데로 확대했고 연이어 전문 신발상가를 개업했다. 그는 프로펠러 여객기를 40여 시간 넘게 타고 태평양을 건넜다. 목적지는 신발의 메카 미국의 보스턴, 포틀랜드, 뉴욕 등지였다. 다시 대서양을 건너 세계 최고의 제화산업단지가 있는 이탈리아의 마르케, 토스카나, 베네토와 독일의 슈투트가르트 등을 찾아 유럽 각지로 날아다녔다. 시즈청은 미국과 서구의 다종다양한 최신식 신발을 필리핀에 수입해 팔았다. 몇년 만에 1억 켤레를 팔아 신발대왕의 칭호를 얻었다. 그의 꿈 '신발대왕'은 30대 초반의 젊은 나이에 이루어졌다.

신발에 대한 예의로 쇼핑몰을 차리다

시즈청은 밥그릇 속의 밥을 먹으며 솥단지 속의 밥을 살폈다. 신발가게를 시작할 때부터 필리핀 유통업계의 청사진을 그렸다. 1억 켤레의 신발을 팔아치우는 동안 그의 머릿속은 온통 어떻게 해야 필리핀 사람의 주머니에서 더욱더 많은 돈을 꺼낼 수 있을까 하는 생각뿐이었다.

"고객에게 신발 외에 다른 상품을 팔아야 고객을 데려오는 신발에 대한 예의지."

1960년 시즈청은 신발류뿐만 아니라 모든 상품을 파는 필리핀 제1호 대형백화점을 열었다. 그때부터 상품판매 유통채널을 단일화한 백화점 분야에서 시즈청의 장기독재집권이 시작되었다.

　　1986년 마르코스 대통령의 20년 군부독재정권이 이멜다의 2,000켤레 구두의 뒷담화를 남기면서 붕괴되었다. 권력은 짧고 재력은 긴 것인가. 필리핀 정계의 장기독재집권자가 가고 없는 시공간을 필리핀 유통업계의 장기독재집권자 시즈청은 자신의 재력을 더욱 확장할 기회로 활용했다.

　　시즈청은 미국과 서구를 시찰하다 본 복합 쇼핑몰이 유통업의 새로운 트렌드가 될 것이라고 확신했다.

　　"나는 계획과 동시에 행동한다. 성공은 기회포착, 신의성실, 불굴의 실천력이 행운의 여신과 만날 때 이루어진다."

　　이를 필생의 성공비결이라고 공언해온 시즈청은 '미래'를 앞서 결행했다. 1986년 마닐라 북부에 쇼핑, 음식, 영화, 공연 등을 한곳에서 해결할 수 있는 아시아 최대의 신개념 복합 쇼핑몰을 착공했다.

　　보통 쇼핑몰의 입지는 인구밀도가 높고 교통이 편리한 도시 중심지에 선정하는 법인데 시즈청은 10~20년을 내다보고 마닐라 북부 변두리 지역을 택했다. 1991년 축구장 20개 크기에 맞먹는 영업 총면적 23만 제곱미터의 'SM몰 오브 아시아'가 완공되었다. 온종일을 다녀도 다 돌아보기 힘들 만큼 엄청난 규모의 '복합 쇼핑몰 신도시' 중심에는 'SM 슈마트Shoe Mart'가 자리하고 있다. 시즈청은 참신한 쇼핑·소비이념을 추구해 SM몰 오브 아시아를 세움으로써 아시아 몰 문화의 선구자로 자리매김했다. 세계문화 사에 길이 남을 위인이 된 것이다. SM 그룹의 SM도 '쇼핑몰'과 쇼핑몰의 핵심 '슈마트'를 모두 의미하는 복합약칭으로 버전업 되었다.

시즈청은 여기서 만족하지 않았다. 다음 3대 메리트에 착안해 유통업에서 부동산 임대사업으로 사업 영역을 확장시켜 나가기 로 했다. 첫째, 복합 쇼핑몰의 일부 영업면적을 임대해 얻는 이윤 은 같은 면적에서 자사의 상품을 팔아서 얻는 이윤보다 훨씬 크 다. 둘째, 임대수입은 안정적이고 번잡한 자금 재투입이 거의 필 요 없다. 셋째, 필리핀 헌법상 외국인 또는 외국기업은 필리핀의 토지 등 부동산을 소유할 수 없다. 비록 예외 규정으로 필리핀인 이 60퍼센트 이상의 지분을 갖는 회사를 설립해 그 회사 명의로 토지를 매입할 수는 있으나 많은 법적 제한이 따른다. 헌법이 개 정되지 않는 한 해외자본의 필리핀 부동산 시장 진입을 막는 방 파제는 견고하다. 제도적 인프라 차원에서 유리한 고지를 선점한 SM이 그만큼 부동산 임대업을 장기 독점할 수 있게 된 것이다. 시즈청은 이러한 3대 메리트를 성장 모멘텀으로 삼아 SM 쇼핑 몰과 SM 계열 부동산을 필리핀에 진출한 외자기업들에게 임대 해 어마어마한 재화를 쓸어 모았다.

시즈청은 중국 개혁개방 10년이 다 되는 1980년대 말까지 중국에 대한 실제 투자는 일절 하지 않았다. 1989년 6월 비극적인 천안문사태가 발생한 직후 선진국은커녕 화교자본들마저 발길을 끊었다. 그제서야 시즈청은 갑자기 "내 고향 진장은 세계 어떠한 명승지보다 아름다운 곳이다"라며 자신의 고향 푸젠 진장에 집중적으로 투자하기 시작했다. '환난 중의 친구가 진짜 친구'라는 중국 속담에 담긴 상술의 요체를 십분 활용했다. 그런 그의 속셈을 모를 리 없는 대륙의 일부 지식층은 시즈청을 '늙은 여우'老狐狸, old fox라는 의미심장한 예명으로 부른다.

시즈청은 한국과 타이 등 아시아 각국에서 IMF 사태가 터진 직후인 1999년부터 2006년까지 8년 연속 진장 국제신발업박람회에 거액을 찬조하는 등 진장이 중국의 신발수도가 되는 데 결정적인 공로를 세웠다. 2005년 11월, 진장 시 중심부에 17만 제곱미터의 초대형 SM 복합 쇼핑몰과 그 옆에 별도로 신발을 특화시킨 2만 제곱미터 규모의 SM 슈마트를 개업했다.

현재 SM 그룹은 필리핀 최대은행 BDO 유니뱅크Unibank의 총재를 맡고 있는 시즈청의 장녀 시디쓰施蒂絲를 위시한 시즈청 가문 3대, 즉 시즈청의 2남 4녀와 18명의 손자손녀가 경영하고 있다. 혼혈 후손을 원치 않는 푸젠화교의 오랜 전통에 따라 시즈청 3대 가족성원의 배우자는 모두 중국 혈통이다. 시즈청 3대는 해외유학을 가지 않는 것을 원칙으로 한다. 해외유학을 가더라도 3년을 넘지 못한다는 필리핀 현지화 교육원칙을 세세대대로 이어나갈 가문의 불문율로 정해놓고 이행하고 있다. 또한 시즈청 3대는 공석에서는 영어로, 사석에서는 푸젠 동남부지역 방언인 민난閩南어로 소통하고 있다.

짬짤한 소금장사보다 달달한 설탕장사

오늘날 중국의 경제·금융·무역 중심지는 상하이다. 일부 호사가는 21세기 상하이를 '뉴 뉴욕'New New York으로, 19세기 중반 개항 무렵의 상하이를 '신 양저우'新揚州라 부른다.

이렇듯 명청시대 중국의 경제·금융·무역 중심지는 장쑤 성 양저우였다. 장쑤 성은 천일염 산지다. 당시 소금은 지금의 석유와 철광 이상으로 중요한 국가자원이자 전매품이었다. 비단장수가 '왕 서방'이라면 소금장수는 '황제 서방'이라고나 할까. 옛날 중국의 상업 중 최고업종은 소금이었다. 소금의 생산과 유통 체제를 모두 갖춘 양저우의 화려함은 상상을 초월했다. 소금상인들이 저택과 정원을 꾸미자, 천하의 시인과 묵객, 화가와 미녀가 양저우로 몰려들었다. 청나라 강희제康熙帝, 1653~1722와 건륭제乾隆帝, 1711~96가 양저우를 각각 여섯 차례나 순행했다. 부유한 소금상인들은 황실의 환심을 사기 위해 앞다투어 수많은 누각과 원림을 조성했다.

누각과 원림들 말고도 양저우 시내에는 한국인이라면 꼭 볼 만한 건축물 두 곳이 있다. 최치원 기념관과 장쩌민의 생가다. 전자는 양저우에서 5년간 관직을 맡은 최치원을 기념해 우리나라 경주 최씨 문중이 양저우 시 정부의 협조를 받아 세운 것이다. 후자는 장쩌민과 그의 조상이 대대로 살던 생가로 대지 약 3,600제곱미터에 이르는 정사각형 모양의 대저택이다. 사람 키의 세 배 정도로 높은 회칠 담장을 돌며 그 너머로 전통 중국식 기와지붕을 볼 수 있다. 장쩌민이 신자유주의식 자본주의를 향해 질주한 이유를 짐작해볼 수 있다.

19세기에 이르러 내지에서 암염^{바위소금} 생산량이 급증하고 외국에서 염가의 소금이 반입되자 소금상인의 부와 지위는 급전직하했다. 개항 이후 중국 대륙에는 소금상인이 떠나고 생긴 빈자리를 설탕상인이 시나브로 차지했다. 대륙의 소금장수도 설탕장수로 바뀌었는데, 소금만큼 설탕이 대중화된 영국을 비롯한 서구 제국의 식민지였던 동남아의 중국계 상인들은 말해서 뭣하랴. 소금보다 설탕이다. 짭짤한 수익을 내는 소금장사보다 대박을 터뜨리는 달달한 설탕장사가 더 좋다.

'남이 안 하는 일을 해야 성공한다'

말레이시아 수도 쿠알라룸푸르의 최고급 호텔 샹그릴라. 한 신문기자가 취재차 호텔에 들렀다가 검은 선글라스를 끼고 로비를 서성이고 있는 한 노인을 보았다. 평범한 차림이지만 뭔지 모를 위엄 넘치는 풍모에 특유의 '촉'이 발동한 기자는 몰래 사진을 찍고는 노인에게 다가가 수인사를 했다.

기자 무슨 일을 하는 분인가?

노인 나는 설탕 장사꾼인데, 뉘신지?

신문사로 돌아와 샹그릴라 호텔 로비에서 찍은 사진을 확인해 보던 기자는 돌연 '쿡!' 하며 탄성을 질렀다. 사실 '쿡'은 기자의 외마디 탄성 겸 사진 속 노인의 이름이다.

쿡은 말레이시아 최고갑부이자 세계적 호텔체인 샹그릴라의 총수 궈허녠郭鶴年, Robert Kuok, 1925~ 의[6] 영문 이름이다. 중국 본토인을 제외하고 세계인 대부분은 그를 발음하기 좋은 '쿡'이라고 부른다. 나도 대세에 따르겠다.

쿡은 말레이시아 제3의 도시이자 싱가포르[7]와 인접한 국경도시 조호르바루의 한 화교 집안에서 3형제 중 막내아들로 태어났다. 쿡의 아버지 궈친젠郭欽鑒은 청나라 마지막 황제 시절인 1909년 말레이시아 조호르바루로 이주한 푸젠 성 푸저우 출신의 제1세대 화교다.

쿡의 어머니 정거루鄭格如는 푸저우의 명문 셰허協和 대학을 졸업한, 당시로서는 초고학력자 인텔리 여성이었다. 그녀는 사업에 개입하지 않았지만 자녀들에게 상도의를 항상 강조했는데 다음과 같은 내용을 새긴 황동판을 거실에 걸어두었다.

"후손의 지덕이 자신보다 못하다면 재산은 화근이 되니 전 재산을 사회에 헌납하라. 후손이 자신보다 나은 경우에만 재산

쿠알라룸푸르의 샹그릴라 호텔과 쿡.
로비에서부터 화려함을 뽐내고 있다.
쿡은 세계 110위의 글로벌 슈퍼리치다.
그는 제당회사 창업을 시작으로 본격적인 슈퍼리치의 길로 들어섰다.

을 물려주라. 교육에 힘을 쓰되 자신이 솔선수범해야 한다. 가족만의 이익을 구하지 말고 대중과 함께 행복과 안녕을 추구하라."

쿡은 어머니에게서 교양을 익히고 기업의 사회적 책임을 배웠다. 아버지에게서는 용기와 불굴의 추진력을 전수받았다. 쿡은 24세의 나이에 바다 맞은편 싱가포르로 건너가서 1만 파운드를 투자해 해운회사를 차려 독립경영을 체험해보았다. 이듬해 아버지가 세상을 뜨자 쿡은 귀향해 친형제와 사촌형제들과 함께 '쿡스브라더스'를 설립했다. 쿡스브라더스는 선대의 가업인 잡화사업을 중심으로 양곡업, 수산업, 의류업, 제분업, 제당업 등의 사업에까지 영역을 점차 확장해나갔다.

그러나 1952년, 쿡의 둘째 형 궈허린郭鶴麟이 처형당하는 비극적 사건이 발생했다. 말레이시아 공산당 빨치산에 가입해 폭동을 일으키다가 당시 영국총독부 휘하의 정부군에게 즉결처분당한 것이다. 사건의 여파로 총독부의 집중감시를 받는 등 쿡스브라더스는 위태로운 형국에 처하게 되었다. 쿡은 인질로 나서듯 자진해서 영국으로 들어갔다. 쿡은 런던에 2년간 체류하며 대영제국의 기업경영 방법과 국제무역 지식을 배웠다. 한편으로 쿡스브라더스 형제 모두가 공산당과 무관함을 보여주려고 애썼다. 그의 솔선하는 용기에 감동받은 쿡스브라더스 형제들은 만장일치로 쿡을 총재로 추대했다. 1954년 쿡은 귀국해 쿡스브라더스의

'다거'大哥, 두목로 등극했다. 나이로는 막내이지만 직위로는 '큰형님'이 된 것이었다.

1957년 영국에서 독립한 말레이시아의 산업은 영국기업들이 철수하자 진공상태나 다름없게 되었다. 생필품 부족상태까지 닥치자 쿡은 정부가 이전의 수입의존 정책에서 자국의 공업을 발전시키는 정책으로 전환할 것임을 꿰뚫어 보았다. 쿡은 '오지택일'[8] 문제를 풀듯 잡화, 쌀, 옷, 밀가루, 설탕 다섯 가지 중 하나를 선택해 역량을 집중하기로 했다.

"남이 안 하는 일을 해야 성공한다."

쿡스브라더스 형제들과 논의 끝에 쿡은 '설탕'을 선택했다. 1959년 말레이시아 최초의 제당회사를 창립했다. 당시 설탕은 대중적인 소비에 힘입어 수요가 날로 증가했으나 말레이시아 국내생산은 전무했다. 타이에서 원당을 수입해 자신의 제당회사에서 가공한 후 국내외에 공급했다. 중국 대륙의 유일한 창구였던 홍콩에 중국으로 설탕을 수출하는 제당 중개회사를 설립했다. 나중에는 인도와 쿠바, 인도네시아 등 동남아 국가에서 싼값에 사탕수수를 대량으로 들여와 가격폭등을 유도하는 방식으로 거액을 벌었다. 쿡은 단기간에 말레이시아의 제당업을 지배했다.

쿡은 여기에 만족하지 않았다. 그는 1968년 말레이시아 정부로부터 6,000만 제곱미터의 국유지를 임차해 사탕수수 농장을 개설했다. 말레이시아는 벼농사 외에 경제작물로 후추, 코카, 담배 등을 재배했으나 사탕수수의 생산은 거의 없었다. 그러나 오늘날 사탕수수는 말레이시아 주요농산물 중 한자리를 차지하게 되었다. 쿡은 한 나라의 주요농산물 품종까지 바꿔놓았다.

티베트여 너를 위해 울어주마, 오! 샹그릴라

쿡은 말레이시아 제당시장의 80퍼센트를, 세계 제당시장의 20퍼센트를 장악해 말레이시아 설탕왕에서 명실상부한 글로벌 설탕황제로 등극했다. 그러나 제당업은 기업왕국의 초석일 뿐, 본격적인 사업은 이제 시작이었다. 쿡은 호텔사업 진출로 사업의 새로운 지평을 열었다. 쿡은 1971년 싱가포르에 완공한 호텔에 '샹그릴라'라는 아름답고 신비한 이름을 달았다.

샹그릴라는 쿡이 영국 체류시절 즐겨 읽었던 영국 소설가 제임스 힐턴이 티베트를 배경으로 쓴 『잃어버린 지평선』*Lost Horizon*에 나오는 유토피아다.

신기하게도 서양사람들은 '티베트' 하면 "티베트여, 너를 위해 울어주마" 하듯 울상이 되다가도 '샹그릴라' 하면 '오, 샹그릴라!' 하면서 온유한 성자의 미소를 짓는다. 샹그릴라는 서양인에게는 유토피아, 엘도라도, 에덴동산 같은 이미지고, 동양인에게는 몽환 세계, 무릉도원 같은 신비롭고 아련한 안식처 같은 이미지다. 쿡은 세계인의 동경심을 파고드는 샹그릴라라는 이름으로 세계정상급 호텔체인을 구축해나갔다.

세계적인 기업가로서 쿡의 진가는 아시아 최대의 호텔체인 샹그릴라에서 빛을 발하고 있다. 2014년 말 현재 5성급 이상 럭셔리 호텔로 정평이 나 있는 샹그릴라 호텔은 중국 본토의 38개를 비롯해 전 세계적으로 모두 93개가 있다. 특히 샹그릴라 호텔이 들어선 샤드 런던브리지는 영국 런던의 스카이라인을 바꾼 유럽의 초고층 빌딩이다. 캐나다 밴쿠버의 샹그릴라 호텔도 캐나다 초고층 빌딩으로 밴쿠버의 스카이라인을 새로 그렸다.

샹그릴라 호텔체인 이외에도 쿡은 말레이시아의 초대형 국토 개발사업인 '레인보 프로젝트'에 주도적으로 참여해 레인보광장과 보링광장이라는 초대형 아파트 단지를 건설했다. 싱가포르의 레오Leo산업과 홍콩의 카일리Kaili산업, 필리핀의 '쿡 인터내셔널' 등 동남아 각지에 쿡스브라더스 계열사를 설립하기도 했다.

쿡의 사업영역 확장은 현재진행형이다. 제당업, 식품업, 건설업, 양식업, 광산업, 해운항공, 엔터테인먼트, TV 방송, 국제무역 등의 영역으로 쿡 제국의 판도를 계속 넓혀가고 있다. 백업百業 중에 으뜸인 은행업으로까지 영역을 확장했는데 쿡은 말레이시아 최대은행 메이뱅크Maybank를 인수하고 프랑스은행 합작법인인 말레이·프랑스은행을 인수했다.

쿡은 독단적으로 일을 처리하는 기업가와는 달리 자신보다 현명한 사람이 이 세상에 많다며 항상 주변의 자문과 충고를 받아들일 자세가 되어 있다. 그러면서도 모험과 개혁을 좋아한다. 반짝이는 새로운 생각을 기꺼이 받아들일 준비가 되어 있다. 부동산 등 일정한 사업부문에서만 두각을 나타내는 리자청^{李家誠,} 1928~ 등 홍콩의 글로벌 재벌과는 달리, 쿡은 제조업, 서비스업, 유통업, 호텔여행업 등 모든 업종이 주력업종이라고 할 만큼 다양한 분야에서 성공을 거두고 있다. 쿡은 영어와 말레이-인도네시아어, 중국 표준어인 만다린, 민난어, 광둥어 등 다섯 개 언어를 유창하게 구사한다. 포화상태에 이른 미국과는 달리 중국의 잠재성장력을 높이 평가하고 있다.

쿡은 필리핀 동향 갑부 시즈청처럼 미국과 일본의 기업들이 홍콩 철수에 여념이 없던 1989년 천안문사태 당시 오히려 중국 대륙 여기저기에 대형빌딩을 착공하기 시작했다. 베이징에 중국국제무역센터, 항저우와 베이징에 세계 수준의 샹그릴라 호텔, 광시^{廣西} 베이하이^{北海}에 초대형 쇼핑몰 등을 건설했다. 베이징과 상하이의 재개발사업에도 뛰어들었다.

쿡은 세계 5대양 6대주에 그의 재력과 위력이 미치지 않음이 없게 되었으며 가고자 하는 곳마다 이미 가 있고, 하고자 하는 일마다 이미 성사를 보게 된 경지에 있다. 샹그릴라에 이르렀다, 살아생전에.

9 한국을 '오면초가'에 빠뜨리다

광둥화교의 배금주의, 돈 없으면 죽는다

'배스킨라빈스31' 같은 중국의 매력

중국은 넓다. 유럽 전체면적보다도 넓다. 중국의 한 성省은 웬만한 나라의 전체면적보다 넓다. 인구도 훨씬 많다. 중국의 성 중에 우리 남한 면적보다 작은 성은 하이난 성海南省 하나뿐이다. 북쪽의 헤이룽장黑龍江 사람과 남쪽의 광둥 사람은 천양지차다. 동쪽의 산둥 사람과 서쪽의 신장웨이우얼 사람은 천지 차이로 다르다. 그런데 왜 우리는 '유럽인, 그들은 누구인가?'라고 하지 않으면서 천양지차 중국인을 하나로 뭉뚱그려 '중국인, 과연 그들은 누구인가?' 타령만 하고 있는가. 한중수교 사반세기가 다가오도록.

유럽인이라도 북유럽의 핀란드 사람과 남유럽의 그리스 사람은 전혀 다르다. EU가 생겨난 지 수십 년이 지났는데도 '유럽인,

그들은 누구인가?'라고 말하는 경우는 거의 없다. 영국인, 프랑스인, 독일인, 이탈리아인, 네덜란드인 등으로 구분한다.

중국인은 다종다양하다. 중국인과 사귀는 일은 실상 각 지역의 중국인과 사귀는 일이다. 중국에서의 사업은 실제 그 지역 중국인과 거래하는 것이다. 남녀 구별 없는 추상적인 사람은 없다. 구체적인 남자와 여자가 있다. 추상적인 중국인도 평균적인 중국인도 없다. 구체적이고 지역화된 중국인만 있다. "인간은 사회관계의 총화다"라는 말대로 중국인은 지역사회 관계의 총화다.

중국의 31개 성급 지역성 22개, 자치구 다섯 개, 직할시 네 개은 마치 '배스킨라빈스 31' 아이스크림 같다. 31종의 아이스크림은 맛과 색깔이 각각 다르다. 31개 성에 사는 중국인은 각각 다른 중국인이다. 중국 31개 성급 지역의 주민은 31개 개별국가의 그것처럼, 언어, 민족, 풍토, 정서, 관습, 가치관 등이 제각각이다. 광둥 성과 인접한 푸젠 성의 언어는 스페인과 인접국 포르투갈의 언어가 서로 다른 것보다 더 다르다. 불어와 독일어가 다른 것만큼 다르다. 물론 광둥과 푸젠 두 지역민의 정서, 풍습, 가치관 등도 언어가 다른 것만큼 다르다.

이런 중국의 성별 차이를 우리나라 경상도, 전라도, 충청도 차이 정도로 생각하면 착각도 이만저만한 착각이 아니다. 소금이 짜다는 사실은 맛을 보아야만 알 수 있듯, 존재는 실제 체험을 통해서만 파악할 수 있다. 예로부터 우리나라 식자층이 애호해온 탁상공론식 관념론이나 연역법 따위로는 두껍고 복잡한 다층구

9 한국을 '오면초가'에 빠뜨리다   357

조를 지닌 중국의 피부에 접근조차 할 수 없다. 실제 체험을 통한 경험론과 귀납법이 그나마 중국의 속살을 엿볼 수 있는 최선의 접근방법이다. 중국 각 성 사람들의 특성은 탁상에서 문헌에만 의존해 유형화하거나 개인적 경험을 일반화해 억지로 끼워 맞출 수 없다. 중국 각지를 여러 번 여행했거나 여러 군데서 오래 살아 봤거나 중국 각지 사람들과 속고 속이며 거래를 해본 사람이라면 누구나 공감하는 실체적 진실이다.

"한 줄의 자오선이 진리를 결정한다. 강과 산맥이 경계 짓는 정의! 피레네 이쪽에서의 진리가 저쪽에서는 오류다"라고 파스칼이 말한 바 있다.

'정치는 꽝, 경제는 짱'

중국 전통사회는 정치권력이 제일이다. 정치권력은 사람과 사물을 맘대로 농단할 수 있었다. 그러나 어제도 오늘도 광둥에서는 정치권력이 그다지 쓸모가 없다. 돈이 최고다. 돈만 있으면 지위도 체통도 저절로 생긴다. 부자는 성공한 사람과 동의어다.

"너 그렇게 공부 안 하고 놀기만 하면 나중에 커서 관료나 해먹게 된다."

예나 지금이나 광둥에서 부모가 공부에 게으름 피우는 아이를 꾸짖을 때 흔히 쓰는 말이다. 광둥 사람이 관료들을 얼마나 부패와 무능의 대명사로 보는지, 그들의 마음속에 관료의 지위가 얼마나 형편없는지를 알 만하다.

중국인이 상인종이라면 광둥인은 상인종 중에서도 핵심만 골라 모은 순종 상인종이다. 광둥인은 전부 상인이라고 해도 과언이 아니다. 그래서 '광둥상인'이라고 하지 않고 그냥 '광둥인'이라고 부른다.

> "유전자생 무전자사有錢者生, 無錢者死. 돈 있는 자는 살고 돈 없
> 는 자는 죽는다."

광둥인은 이 말을 전혀 풍자로 듣지 않는다. 광둥인에게 이 말은 물고기는 물에서 살고 물 없으면 죽는다는 말처럼 지극히 당연하다. 광둥인에게 돈은 만악의 근원이 아니라, 오히려 돈이 없는 것이 만악의 근원이다. 광둥인의 배금주의는 '중화배금주의 공화국' 중국에서도 챔피언이다. 그들은 돈을 벌기 위해 동분서주하고 돈벌이를 최고의 즐거움으로 안다. 광둥인에게 돈은 곧 신이고 신은 곧 돈이다. 광둥인의 인생 제1목표는 돈을 많이 벌고 이문을 많이 남기는 것이다. 그러기에 별 소리 소문 없이 전 중국, 나아가 세계적인 거부로 명성을 떨치게 된다.

허리에 1만 금을 꿰찬 광둥인은 정치를 속이 텅 빈 상한 공갈 빵에 비유한다. 그만큼 맛도 없고 멋도 없는 위험한 것을 왜 다른 지역 사람들은 그토록 집착하냐며 딱하게 여긴다. 그들은 정

치투쟁에 몰두하거나 정치와 관련된 화제를 즐겨 꺼내는 사람들을 어지간히 할 일 없는 게으른 자로 경멸한다. 그럴 여유가 있으면 차라리 한 푼이라도 돈을 더 버는 게 실질적이고 현명할 것이라며 혀를 찬다. 정치에 관심 있는 광둥인이 있다면 그 관심은 돈에 대한 집착의 부산물에 지나지 않는다. 간혹 정계에 투신하려는 광둥인을 보면 돈을 더 많이 벌기 위해서 저런 길을 택했다며 위험하고 수지맞지 않는 길로 들어섰다고 안타깝게 생각한다.

광둥인 가운데는 정치를 화제로 꺼내는 것조차 질색하는 사람이 많다. 베이징인의 화제가 정치라면 광둥인은 오직 돈 버는 이야기뿐이다. 외국인이나 외지인이 광둥에서 살아남으려면 시진핑 등 베이징의 정치지도자 누구누구와 형님 동생 하는 사이라든지 그의 사돈에 팔촌과 함께 자장면을 먹은 적이 있다든지 하는 식의 허풍은 떨지 말아야 한다. 실제로 정치적 백이 있는 자 또는 그것이 있음을 과시하는 자는 광둥에서 왕따 당하기에 십상이다. 그래서인지 광둥에서 성공한 우리나라 기업가의 소식을 들은 기억이 가물가물하다.

글로벌 슈퍼리치 TOP100에 포함된 중국인 가운데 광둥 출신이 3분의 2인 열 명중국 두 명, 홍콩 다섯 명, 미국 한 명, 타이 두 명이나 차지한다. 자산 190억 원 이상을 보유한 억만장자가 많이 거주하기로 광둥 성이 전국 31개 성급 지역 가운데 압도적 1위를 차지하고 있다.

이와 정반대로 현재 중국의 정치 최고핵심 지도층인 시진핑,

리커창李克强, 1955~ , 장더장張德江, 1946~ 등의 정치국상무위원 일곱 명을 포함한 25명의 정치국위원 중 광둥 출신은 단 한 명도 없다. 지난 수십 년간 광둥 출신 정치국상무위원 역시 0명이다.

정치가 0 대 기업가 10, 충격적으로 극명한 대조다. 더욱 충격적인 것은 타지역 중국인은 물론 광둥인 당사자들조차 차별대우로 서운하게 생각하기는커녕 아주 당연하게 여기고 있다는 사실이다.

"광둥이 차지하는 비중을 보아서라도, 지역안배 차원에서라도 25명 정치국위원 중 한두 명 정도는 광둥 출신을 끼워 넣어야 구색이 맞다"며 '정치적으로 소외당하는 광둥' 운운하는 사람들은 정치공학을 일삼거나 오지랖 넓은 일부 외국의 전문가뿐이다. 인식의 오류는 종종 자기 나라에서 배양된 가치관과 의식구조를 표준으로 삼아 상대방의 세계를 해석하고 재단하려는 습성에서 출발하는 것이다.

일본인도 맥을 못 추는 순종 상인종의 본향 광둥

광둥이라 만릿길, 베이징에서 광둥은 아주 먼 거리다. 옛날 사람들이 베이징에서 출발해 걸어서 광둥 땅에 도착하려면 하루도 쉬지 않고 가더라도 반년은 족히 걸렸다. 오늘날 비행기로 날아가더라도 세 시간 넘게 걸린다. 서울에서 베이징까지 1시간 30분도 채 안 걸리는 것과 비교하면 광둥이 베이징에서 얼마나 멀리 떨어져 있는지 능히 짐작할 수 있다. 이렇게 멀리 떨어진 만큼 베

2012년 11월 열린 제18차 중국공산당 전국대표대회에서 선출된 일곱 명의 정치국상무위원.
왼쪽부터 장가오리(張高麗), 류윈산(劉雲山), 장더장,
시진핑, 리커창, 위정성(兪正聲), 왕치산(王岐山)이다.
이 중 광둥 출신은 단 한 명도 없다.

이징의 중앙정치권력이 광둥에 미친 영향은 아주 미약했다. 근세의 쑨원이나 캉유웨이 등 극히 이례적인 경우를 제외하면 정치와 혁명을 통해 위인의 반열에 오른 광둥사람은 극소수였다. 그들은 아예 정치권력과 담을 쌓고 사는 전통을 세웠다. 전란을 피해 황제의 거처와 멀리 떨어진 이곳까지 와 생업에 종사하며 잘 먹고 잘살고 있는 판에 하필이면 정치권력 이야기인가?

광둥은 정치와 사상의 냄새가 옅다. 현실적이고 실용적인 대중문화와 상업문화의 꽃향기가 진동한다.

"정치는 밥 먹여주지 못한다."

광둥에서 위로는 사장, 아래로는 말단공원까지 모두가 만장일치로 동의하는 말이다. 광둥의 기업가는 채용이나 승진 등 직원의 인사에 정치성향을 전혀 고려하지 않는다. 직원이 얼마나 생산성 향상에 이바지하느냐가 관건이다.

광둥에서 직원의 사기를 올려주는 길은 보수를 많이 주는 방법뿐이다. 광둥의 회사원들은 물질적인 보수, 그중에서도 현금만을 참다운 보수로 친다. 중국 북방에서 아직도 통용되는 정신적 사기진작 방법, 이를테면 상금과 상품이 따르지 않는 표창장 수여는 오히려 반감만 초래할 위험이 있다.

실제로 개혁개방 초기 광둥에 진출한 외국의 기업가들이 모범사원들에게 상금이나 상품 없이 표창장만 주었더니 그 자리에서 발기발기 찢어버리는 일이 비일비재했다고 한다.

불교와 기독교, 이슬람교 등 기성종교를 제대로 믿는 광둥인은 극소수다. 그들은 기성종교조차 어서 부자가 되도록 돈을 많이 벌게 해달라고 비는 기복신앙으로 변모시켰다. 관상이나 사주, 풍수, 점 등 무속 관련 산업이 제일 번창하고 있는 곳 또한 광둥이다. 『삼국지』의 관우마저도 광둥에 가면 무신의 위풍은 온데간데없다. 돈벼락을 내려치는 순전한 재신의 전형으로 변신한다. 죽은 관우 대신에 살아 있는 알리바바의 마윈 화상을 모셔놓고 돈 벌게 해달라고 제사 지내는 사람들도 광둥인이다.

광둥에는 '후흑학'厚黑學[1]이 발전했다. 후흑학이란 낯이 두꺼워 부끄러움을 모르고, 속은 엉큼해 뻔뻔스러운 행동을 거리낌 없이 할 줄 알아야 성공한다는 시니컬하면서도 아주 실용적인 학문이다. 한마디로 얼굴에 철면피를 깔라는 가르침과 일맥상통한다 하겠다. 온갖 수모와 불이익에서 자신을 보호하는 법과 권위와 사사로운 정, 타협에 굴하지 않아야 승리자로 거듭날 수 있다는 것을 알려주는, '처세학'의 경지에 이른 처세술의 극치다. 광둥 북쪽에 인접한 푸젠 사람이 돈을 벌더라도 상업윤리의 범위 내에서 품격을 잃지 않고 자신의 실력으로 버는 것과는 대조적으로 광둥인은 타고난 후흑학의 고수들이다.

그렇다면 중국에서 광둥인이 제일 잘사는가? 그렇지 않다. 저장이나 장쑤, 푸젠 사람이 광둥인보다 더 잘살면 잘살지 못살지 않는다. 광둥인이 돈을 벌면 무엇을 하는가? 무엇을 위해 돈을 쓰는가? 광둥인은 행복을 사기 위해 합법과 불법, 흑과 백을 가리지 않고 돈을 번다. 돈을 벌 때는 목 윗부분인 머리를 사용하지만 돈을 쓸 때는 목 아랫부분, 특히 소화기와 생식기의 행복을 위해 쓴다. 요즘 세상에 누가 사상과 철학을 탐구하기 위해 돈을 많이 벌려고 하겠느냐마는 광둥인의 돈벌이 목표는 지나치게 가볍고 노골적이며 뻔뻔스럽고 형이하학적이다. 간혹 누가 도를 넘은 배금주의자 성향은 해롭다고 지적해줘도 광둥인은 화를 내거나 개선하려고 하지 않는다. 오히려 자랑스럽게 생각하고 더욱더 순열한 배금주의자가 되려고 애쓴다. 따라서 광둥인은 유능한 상인이지 존경할 만한 상인은 아니다. 광둥인이 중국 제1상인으로 손꼽히지 못하는 이유도 이런 데 있다.

광둥에 멋모르고 발을 들여놓은 외국인은 자신도 모르는 사이에 광둥인의 식탁 위에 올라가 그들의 밥이 되는 참극을 맞이하게 된다. 1972년 일본이 중국과 수교하자 마자 제일 먼저 총영사관을 개설한 곳은 광둥의 중심도시 광저우다. 중국 최대도시 상하이를 제쳐놓고 광저우에 제1호 주중 일본총영사관을 개설한 까닭은 크게 두 가지다. 첫째, 당시 경제적 말라깽이였던 대륙에서 그나마 먹을 것 있는 살점 부위는 홍콩과 가까운 광둥뿐이었다. 둘째, 경제동물 일본인과 순종 상인종 광둥인이 코드가 맞을 것 같아서였다.

결과는? 한마디로 쫄딱 망했다. 광둥에 진출한 일본기업 대부분은 완전히 탈탈 털리고 본국으로 돌아갔다. 그 일본기업가들과 그들의 후손들이 오늘날 반중감정反中感情, 혐중정서嫌中情緖의 세계 확산을 위한 안티차이나 운동의 최전선에서 맹활약하고 있다. 오죽하면 경제동물이라는 일본기업이 광둥에 웃으며 왔다가 울며 돌아갔을까. 현재까지 광둥에 진출해서 성공한 일본기업의 수는 한 자리 미만이다.

광둥에서 성공한 외자기업은 홍콩과 타이 등 동남아와 북미지역의 화교계 기업뿐이라고 해도 과언이 아니다. 광둥에는 2,000만 명에 가까운 홍콩화교의 가족과 친지가 거주하고 있다. 홍콩을 비롯한 광둥 출신 화교들이 광둥시장을 선점해버렸다.

그런데 광둥인도 광둥인 나름이다. 중국인 글로벌 슈퍼리치 1위인 리자청을 비롯한 홍콩 슈퍼리치 다수는 엄격히 말해 푸젠성에 인접한 광둥 북부의 차오저우潮州 지방 출신 화교들이다. 차오저우 사람들은 행정구역상으로 비록 광둥에 속하지만 푸젠 방언을 쓰는 등 언어와 습속, 혈연과 지연, 정서와 가치관 등이 광둥보다 푸젠에 가깝다. 차오저우 사람 대다수는 광둥 성 중남부의 광둥인들과 한통속으로 묶이는 걸 싫어한다. 글로벌 슈퍼리치 TOP100에 든 중국인 가운데 광둥 출신으로 분류되는 타이화교 두 명의 고향도 차오저우다. 따라서 글로벌 슈퍼리치 TOP100에 든 중국인 중 다섯 명의 화교 가운데 진정한 광둥인은 재미화교 천쑹슝陳頌雄, Patrick Soon-Shiong[2] 한 명뿐이다.

'식스센스'가 외친다, '남아공으로 가라'

패트릭은 1952년 남아프리카공화국 요하네스버그에서 9남 1녀 가운데 여섯 번째 아들로 태어났다. 그의 아버지의 태생은 광둥의 중부 장먼江門 타이산臺山이지만 푸젠에서 한약방을 차려 생계를 꾸리고 있었다. 일본군의 후베이 우한 점령, 즉 중일전쟁 전반전 종료 당시 일본군은 남쪽으로는 광둥 성을 석권하고 북쪽으로는 저장 성의 절반을 유린하며 푸젠 성 경내로 진입하기 일보 직전이었다. 따라서 패트릭도 앞서 얘기한 푸젠화교 시즈청처럼 필리핀을 향해 떠나는 푸젠 난민 보트피플 행렬에 동참하려고 했었다.

그런데 필리핀이라니! 느낌이 좋지 않았다. 이성적·합리적인 대뇌로 판단하면 제아무리 일본이라도 영국을 제치고 세계 최강국으로 부상한 미국의 식민지 필리핀까지 쳐들어갈 수는 없었다. 그러나 대뇌의 통치구역 밖에 있는 '식스센스'는 쳐들어갈 수도 있다고 외쳤다. 그 무속 마니아 광둥인 겸 음양오행과 주역에 달통한 한약업자는 점을 쳤다. 필리핀은 '대흉'으로 나왔다. 대뇌로는 의외였지만, 식스센스로는 예상대로였다. 어디로 피란 가면 좋을지 다시 점을 쳤더니 '멀고도 먼 나라, 금황색의 극원방'으로 나왔다. 이에 그는 이역만리가 아니라 '이역 10만 리'로, 머나먼 섬나라가 아닌 '머나먼 대륙' 아프리카로, 아프리카에서도 남쪽 끝, 금황색의 나라 남아프리카공화국으로 피란을 떠났다.

광둥인의 판단, 아니 점괘는 영험했다. 일본군은 한때 인도와

진정한 광둥인 재미화교 패트릭.
남아프리카공화국에서 태어난 그는
캐나다를 거쳐 미국으로 이주한다.
이후 제약회사를 차려 큰돈을 벌었다.
투자금을 둘러싼 갈등 때문에
친형제들과도 의절해 사람들의 입에 오르내렸다.

오스트레일리아, 뉴질랜드를 제외한 동아시아와 서태평양 전역을 석권했으나 인도양 너머 아프리카 최남단 남아공까지는 따라오지 못했으니.

연평균기온 20도의 남아공은 일반적으로 생각하는 아프리카와는 전혀 다른 모습을 보여준다. 고풍스러운 유럽식 건물과 환상적인 풍광의 해변이 어우러져 아프리카인지 유럽인지 구별하기 힘들게 한다. 만일 아프리카 전체가 남아공처럼 쾌적한 기후와 비옥한 토양을 지닌 인류생존의 적지였다면 미주대륙을 북미·남미 하듯, 유럽은 '북구,' 아프리카는 '남구'로 불렸을지도 모르겠다는 우스운 상상을 해본다.

중국 정부가 공표한 『2014 화교화인 청서』에 의하면 남아공의 화교는 약 30만 명_{광동 출신 최다수}으로 남아공 전체 인구의 0.4퍼센트를 차지하지만 전체 재부의 10퍼센트를 점하고 있다.

> "아무리 바닷물 닿는 곳에 화교가 있다지만 어떻게 중국에서 세상 끝 같은, 직선거리 1만 5,000킬로미터가 넘는 머나먼 남아공에까지 몇십만의 화교가 살고 있을까?"

이런 의문은 다음 사실을 감안하면 우문일 뿐이다. 알다시피 남아공은 금, 다이아몬드, 우라늄 등이 풍부하게 매장된 세계 1위의 광물자원 보유국이다. 남아공 국기 중 노란색의 '〉'모양도 황금을 상징한다. 참새가 방앗간을 그냥 지나가겠는가. 상인종

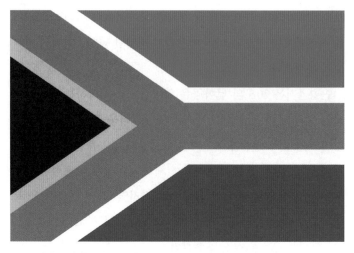

남아프리카공화국 국기.
노란색은 황금을 비롯한 남아공의 풍부한 광물자원을 상징한다.
남아공 경제에서 화교가 차지하는 재부의 비중은
국기에서 노란색이 차지하는 비율 이상이다.

중국인이, 그것도 순종 상인종 광둥인이 어찌 황금과 다이아몬드를 그냥 지나치겠는가!

따라서 남아공의 화교를 감안하면 "바닷물 닿는 곳에 화교가 있다"의 후렴인 "야자수 한 그루 밑에는 화교가 셋"은 "금광 있는 곳에 화교가 30만"으로 수정되어야 한다는 생각이다.

남아공화교 → 캐나다화교 → 미국화교로 3단 변신

남아공에서 패트릭의 아버지는 한약방을 차려 생계를 유지했다. 패트릭은 어려서부터 아버지 어깨 너머로 약을 조제하고 달이는 법과 진맥 등을 배웠다. 그는 여느 중국 아이들과 달리 의학서적과 과학서적을 탐독했다. 특히 영문판 과학잡지 『사이언스』 *Science*는 교과서나 다름없었다. 집 안에서는 전통 중국문화의 혈맥을, 집 밖에서는 정통 영국식 교육을 받은 패트릭은 13세 때 동서의학을 융합한 세계적 명의가 되기로 결심하고 매일 15시간 이상을 학업에 전념했다. 공부머리가 영특했던 그는 16세에 남아공의 명문대학이자 넬슨 만델라의 모교인 비트바테르스란트 의과대학에 입학했다. 패트릭은 24세에 남아공 최고병원인 요하네스 종합병원에서 내과전문의 자격을 획득했다. 그러나 요하네스 종합병원 사상 최초의 유색인종 전문의가 된 그의 봉급은 백인 레지던트의 절반에 불과했다. 당시 남아공은 흑백분리정책아 파르트헤이트의 암흑시대였기 때문이다.

패트릭의 첫 환자는 암병동 중환자실에 있는 백인환자 D였다.

D는 고열로 위독한 상태였으나 유색인종 의사의 진료를 한사코 거부했다. 병원장의 애원에 가까운 설득 끝에 D는 패트릭의 진료를 '윤허'했다. 곧 죽어도 유색인종에 대한 편견을 버리지 않던 그였지만 얼굴골상은 황인종이지만 얼굴색은 백인 못지않게 흰 중국계 의사를 직접 보자 마음이 좀 누그러졌다. 패트릭이 고열 발생의 원인을 파악해 치료하자 D의 체온은 금방 정상으로 돌아왔다. 그 후부터 D는 병원의 환자들과 의료인들에게 중국계 의사의 희멀건 피부가 백인의사나 다름없다며, 역시 백인이 최고 우수한 인종이라고 떠들고 다녔다.

1977년 25세의 패트릭은 푸젠 출신의 아름다운 화교 미셸과 결혼했다. 미셸의 꿈은 영화배우가 되는 것이었다. 당시 인종차별 국가 남아공의 실정상 그 꿈은 그야말로 백일몽이었다. 새신랑 패트릭은 자신의 야심과 새색시 미셸의 꿈을 실현시키기 위해 미국 LA를 최종 목적지로 하는 화교편력 대장정의 로드맵을 작성했다. 일단 홍콩인이 많이 이주한 도시라서 '홍쿠버'라는 별명으로도 불리는 캐나다의 밴쿠버를 중간 기착지로 삼았다. 그 신혼부부는 신혼여행지, 이민지, 새 직장 등 세 곳을 밴쿠버 한 곳으로 통합시켰다. 패트릭은 밴쿠버의 컬럼비아 의과대학 부속병원에 취직해 외과전문의가 되었다. 남아공의 내과전문의가 캐나다의 외과전문의로 변신한 과정이 석연치 않았는지 밴쿠버에 오래 거주한 백인의사 몇몇은 뭔가 수상쩍어 보이는 패트릭에게 사사건건 태클을 걸었다. 어느 날 아침 백인의사 F가 오렌지 두 개 크기의 종양을 제거하는 수술에 들어가려는 패트릭을 도발했다.

"당신이 수술에 성공하면 오늘 해가 서쪽 태평양으로 지지 않을 거다."

오기가 발동한 패트릭은 수술실 문 앞에서 내기를 했다. 수술이 성공하면 F가 패트릭에게 자신의 집 거실에 놓인 호두나무테이블을 주고, 실패하면 패트릭이 F에게 자신이 남아공에서 가져온 주먹 크기만 한 황금 원석 덩어리를 주기로 했다.

그로부터 3년 후 1980년, 패트릭은 두 개의 가구만 가지고 미국 캘리포니아 주의 LA로 이사 갔다. 그 두 개의 가구는 부부침대와 호두나무테이블이었다. 후일 그는 LA 자택에서 가진 한 인터뷰에서 전리품 호두나무테이블을 가리키며 술회했다.

"다른 사람이 내 능력을 의심하거나 비웃을 때, 이상하게 나는 열정과 의욕이 샘솟는다. 기분이 너무 좋아진다. 나를 칭찬하는 자는 나의 적이고 나를 비판하는 자는 나의 스승이다. 칭찬은 나를 방심하게 만들고 비판은 나를 더욱 성장시킨다."

패트릭은 LA 북서쪽에 있는 UCLA 의과대학 교수로 임직함으로써 세계 각지의 화교들이 꿈꾸는 '고액연봉자 미국 화교'가 되었다.

오직 황금색만 보인다

"고객님 많이 당황하셨어요?"

그렇다. 중국 국제공항의 전광판에서 '구금산'舊金山이라는 글귀를 보면 많이 당황한다. 같은 한자문화권이지만 중국을 처음 접하는 한국인과 일본인은 '구금산'에 2, 3초간 당황한다. '구금산' 다음에 나타나는 'San Francisco'를 보고서야 '아하, 샌프란시스코!' 하며 실소한다.

통산 20년에 달하는 중국체류 경험자인 필자도 당황하는 순간이 2, 3초에서 0.2, 0.3초로 단축되었을 따름이지 매번 당황하기는 마찬가지. "고객님 많이 당황하셨어요?"가 "고객님 매번 당황하시네요"로 바뀐 수준에 여전히 머물고 있다.

국제공항 전광판에는 영문병기라도 있지만 거의 모든 중국 서적과 매스미디어는 샌프란시스코를 영문병기 없이 '구금산'으로만 쓰고 부른다. 중국을 모르고 한자만 아는 외국인들은 '구금산, 이게 어디에 있는 산일까?'라고 의아해할 것이다. 지명인지 인명인지 물품명인지 도무지 알 수 없다. 불친절한 중국에 미간만 찌푸린다.

서울을 '서우얼'首爾, 워싱턴을 '화성둔'華盛頓이라고 하듯이 중국인은 외국지명을 유사한 발음으로 번역해 부르는 게 일반적이다. 그러나 두 곳만 예외다. 샌프란시스코와 오스트레일리아의 멜버른은 각각 '구금산' '신금산'으로 칭한다. 19세기 두 도시 근방에서 금광이 발견된 순서대로 부르는 것이다. 이 대목에서 우리는 중국인의 시력과 청력은 대상에 따라 가변적이라는 사실을 유추할 수 있다. 중국인은 황금을 보는 순간 청력 0에 가까운 귀머거리가 된다. 그 대신 시력은 인간 표준시력 1.2에서 12.0 정도로 급상승하나 오로지 황금의 노란색만 보이는 '금황색 색맹'이 되는 듯하다.

'금'金의 간자체는 정자체와 똑같은 '金'이다. 획수가 꽤 많은 8획의 '金'인데도 간자화하지 않는 까닭은 무엇일까? 생명처럼 소중한 '금'을 조금이라도 축소해서는 안 된다는, 반만년 상인종의 민족성과 '중화배금주의공화국' 국민성의 깊은 뜻이 고스란히 담긴 숭고한 의지에서 비롯된 것으로 추리된다. 중국 인명이나 상점 이름에는 금 세 개를 하나로 묶은 흥성할 '흠'鑫이 많이 쓰인다. 전 주한 중국대사 장신썬張鑫森의 이름에도 금 세 개 묶음이 나무 세 개 묶음 앞에 자리하고 있다.

순종 상인종 광둥인의 후예 패트릭은 1983년 구금산과 가까운 곳에 위치한 의과대학 교수 겸 난치병 전문치료의사 겸 의약연구원이라는, 세 개의 금을 한꺼번에 거머쥔 '흠'鑫, '쓰리잡스'로서의 돈맛을 보기 시작했다. 아내 미셸도 비록 단역배우이기는 하지만 꿈에도 그리던 할리우드에 입성해 패트릭 부부는 미국 이너서클의 돈맛을 시식했다. 천하무비의 돈맛, '으~흠鑫!'

금을 찾아 제 발로 미국으로 간 쿨리

2015년 9월 19일, 중국 철로공사가 중심이 된 중국컨소시엄이 라스베이거스와 LA를 연결하는 370킬로미터의 고속철도 건설에 참여한다는 소식을 실으면서 중국의 『신경보』는 감탄조의 기사를 썼다.

"19세기 미국 대륙횡단철도 건설에 중국인 쿨리가 대량 동원되었다. 당시 노예해방으로 인한 흑인 노동력 부족을 매판자본에 팔려간 새로운 국제노예인 중국인 쿨리로 메꿨던 것이다. 그로부터 150년이 지난 오늘날, 중국은 중국의 기술과 중국의 자본으로 미국에 고속철도를 놓으려 한다. 역사는 돌고 돈다. 이 아니 감개무량한 일이 아니랴."

이처럼 중국 당국은 쿨리들을 흑인노예를 대신한 국제노예라하며 '피해자 코스프레'를 하고 있다. 우리나라와 각국의 다수 지식층도 대체적으로 이런 시각에 동조하고 있다. 내 생각은 좀 다르다. 결론부터 말하면 쿨리들은 강제적 노예가 아닌 자발적 노동자들에 가깝다. 쿨리들은 아프리카 출신의 흑인노예들이나 일제에 의해 강제로 끌려갔던 우리나라의 '일본군 성노예'[3]와는 성격 자체가 다르다.

1848년 캘리포니아의 아메리칸 강 지류에서 금광이 발견되자 미국 동부지역뿐 아니라 세계 각지 사람들이 파리떼처럼 몰려들었다. 훗날 1849년에 캘리포니아로 운집해온 사람들을 '49년에 온 사람'이라 불렀다. 프로미식축구팀 '샌프란시스코49ers' 명칭도 여기에서 딴 것이다.

수십만 명의 중국인대부분 광동인도 금을 찾아 돈을 벌 수 있다는 인력송출업체의 과대광고를 보고 전 재산을 팔아 캘리포니아로 건너왔다. 오만한 '대청제국'이 '아메리카'를 아름다운 '미'美가 붙은 '미국'⁴으로 부르기 시작한 것도 그 무렵이었다. 그러나 캘리포니아 주법은 중국인들의 광산채광을 금지하고 있었다.

"고객님 많이 당황하셨어요?"

19세기 미국판 보이스피싱(?)에 속은 초기 광동 출신 이민자들은 미국 횡단 대륙철도건설에 투입된 일당 1달러의 육체노동자 쿨리가 되어야 했다. 그래도 일당 1달러가 어디인가. 오늘날 30달러에 달하는 이 금액은 당시 중국 대륙에서는 꿈도 꿀 수 없는 고액급료였다. 따라서 꼬리에 꼬리를 물고 밀려든 수백만 명의 후발 광동 출신 미국 이민자 대부분은 속는 체함으로써, 속이려는 자를 눈감고 '야옹' 하듯 되려 속이면서 캘리포니아로 건너온 자발적 육체노동자였다. 1880년까지 미국으로 몰려든 중국인 수는 300만 명이 넘어 당시 미국정부는 '중국인 이민 금지법령'을 제정하기까지 했다. 동기와 내막이 어떻든 미국횡단철도를 건설한 진정한 주역은 중국인 쿨리였다. 이는 자타가 공인하는 미

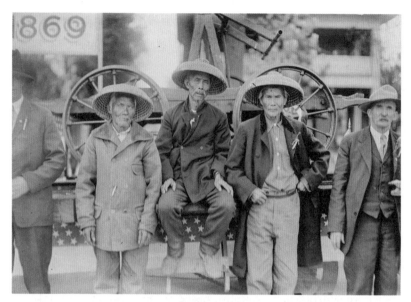

미국의 대륙횡단철도를 건설하던 쿨리들.
많은 사람이 쿨리를 국제노예처럼 여기는데 이는 사실이 아니다.
이들은 자발적 노동자에 가깝다.
당시 쿨리들은 일당 1달러를 받았는데
중국에서는 꿈도 꾸지 못할 고액이었다.

국 서부개척사의 중요 대목이다.

『2014 화교화인 청서』에 의하면 재미화교 수는 미국 전체 인구의 1.2퍼센트인 약 380만 명광둥, 푸젠 출신 순이다. 재미화교 중약 80만 명은 1970년대 이후 미국으로 건너온 신화교이고, 나머지 대부분은 광둥 출신 쿨리들의 후손인 구화교다. 따라서 앞서 부른 "금광 있는 곳에 남아공화교가 30만" 뒤에는 이런 후렴이 붙어야 제격일 것 같다. "금광 있는 곳에 미국화교가 300만."

80만 재미 신화교는 패트릭 같은 고학력의 의사, 과학기술자, 투자사업가, 유학생과 그 가족들이 대부분이다. 현재 중국계 과학자 중 노벨상을 받은 여섯 명 전원은 미국 국적으로 미국에 거주하고 있다. 미국 내 유수대학 학장 셋 중 하나가 중국계일 정도로 재미화교의 성장세는 눈부시다.

380만 재미화교는 미중관계의 부동액

미국 전체 인구의 1.2퍼센트인 380만 재미화교가 미중관계와 미소관계의 명암과 냉온을 갈랐다. 미중관계와 미소관계가 근본적으로 다른 점을 세 가지만 들겠다.

첫째, G2 양국의 세계관이 서로 다르다. 과거 미국과 소련은 삼각형 세계의 '정점'TOP을 놓고 제3차 세계대전 일보 직전까지 치달도록 치열하게 싸웠던 반면, 중국은 중화사상에 근거한 세계관, 즉 원형세계의 '중심'CENTER을 회복하려고 하고 있다. 상이한 세계관에서 비롯된 상이한 궁극적 국가목표를 가진 미중

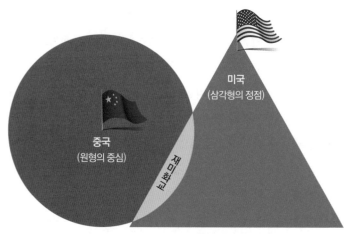

중국과 미국의 세계관

미국
(삼각형의 정점)

중국
(원형의 중심)

재미화교

중국의 수출 상대국: 제1위 미국　　　미국의 수출 상대국: 제3위 중국

• 각종 온·오프라인 자료를 참고해 직접 작성.

두 초강대국이 직접적인 사생결단의 육박전을 벌일 가능성은 매우 낮다고 본다. 만에 하나 한판 붙는 불상사가 발생하더라도 그건 마치 권투챔피언 알리와 레슬링챔피언 이노키와의 밋밋하기 짝이 없었던, 죽도 밥도 아닌 쇼로 마무리될 공산이 크다. 원형의 세계관에는 정점 자체가 없고, 삼각형의 세계관에서 중심은 최고로서의 의미가 없기 때문이다.[5]

둘째, 미소관계가 "너 죽고 나 살자" 식의 제로섬게임의 정치적·군사적 적대국 관계였던 반면 미중관계는 양국이 자본주의 공생체이자 "내가 살기 위해 너를 살린다" 식의 상생해야만 살아남는 경제·무역의 라이벌 관계상호 최대 채권·채무국, 상호 3대 무역상대다. 정치·군사상의 전쟁과 경제·무역상의 경쟁이 다른 점이 바로 이것이다. 경제·무역에서는 라이벌을 궁지의 절망상태로 빠져들게 하거나 씨를 말려서는 안 된다. 경쟁이긴 경쟁이되 유한경쟁이어야 하는 것이다.

끝으로, 380만 재미화교의 존재다. 미국 전체인구의 1.2퍼센트에 불과한 이들의 실존이 냉전시대 미소관계와 G2시대 미중관계를 극명하게 가르는 주역이다. 380만 재미화교는 미국과 소련 사이에 없었던 접착제이자 완화제이자 범퍼다. 이들은 미국과 중국 양국관계의 동결온도를 저하시키는 380만 배럴의 부동액이자, 380만 메가톤의 방동제 염화칼슘 같은 역할과 기능을 수행하고 있다.

돈 앞에서는 친형제들도 필요 없다

1986년, 34세의 UCLA 의과대학 교수 패트릭은 세계 최초로 당뇨병 환자에게 정상인의 췌장세포를 이식수술해 한 여성 환자의 생명을 구했다고 발표했다. 이에 미국연방식품약물관리국이하 FDA은 특허권을 부여했고 전 세계 의학계에 핫 이슈가 되었다. 대개 이럴 경우 의학자나 과학자 대부분은 연구실과 실험실에 틀어박혀 연구와 실험에 더욱더 몰두하거나 한 발은 연구실에 둔 채 산학협동·산학연계를 위해 나머지 한 발은 산업계에 걸쳐 두는 게 보편적이다.

그런데 패트릭은 두 발을 한꺼번에 빼버렸다. '오로지 상인의 한길로!' 순종 상인종 광둥인의 후예 패트릭은 1991년 UCLA 의과대학 교수직을 전격 사임하고 창업의 길로 나섰다. 후일 그는 "사실 외과전문의 경력은 CEO가 되는 최상의 훈련과정이었다"고 자백하듯 털어놓았다.

패트릭은 그의 큰형과 글로벌 유명제약회사가 출자한 500만 달러로 당뇨병 치료제 전문제약회사 Vivo Rx를 설립하고는 큰형은 이사장, 자신은 사장으로 취임했다. 그러나 췌장세포 이식수술을 받은 환자는 몇 주도 지나지 않아 심각한 부작용이 발생해 다시 인슐린 주사를 맞아야 했다. 그러자 전 세계 과학계와 의료계, 제약업계가 패트릭은 사기꾼으로, 그의 업적은 과대 포장된 의학 성과의 전형으로 온갖 비난의 십자포화를 쏟아냈다.

그러나 2005년 세계 최고권위의 의학저널 『뉴잉글랜드 저널 오브 메디슨』NEJM에 췌장세포를 이식받은 일부 환자는 인슐린에 의존하지 않고도 살아갈 수 있다는 연구결과가 발표된 이후 패트릭을 향한 세계 의학계의 비난의 목소리는 한결 부드러워졌다.

여하튼 이 문제 때문에 패트릭은 큰형에게 사장직 해고를 당한 데 이어 큰형이 창업 때 투자한 250만 달러를 반환하라는 대여금 반환소송을 당했다. 이에 패트릭은 큰형에게 돈을 받은 일 자체가 없다며 반환을 거부했다. 진노한 큰형은 패트릭을 사기죄로 형사고소하고 패트릭은 무고죄로 큰형을 맞고소하는 골육상쟁의 소송전이 전개되었다. 5년여간 지속된 그 볼썽사나운 소송전의 와중에 패트릭은 큰형뿐만 아니라 큰형 편을 든다는 이유로 나머지 친형제자매와도 의절해버렸다.

패트릭은 주위 사람들이 이와 관련한 말을 꺼내면 못들은 체하거나 '노코멘트'로 대처해왔다. 간혹 자신의 눈썹이 못생겨 형제운이 없다고 생뚱맞게 눈썹 탓을 하며 지극히 비과학적인 핑계로 얼버무렸다. 여태껏 그는 사과의 변은커녕 친형제 간의 일로 주위 사람들에게 심려를 끼쳐서 유감이라는 상투적인 말조차 하지 않고 있다. 교수이자 의사, 과학자, 글로벌 슈퍼리치를 떠나 한 인간으로서 기본적인 덕목과 인성에 흠결이 있는, 치료가 곤란한 도덕불감증 환자라고 진단할 수 있겠다.

그런데 이러한 진단을 내릴 수 있는 제3자는 아직도 부모에게 효도하고 형제와 우애하는 전통적인 유가적 가족관이 많이 남아있는 우리나라와 중국의 일부 지역베이징과 안후이, 산둥 서부 사람들로 범위가 좁혀지는 추세다. 이러한 진단은 합리주의와 개인주의가 우세한 미국과 배금주의자 천국인 광둥에서는 '멀쩡한 사람 잡는' 악의에 찬 오진일 뿐이다. 재산 문제로 친형제와 소송도 불사하고 의절했다며 그를 비판하는 미국인과 광둥인의 목소리는 듣기 힘들다.

1998년 패트릭은 당뇨병 치료제에서 항암제로 전환해 제약회사 'APP 파마스유티칼스'APP Pharmaceuticals와 바이오 신약개발 연구소 '아브락시스 바이오사이언시스'Abraxis Biosciences를 설립했다. 그 당시 유통되던 금 한 돈 가격의 1,200배나 비싸게 거래되는 항암제 택솔taxol의 주성분 도세탁셀Docetaxel의 부작용을 없애고 약효를 강화한 항암제 신약을 비롯해 난치병 치료제, 고혈압·고지혈증 치료제, 항염제 등 수백 종의 신약을 개발·시판해 떼돈을 벌었다. 2005년에는 나노기술을 이용해 개발한 전이성 유방암 치료제 아브락산Abraxane이 미국 FDA의 시판승인을 받게 되자, APP사는 일약 세계적인 제약회사로 발돋움하게 되었다. 패트릭은 현재진행형 슈퍼리치라서 그의 결말을 섣불리 예단할 수는 없다. 하지만 이제까지 부풀어져만 가는 그의 돈 보따리를 본다면 광둥인의 재신은 착한 사람보다는 돈을 위해서 친형제들과도 의절해버리는 냉혹한 배금주의자의 편에 서 있는 것으로 추정된다.

한국을 '오면초가'에 빠뜨리는 생명공학 슈퍼리치

패트릭의 '식스센스'는 그의 아버지 못지않은 건가. 패트릭은 글로벌 금융위기가 닥치기 직전인 2007년 6월, APP 자회사를 46억 달러에 매각했다. 2011년 독일의 종합병원그룹인 프레제니우스Fresenius에 APP 주력회사를 37억 달러로 매각한 데 이어 2012년 항암제 전문제약사 아브락시스 바이오사이언시스를 29억 달러로 셀젠Celgene에 매각해 일약 글로벌 슈퍼리치의 자리에 올라섰다. 월가의 일부 애널리스트가 '재신 들린 중국계 의사'로 받드는 패트릭은 다른 한편으로는 거액의 리스크를 안고 있는 회사의 주식을 팔아치우고 튀어버린 파렴치한 자본가로 비판

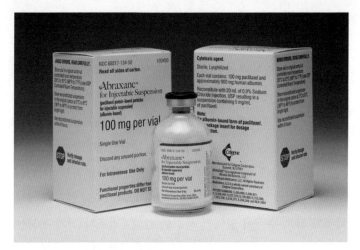

나노기술을 활용해 개발한 유방암 치료제 아브락산.
이 약이 미국 FDA의 승인을 받음으로써
패트릭의 APP는 일약 세계적인 제약회사로 발돋움하게 되었다.

받고 있다.

패트릭은 LA 시민들에게 지탄의 대상이 되기도 했다. 2010년 LA 근교의 중소형 주택단지 바로 인근에 미식축구경기장 세 개만큼 넓은 대지를 사들인 후 호화 별장단지를 짓기 시작했다. 지역주민들은 패트릭이 3년여간 계속되는 공사기간 중 온갖 소음과 분진을 방출하면서도 자기네들에게 눈인사 한번 제대로 건네지 않았다고 그에게 'S.O.B'류의 욕설 한 드럼씩을 퍼부어댔다.

그러나 그에 대한 온갖 비난은 '패트릭, 재미화교 가운데 최대 기부자'라는 수식어 앞에서 사소한 가십거리조차 되지 못하는 것으로 돌변해버린다. 중국계 슈퍼리치의 갖은 약점은 선행을 베풀 때 증폭되는 돈의 위력 앞에서 단숨에 '옥 1만 근 가운데 1나노 티끌'만큼이나 급속히 축소된다.

패트릭은 LA의 성요한병원 건축비로 1억 3,500만 달러를 기부했고 또 다른 병원 리모델링에 1억 달러를 무이자로 빌려주었으며 LA문화센터 건설에도 거액을 쾌척했다. 또한 향후 자신의 사재 절반을 자선 및 사회적 구호에 쓰겠다며 워런 버핏, 빌 게이츠에 이어 제3의 고액 기부자가 되겠다고 공언함으로써 주류 미국사회의 환심을 사고 있다.

『짜라투스트라는 이렇게 말했다』에서 니체는 말했다.

"곱사등이에게서 그의 혹을 떼어버리면 그에게서 혼을 없애는 것이다."

패트릭의 성공요결은 니체의 갈파를 "곱사등이에게는 곱사등이 가장 큰 재산이다"로 재해석, 실행한 데 있는 것과 흡사하다. 그는 자신의 단점과 잘못을 개선하려 하지도 않고 반성하지도 않는다. 강산은 바꾸기 쉬우나 사람의 타고난 성격은 바꾸기 어렵다江山易改, 本性難改. 바꾸려고 해도 바뀌지 않는 성격을 억지로 바꾸려고 하면 우울증과 열등감의 늪에 빠져 아무 일도 못 한다. 그는 자신의 단점들을 제쳐놓고 장점만을 불굴의 투지와 노력으로 키워나가 산처럼 거대한 업적을 이룸으로써 원래의 단점들을 산등성이의 자갈 정도로 보이게 하는 데 능숙한 고수 같다. 두 골을 실점 당해도 관중의 야유에 주눅 들거나 수세에 몰리지 않고 오히려 닥치는 대로 공격을 감행해 내리 다섯 골을 득점해 역전시키는 속공 역습의 명수 같다.

글로벌 슈퍼리치 TOP100에 든 중국인 15명 가운데 중국 정부에 가장 홀대받는 갑부는 중국 내국인 중에는 레이쥔이고 해외 중국계 중에는 패트릭이다. 전자는 불법 복제품 샤오미를 생산하는, 세계에 내놓기에는 떳떳하지 못한 복제고양이라 그렇고, 후자는 미국의 기업가들보다도 중국에 대한 투자를 거의 하지 않는, 겉만 노랗고 속은 하얀 '바나나형 졸부'로 여기기 때문이다. 그러나 앞으로 패트릭이 거액을 중국에 실제 투자하거나 기부한다면 이러한 홀대가 단숨에 '우대'로 돌변할지도 모를 일이다.

패트릭은 글로벌 슈퍼리치 TOP100 가운데 유일하게 생명공학BT, Bio Technology으로 큰돈을 번 글로벌 갑부다. 중국 대륙에 이미 마윈알리바바, 리옌훙바이두, 마화텅텐센트, 레이쥔샤오미 등 IT 슈퍼리치 4강이 포진해 있는 데다가 북미 대륙의 중국계 BT 슈퍼리치 패트릭이 가세하고 있는 형국이다. 이들 슈퍼리치 다섯 명은 IT와 BT가 융·복합된 헬스케어산업을 신성장동력으로 삼으려는 우리나라 기업들을 자칫하면 사면초가보다 심각한 '5면초가'의 궁지에 몰리게 할 수도 있다. 두 눈 똑바로 뜨고 어금니 꽉 다물고 두 주먹 불끈 쥐어야겠다.

제5부

법과 제도의 나라 중국

나 자신에게는 얼음을, 남에게는 햇빛을!
• 류창

중국은 '자본주의 개발독재국'으로서
사업에는 '법제'가 중요하고
'이미' 우리보다 앞섰다.
• 문협

10 성실놀부 1세와 타락놀부 2세
갑부 2세 문제, 법과 제도로 해결하라

흥부가 기가 막혀? 덩샤오핑은 더 기가 막혀!

"돈 한 푼 못 모으고 원찮은 자식이 스물다섯."
놀부가 뒤로 물러앉으며 군소리로, "박살할 놈."

『흥부가』의 한 대목이다. "아들 둘은 말할 필요도 없고, 셋도 너무 적고, 적어도 넷은 돼야지요." 마오쩌둥 시대 부부들의 출산 목표는 최소한 아들 넷이었다. 중국 최장수갑부 가족 류씨 4형제의 이름 끝 글자를 모으면 '언행미호'言行美好라는 사자성어가 되는데 이를 보아도 그들의 부모가 애당초 작정하고 아들 넷을 낳은 것임을 알 수 있다.

류씨 4형제의 부모는 막내 융하오를 낳는 순간, 아들출산 목표량과 사자성어 만들기를 동시에 완수해 무척 기뻐했을 것 같다. 마치 창조주가 여섯째 날 남자와 여자를 창조해놓고 매우 기뻐해했던 것처럼, 환호하며 동네잔치라도 벌였을 것 같다. 물론 창조주는 일곱째 날에 안식했으나 류씨 4형제의 부모는 안식은커녕 아이들을 굶겨 죽이지 않기 위해 뼈가 으스러지도록 일했을 것이다.

1949년 중화인민공화국 수립 당시 중국인구는 약 5억 명이었다.[1] 마오쩌둥 초대주석은 "인구는 국력이다"라고 선포했다. 마오는 인구가 많아질수록 더욱 빨리 강하고 위대한 사회주의 국가를 건설할 수 있으며 이것이 제국주의를 무찌르는 국력의 원동력이 된다고 강조했다. 베이징대학 총장을 역임한 유명한 경제학자인 마인추馬寅初, 1882~1982가 중국이 산아제한 정책을 시행하지 않으면 인구 대폭발이 일어날 것이라고 경고했지만 마오는 마인추를 축출하고 인구 다다익선론의 고집을 꺾지 않았다.

1976년 마오가 사망했을 무렵 중국의 인구는 10억 명에 이르렀다. 마오는 한 세대도 채 안 되는 짧은 세월 동안 인구를 100퍼센트 신규 증식시키는 데 성공했다. 동시에 부자 놀부를 깡그리 멸종시켜 중국 대륙을 가난뱅이 흥부들의 소굴로 전환시키는 데 성공했다. 어쩌면 인구 다다익선론의 궁극적 목적은 흥부들의 다산을 장려해 놀부 탄생 가능성을 원천적으로 차단해버리려는, 불세출의 전략가 마오만의 은밀하고도 치밀한 계략이 아니었을까.

자신도 어지간한 놀부 집안농촌 소지주 출신이면서 어릴 적 받은 모종의 충격 때문에 뒤틀려버린 심사로 부자들의 씨를 말리려 했던 마오쩌둥. 유대계 혈통이라는 설이 유력한 제3제국 총통 아돌프 히틀러Adolf Hitler, 1889~1945가 성장과정 중 받은 모종의 충격 때문에 유대인의 씨를 말리려 했던 광란의 행태와 인민복을 입은 공산황제의 행태와 매우 흡사하다. 두 독재자는 아버지에 대한 증오와 어머니에 대한 애착이 성장과정에 계속 잠재되어 있었다는 공통점이 있다. 이 공통점을 연구과제로 삼아도 괜찮겠다.

흥부가 기가 막혀? 사실 흥부는 기가 막힐 이유도 자격도 없다. 기가 막혀 할 사람은 흥부가 아니라 놀부다. 놀부자식 한 명이 통설가 제아무리 부자라지만, 자식을 25명이나 거느린 동생네 27개의 입을 어찌 건사할 수 있겠는가? 우리나라 착한 부자 가문의 대명사, 경주 최부자 집이나 청송 심부자 집이라도 불가능할 것이다. 다만 엄동설한에 쫓아낸 것만 잘못했을 뿐.

덩샤오핑은 기가 막혔다. 마오의 비판적 후계자 덩샤오핑이 정권을 장악한 1978년 말, 전 인민의 흥부화를 이룬 균빈의 노대국에 널린 거지떼와 유사類似거지들의 무리를 보고 기가 막혔다. 월드컵 축구 대표선수 엔트리 22, 23명보다 많은 25명의 흥부 2세만큼은 아니지만, 적게는 옻가락 네 짝에서 많게는 연필 한 다스 이상의 자식이 예사인 흥부들의 거대한 빈민굴이나 다름없는, 당시 세계 인구의 4분의 1을 차지할 정도로 부하가 걸린 극빈국을 어쩌란 말이냐. 어쩌면 좋단 말이냐!

덩샤오핑은 단연코 '흥부=빈자=좋은 놈, 놀부=부자=나쁜 놈'

이라는 등식을 거부했다. 반만년 상인종 중국인의 본능과 정서에 전혀 맞지 않는, 그 생뚱맞은 구독일제와 구소련제 수입품을 폐기처분했다. 쓰촨의 윤택한 놀부전직고관 집안에서 태어난 덕에 15세 어린 나이에 프랑스 유학까지 갔던 덩샤오핑은 '착한 놀부들의 나라'를 꿈꾸었다. 그 꿈을 자기 대에 못 이루어도 자신의 후계자들이 실현시킬 것이라고 확신했다. 사실 덩샤오핑은 삼국시대 제갈공명처럼 이룰 수 없는 꿈을 꾼 것은 아니었다. 구소련식 사회주의 개꿈을 꾸며, 인민공사라는 잠꼬대를 하며, 문화대혁명의 악몽에 가위눌려온 반만년 상商나라[2]의 어깨를 흔들어 깨워 현실로 돌아오게 한 것이다. 상인종 중국인 본연의 놀부 근성을 회복시킨 것이다.

개혁개방 총설계자Master Designer 덩샤오핑과 그의 후계자들, 즉 장쩌민과 후진타오와 시진핑[3] 등 역대 최고지도자들의 공통된 특징은 다음 두 가지다. 첫째, 그들 모두 지주나 고위간부, 즉 놀부 집안의 아들이다. 둘째, 그들은 "(흥부가) 기가 막혀 못 해 먹겠다"며 국민 탓, 언론 탓, 반대파 탓, 관행 탓, 문화 탓이라고 투덜대는 데 그치지 않고 개혁개방 정책을 구체적으로 법제화해 강력히 실행한다. 그래도 개선이 안 되면 정치 후진국의 정객들처럼 낮은 수준의 국민의식 탓만 하면서 낡고 썩은 법제는 놓아둔 채 대안 없는 의식개혁이나 공허한 구호들을 밤낮으로 부르짖는 대신, 법률과 제도시스템를 집요하게 개선하고 버전업시켜 나간다. 서구 일각에서는 덩샤오핑 이후 중국의 역대 최고지도자들을 '입법가'Law Maker 또는 '국가시스템 디자이너'National System Designer라고 칭하고 있다. 역대 최고지도자들의 이러한 공통특성은 오늘날 부국부민 G2 중국으로 체현되고 있다.

덩샤오핑은 1980년 9월, 앞으로 모든 부부는 한 자녀만 낳을 것을 당 중앙에 교시하고 1가구 1자녀를 법제화해 강력히 집행할 것을 주문했다. 1982년 9월, 1가구 1자녀 정책을 기본국책으로 확정하고 그해 12월 헌법을 전면 개정해 가족계획을 헌법조문화했다.[4]

덩샤오핑의 신의 한 수, '먼저 부자가 되라'는 선부론을 한층 더 풀어 표현하자면, '놀부 우선복원 작업'이다. 우선 한 명의 놀부라도 생겨야지 열 명의 흥부가 주걱이나 뺨에 붙은 밥풀이라도 얻어먹을 수 있지 않겠는가!

중국에는 6억 명의 어린 황제가 있다

1가구 1자녀 정책은 인구증가를 억제하고 놀부들을 복원시키는 데 기여했다. 그렇지만 중국 대륙에는 수억 명의 외둥이, 어린 황제들이 자라나게 되었다. 이른바 80후, 90후, 00후로 불리는 그들은 1980년부터 시행된 1가구 1자녀 정책에 의해 태어난 신중국의 신세대들이다. 한족漢族 가족일 경우 부부에 아이 한 명, 즉 한 가정 세 식구를 뜻하는 삼구지가三口之家가 되어야 했다.

한 가정당 한 자녀에게는 고등학교 졸업 때까지 학비를 면제해주었지만, 두 자녀 이상에게는 10퍼센트 감봉과 벌금부과, 승진 제한 등 인사상 불이익을 주었다. 산아제한 법규가 가장 엄격한 내륙지방의 몇몇 성에서는 두 번째 아이를 낳으면 그 아이의 양식을 지원해주지 않았을뿐더러 호적에도 올릴 수 없도록 해 사생아 아닌 사생아 취급을 받기도 했다. 초등학교 1학년 아동 중 외동아이가 99퍼센트를 차지했다.

오늘날 중국의 어린이들은 동생도 형도 언니도 누나도 없다. 거의 모두 외동딸 아니면 외동아들이다. 그들은 모두 외로운 어린 황제인 셈이다. 중국의 전통 대가족 제도가 현대화와 중국식 사회주의 건설의 구호로 무너지고, 이제 그 뿌리조차 심각하게 흔들리고 있다. 외동이들은 자연히 과보호를 받고 어리광 부리도록 조장됨으로써, 자연히 자기중심적으로 되어 버릇없이 자랐다.

중국 친구의 집을 방문할 때면 신경이 곤두서는 일이 많다. '어린 황제'가 아무리 장난을 심하게 쳐도 부모가 나무랄 생각조차 하지 않기 때문이다. 어떤 가정에서는 한 어린애가 여섯 어른, 즉 엄마, 아빠, 할머니, 할아버지, 외할머니, 외할아버지 손에서 금지옥엽으로 자라고 있다. 아침에 눈을 뜨면 어른들은 서로 다투듯이 아이에게 달려들어 옷을 입혀주고 세안을 시키며 밥을 먹이는 등 한 아이를 둘러싸고 어쩔 줄을 모른다. 아이들은 옛날 황제 같은 생활을 되풀이하고 있는 것이다.

어른들의 지나친 사랑과 과보호 속에서 제멋대로 자라나는 어린 황제들의 정신세계는 자기만 아는 극단적 이기주의로 가득하다. 등교시간이면 초등학교 문 앞에서 웅성거리는 어른들의 수가 학생의 수보다 많다.

외동딸이며 외동아들인 그 아이들이 형제자매의 우애가 무엇인지 모르고 자기만을 중심으로 한, 온실의 연약한 꽃처럼 자라는 것을 보면 장래가 심히 걱정스럽다. 형이 무엇이고 동생이 무엇인 줄 모르는 아이들이 작은아버지, 고모, 이모를 알 턱이 없고, 더구나 조카란 존재를 모르는 것은 당연하다. 결국 어린 황제들은 이상적 사회주의 윤리의 핵심인 협동과 봉사와 이타를 교과서에서만 배우고 있다. 가정은 원자화되다시피 해, 그들이 사회주의 도덕관을 체득하기란 난해한 미적분을 풀거나 마르크스의 자본론을 이해하는 것만큼 어려운 일이다.

중국의 강력한 가족계획 정책은 인구증가를 억제하는 데 커다란 공헌을 했다. 그러나 어쩌면 '어린 황제' 문제는 중국 사회주의 전역에 폭발적인 대변혁을 내장하고 있는 시한폭탄일 수도 있다. 중국 사회의 전통적인 가족관에 엄청난 변동을 가져다줄 수 있는 이 1가구 1자녀 정책이 앞으로 몰고 올 대변혁의 폭과 깊이는 아마 우리의 상상을 초월하고도 남을 것이다.

사람人의 사이間라는 뜻의 인간이라는 한자어는 씹을수록 맛이 깊다. 그러나 1가구 1자녀 정책으로 중국에는 사회적 사람이라는 의미의 인간人間이 사라졌다. 지극히 이기적인 人과 人만이 있을 뿐이다. '人'을 서로 의지해가며 살아야 한다는 의미를 형상화한 글자로 풀이할 경우 중국의 외둥이들은 '人間' 또는 '人'보다는 고립되고 원자화된 6억의 'I'라고 표기해야 옳을성싶다.

자기가 하기 싫은 일을 남에게도 하게 해서는 안 된다는 뜻의 "기소불욕 물시어인己所不欲, 勿施於人"이라는 공자 말씀이나, "이 웃을 내 몸같이 사랑하라"는 예수 말씀까지는 아니더라도, 역지 사지易地思之의 단순하고 소박한 표현, "처지 바꿔 생각해봐"라는 의미조차 마음으로 공감할 수 있는 중국 외둥이가 얼마나 될까?

중국공산당은 2015년 9월에서야 1가구 1자녀 정책을 공식 폐 기하고 1가구 2자녀 정책으로 전환한다고 선언했다. 너무 늦은 감이 있다. 아무리 늦어도 10년 전부터 '놀부복원 사업'을 정리 해야 했다. 그 대신 'I'에서 '人'으로, 다시 '人間'으로 복원하는 인간복원 사업에 나서야 했다. 오늘날 중국인 개개인·개체별 인 간성과 중국 국가사회 전반의 윤리·도덕성에 어마어마하게 큰 싱크홀 현상이 발생하고 있다. 싱크홀이면 그나마 다행이다. 어 쩌면 지금 중국은 G2시대의 휘황한 빛을 일순에 빨아들이는 블 랙홀 초입, 백척간두보다 훨씬 위험한 '억척간두'에 서 있다.

류용하오, 딸에 대한 입장을 밝혀라

2001년 4월 19일 중국 포털사이트 신랑왕의 네티즌들과 류용 하오 사이에 치열한 격론이 벌어졌다. 익명성이 보장되어서인가. 중국 네티즌들은 의외로 거침이 없다. 가족기업의 족벌성과 후계 자 문제와 관련해 첨예한 격론이 벌어진 대목만 골라 소개한다.

네티즌 P 당신의 가족기업에 대해 어떻게 생각하십니까?

류융하오 우리는 단돈 1,000위안으로 창업했습니다. 시왕이 탄생하기 전까지는 개체호 수준이었습니다. 그러다가 수년 후 형제들이 경영하는 민영기업이 되었으며 지금은 현대화 기업경영을 향해 매진하고 있습니다.

네티즌 Q 네티즌 P의 질문에 대한 귀하의 답변이 불충분한 것 같습니다. 시왕은 분명히 류씨 4형제가 공동으로 창립한 가족기업 아닙니까?

류융하오 우리는 개체호로 출발해 가족경영의 기업형태로 변화했습니다. 1992년과 1995년 두 차례의 구조조정을 거쳤습니다. 현재 시왕은 민영기업이자 상장회사입니다. 또한 국유기업과 합작한 기업이며 앞으로 현대화 기업경영을 이룩하려고 합니다. 네티즌 여러분께 이렇게 말씀드리겠습니다. 가족기업 자체는 괜찮다고 생각합니다. 미국에도 적지 않은 가족기업이 있습니다. 세계에는 역사가 수백 년 이상 된 유수한 가족기업이 많고, 이들은 오늘 세계 500대 기업에 들어 있습니다.

네티즌 Q 우리와는 다른 자본주의 체제의 외국, 특히 미국에도 가족기업이 많기 때문에 그것이 괜찮다는 해석은 어폐가 있는 것 같습니다. 다시 추가 질문하겠습니다. 아시다시피 가족기업은 수많은 폐단을 내포하고 있습니다. 그것은 건전한 국가경제와 기업발전에 악영향을 끼치는 것이 아닌가요?

류융하오 시왕은 가족기업입니다. 그러나 제가 말하는 가족기업의 의미는 사주의 자식이 당연히 회사를 세습하고 노동자를 착취하는 족벌기업과는 다릅니다. 우리는 가족경영에서 벗어나고자 합니다. 즉 시왕이라는 큰 테두리 안에서 저는 신시왕을 창설했으며 몇 가지 부문은 제가 새로운 경영모델을 창조해낸 것입니다. 즉 우리 회사의 전체 사원이 저의 가족입니다. 또한 우리 회사의 주주들입니다. 사원들은 투자한 주식 비율대로 이윤을 배분받습니다. 기술도 주식화했습니다.

시왕은 경영능력이 제일 탁월하고 그룹발전에 공로가 제일 많은 자가 당연히 후계자가 되리라 봅니다. 우리는 지금 새로운 기업패러다임을 창출하기 위해 분투하고 있습니다. 시왕은 가족기업도 족벌기업도 아닙니다. 미래의 현대화 기업경영을 추구하는 현재의 가족기업입니다.

류융하오는 식언했다. 2011년 자신의 외동딸 류창劉暢, 1980~을 다섯 명으로 구성된 이사진의 이사로 선임한 데 이어, 2013년 5월 22일 신시왕그룹의 주력기업인 신시왕류허의 이사장으로 취임시켰다. 류창은 현재 신시왕그룹의 지분을 36.93퍼센트 갖고 있다.

"류융하오, 당신의 외동딸이 경영능력이 제일 탁월하고 그룹발전에 공로가 제일 많은 자라서 후계자로 선발했는가."

이는 내가 갖은 고생 끝에 찾아낸, '유일무이'한 중국 최장수갑

류융하오의 외동딸 류창(가운데).
그녀는 2013년 신시왕그룹의 주력기업인
신시왕류허의 이사장으로 취임했다.
류창은 이러한 자리에 적합한 경영능력이 있을까?
아니면 단순한 재벌 2세의 경영승계에 불과할까?

부의 언행불일치 혐의 부분이다.

재벌 2세의 가능성을 보여준 류창

류씨 4형제 가운데 최고갑부는 둘째인 둥팡시왕 총재 류융싱이다. 하지만 세간의 스포트라이트는 막내 류융하오에게 집중되어 왔다. 그 이유는 뭘까. 달변인 데다가 언론친화적이기도 하지만 무엇보다 류융하오에게는 싹수 있는 후계자인 외동딸 류창이 있기 때문이다.

이 세상 거의 모든 부모는 자녀가 잘살고 성공하길 바란다. 개혁개방 이후 한 자녀만 두어야 했던 중국의 부모들이 자녀에게 거는 기대는 극성스러울 만큼 크고 높다. 아들은 용이 되기를, 딸은 봉황이 되기를 기원한다. 중국의 보통 가정도 이러한데 류융하오 같은 중국 대표 기업가가 외동딸에게 거는 기대는 얼마나 큰 것이었을까 짐작이 간다.

1가구 1자녀 정책 실시원년인 1980년 태어난 류창은 화려한 의상을 입고 스타가수 흉내를 내기도 하고 너무 검소한 자기 아버지 흉을 보기도 하면서 사춘기 시절을 보냈다. 중국갑부 2세 대다수가 초중고부터 대학, 대학원 과정까지 평균 10년이 넘는 장기 해외유학 과정을 거치지만 류창은 미국 시애틀에서 고등학교 3년을 다닌 것으로 때웠다. 류창은 고등학교 졸업 직후 아버지의 반대를 무릅쓰고 귀국해 베이징외교학원외교부 산하의 4년제 대학 외국어비서과에 입학했다.

몇 년 후, 신시왕그룹 사료제조공장에 리톈메이^{李天媚}라는 이름의 여성이 입사했다. 자신의 외동딸을 사람의 입에 오르내리지 않게 하기 위한, 중국 최장수 갑부다운 심모원려^{深謀遠慮}였다. 후일, 이를 두고 세간에서는 아버지가 외동딸의 신비성과 신선도를 보존하기 위해 눈뭉치 속에 숨겨두었다고 촌평하고 있다.

한 신입 여공이 사료제조공장 출근 첫날 "어휴, 냄새!" 하면서 코를 틀어막자, '리톈메이'라는 명찰을 단 팀장이 "냄새가 나니? 사료재료인 건어물의 향기야"라며 감싸 안았다. 여공은 다정다감한 팀장이 총재의 외동딸인 줄은 꿈에도 몰랐다고 억울해한다. 그녀와 함께했던 사람들 대부분은 류창의 언행과 외모에서 여느 갑부 2세 외동딸의 도도하고 냉소적인 부분을 숨은그림찾기 하듯 찾아보아도 찾을 수 없을 거라고 입을 모은다.

선량, 겸손, 친절, 외유내강형의 '매콤한 누이'^{辣妹子}라는 별명을 가진 류창은, 아직도 매일 평균 100위안의 용돈만 쓰는 아버지 형제들과는 비교할 수 없지만, 쓰촨 중산층 여성 정도의 소비 생활을 할 만큼 검소한 편이다. 평생 중학생 헤어스타일을 애호하는 아버지처럼 그녀는 단발머리를 좋아하고 중국 전통의상 치파오를 즐겨 입는다. 사회봉사를 할 때가 가장 즐겁고 삶의 보람을 느낀다고 말하는 그녀는 실제로 지난 10년간 200여 명의 백내장 환자에게 새로운 빛을 주는 일도 조용히 도맡았다.

"나 자신에게는 얼음을, 남에게는 햇빛을!"

류창의 좌우명이다. 이 좌우명대로 류창은 타인의 공을 자신의 공으로 가로채지 않는다. 열심히 일하다가 접시를 깨뜨린 부하를 오히려 감싸준다. 더구나 류창은 신시왕그룹 이사로 선임되기 훨씬 전부터 시왕그룹의 해외진출을 위해 소리 소문 없이 발로 뛰며 많은 공을 세웠다. 이처럼 리더로서의 상당한 능력과 경력, 덕목을 구비한 류창이 단지 총수의 외동딸이라는 이유 하나만으로 그룹의 후계자가 되었다고 비난할 수는 없을 것 같다. 따라서 10여 년 전 류융하오가 공언한 자신의 후계자 조건, "경영능력이 '제일' 탁월하고 그룹발전에 공로가 '제일' 많은 자"에서 '제일'만 빼놓고 보면, 류창에게 후계자 자격이 전혀 없다고 할 수 없다. 또한 이런 견지에서 외동딸을 후계자로 선정한 것이 류융하오의 언행불일치라고는 할 수 없을 것이다.

중국갑부 2세의 개가 말한다, "너희는 이런 명품 없지?"

문제는 류융하오와 같은 쓰촨 출신 중국 최고갑부 왕젠린의 외아들 왕쓰총王思聰, 1988~ 이다. 왕쓰총은 싱가포르에서 초등학교를 졸업하고 영국 윈체스터 칼리지와 영국 귀족들만 다닌다는 UCL University College London 을 나왔다. 현재 베이징푸쓰普思투자공사 이사장과 완다그룹 이사를 맡고 있다.

중국의 많은 미혼여성이 왕쓰총에게 '국민남편'老公이란 애칭을 붙이고 그의 일거수일투족을 지켜보며 공주병 환자에서 황후병 환자로의 업그레이드를 꿈꾸고 있다. 글로벌 슈퍼리치 아빠 왕젠린의 생일날에는 초특급 리조트 전체를 빌려서 초호화 파티를 열었고 대한민국 인기 걸그룹 티아라까지 초청해서 함께 마시고 즐기는 사진을 마이크로블로그인 웨이보微薄에 올렸다. 웨이보에 1,200만 명의 팔로어를 갖고 있는 왕쓰총은 자선행사에서 "나는 여자 친구를 고를 때 가슴이 큰지를 가장 중요하게 여긴다"고 말했다. 이 말은 백마 타고 오는 왕자의 뒷자리보다 20억짜리 슈퍼카 부가티 베이론의 차주이자 타이쿤 2세의 옆자리를 꿈꾸는 수많은 중국 미혼 여성의 가슴을 부풀게 했다. 성형외과의 매출이 오르고 있다.

2014년 7월에는 "난 친구를 만날 때 돈이 많든 적든 상관하지 않는다. 어쨌든 모두 나보다 돈이 없기 때문이다"라는 망발을 웨이보에 올려 40억 세계 빈자들과 무직 청년들의 염장을 질렀다. 하룻밤 한자리에서 마신 약 3,000만 원어치의 술값 영수증을 SNS에 올리기도 일쑤다. 무엇보다 압권은 '왕코코'라는 이름의 암캐다.

왕쓰총은 그의 애견 왕코코 앞다리에 시가 1,500만 원짜리 애플워치 골드를 각각 하나씩 채운 사진을 웨이보에 올려 메가톤급 대박을 터뜨렸다. 대중의 관심도가 기대에 못 미쳤는지, 2015년 5월 1일 노동절에는 기어이 핵폭탄급 대박을 터뜨리고 말았다. 고무신 거꾸로 신으려는 여자 친구에게 다시는 고무신 거꾸로 신지 못하게 하는 사랑의 족쇄, 세계에서 가장 비싼 2,000만 원짜리 에르메스Hermes 고급 핸드백을 목에 걸고 있는 왕코코의 모습을 SNS에 올린 것이다.

왕쓰총의 개 따님 겸 대변견犬 왕코코 여사 왈, "아빠왕쓰총가 내게 이 새 핸드백을 사주셨는데 너희는 있니?" 이 암캐 입을 통한 갑부 2세의 기상천외한 돈자랑에 '부럽다 6 대 꼴사납다 4' 비율로 중국 특유의 이중심리가 대륙을 풍미하고 있다.

만일 우리나라 재벌 2, 3세가 이런 언행을 했다면 어떻게 되었을까? 이런 우문에 대답을 기다리지 않겠다. 왕쓰총을 비롯한 대다수 추태만발 중국갑부 2세에 비한다면 우리나라 재벌 2, 3세 일부가 빚는 물의는 물의가 아니라 '성의'다. 무료한 국민에게 씹을 거리를 제공해주는 그들의 애교만점 '성의' 표시를 몰라보고 '물의'라고 하면 안 된다. 아무튼 중국갑부 2세에 비한다면 우리나라 재벌 2, 3세 대부분은 양반 중의 양반, 동방예의지국의 후예답다고 할 수 있다.

왕쓰총의 사람 아빠, 중국 최고갑부 왕젠린은 아들을 이렇게 두둔했다.

"왕쓰총은 아직 나이가 어린 데다가 어렸을 때부터 서구식 교육을 받아 중국문화에 대한 깊은 이해가 부족하지만, 커가면서 점차 나아지고 있다."

이 대목에서 "27세가 아직 어린 나이라고? 아들은 나아지고 있는 것이 하나도 없는데 아빠는 방패 역할만 하고 있다. 딸바보

忘晒我的新包包了！爸爸说我是雪橇犬，是工作犬之一，也算是劳动人民！所以五一劳动
节给我买了个新包包！天空飘来五个字"你们有没有？" 🐕🐕🐕 #今日的我是如此滴名媛
#

⬆ 收起　🔍 查看大图　🔄 向左旋转　🔄 向右旋转

에르메스 가방을 목에 걸고 있는 왕코코의 모습.
왕쓰총의 웨이보 화면을 그대로 따온 것이다.
"아빠가 이 새 핸드백을 사주셨는데 너희는 있니?"라고 적혀 있다.
놀랍게도 절반을 넘는 중국인이 왕쓰총의 행태를
마구 비판하기보다는 오히려 부러움을 표시했다.

라는 말은 있어도 아들바보라는 말은 없다"라는 식으로 왕젠린을 비난해서는 안 된다. 아버지 왕젠린은 가슴에 이는 천불을 억누르며 냉수를 한 사발 들이켠 후 피를 토하듯 이 말을 했으리라. 웃고 있어도 눈물이 났으리라. 어디 딸바보뿐이랴, 세상의 모든 아버지는 딸바보이자 아들바보다.

"세상을 이처럼 사랑하사 독생자를 주셨으니."

성경 구절처럼 독생자에게는 '이처럼'이라는 강조수식어가 붙는다. 이러한 성경 구절에서 추론하건대, 중국의 모든 아버지는 자신의 외둥이를 '이처럼 사랑하는' 딸바보이자 아들바보다.

그렇더라도 초인적인 과단력과 돌파력, 멸사봉공滅私奉公과 솔선수범率先垂範의 군인정신이 투철한 왕젠린에게 만일 아들이든 딸이든 자식이 하나만 더 있었다면, 왕쓰총은 우리나라 사도세자思悼世子, 1735~62처럼 뒤주 속에 들어가도 열댓 번은 더 들어갔을지 모른다. 문제는 외둥이, 선택의 여지가 없다는 것이 문제의 핵심이다.

15억 중국인 중 왕젠린처럼 자신과 아버지, 자신과 아들이 상호 극명하게 대치되는 3대는 드물 것 같다. 아버지는 부자 소탕에 반평생을 바친 홍군전사였고 자신의 외아들 왕쓰총은 문제갑부 2세의 대명사이니, 아버지의 반대말은 자신이고 자신의 반대말은 외아들이다. 아버지는 우악스럽게 부자들을 없애려 했으나

중국의 모범갑부 2세 대 문제갑부 2세 대조표

	류창	왕쓰총
생년, 성별	1980년, 여자	1988년, 남자
아버지	중국 최장수갑부 류융하오(1951~)	중국 최고갑부 왕젠린(1954~)
할아버지	평범한 농민	부자 소탕하던 홍군 빨치산
형제 자매	없음	없음
결혼여부	결혼(2015. 8. 8, 패션디자이너와 결혼)	미혼
외모, 패션	예쁜 편에 속함, 단발머리, 치파오 차림 선호	미남형, 전신을 명품으로 치장
취미	영화감상, 독서, 백내장 환자 돌보기, 봉사활동	돈자랑, 애견에게 5,000만 원어치 선물 사주고, 그 사진 공개하기, 미녀 속에 파묻히기
특기	가수 수준의 노래실력	유창한 영어(이래서 인성교육 없는 영어몰입교육은 백해무익)
대표 어록	냄새가 나니? 사료재료인 건어물의 향기야	그의 대변견(犬) : 너희는 이런 명품 없지?
좌우명	나에게는 얼음을, 남에게는 햇빛을	–
별명	매콤한 누이(辣妹子), 쓰촨 여인의 보편적 별명	국민남편(老公), 다수 중국 미혼 여성들의 로망
직책	신시왕류허(신시왕그룹 주력기업) 이사장	베이징푸쓰투자 이사장, 완다그룹 이사
학력	미국 시애틀고 졸, 베이징외교학원 외국어비서과 졸	영국 UCL 졸
성격	외유내강형, 선량, 겸손, 친절, 검소한 편, 모범갑부 2세의 표본, 부전여전	외향형, 과시형, 천방지축, 유아독존, 문제갑부 2세의 전형
재산	신시왕그룹 지분 36.93퍼센트 차지	아버지에게 증여받은 1,000억 원 탕진, 계속 탕진 중
소유차량	–	부가티, 출고가 20억 원 세계 최고가 승용차
평가와 전망	잘하면 부자가 2대는 갈 수 있다. 싹수 있는 편	이래도 부자가 2대를 간다면 세상은 완벽하게 미친 아마겟돈이다. 싹수가 노랗다.

• 각종 온·오프라인 자료를 참고해 직접 작성.

외아들은 자연스럽게 갑부 2세들의 씨를 말릴 것 같다. 중국 최고갑부면 뭐하겠는가, 외아들이 저 모양인데. 지금 왕젠린은 싹수 있는 외동딸을 둔 류용하오를 몹시 부러워하며 피눈물을 흘리고 있을 듯하다.

"재산만 물려받고 기업은 안 받겠다!"

몇 해 전 여름인가. 신기하게도 해와 달은 어렴풋하지만 날짜만은 확실히 기억하는 28일 오후, 나는 베이징에서 택시를 타고 장안대로를 지나고 있었다. 맞은편 차선에서 벤츠 S600만으로 꾸려진 차량행렬이 모습을 나타냈다. 나는 처음에는 "어느 나라 국가원수가 방중했나?" 궁금해했는데 차량행렬 중간에 큰 리본과 붉은 꽃장식을 보고서야 그것이 웨딩카 행렬임을 알았다.

"와, 결혼식 한번 때깔 나게 하는구나."

대조되는 개인적 추억을 아쉬워하다가 "방금 몇 대가 지나갔을까?"라고 혼잣말을 했다. 귀 밝은 베이징 택시기사는 영국 왕실의 웨딩카인 롤스로이스 팬텀 두 대, 벤츠 S600 26대, 모두 28대가 지나갔다고 정찰병이 보고하듯 말했다. 그러고 보니 그날이 28일이었다. 28은 둘이 부자로 잘산다는 의미로 읽히는 숫자이기에 매월 28일은 계약일, 개업일, 개통일, 기공일, 준공일, 상량일, 심지어 법령 제정일과 시행일로도 택일되는 길일이다.

특히 결혼식 택일로는 최고 인기 있는 날이다. 어느 결혼식 대행 회사 차량이냐고 물으니, 눈 밝은 택시기사가 그 차량들은 모두 신랑의 소유인데, 신랑의 아버지인 베이징의 벼락부자 아무개가 아들 내외에게 약혼선물로 준 것이라고 했다.

"그게 정말이냐?"

나의 '1신信9의疑'를 담은 탄성에 귀도 눈도 밝고 발도 마당발 인 택시기사가 그 신랑집 지하 주차장에 신차나 다름없는 럭셔 리 슈퍼카 50여 대가 웅크리고 있는 걸 자기 두 눈으로 똑똑히 본 적이 있다고 했다. 연이어 신랑의 프라이버시에 속하는 야설들을 풀어놓으며 저 정도로는 상하이나 저장, 광둥의 졸부 2세 틈에 끼지도 못할 거라며 대륙의 졸부 2세들의 온갖 기상천외한 행각 을 쏟아놓았다. 박학다식한 베이징 택시기사 특유의 입담에 빠져 목적지에 도착했는데도 택시에서 내리기가 싫었다. 당시 나는 한 쪽 귀로 흘려듣고 잊어버리는, 무료한 승객을 위한 만담인 줄로 만 알았다. 하지만 요즘 나는 그 택시기사 이야기가 픽션도 팩션 도 아닌 팩트 그 자체라는 사실, 그 팩트도 빙산의 일각이라는 사 실을 새삼스레 깨닫고 있다.

1가구 1자녀 정책은 물려줄 재산이 거의 없는 가난한 집안의 경우라면 n분의 1분할 걱정 없이 한 자녀에게 고스란히 물려줄 수 있어 오히려 다행일 수 있다. 그러나 아무리 퍼내도 줄지 않는 천문학적 개인자산을 가진 민영기업가들은 승계 위기에 직면해 있다. 자녀가 여럿이면 똑같이 n분의 1로 나눠주든지, 제일 실한 자녀를 후계자로 선정해 주력기업을 물려주고 나머지 자녀들에게는 여타 계열사를 적절히 배분해줄 수도 있다. 하지만 1가구 1자녀 정책은 선택의 여지를 없애 버린다. 외둥이는 가정 내에서 경쟁을 모르고 자란다. 경쟁 없는 사회나 국가는 죽은 거나 다름없다. 개인도 마찬가지다.

중국 최대의 신흥갑부 밀집지역인 저장 성의 한 정부 산하 연구기관이 최근 저장 성 성인남녀 갑부 2세 500여 명을 대상으로 부모의 기업을 승계할 의향이 있는지 묻는 설문조사를 했다. 그런데 응답자 중 부모의 기업을 승계하겠다는 갑부 2세는 약 20퍼센트에 불과한 데 비해 부모의 기업을 승계하지 않겠다는 갑부 2세는 약 60퍼센트에 달해 큰 충격을 주었다. 나머지 약 20퍼센트는 아직 결정한 바 없다고 답변했다. 더구나 부모의 기업을 승계하지 않겠다고 답한 자 가운데는 지분만 승계받고 경영은 하지 않겠다는 얌체형 갑부 2세가 대다수였으며 부모와 다른 업종, 즉 금융이나 IT 업종을 새롭게 창업해보겠다고 답한 진취형 갑부 2세는 극소수였다. 부모의 기업을 승계하겠다는 갑부 2세도 조금 더 들여다보면 류창 같은 싹수 있는 자는 극소수이고 정도의 차이일 뿐 대부분 왕쓰총과 오십보백보인 싹수없는 무리가 주류를 이루고 있다.

중국 최고지도층은 1가구 1자녀 정책의 폐해로 인한 민영기업

오너 2세 리스크가 불 보듯 뻔한 상황에서 개선책 마련을 왜 미적 거릴까. 혹시 고의로 방치한 건 아닐까, 아니면 이면의 목적이 있을까. 그것도 아니라면 별도의 제도적 장치라도 마련해두었을까.

성실놀부 1세 환영, 타락놀부 2세 사절

2015년 글로벌 500대 기업 가운데 106개나 중국기업이라니, 두 눈이 휘둥그레진 사람들은 우선 알리바바, 샤오미, 완다그룹 등 귀에 익은 중국기업들이 몇 위에 랭크되어 있는지 찾아보려고 한다. 아무리 눈을 씻고 찾아보아도 잘 보이지 않는다. 세계 2위 기업 중국석유화공SINOPEC, 세계 4위 기업 중국석유천연가스CNPT를 비롯한 '중국' '장쑤' '허난'河南 등 중국의 각지 성省 이름이 앞에 붙은 낯선 국유기업만 수두룩하다. '화웨이'나 '레노보' 등 극소수 민영기업을 제외하고 글로벌 500대 기업에 속한 중국기업은 국유기업 일색이다. 왜 중국갑부 서열과 중국기업 서열은 일치하지 않는 걸까.

중국의 '기업'은 일반적인 자본주의 시장경제 국가의 회사와는 구별된다.[5] 중화인민공화국의 장남이라고 불리는 국유기업을 비롯해, 현재 수만 개의 한국기업과 글로벌 500대 기업 대부분이 포함된 외자기업 그리고 중국의 내자 민간기업인 민영회사, 이들 3대 기업유형이 바로 G2시대 중국을 웅비하게끔 하는 삼각편대다.

흔히들 중국의 국유기업 개혁을 '국유기업 민영화'와 동의어로 해석하거나, 자본주의 국가의 '공기업 민영화'로 오인하고 있는데 이는 대단한 착각이다. '국유기업 민영화'는 1990년대 장쩌민 집권기에 우선시되었던 국유기업의 소유권 구조개혁을 서구식으로 의역한 용어에 지나지 않는다. 2001년 중국이 WTO에 가입할 때 약속한 이행 기간이 종료된 2006년 이후부터는 국유기업 민영화라는 용어마저 중국에서 종적을 감춰버렸다. 중국 국유기업 개혁의 본질은 국유기업의 경영을 완전히 민간의 손에 맡기는 '국유기업 민영화'가 아니다. 국유기업의 효율성을 극대화하기 위해 서구의 회사조직 형식을 일부 차용해 운영하는 '국유기업의 회사화'다.

중국 당국은 국유기업에 민간자본의 지분 참여를 허용하면서도 국유기업의 소유권이 민간자본으로 넘어가는 일을 원천적으로 봉쇄하기 위해 국유기업의 주식을 유통주와 비유통주로 구분했다. 유통이 불가능한 비유통주는 국유기업 전체 주식의 60퍼센트 이상을 차지하고 있다.[6] 지난 20년간 국유지분 비율이 축소되어 국유기업의 원래 지위를 상실한, 즉 민영화된 대형 국유기업은 단 한 개사도 없다는 사실에서 중국 국유기업 개혁의 민낯을 볼 수 있다.

반면 국유자본이 한 주라도 들어갔다면 민영회사라도 국유자본 참여회사, 즉 국가출자 기업으로 분류된다. 이렇게 중국 국유기업의 범주는 무한 확장되어가고 있다.

후진타오 정부는 글로벌 금융위기가 몰아닥쳐 세계가 자본주의 시장 실패현상을 겪고 있을 2007, 2008년[7] 당시, 이목을 끌지 않으면서도 가공할 위력의 제도적 무기를 하나 개발해냈다. 바로 2008년 10월 28일길일에 제정되어 이듬해 5월 1일 노동절부터 시행된 기업국유자산법企業國有資産法이다.

필자는 이 법을 볼 때마다 레이더에 포착되지 않는 암흑비행으로 날아가 적진을 초토화시키는 스텔스 전폭기가 연상된다. 이 법은 국유자본이 한 주라도 들어간 민영회사까지도 국가출자 기업으로 간주해 정부의 인사개입권을 보장함으로써 과거 국유독자기업이나 국유자본 지배회사에 국한되던 국유기업의 개념과 범위를 거의 무한대로 확장시켜버린, 상상을 초월하는 파괴력을 가진 핵폭탄 같은 법이다. 국유독자기업과 국가가 50퍼센트 이상 투자한 국유자본 절대적 지배회사의 거의 모든 고위임원을 정부가 임면任免한다. 국유자본이 50퍼센트에 미달하지만 기타자본을 상회해 상대적으로 지배적 지위를 차지하는 회사도 이사와 감사의 대다수를 정부가 임면을 제안한다.

중국 당국은 이 법 시행 이전인 2008년까지 국유독자기업과 국유자본 절대적 지배회사만 국유기업으로 인정했다. 그래서인지 아직도 중국 국유기업의 비중을 중국기업 총자산의 15퍼센트에 불과하다고 파악하는 외신이 많다. 그러나 이 법이 시행된 2009년부터 중국정부는 기존의 국유기업에다 국유자본 상대적 지배회사까지 포함한 통계를 공표하고 있다. 공식 통계에 의하면 국유기업의 총자산 비율은 중국 국내기업의 65퍼센트, 상장기업의 약75퍼센트를 차지하고 있다.

저승사자처럼 암흑비행하는 스텔스 전폭기 같은 이 법의 핵심 조항 중에서 가장 치명적인 조항은 뭐니 뭐니 해도 "정부는 국유 자본 참여회사의 이사나 감사의 인선을 해당 회사의 이사회에 제안한다"는 내용의 제22조 3항이다. 국유자본이 한 주라도 들어간 민영회사까지도 국유기업으로 간주해 해당 회사의 인사권에 대한 국가공권력의 개입을 공식화·합법화시킨 조항이다.

중국의 정치경제 체제 특성상 정부의 이사와 감사의 임면 제안을 거부할 수 있는 민영기업이 존재할 수 있겠는가. 이 법 시행 이후 중국의 진정한 민영기업은 사라졌다고 해도 과언이 아니다. 이것이 바로 중국의 갑부서열과 기업서열이 서로 부합되지 않는 이유다. 이것이 바로 1가구 1자녀 정책이 35년간이나 유지되었던 또 하나의 이유다.

중국 최고지도부가 1가구 1자녀 정책이 민영기업가 2세 승계에 거대한 장애로 작용할 것이라는 사실을 몰랐을 가능성은 거의 없다. 그런데도 그들이 1가구 1자녀 정책을 임계점에 이르기까지 지속했던 진짜 이유는 무엇일까. 중국 최고지도부는 어떤 행위로 결과가 발생할 가능성이 있음을 알면서도 그 행위를 행하는 심리 상태, 즉 미필적 고의를 품었던 것은 아닐까. 극단적 이기주의로 괴인화된 중국인을 양산할 위험을 충분히 예견하면서도 제2세 민영기업가의 출현을 억제하기 위해서 그랬던 것은 아닐까.

국가출자기업 유형별 정부의 인사개입권

구분	I	II	III	IV
국가출자기업 유형	중앙 국유독자회사 지방 국유독자기업	국유자본 절대적 지배회사	국유자본 상대적 지배회사	국유자본참여회사 (민영기업)
정부의 임면권	이사장, 부이사장	이사장, 부이사장		
	이사 전원	이사 대다수		
	감사 전원	감사 대다수		
정부의 임면제안권			이사, 감사 대다수	이사, 감사 일부

• '기업국유자산법' 제22조를 참조해 직접 작성.

인민복보다 신사복이 어울리는, 시크chic한 언행이 매력적인 후진타오. 그의 10년 집권기간을 통틀어 회심의 역작, 필살의 제도적 무기로 평가받을 만한 이 법에서는 왠지 모르게 민간 신사복의 산뜻한 느낌 대신, 관제 인민복의 퀴퀴한 냄새가 물씬 난다. 특히 이 법의 제22조 3항에 이르러서는 인민복이 아니라 시체를 감싼 수의에서 나는 듯한 시체민영기업의 악취가 코를 찌른다.

죽은 민영기업의 시취가 진동하는 이 법조항은 중국 최고갑부 왕젠린을 비롯해 2세 승계를 앞둔 중국의 대다수 억만장자에게 사망선고서에 비견되는 악마조항과 다름없다. 자신의 생명과도 같은 기업을 여차하면 국가에 송두리째 헌납해야 하는 참극을 맞게 될지도 모르기 때문이다. 상인종의 나라, 중화인민공화국 주식회사 정문 앞에는 '성실놀부 1세 환영, 타락놀부 2세 사절'이라는 입간판이 놓여 있는 것 같다.

11 중국 질주의 비결

G2시대 중국, 법제를 '창조'하다

중국의 법과 제도를 깔보지 마라

중국에 대해 인식의 오류를 범하게 하는 키워드를 세 개만 든다면 '사회주의' '관시' '아직'이라고 생각한다. 너무 오래가는 중국의 잔상殘像과 그 잔상에 가려 잘 보이지 않는 중국의 실상을 축약하면 이렇다.

잔상　중국은 '사회주의' 국가로서 사업에는 '관시'가 중요하고 '아직' 우리보다 뒤졌다.

실상　중국은 '자본주의 개발독재국'으로서 사업에는 '법제'가 중요하고 '이미' 우리보다 앞섰다.

이 대목에서 고개를 갸우뚱거리고 심지어 일종의 거부감을 느끼는 독자들도 없지 않을 것이다. 이에 나는 몇 마디 반문하려 한다.

중국이 아직도 평균과 배분을 중시하는 '사회주의' 국가로서 사업에서는 '관시'가 제일 중요하다면 어떻게 미국과 함께 G2로 군림할 수 있겠는가. 8만 명의 억만장자와 121만 명의 천만장자는 어떻게 나올 수 있었겠는가. 중국이 원대하면서 정교한 법률과 법령, 제도의 인프라 없이 공산당 일당독재의 인치人治와 관시로만 움직여왔다면 어떻게 대외수출액, 외자유치액, 외환보유고, 에너지생산력, 구매력기준 GDP[1] 세계 1위라는 5관왕을 차지할 수 있었겠는가. 또한 글로벌 500대 기업 가운데 106개가 중국기업인 것은 어떻게 설명할 수 있겠는가.

조그만 구멍가게도 살아남기 위해서 나름의 시스템과 룰을 세워 운영하는데 하물며 13억 6,000만 거대중국의 정부와 기업이 법제보다 관시를 중시해왔다니, 그게 가능한 일인가? 정말 그러하다면 중국은 오늘날처럼 부강하기는커녕 역사의 뒤안길로 이미 사라져버렸거나 북한 꼴이 났을 거라고 생각하는데, 어떠신지, 강호제현의 고견은?

관시는 '백'도 아니고 '릴레이션십'도 아니다

이왕 말이 나왔으니 '관시'에 대해 한마디 더 하고자 한다. 적잖은 우리 기업이 아직도 중국이 관시를 절대시하는 나라라고 지레짐작하고, 인맥을 형성하는 데만 주력하면서 공식화된 투자

환경인 중국의 법률과 법령, 정책 파악은 소홀히 하고 있다. 이러한 인식의 오류와 잘못된 태도가 중국 진출에 실패하는 근본요인이다.

'관시란 무엇인가?' 관시의 개념부터 확실히 할 필요가 있다. 관시는 한자 그대로 관계關係다. 하지만 관시와 관계, 이 둘의 뜻과 쓰임새, 사회적 메커니즘에는 미묘한 차이가 있다. 관시는 우리말 가운데 문화적인 뜻을 함축하는 '인맥'에 더 가깝다. 영어의 '릴레이션십'relationship은 영미식 개인주의가 물씬 풍기는 단어로 '관시'와는 다른 의미다.

관시가 인맥이나 릴레이션십과 비교해 가장 다른 점은 의무의 특성을 지닌다는 점이다. 일단 관시가 형성되면 상대방은 언제든 무엇인가를 기대할 수 있다. 상대방이 자신의 요구를 거절할 수 없다는 공통인식이 형성된다. 만일 관시가 이루어졌다는 생각에서 누군가가 무엇인가를 요구했을 때 이를 거절한다면 상대방은 관시가 파괴되었다고 여긴다. 의무보다는 도의적 성격을 강조하는 '인맥'이나 그런 것이 아예 없는 '릴레이션십'과는 이런 점에서 다르다.

연못에 돌을 던지면 파문이 동심원을 그리며 퍼지듯 쉽게 다른 사람들에게 전파된다는 것도 관시의 특징 중 하나다. 관시는 상호 간의 통로나 연결이라는 포괄적 의미로 해석되기 때문에 개인과 개인, 회사와 회사 사이의 서로 신뢰하고 믿을 수 있는 관계의 의미가 강하며 미래지향적인 성격을 갖는다.

관시와 백, 인맥, 릴레이션십의 비교

	관시	백	인맥	릴레이션십
구조	동심원	수직적	그물	그물
방향	쌍방형	일방형	쌍방형	쌍방형
가치지향	가족, 집단평등	가족, 집단 권위, 복종	가족, 집단 이해관계	개인, 공리평등
의무적 특성	강함	강함	약함	없음

• 강효백, 『중국인의 상술』, 한길사, 214쪽.

중국의 관시는 우리나라의 '백'과도 차이가 있다. '백'은 높은 사람의 권력을 통해 아래로 내려오는 형태인 반면 관시는 실무 담당자를 통한 직접 해결방식이 주를 이룬다. 중국에서는 한국식 '백'은 잘 통하지 않는다. 고위층에게 가라오케에서 술을 몇 번 사고 뇌물또는 선물을 주었다고 해서 관시가 이루어지지 않는다. 중국에서 한국식 백을 쓰다가 호되게 망신만 당하는 경우가 부지기수다.

관시는 주로 개인 대 개인 사이에 형성되지만 조직 대 조직으로 발전할 수도 있다. 한 조직이 다른 조직에게 큰 신뢰와 도움을 주어 관시를 구축해놓으면 그 조직은 대부분 반대급부를 얻을 수 있다.

한국의 백과 달리 중국에서 좋은 관시를 맺는 데 주력해야 할 대상은 회장이나 사장 등 직함상 최상급자가 아니라 '부'副가 달린 실세최고권력자 덩샤오핑의 최고직위는 부총리였음을 상기할 것거나 현장

실무자인 경우가 많다. 공조직·사조직 막론하고 거의 모든 중국의 조직은 1인 단독결정체제가 아니라 복수의 집단이 결정하는 집단지도체제라는 사실을 유념해야 할 것이다. 어떤 조직의 특정 1인에게만 잘해준다고 해서 바람직한 관시를 맺을 수 있는 것은 아니다.

외국인으로서 사업을 하거나 개인적인 일을 처리할 때 관시의 위력을 절감할 수 있다. 관시를 오랫동안 유지하면 '라오펑유'老朋友 단계에 이를 수가 있는데 이 정도면 관시의 구축이 성공했다고 할 수 있다.

라오펑유는 관시의 꽃 한가운데 있는 꽃술과도 같다. 라오펑유는 오랜 친구라는 일반적인 개념을 뛰어넘는, 그야말로 생사고락을 같이한 전우 이상의 믿을 수 있는 친구다. 어려울 때 서로 돕고 고충을 나눌 수 있는 친구인 것이다. 라오펑유의 꽃술 주변에는 또 다른 라오펑유가 있기에 서로서로 친밀해져 관시의 위력을 사방으로 뻗친다. 그런데 아직도 중국 사업에서 관시가 절대적으로 중요할까, 과연 그럴까?

답은 과거엔 그러했지만 현재에는 그렇지 않다는 것이다. 20세기 말 개혁개방 초기 중국에서는 사업을 잘하는 것이 관시를 어떻게 만들어가고 어떻게 활용하느냐에 달려 있다고 해도 지나친 말이 아니었다. 그러나 21세기 오늘날의 중국에서 관시는 법제와 국가정책 다음으로 밀려났다. 더 이상 관시는 절대적인 위상을 자랑하지 않는다. 대신 상대적인 중요성만 지니게 된 것이다.

과거 한국기업들이 많이 진출했던 산둥이나 동북3성 등 일부 지방에서는 관시로 사업상 혜택을 본 사람들이 있었다. 지금은 관시만 기대하다간 낭패를 보기 십상이다. 특히 성역 없는 부패척결의 칼바람이 매서운 시진핑 시대의 중국에서 관시는 '뇌물과 봐주기'라는 폐쇄적이고 부정적인 이미지로 급전직하하는 추세다.

1위 법제, 2위 정책, 3위 관시

21세기 중국 사업에 있어서 중시해야 할 우선순위는 1위 법제, 2위 국가정책, 3위 관시다.

중국 사업에서 법제 다음으로 중요한 것은 관시가 아니라 국가정책이다. 중국에서 국가정책은 일종의 불문법이다. 관습법과 조리를 불문법으로 삼고 있는 우리나라와는 달리, 중국은 "법률의 규정이 없는 경우 국가정책을 준수해야 한다"고 '민법통칙'에 규정되어 있다.[2] 따라서 우리는 항상 중국의 정책동향에 주의를 기울이고 정책변화에 영민하게 대응해야 한다.

돈도 배경도 인맥도 관시도 젊음도 미모도 없으며 심지어 남편도 애인도 없는 36세의 과부 둥밍주가 말단여공으로 출발해 세계 최대 에어컨 회사의 총수가 될 수 있었던 제1의 성공비결은 "관시로 사업을 해서는 절대 안 된다"며 관시를 철저히 배제하고 법과 국가정책에 따라 자신과 회사를 관리하고 경영한 데 있다. 즉 둥밍주가 오늘날 중국의 대표적 여성기업가가 된 핵심 비결은 관시 대신 법제와 국가정책을 누구보다 면밀히 파악하고 준수했다는 것이다. 다시 말해 법제와 국가정책은 둥밍주에게 효용성을 극대화한 경영전략·전술 핵무기로서 그녀 자신과 GREE의 경쟁력을 강화하는 데 큰 역할을 했다.

둥밍주만 관시를 배제하는 건 아니다. 세계 소상공인의 수호협객을 자임하는 마윈도 "명심하라. 관시란 믿을 게 못 된다"며 기회가 있을 때마다 경고한다. 더 이상 중국은 법제와 국가정책을 거스르면서까지 관시로 도움을 줄 수 있는 사회가 아니니 각별히 주의하라는 말이다.

무엇을 건설할 것인가

중국 역사상 모두 245명의 황제가 군림했다. 사람들은 그중에서 최고의 명군으로는 당 태종唐太宗 이세민李世民, 599~649을, 최악의 폭군으로는 수 양제隋煬帝 양광楊廣, 569~618을 꼽는다.

당 태종은 평소 백성은 물이고 군주는 배라고 말했다. 물은 배를 띄우기도 하지만 뒤엎기도 한다. 배를 무사히 저어가고 싶다면 항상 물을 신경 써야 한다는 것이다. 백성을 섬기는 위민정신이 배어 나오는 현군의 어록이다. 그가 베스트 황제로 숭앙받는 진짜 이유는 민본주의 치국이상을 현란한 언사로만 표현한 데 그친 것이 아니라 이를 제도화해 실천한 데 있다. 당 태종은 갖은 악법을 폐지하고 3성6부제, 주현제, 과거제3를 정비했으며 조세·군역의 감면 등 민생을 위한 좋은 법제를 많이 창제했다. 특히 그의 재위시절에 확립된 당률唐律은 후대 황조의 기틀이 되었을 뿐만 아니라 한국과 일본 등 동양사회의 제도를 발전시키는 데 지대한 공헌을 했다.

수 양제는 즉위하자마자 대대적인 토목건설을 벌였다. 그는 연인원 1억 5,000만 명의 백성을 동원해 만리장성을 새로이 쌓게 했으며, 아버지 수 문제隋文帝 양견楊堅, 514~604이 중단시킨 대운하공사를 재개했다. 황제 전용의 거대한 용주龍舟를 대운하 양안에서 8만여 명의 백성이 밧줄로 끌게 하는 패악을 저질렀다. 그는 선대에게 물려받은 정치경제적 기반을 자기과시용 토목공사와 대외원정에 탕진해버렸다. 결국 수 양제는 부하에게 교살당했고 수나라도 단명하고 말았다. 수 양제 양광의 무덤은 약 1,400년 동안 장쩌민의 고향이기도 한 양저우 교외의 후미진 숲 속에서 '양광지묘'楊廣之墓라 쓰인 초라한 빗돌 하나를 앞세운 채 쪼그리고 앉아 있었다.[4] 능이 아닌 묘로 불렸던 유일한 황제의 무덤이라는 사실에서 그의 악정에 후세가 얼마나 몸서리를 쳤는지 알 듯하다.

중국 최고와 최악의 황제 둘 다 '건설'에 힘썼으나 최고의 명군은 '제도건설'에, 최악의 폭군은 '토목건설'에 몰두했다. 둘 다 '배'와 '물'을 키워드로 삼지만 당 태종호는 물민심을 항상 보살펴 중국사라는 바다에서 빛나는 항해를 했고 수 양제호는 물을 업신여겨 분노한 민심의 파도에 침몰하고 말았다.

오늘날 중국은 당 태종 치세 시의 영광을 재현하기 위해 경제건설 제일주의에서 제도건설, 즉 법과 제도에 의한 의법치국依法

治國 국가로의 전환을 강력히 추진하고 있다. 과거 최고지도층이 이공계 출신 일색이었던 것과는 달리, 시진핑 주석, 리커창 총리, 리위안차오李源潮 부주석, 류옌둥劉延東 부총리 등 현 중국 최고수뇌부는 모두 법학도이거나 법학박사로 채워졌다. 이러한 메가트렌드의 변화에 주목해야 한다.

법학박사 시진핑

우리나라 대학생을 비롯한 일반인들에게 '법' 하면 제일 먼저 떠오르는 이미지가 뭐냐고 물으면 재판, 판검사, 변호사, 법원, 고소·고발 등이 떠오른다고 답한다. 중국 사람들에게 같은 질문을 던지면, 제도, 법제건설, 규칙, 관리·감독, 입법立法 등이 먼저 떠오른다고 한다. 한마디로 한국에서의 법은 '재판'이고, 중국에서의 법은 '제도'다. 이것이 바로 한국과 중국의 차이다. 한중 양국의 종합국력의 격차로 극명하게 나타나고 있다.

시진핑 주석, 리커창 총리, 리위안차오 부주석, 류옌둥 부총리 등 중국의 최고수뇌부가 법학도 출신이거나 법학박사라 해서 그들의 원래 꿈이 판사·검사·변호사 등 법조인 또는 법학자였을까? 혹시 그들도 학창시절, 우리나라처럼 법조문과 판례와 학설을 암기하고 해석하는 데 몰두했을까?

천부당만부당한 말씀! 중국의 법학은 제도창조학, 국가사회 시스템 디자인학, 국가경영제도학, 즉 입법학이 주류다.

오랜 세월 동안 역사와 문화를 공유해온 한국과 중국 두 나라를 비교해 한마디로 말하자면 '대동소이'大同小異: 크게는 같고 작게는 다르다. 그러나 30년에 이르는 실제 중국 체험과 17권의 중국 정치·경제·사회·문화·역사·법률 관련 책을 펴낸 중국학도의 한 사람으로서 필자가 연구하면 연구할수록 절실하게 깨닫는 사실은 한중 양국은 서로 대동소이가 아니라 소동대이小同大異: 작게는 같고 크게는 다르다라는 것이다. 그중 가장 대표적인 분야가 법률 분야다.

우리나라에서 법은 어떤 문제 상황에 직접 개입해 대안을 제시하지 못하고 사건이 일어난 다음 토를 달고, 해석하고, 재판하는 법 해석에만 치중해 있다. 법의 제정과 개정에 대한 문제는 '입법론에 맡긴다'라는 표현으로 방치하고 외면해왔다. 이미 있는 법을 해석, 적용, 집행하는 사법과 행정의 지평에만 웅크리고 앉아서 법의 사회통제와 분쟁처리 기능에만 치중하고 사회발전 기능은 경시해왔다. 그 결과, 우리 사회는 낡은 법제를 고수하기 위한 반대논리에는 강하나 새로운 시대에 맞는 입법5에 대해서는 무관심하거나 적대적일 수밖에 없게 되었다. 법의 제정·개정이 제1의 존재 이유인 국회의원마저도 '입법의 염불'보다는 '이권의 잿밥'에만 관심을 가질 수밖에 없게 되었다.

법의 올바른 기능과 과제는 미래에 대한 인식을 과거에 대한 인식만큼 구체적으로 설계하고 창조하는 것이어야 한다. 미래 지향적인 국가사회의 시스템 설계는 시스템 창조, 법률 창조, 즉 입법을 통해 가능하다.

오늘날 미국, 중국, EU 등 선진국과 강대국은 입법학에 주력하고 있다. 세계 초일류 강대국인 미국의 헌법 제1조 1항은 우리나라 헌법 제1조 1항 '대한민국은 민주공화국이다'처럼 '미합중국은 민주공화국이다'가 아니다. "이 헌법에 따라 부여되는 모든 입법권은 연방 의회에 속하며, 연방 의회는 상원과 하원으로 구성한다"[6]이다. 원문으로 봐도 명확히 'legislative powers'라고 입법권이 명시되어 있다. 미국 헌법, 그것도 제1조에서 가장 먼저 나오는 단어가 입법권이라니, 이러한 사실은 우리에게 시사하는 바가 매우 크다.

G2의 다른 한 축인 중국 법학의 주요관심 분야도 개혁개방과 부국강병을 위한 '좋은 법 만들기'다. 중국의 법학은 미래의 비전과 플랜을 법제화하는 제도창조, 즉 입법학에 치중하고 있다. 우리나라 법서의 '판례'와 '해석'은 중국 법서에서는 엑스트라 취급을 당한다. '입법'이 주연급이다. 중국 헌법 제15조는 "국가는 경제 입법을 강화해 거시조절을 완비한다"[7]고 규정하고 있다.[8]

중국 질주의 원동력은 정책을 구체적으로 제도화해 강력하게 실천한 데 있다. 중국은 대외무역법, 외국인투자법, 기업법, 지식재산권법, 세법 등 광범위한 분야에서 활발히 법제개혁을 이루어 냈다. 중국의 법제개혁, 즉 제도화는 정부의 제도화뿐 아니라 기업 내부의 관리나 운영 방식도 포함한다. 국가 차원의 거시적 제도화나 기업 차원의 미시적 제도화가 '사회주의 시장경제=공정한 자유경쟁'으로 나아가는 중국 질주의 근원이다. 중국은 좋은 법을 만들기 위해 모든 최고 엘리트의 지력을 투입한다.

오늘날 덩샤오핑이 개혁개방의 총설계자로 숭앙받는 가장 중요한 이유는 그가 내세운 선부론이나 개혁개방 정책 등이 그저 구호에만 그치지 않았다는 데 있다. 덩샤오핑은 자신의 개혁개방 이론과 정책이 구체적으로 실현되게끔 획기적인 제도적 장치를 창조해 강력히 집행했다. 사회주의라는 붉은 바다에 띄운 자본주의라는 푸른 섬, 경제특구를 비롯해 외자기업의 장려와 보호를 헌법조문으로 명문화하고 사유재산의 축적을 보장한 상속법 등을 제정했다. 덩샤오핑식 개혁개방 노선의 아이들인 장쩌민, 후진타오, 시진핑 등 중국의 역대 최고지도층은 개혁개방과 부국강병의 도구로서 좋은 법제 만들기에 매진해왔다.

지금까지 언급한 거상 가운데 문맹 녠광주 한 사람만 제외하고 루관추, 둥밍주, 왕젠린, 류융하오, 마윈, 레이쥔 등과 글로벌 슈퍼리치 TOP100에 포함된 중국인 15명의 공통적인 특징은 기업 혁신의 시스템과 룰을 창조하고 실천한다는 것이다.[9]

오늘날 중국의 정치지도자들은 '국가사회 시스템 디자이너'이고 대표적 기업가들은 '기업경영 시스템 디자이너'다.

중국, 사회주의 국가 맞아?

2015년 글로벌 슈퍼리치 TOP100 가운데 15명이 중국인이다. 반면 한국인은 한 명도 없고, 일본인은 두 명뿐이다. 중국갑부 상위순위 1,500명의 총재산이 우리나라 연간 국내총생산GDP의

1.5배에 육박하고 있다. 지금 중국 땅에는 8만 명의 억만장자^{부동}산을 제외한 개인자산 190억 원 이상를 비롯한 121만 명의 천만장자 군단이 계속 돈을 쓸어 담고 있다.

이처럼 중국은 부자가 많은 나라다. 단순히 부자가 많다기보다는 부자를 만들어내는 세법, 회사법, 무역법, 투자법 등 법과 제도를 잘 갖춘 나라다.

"당신네 나라 한국, 자본주의 국가 맞아?"

베이징 장기 체류시절, 터놓고 지내던 베이징대학 천陳모 교수가 소설 『상도』의 중문판을 가리키며 던진 질문이다. 그는 "이 책 꽤 재미있더군. 그런데 책의 결말은 이해가 안 돼. 평생 모은 재산을 자손한테 물려주지 않고 사회에 환원하다니, 이 책처럼 혹시 한국사회는 개인 재산의 사회환원을 찬양하고 고무하는 분위기인가? 만일 그렇다면 어떻게 자본주의 국가라 할 수 있겠는가?"라고 따지듯 물었다.

나는 "개인 재산의 사회환원이라는 숭고한 행위에 트집 잡는 자를 명문대학 교수로 재직시키는 당신네 나라 중국, 사회주의 국가 맞아?"라고 맞받아쳤다.

나의 반격을 그는 호탕한 웃음으로 받았다. 그 후 나는 『상도』를 읽어본 다른 중국 독자들의 소감을 귀동냥하여 보았다. 결과는 천 교수의 반응과 별 차이가 없었다. 이들이 정녕 평균과 배분

이 미덕인 사회주의 국가의 인민이란 말인가. 어지러웠다.[10]

2016년 4월 말 현재 베이징 택시의 70퍼센트는 아반떼중국명 '이란트'나 쏘나타 등 현대·기아차가 차지하고 있다. 이는 우리 나라 자동차가 가격대비 성능, 연비 등이 좋은 까닭이겠지만 현 정치국상무위원 겸 당기율검사위원회 서기권력서열 제6위 왕치산 王岐山, 1948~ 의 공로도 잊어서는 안 된다고 생각한다. 왕치산은 2004년 베이징 시장 재임 당시 아반떼를 베이징 시 표준공식 택 시로 지정했다.

2006년 4월 현대·기아차그룹의 정몽구 회장이 상속세 포탈 혐의로 구속되었다는 소식이 중국전역의 언론매체에 대대적으 로 보도되었다. "한국의 상속세율은 얼마나 되는가?" 천 교수는 자신이 얼마 전 구입한 승용차도 현대차라면서 내게 물었다. "약 30~40퍼센트로 알고 있다." 우리나라 세법상 재산이 30억 이상 이면 상속세율이 50퍼센트인 줄 몰랐던 나는 어림짐작해 답했다.

"뭐, 상속세율이 30~40퍼센트나 된다고! 정말 그렇다면 한국 은 자본주의 국가가 아니다. 일전에 『상도』는 소설이라 긴가민가 했지만 상속세율에서 확실히 알겠네. 한국은 둘도 없는 사회주의 국가다! 상속세의 과세이념은 부의 집중억제일 텐데 자본주의 국가를 표방하는 한국이 어떻게 그렇게 높은 상속세율을 부과할 수 있지? 아마 당신이 잘못 알고 있을 거야"라며 천 교수는 고개 를 좌우로 크게 흔들면서 외쳤다.

"이 중국 친구는 우리나라를 사회주의 국가라 놀리는 데 재미

들었나보군." 속이 상한 나는 "그렇다면 당신네 나라 '자본주의 국가 중국'의 상속세율은 얼마쯤 되는데?"라고 빈정거리듯 응수했다.

"중국의 상속세와 증여세 세율은 0퍼센트다. 기업소득세법인세의 일반세율은 25퍼센트다. 기업인이라면 누구라도 법인세보다는 상속세나 증여세에 신경이 많이 쓰일 것이다. 국가가 재원이 필요하면 상속세와 증여세를 없애는 대신 법인세율을 좀 높이 부과하면 되잖아. 자본주의 국가라는 한국이 개인의 사유재산에까지 무슨 근거로 그렇게 많은 세금을 부과하는가. 도대체 그 이유를 모르겠다"며 천 교수는 마치 자기에게 닥친 억울한 일이라도 되듯 역정을 냈다.

"명색이 사회주의 국가 중국인데, 상속세율이 0퍼센트라니!" 나는 속으로 혼잣말하며 놀란 표정을 감추려고 애썼다. 『상도』 때와는 달리 더 이상 대꾸할 수도 없었다. 기업인은 아니지만 내가 기업인의 처지가 되어서 생각해보니 천 교수의 지적에 일리가 있어서였다.

우리나라의 최고 상속세율은 50퍼센트로 일본과 함께 세계에서 제일 높다.[11] 주요국가의 최고 상속세율은 미국 40퍼센트, 독일 30퍼센트, 네덜란드 23퍼센트, 덴마크 15퍼센트, 타이완 10퍼센트다. 중국홍콩 포함은 원래부터 상속세가 없었고 싱가포르도 0퍼센트다. 오스트레일리아, 뉴질랜드, 멕시코, 러시아, 스웨덴, 싱가포르, 캐나다 등 세계 각국은 상속세를 폐지하는 추세다.

따라서 중국인 중에 갑부가 많은 이유 중의 하나는 중화권에 상속세가 없거나 매우 낮기 때문이 아닐까. 반대로 한국과 일본에 갑부가 적은 까닭은 50퍼센트라는 고세율의 과도한 상속세 부담 때문이 아닐까.

　우리나라가 세계 최고 상속세율을 유지하고 있는 까닭은 '법제 선진국(?) 일본 따라 하기' 때문이라고 추론한다. 일본경제가 장기적인 침체에 빠진 원인 중 하나도 '상속세율 50퍼센트'처럼 여전히 고수하고 있는 불합리한 법제라고 분석한다.

　상속세의 주된 과세근거는 국고수입의 증대보다는 소득과 재산의 재분배와 부의 집중억제다. 살아서도 개인소득에 대해 소득세가 부과되고 죽어서도 개인 재산에 상속세가 부과된다면 이는 생사를 초월하는 '이중과세'가 아닌가? 상속세율 50퍼센트라면 상속받은 재산을 절반이나 내놓아야 한다는 말인데 저축할 의욕이 나겠는가? 높은 상속세율은 재산축적 의지를 약화시키고 낭비를 조장한다. 재산구성을 유동화하며 산업구조를 취약하게 하고 기업인의 탈·누세와 재산의 해외도피 등 탈법·불법행위를 조장하는 부작용이 있다. 높은 상속세율은 기업인을 탈·누세 관련 범죄자 또는 범죄 예비음모자로 전락시키고 국민경제를 도탄에 빠뜨리는 혹독한 세금, 즉 '가렴'苛斂이라고 할 수 있다.

　"상속세율 0퍼센트의 사회주의(?) 중국과 세계 최고 상속세율 50퍼센트의 자본주의(?) 한국"에서 나는 한중 양국의 기업들이 그리는 희비쌍곡선의 변곡점을 가늠해보며 200년 전 다산 정약

용의 탄식을 떠올린다.

"세상은 날로 변하는데 낡은 법제를 그대로 두면 국가는 쇠망
하고 사회는 타락하고 백성은 고통으로 신음한다."

다산이 살던 19세기 초에 세상이 '날'日로 변했다면 우리가 살
고 있는 21세기에 세상은 '분초'分秒 단위로 변하고 있다고 해도
과언이 아니다. 그런데도 우리나라는 초고율의 상속세를 고수한
채 오로지 법인세에만 몰입해 법인세율을 높이느니 마느니, 톱으
로 박을 켜듯 몇 년째 지루한 소모성 논쟁만 계속하고 있다.

앞서 말한 바와 같이 우리나라의 상속세율은 세계 최고로 높
다. 반면 우리나라 법인세의 일반세율은 22퍼센트로 미국 35퍼
센트, 프랑스 34.4퍼센트, 일본 28.05퍼센트, 중국과 네덜란드
25퍼센트, 영국 23퍼센트에 비해 낮은 편이다.

이에 나는 우리나라도 기업인의 투자의욕을 고취시키고 복지
를 위한 재원확보 차원에서 상속세를 아예 폐지하거나 상속세
율을 대폭 낮추는 대신 법인세를 글로벌스탠더드에 부합하게 2,
3퍼센트가량 높일 것을 제안한다. 이런 게 바로 '누이 좋고 매부
좋고, 정부 좋고 국민 좋고, 부자 좋고 서민 좋고' 아니겠는가.

좌우가 아니라 완급이다

중국은 길게 잡으면 덩샤오핑이 1978년 개혁개방 노선을 정립

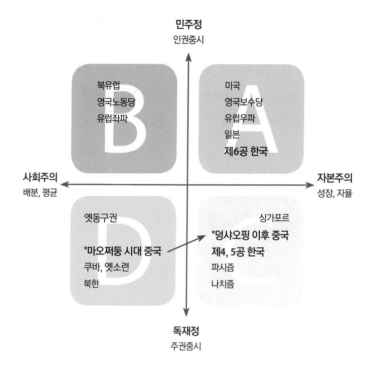

민주 · 독재 · 자본 · 사회주의와 중국의 방향

민주정
인권중시

B

북유럽
영국노동당
유럽좌파

A

미국
영국보수당
유럽우파
일본
제6공 한국

사회주의
배분, 평균

자본주의
성장, 자율

D

옛동구권

*마오쩌둥 시대 중국

쿠바, 옛소련
북한

C

싱가포르
***덩샤오핑 이후 중국
제4, 5공 한국**
파시즘
나치즘

독재정
주권중시

• 각종 온·오프라인 자료를 활용해 직접 작성.

할 때부터, 짧게 잡아도 1992년 덩샤오핑이 남순강화를 할 때부터 이미 보혁갈등, 좌우논쟁 따위의 이념논쟁을 걷어치웠다.[12] 개혁개방과 부국강병을 위해 덩샤오핑은 마오쩌둥 시대의 사회주의 독재정(D)에서 자본주의 독재정(C)으로 줄달음쳐왔다.

덩샤오핑의 아이들, 즉 장쩌민, 후진타오, 시진핑[13]은 실사구시를 실천하는 과정 중에 초고속성장 페이스를 유지하며 계속 질주해나갈 것인지 아니면 내실을 기하며 착실히 점진해나갈 것인지 속도의 완급조절에 지혜를 모으고 있다. 이처럼 중국은 뒤뚱거리는 좌우의 프레임에서 벗어나 '쾌속성장'이나 '안정적 성장'이냐 하는 속도의 완급차원을 논하는 단계로 들어선 지 이미 한세대가 지났다. G2시대 중국노선은 한마디로 '좌우가 아니라 완급이다.'

상인종의 나라가 사회주의 계획경제 체제를 실험하였던 시기는 1949~78년 딱 30년간뿐이었다는 사실을 간과하지 말아야 한다. 개혁개방 이후 지금의 중국 땅은 온통 시장이고 중국인은 모두 상인이다. 중국정부는 명찰만 공산당을 달고 외피만 사회주의를 둘러쓴, 본질은 경제성장제일의 원조 자본주의 독재정이다.

덩샤오핑 이후 여태껏 우향우를 외치며 줄달음쳐온 중국은 앞으로 어떤 방향으로 나아갈 것인가? 중국이 꿈꾸는 미래 모델은 어느 국가군일까?

자본주의라는 호랑이 등에 올라탄 지 40년이 다 돼가는 G2 중국이 돌연 '가난의 평등'이 보장된 마오쩌둥 시대의 구사회주의 독재정 국가군(D)으로 되돌아갈 가능성은 0에 가깝다. 물론 미국을 위시한 자본주의 자유민주주의 국가군(A)¹⁴으로 급격히 우상향할 가능성도 북유럽의 사회민주주의 국가군(B)으로 급속히 좌상향할 가능성만큼 희박하다. 중국은 국민의 80퍼센트 이상이 중국계인 싱가포르¹⁵보다 1만 5,000배 큰 자본주의 독재정 국가군(C)을 향하여 완만한 우상향의 곡선을 그리지 않을까.

농업을 말하고 공업을 쳐라

2013년 3월 레이쥔이 중국 전인대 대표로 당선되었다. 그는 취임사에서 5년 내에 회사법公司法[16]을 개선하겠다고 공언했다. 레이쥔은 2015년 3월 창업환경에 관한 회사법 개정안을 제의한 바 있다. 중국의 전인대 대표단에는 레이쥔 말고도 국유기업과 민영기업의 기업가 900여 명이 포진하고 있다. 이를 우리나라에서 배양된 의식구조의 잣대로 본다면 정경결탁, 정경유착 수준을 넘은 '정경일체' 수준이다. 그러나 운용의 묘를 살리면 이러한 중국식 '정경일체'가 나쁘다고만 볼 수 없다. G2시대 진정한 주인공인 기업가들의 의견과 제안이 직접 입법에 반영되는 체제다.

여기서 반드시 짚고 넘어가야 할 대목은 한중 양국의 회사법이다. 흔히들 회사법이라 하면 중국 내 모든 기업, 즉 중국의 국유기업과 민영회사뿐만 아니라 외국기업과 외자기업에도 적용되는 법으로 알고 있는데, 이는 대단히 심각한 착각이고 위험한 오해다.[17] 중국에 진출 중인 삼성, 현대차 등 수만 개의 한국기업과 세계 500대 기업을 비롯한 외자기업들에게 최우선으로 적용되는 법은 합자·합작·독자기업법 등 외자기업법[18]이다.

한마디로 외자기업법은 중국의 외자기업에 적용되는 법이고 회사법은 중국의 내자기업에 적용되는 법이다. 또한 외자기업법은 전인대에서 제정한 기본법률로서 전인대 상무위원회에서 제정한 일반법인 회사법보다 상위법이자 특별법이다. 따라서 중국에 이미 진출했거나 진출하려는 우리 기업들에게 가장 중요한 법은 외자기업법과 그 하위법령들이다. 중국 내자기업에 적용되는 회사법은 참고할 만한 법에 지나지 않는다는 사실을 잊지 말아야 한다.

회사법 이야기가 나온 김에 하나만 덧붙인다. 우리나라에서는 2014년 10월 단통법[19] 시행 이후 단말기 구입 시 비용부담이 대폭 커지면서 소비자들이 가성비 좋은 샤오미 스마트폰 등 중국 복제품에 눈을 돌리고 있다. 국내 스마트폰 보급률이 80퍼센트를 넘긴 시점에서 누구나 동일한 가격에 살 수 있다는 단통법 시행으로 득보다 실이 많아진 우리나라 소비자에게 샤오미가 던지는 추파는, '피할 수 없는 유혹의 무거움'이다.

2016년 한중 FTA 시대 원년에 중국산 저가 농산물 수입만 걱정하고 샤오미 같은 중국산 잉여공산품의 국내 반입 급증은 걱정하지 않아도 괜찮은 것인가. "동쪽을 말하고 서쪽을 쳐라." 성동격서聲東擊西 전략을 버전업한 21세기 중국의 FTA 계략 제1호, "농업을 말하고 공업을 쳐라"의 '성농격공'聲農擊工을 너무 쉽게 생각한 것은 아닌가.

우리에게 절실한 것은 국산품 애용운동, 중국 복제품 불매운동 등 시대착오적 캠페인을 벌이거나 공허한 의식개혁 구호를 밤낮으로 부르짖는 것이 아니다. 단통법 재조정 등 구체적이고 강력하게 정책을 실행할 수 있는 제도적 장치 마련이 필요하다.

법제는 '도입'이 아니라 '창조'하는 것이다

언어가 의식을 지배한다. 우리나라는 지금 법률이나 제도, 시스템이나 규칙을 제정할 경우 '제정'이라는 용어 대신, 대부분 '도입'이라는 서술어를 쓰고 있다. 19세기 수준에 머문 시대착오적 용어인 '도입'을 하루빨리 '제정'으로 바로잡아야 한다. 본래 일본이 19세기 후반 메이지 유신 이후, '탈아입구'脫亞入歐, 즉 아시아로부터 탈출한다는 명목으로 유럽의 모든 과학기술과 자금, 물자, 법제를 도입하려 했을 당시에나 쓰던 케케묵은 용어다. 법제는 '도입'하는 것이 아니라 '제정'하는 것이다. 설령 그 법제가 외국으로부터 도입된 것이라도, 세계 10위권의 중견강국 대한민국의 위상과 실정에 맞게 창조적으로 제정·시행해야 할 것 아닌가.

여전히 '창조' 없는 '도입'이 우리 사회에 만연하다. 대표적인 사례가 바로 '코리아 블랙프라이데이'인데 나는 이를 '창조경제' 아닌 '상조경제'의 전형이라고 부르고 싶다.

세상을 바꾸고 싶으면 제도를 바꿔라

"법은 세상을 고르고 밝게 만든다"律呂朝陽. 『천자문』千字文의 구절이다. 예나 지금이나 중국 정·재계의 지도자들은 이공계의 발명품이나 예술계의 창작품처럼 법제를 창조해내길 즐겼다. 이를테면 서양보다 1,200년이나 앞선 공무원 공개경쟁 시험제도인 과거제나 서양보다 400~500년 앞선 지폐와 수표·어음 제도가 있다. 현대에 들어와서는 세계의 거의 모든 국가가 벤치마킹하고 있는 경제특구 제도도 만들어냈다.

어디 중국 대륙뿐이랴. 타이완의 중국인들도 1988년 세금영수증과 복권을 통합한 영수증 복권제를 만들어 탈세와 누세를 최소화하고, 투명한 거래와 건전한 소비를 진작시키고, 지하경제 양성화에 기여하는 '보이지 않는 약손'을 만들어냈다.[20] 이런 게 바로 창조경제의 예증 아니겠는가. 나는 '창조경제'는 미래지향적이되 구체적이고 실용적인 법제의 창조, 즉 '창조법제'로 이루어진다고 생각한다.

"뭐, 창조법제? 그 고리타분한 중국인이 과학기술제품 발명하듯, 예술품 창조하듯 법제를 창조한다고?"

'법제도입'이라는 19세기적 낡은 용어가 눈에 익고 귀에 익은 우리나라 독자 중에 상당수가 의아하게 생각하는 것을 넘어 '참, 어이없다'며 불쾌하게 느낄 것이다.

혹자는 내가 중국사대주의나 중국신비주의에 빠져서 그런다고 걱정하겠지만, 그게 아니올시다. 맨눈으로도 너무 잘 보이는 중국을 왜 우리는 아직도 붉은 선글라스를 쓰고 보려 하는가.

세계 어느 나라 사람보다 중국과 중국인을 바르게 이해할 줄 아는 천부적 심안을 가진 사람은 중국과 가장 가까운 이웃으로 오랜 세월 동안 역사와 문화를 공유해온 한국과 한국인이다. 약간의 관심과 애정만 기울인다면 한국의 평범한 중국학 아마추어가 번번이 실수를 남발해온 제3국의 중국전문가보다 훨씬 더 중국을 정확히 파악할 수 있을 것이다.

그래도 이해가 잘 되지 않는 분들을 위해 나는 프랑스의 시인이자 사상가, 폴 발레리Paul Valéry, 1871~1945가 그의 저서 『미술논집』에서 단도같이 날카롭게 통찰한 내용을 덧붙이고자 한다.

> "중국의 지배자들은 왕권을 상징하는 왕관보다는 붓을 더욱 자랑스럽게 생각했으며, 천재 예술가의 직관을 가졌다. 그들은 사랑도 법제도 잘게 손질해 표현했으며 마치 서양인들이 자연과학의 법칙을 다룰 때와 똑같이 대담하고 호기심이 많은 태도로서 사회과학의 이치를 재료 삼아 새로운 시스템과 룰을 창조해내길 즐겼다."

세상을 바꾸고 싶은가? 그러면 먼저 제도를 바꿔라. 제도를 개혁하면 의식도 개혁된다! 먼저 의식을 개혁한, 즉 깨어난 소수의 엘리트가 오늘보다 나은 내일을 위해 '제도를 개혁'하면 군중들의 의식도 자연스레 개혁될 것이라고 확신한다.

신라의 NET와 발해의 SEA [1]
맺는말

"오로지 현재만이 있다. 과거는 현재의 '기억'이고, 현재는 현재의 '직감'이며 미래는 현재의 '희망'이다."

이는 천년 로마문화를 귀결한 대사상가 아우구스티누스의 명언이다.

새로워져야 할 대한민국이 '기억'하고 '직감'하고 '희망'해야할 시공간은 무엇인가? 그건 8세기 신라와 발해의 번영과 영광이요, 그 찬란한 부활과 재현이다.

불이 태우는 것은 나무가 아니라 어둠이다. 캄캄한 미지의 밤에 동북아 신화와 역사의 이원적 존재인 복희씨^{伏羲氏}가 사람들에게 무엇보다 먼저 불씨 피우는 법과 그물 짜기를 가르쳐주었다는 신화는 매우 의미심장하다. 마치 우리에게 '신화란 있었던

일이 아니라 있어야 할 일'이라는 숨겨진 진실을 귀엣말해주는 듯하다.

정보화 시대를 밝히는 '불'이 컴퓨터라면 그것을 전방위·전천후로 연결해주는 '하늘의 그물'이 바로 인터넷이다. 네트워크를 한글로 풀면 '그물 짜기'다. 인류의 문명은 그물 짜기로 시작하고 발전하고 교류해왔다.

세상에 이음동의어는 없다. 그물을 뜻하는 두 한자는 '라'羅와 '망'網이다. '라'는 하늘의 새를 잡는 그물, '망'은 물고기를 잡는 그물을 뜻한다. 또한 '라'는 '망'과 달리 명사이며 동사다. 즉 '그물 짜다' '펼치다' '망라하다' '모으다' '일을 벌이다'창업하다 등의 진취적 행동양태를 망라하고 있다.

기원전 17세기 상商나라를 개창한 탕왕湯王이 사냥을 나갔다. 사방에 천라하늘의 그물를 친 후 탕왕은 기도문을 올렸다.

"천하사방의 만물이 나의 그물 안에 들어오도다."

우리나라 역사상 최초의 통일왕국 '신라'의 신新은 '새로울 신'이고 라羅는 '새그물 라'다. 『삼국사기』에 따르면 503년에 지증왕이 아름다운 뜻을 가장 많이 가진 한자 둘을 골라 나라 이름을 '신라'로 확정했다고 한다. 『삼국유사』와 『삼국사기』도 신라의 '신'은 덕업이 날로 새롭다는 뜻이고, '라'는 사방의 백성을 망라한다는 뜻이라고 똑같이 기록하고 있다. 전자는 토속신앙과 불교를, 후자는 유교를 사상적 기반으로 뒀는데도 양대 사서가 한 목소리를 낸 경우는 이례적이다. 그만큼 '신라'의 뜻풀이에는 역사적 공신력이 있다. 동서고금을 통틀어 통일국가의 명칭에 '망라하다'라는 뜻으로 '그물'Net을 넣은 나라는 신라가 유일무이하다. 특히 8세기 전성기의 신라는 명실상부하게 세계를 향해 '새로운 그물'을 활짝 펼친, 당시 극성기의 당나라도 흠모했던 세계 최고수준의 선진국이었다.

2016년은 병신년丙申年, 즉 원숭이 해다. 최근 우리는 신라라는 이름만큼이나 혁신적이고도 압도적인 분야였던 IT에서 중국의 가짜 손오공들에게 추격당하고 있다. 2016년은 한중 FTA 시대 원년이다. 중국의 '짝퉁' 공산품의 봇물을 막아야 한다. 중국의 가짜 제품들은 우리의 바다를 침범하는 중국 불법선박과 함께 우리의 생존을 위협하는 몹쓸 것들이다. 중국 IT 업계의 사업가 상당수는 『서유기』의 진짜 손오공이 자신의 털을 날려 만든 가짜 손오공들이다. 다행히 가짜 손오공 대다수는 여의봉, 즉 완전히 독창적인 원천 과학기술을 갖추지 못했다. 그저 입김으로 머리카락을 날려 가짜를 만들 듯 무수한 복제품을 살포하고 있다.

우리나라 진짜 손오공들은 최첨단 과학기술력여의봉과 극치의 마케팅 전략근두운을 부단히 업그레이드시킬 필요가 있다. 우리에게 중국의 가짜 손오공들이 스스로 벗을 수 없는 '삼장법사의 머리테'가 시급히 필요하다. 불법 복제품의 단맛에 현혹되지 않는 깨어 있는 국민의식과 함께 이를 뒷받침해주는 법제 정비가 긴요하다.

잃지 않으려면 잊지 않아야 한다. 우리는 세계 최고 선진국 8세기 신라를 잊지 말아야 한다. 또 '용솟음치는 바다'라는 이름의 발해渤海를 잊지 말아야 한다. 신라와 마찬가지로 기원후 세계사를 통틀어 공식 국명에 '바다'Sea를 넣은 나라는 발해가 유일무이하다. 최초는 영원한 최고다. Net의 신라와 Sea의 발해라니! 21세기 인터넷과 해양시대에 이 얼마나 신비롭게 솟구치는 새로운 희망의 원동력인가!

우리는 인터넷강국과 해양강국, 선진통일조국 대한민국을 희망한다. 우리는 '용솟음치는 바다'에서 '새 그물'로 인터넷과 해양강국의 새로운 '신화'를 건져 올려야 한다. 신화는 '있었던 일'이 아니라 앞으로 '있어야 할 일'이기 때문이다.

중국은 온통 시장이다

1 영고삼(永高三)은 나의 별호다. '영원한 고3'처럼 열심히 공부하다 죽을 각오라는 뜻이다.

2 문협(文俠)은 나의 필명이자 호다. 검 대신 필을 쥔 협객처럼 살겠다는 뜻이다.

1 중국 최초의 백만장자

1 주(周) 무왕(武王)이 상(商) 주왕(紂王)을 토벌하자 천하는 주나라가 되었다. 나라 잃은 상나라 사람들은 설 땅이 없어져 장돌뱅이로 생계를 유지하게 되었는데, 그때부터 세상은 그들을 '상인'으로 부르게 되었다. 上海古籍出版社, 『中國文化史 三百題』, 上海古籍出版社, 1987, 207쪽 참조.

2 1983년 4월 3일 영국 경제지 『파이낸셜타임스』는 「바보와 그의 호박씨」(The fool and his melon seeds)라는 제목의 특종으로 보도했다. 미국 CNN, VOA도 짧지만 인상적인 토픽뉴스로 다루었다.

3 1665년 영국 물리학자 아이작 뉴턴은 사과가 땅으로 떨어지는 것을 보고 '만유인력(萬有引力)의 법칙'을 발견했다. 그로부터 350년이 지난 2015년 한국의 사회과학자 문협 강효백은 만유인력의 법칙도 거스르는 돈의 힘을 보고 '만유재력(萬有財力)의 법칙'을 발견했다. 만유인력

은 자연과학계에서, 만유재력은 사회과학계에서 우리가 항상 느끼고
있는 힘이다. 만유인력은 두 물체의 질량의 곱에 비례하고 거리의 제
곱에 반비례하지만 만유재력은 두 사람이 가진 금액의 제곱에 비례하
고 지위격차의 곱에 반비례한다. 만유재력의 법칙은 특히 중국이라는
시공간에서 강하게 작용하고 있다고나 할까.

4 배우자 이외의 사람과 맺은 성관계를 처벌하는 성문란죄 조항은
   1997년 형법 개정 시 폐지되었다.

5 녠광주의 변론을 맡아 일약 저명한 율사가 된 그는 현재 안후이 성 우
   후 시에서 천광율사사무소(辰光律師事務所) 대표율사로 활약하고 있다.
   『중국율사』(中國律師), 1997년 1월 12일 자, 13쪽 참고.

6 개혁개방 이후 중국에서는 불교·도교·기독교·이슬람교 등은 종교
   로, 마르크스레닌주의(馬列主義)는 신앙으로 구별하고 있다. 덩샤오핑
   은 감히 종교와 신앙을 구별해냄으로써 공산당원은 종교를 가질 수 없
   다는 전통 공산주의 이론의 올가미를 혁파했다. 중국공산당 당원의 신
   앙은 당연히 마르크르레닌주의여야 하지만 신앙과 별도로 기성 종교
   를 가질 수 있도록 허용했다. 강효백, 『G2시대 중국법연구』, 한국학
   술정보, 2010, 111쪽; 肖蔚雲, 『憲法學槪論』, 北京大學出版社, 2002,
   208~209쪽 참조.

2 돈으로 둑을 쌓은 첸탄 강변의 거상

1 천상에는 천당, 지상에는 소항(蘇杭). 예로부터 항저우는 쑤저우와 더
   불어 지상의 천당으로 불릴 만큼 풍요롭고 아름다운 도시다. 우리나라
   에 '생거진천 사거용인'(生居鎭川 死居龍仁)이라는 말이 있듯, 중국 사
   람들은 권문세가가 많은 쑤저우에서 태어나 풍족하고 윤택한 항저우
   에서 살며 산해진미가 넘쳐나는 광저우에서 먹고 최고급 관을 만드는
   데 쓰이는 목재의 생산지인 류저우(柳州)에서 죽고 싶다는 타령을 예
   나 지금이나 한결같이 하고 있다.

2 이 농기계수리소 자리는 현재 완샹그룹의 성지로 꾸며져 있다.

3 한국과 일본, 서구에서는 대개 '장강'(長江)을 '양쯔 강'(揚子江)이라고 부르고 있다. 하지만 양쯔 강은 원래 양저우(揚州) 일대의 일부 장강 유역만을 지칭하는 것이다. 통산 20년에 이르는 나의 중국 체류경험에서도 장강을 양쯔 강이라고 칭하는 중국인은 단 한 사람도 만난 적이 없다. 몇몇 중국 친구는 외국인이 자기네 중화민족의 어머니 강, 장강을 양쯔 강이라 부르면 왠지 모를 서운함과 거리감을 느끼게 된다고 입을 모은다. 만약 한 외국인이 우리나라의 한강을 '소양강'이나 '홍천강'이라 부른다면 우리도 그와 비슷한 감정을 느낄 것이다.

4 국영기업의 관리자 왕스(王石, 1951~), 류촨즈(柳傳志, 1944~), 장루이민(張瑞敏, 1949~) 등은 체재 내의 돌파를 시도했다.

5 향(郷)은 농촌, 진(鎭)은 도시근교 지역을 가리키는 것으로 향진은 농촌과 도시근교 지역을 의미한다. 향진기업은 농촌과 도시근교 지역의 집체토지인 향진에서 설립했으며 따라서 농업지원의무가 있는 각종 기업을 말한다. 강효백,『중국경제법 1(기업법)』, 율곡출판사, 2015, 451쪽.

6 저장대학은 중국에서 가장 큰 대학 중 하나로 베이징·칭화·푸단·난징대학과 함께 중국 5대 명문대학으로 손꼽힌다.

3 독선·독종·독신의 아이언우먼

1 '格力'를 한글발음대로 '거리'나 '긔리'로 표기하기가 어색해 영문표기인 'GREE'로 쓰고자 한다.

2 후이난은 안후이 남부지역을 일컫는 말로 조선시대의 지배 이데올로기였던 주자학(성리학)의 전통이 깊게 뿌리내린 곳이다. 우리나라와는 달리 주자학이 중국천하에 군림한 시절은 송나라 때뿐이었고, 이후 주자학이 영향력을 발휘한 지역은 후이난 주변지역으로 국한되었다. 안후이상인은 상업을 벼슬을 얻기 위한 수단정도로만 여겨 진득하게 대

를 이어 장사하지 않았다. 인생 초중반에 부자가 되면 후반부터는 관리가 되려고 노력했다. 이웃한 저장이나 장쑤상인처럼 상업을 인생의 유일한 생업으로 정한 것이 아니었다. 그들은 번 돈으로 관직을 사든지 의연금이나 기부금을 많이 바쳐 조정의 환심을 사는 데 몰두했다. 앞서 언급한 중국 최초의 벼락부자, 녠광주도 안후이 출신이다. 결코 오래가지 못하는 안후이상인의 부유함과 오늘날 안후이의 낙후된 몰골을 목도하면서 나는 아시아적 가치와 함께 한때 유행했던 용어인 '신유교주의'의 한계를 여실히 느낄 수 있었다. 만일 그것의 기반이 공자의 원형이 아닌 주자의 변형이라면 감히 단언하겠다. 신유교주의의 미래는 없다고. 강효백, 「주자님의 방귀는 향기로운가-안후이상인」, 『중국인의 상술』, 한길사, 2002, 101~114쪽 참조.

3 중국역사상 유일한 여성 황제인 측천무후(則天武后, 624~705)를 빗댄 별명이다.

4 2004년 당시 중국 가전제품 양판점 2위 업체였지만 GREE와의 분규와 궈메이 총재의 비리 사건 이후 하향세를 면치 못하고 있다.

5 2015년 현재 GREE는 중국 에어컨 시장의 45퍼센트, 전 세계 에어컨 시장의 40퍼센트를 차지하고 있다. 전 세계 에어컨 대부분이 중국에서 생산된다고 보아도 무방한 수준이다.

6 2014년 말 현재 중국 에어컨 판매업체 중 2위로 중국 에어컨 시장의 21.3퍼센트를 차지하고 있다.

7 현재 중국공산당 정치국원으로서 제6세대 최고지도자 물망에 오르고 있다.

8 마윈 알리바바 총재, 2015년 중국부자 2위, 세계부자 33위, 개인 자산 약 227억 달러. 왕젠린 완다(萬達)그룹 총재, 2015년 중국부자 1위, 세계부자 29위, 개인 자산 약 242억 달러. 레이쥔 샤오미 총재, 2015년 중국부자 6위, 세계부자 87위, 개인 자산 132억 달러. www.forbes.com/forbes/welcome 참조.

4 거상이 된 홍군의 아들

1 강효백, 『황금중국』, 유스북, 2005, 83쪽.

2 충칭은 1997년 6월 18일 쓰촨 성에서 분리되어 베이징, 상하이, 톈진
   과 함께 중국의 4대 직할시가 되었다. 중국 당국이 충칭이라는 면적
   8만 2,000제곱킬로미터(남한면적의 82퍼센트), 인구 3,000만 명의 세계
   최대규모의 초대형 광역시를 만들어낸 진짜 이유는 무엇일까. 인구가
   일본 전체인구와 맞먹는 1억 2,000만 명에 달했던 쓰촨 성을 중앙권력
   이 통제하기 버거웠기 때문이라고 분석된다.

3 두장옌은 기원전 2, 3세기에 건설된 수리시설로 지금까지도 사용하고
   있는 세계 최고(最古)의 수리시설 중 하나다.

4 중국의 각종 자료는 왕젠린이 임업에 종사하던 가문 출신이라고 립스
   틱 옅게 바르며 서술하고 있다.

5 왕젠린의 아버지는 마오쩌둥의 홍군이었지만 마윈 총재의 아버지는
   장제스의 국민당 군이었다. 중국 최고부호 1, 2위를 다투는 양대 슈퍼
   리치의 출신성분이 확연히 대조된다는 점에서 눈길을 끈다.

6 중국 헌법학계는 이러한 위헌적 상황을 어질고 착한 위헌이라는 '양
   성위헌'(良性違憲)이라고 칭하며 합리화하고 있다. 강효백, 『창제-법률
   과 창조의 결혼』, 한국학술정보, 2010, 300쪽.

7 왜 사람 인(人) 변만 붙여 개명했는지에 대해서는 왕젠린 자신도 밝힌
   바 없다. 그의 동생 넷 王建忠 · 王建可 · 王建春 · 王建川은 왕젠린과 달
   리 사람 인변 없는 '建'을 유지하고 있다.

8 강효백, 『중국의 습격』, Human&Books, 2012, 96쪽 참조.

9 마오쩌둥과 덩샤오핑 같은 혁명세대 당군지도자들은 제도적 관습에
   따라 기존의 장교교육 제도인 군대원교(軍隊院校)를 증설하거나 유지
   해 군사적 권력기반을 강화하려는 경향을 보였다. 하지만 군경력이 일
   천한 포스트 혁명세대 당군지도자인 장쩌민은 국방생(國防生)이라는
   서양식 ROTC 제도를 시행했고 후진타오는 기존의 군대원교를 축소

하는 대신 민간대학 위탁을 통한 장교교육 제도를 확대했다. 이두형, 「중국의 당군관계와 장교교육제도 변화의 상관성 연구-역사적 제도주의 시각을 중심으로」, 한양대학교 박사학위논문, 2012 참조.

10 부총리 등 항상 '부'(副) 직을 맡으며 '명'(名)은 제2인자, 실(實)은 제1인자'를 고수했던 덩샤오핑이 명실상부하게 '정'(正) 직을 맡았던 직위는 군부를 통수하고 군권을 장악하는 '중앙군사위원회 주석'이 거의 유일하다.

11 인민복은 중국의 국부(國父) 쑨중산(孫中山)이 즐겨 입던 까닭에 일명 '중산복'이라고도 한다. 마오쩌둥과 덩샤오핑은 인민복을 각종 행사에서 정장처럼 착용했다. 장쩌민 이후 후진타오와 시진핑은 평소 신사복을 입지만, 중앙군사위원회 주석으로 활동할 때는 인민복을 군복 대신 착용하고 있다.

12 중국은 1993년 헌법을 개정해 '국영기업'을 '국유기업'으로 개칭했다. 소유는 국가가 하지만 경영은 민간에게 맡긴다는 의미다. 그런데 우리나라 일각에서는 아직도 국영기업이라고 부르고 있다. 시정할 필요가 있다.

13 중국의 노동절 연휴기간은 2007년 노동법 등 관련법을 개정하기 전에는 5월 1일을 전후한 한 주였다. 노동절은 춘절(음력 1월 1일), 국경절(10월 1일)과 함께 중국 3대 국정공휴일이었으나 지금은 5월 1일 단 하루만 공휴일이다.

14 다롄은 뤼순과 함께 합쳐 '뤼다 시'(旅大市)로 불렸는데 1981년 2월 9일 '다롄 시'로 개명되었다.

15 중국에서 깨끗하고 쾌적한 도시 다섯 개만 꼽는다면 랴오닝의 다롄, 산둥의 웨이하이(威海), 저장의 닝보(寧波), 푸젠의 샤먼(廈門), 하이난의 싼야(三亞)를 들겠다. 개인적 경험과 객관적 평판을 5:5의 비중으로 엄선한 것이니 참조 바란다.

16 보시라이는 다롄 시장, 랴오닝 성장, 상무부 부장, 충칭 시 당서기, 중

앙당 정치국원을 역임한 이른바 태자당(혁명 8대 원로인 보이보[薄一波, 1908~2007]의 아들)의 한 축이었으나 시진핑 집권 전후 부패혐의로 체포돼 현재 무기징역수로 복역 중이다.

17 2014년 중국민영기업 500강 순위표 참조. http://www.askci.com/news/data/2014/08/18/1125412sq5.shtml

18 '都市'의 어원(語原)도 시장과 시장을 둘러싼 번화가를 의미하는 '市' 앞에다가 우두머리인 관아와 관아를 에워싼 관청가를 뜻하는 '都'가 붙어 만들어진 것이다. 중국의 정치행정 중심지 베이징은 '市'보다는 '都'에 가까운 반면에 중국의 경제무역금융 중심지 상하이는 '都'보다 '市'에 가깝다고 할 것이다. 湖北人民出版社編輯部, 『中國文化知識精華』, 湖北人民出版社, 2000, 216쪽 참조.

19 강효백, 「값은 비싸게 흥정은 짧게-베이징상인」, 『중국인의 상술』, 한길사, 2002, 95~97쪽.

20 이상은 졸저 『중국인의 상술』, 「주자님의 방귀는 향기로운가-안후이상인」에 실린 호설암에 대한 비판적 고찰이다. 나의 견해를 소영웅주의식 발상이라고 나무라며 호설암을 옹호하는 한국 독자들의 글을 적잖게 받았다. 강효백, 「주자님의 방귀는 향기로운가-안후이상인」, 『중국인의 상술』, 한길사, 2002, 109~110쪽.

21 www.nytimes.com/2015/10/31/world/asia/chinese-tycoon-wang-jianlin-defends-xis-relatives-and-himself-on-business-deal 참조.

5 최장수갑부가 진짜 갑부

1 류씨 부모가 극빈한 가정 형편상 셋째 아들 융메이를 이웃 천(陳)씨의 양자로 보냈기 때문에 류융메이의 신분증 명칭은 천위신(陳育新)이다.

2 셋째 융메이가 천씨네 양자로 입적된 후의 이름이다.

3 2014년 한 해 동안 전 세계 돼지고기 소비량의 45퍼센트를 중국이 차지했다.

4 타이의 최대다국적 기업인 CP그룹이다. 그룹총수는 중국계 'Dhanin' 으로 2015년 세계 81위의 슈퍼리치다.

5 상인종은 원래 내가 2000년에 졸저 『차이니즈 나이트』 1, 「너희가 상인종을 아느냐」 편에서 세계 최초로 창조한 용어다. 그 후 '상인종'은 나에게 양해를 구하거나 출처를 표시하지 않고 널리 사용되고 있다. 지금 와서 나의 저작권(?)을 주장하지는 않겠지만 최초 발명자가 누구인지는 알고 사용했으면 한다.

6 송나라 초기인 960년 쓰촨 성의 어떤 상인이 교자(交子)란 것을 제작했다. 이는 전 세계를 통틀어 최초로 등장한 지폐다. 현존하는 지폐 중 가장 오래된 지폐는 원나라 세조 때인 1287년 발행한 '지원통행보초'(至元通行寶鈔)다. 유럽보다 400여 년 앞섰다. 강효백, 『황금중국』, 유스북, 2005, 336쪽.

7 "열린 물 갈피마다 튀어오르는 네 생각은/어쩌면 한 무리 새떼로 푸드드 날아/빈 가슴 어느 섬 기슭에 초승달로 걸리겠다"(「바닷가에서」, 1979년 샘터 시조상 수상작). "빛 속에 소리가 샌다. 저 왁자한 빛의 소리/귀 안에서 귀 밖에서 어금니 사이에서/무수한 깃발 푸들대다 흰 비늘을 털고 있다"(「빛」, 1998년 제1회 공무원문예대전 장관상 수상작).

8 '四川'에서 사(四)는 네 개가 아니라 동서남북 사방을 가리키는 것이다. 즉 쓰촨 성은 사방팔방에서 무수한 내천이 흘러 들어오는 비옥한 성이라는 의미다.

9 2005년 중국 회사법에 의하면 법인대표가 회사의 최고책임자다.

10 1993년 거액의 횡령과 배임, 부정부패혐의로 당국에 체포되어 무기징역을 선고받고 복역하다가 1999년 병사했다.

11 http://www.forbes.com/billionaires/#version:static_country:China

12 이들 7대 중범죄에 대해 중국 형법 제20조 3항은 무한 정당방위를 인정하고 있다.

6 '차이니즈나이트'를 새로 쓰다

1 진융의 무협지를 읽다 보면 '중국사는 사실로 존재했던 무협지이며, 무협지는 존재할 수 있었던 중국사 같다'는 생각이 든다.

2 지금 저장 사람들은 '마윈 총재'와 '이우 시장'이 저장 성을 대표하는 양대 명물이라고 자랑한다.

3 상하이-항저우 고속도로(151킬로미터, 1998년 12월 29일 개통)는 중국 동부연해지방의 대도시 간 고속도로 중 가장 늦게 개통되었다. 1990년 대 중반 상하이 장기 체류시절, 나는 항저우에 갈 때마다 엄청 막히는 320국도를 이용할 수밖에 없었다. 다섯 시간 넘게 자가운전하면서 평 야지대에 인접한 두 대도시를 잇는 고속도로를 건설하지 않은 이유가 도대체 무엇일까 하며 짜증을 냈다. 이제야 내막을 알 것 같다.

4 2003년 3월, 후진타오 정부는 대외경제부문을 관장하던 대외경제무 역합작부와 국내산업업무를 관장하던 국가경제무역위원회를 통합, 상무부로 확대 개편했다.

5 현재도 대외무역경제합작부의 후신인 상무부의 홈페이지는 국무원 각부와 위원회의 홈페이지 중 가장 앞선 홈페이지로 정평이 나 있다.

6 불특정 다수의 사용자가 컴퓨터를 통해 정보와 편지를 교환하고 대화 하거나 프로그램을 서로 공유하기 위한 시스템을 말한다.

7 B2B는 Business to Business의 약자로 기업과 기업 사이에 이루어지는 전자상거래를 일컫는다. C2C는 Customer to Customer의 약자로 소 비자 대 소비자 간의 인터넷 비즈니스를 가리키고, B2C는 Business to Consumer의 약자로 기업과 소비자 간에 이루어지는 전자 상거래를 일컫는데 온라인 쇼핑 등이 대표적인 예다.

8 강효백, 『협객의 칼끝에 천하가 춤춘다』, 한길사, 1995, 278~279쪽.

9 중국은 이듬해인 2004년 '중화인민공화국 전자서명법'을 제정하여 마 윈이 독자적으로 창안한 제3자 지불결제 시스템에 대해 법제 인프라 를 마련해주었다.

10 중국인은 기이하게도 '奇'(기이할 기) 자를 애호한다. 중국인 이름에도 '奇' 자가 흔하다. 제2대 국가주석 류사오치(劉少奇)가 좋은 예다. 중국인은 '大'(큰 대)와 '可'(옳을 가)가 융합된 '奇' 자를 '괴상한' '비정상적인' 따위의 폄하의 의미보다 '진기한' '신묘한' 등의 긍정과 찬사의 의미로 사용한다. 전통중국을 대표하는 소설『삼국지연의』『수호전』『서유기』『금병매』를 중국 4대 '명저'(名著)라 하지 않고 중국 4대 '기서'(奇書)라고 하는 것에서도 알 수 있다. 반면 중국인은 우리나라 사람이 애호하는 '特'(특별한 특) 자를 기피하는 편이다. 특히 이름에 '特' 자가 있는 중국인 수는 '0'에 가깝다. '特'의 의미가 이름으로 부르기에는 민망한 '수컷'이기 때문이다. 옛날 중국의 일부 귀족은 남자 종의 이름을 서열에 따라 一特, 二特, 三特……으로 불렀다고 한다. 따라서 필자가 '경쟁불패의 16자 비결'의 최고단계를 '타신아특'이라 하지 않고 '타신아기'라 한 깊은 뜻도 여기에 있다 하겠다.

11 시험관이 모범답안지에 찍는 표기로서『춘향전』에서 이몽룡의 과거답안을 칭찬하는 대목에서 등장하는 문구다.

12 "진 시황이 통일한 진, 진승이 깨뜨리고/유방이 세운 한은 황건적에 무너지고/관우가 문을 연 중세, 황소에게 문닫겼네./주원장이 불 밝힌 명, 이자성이 꺼버리고/쑨원의 중화민국, 마오쩌둥이 홍칠 했네/누군가, 인민공화국, 그다음의 협객은." 문협의 시조에 등장하는 인물들은 좋게 말하면 영웅호걸이요, 나쁘게 말하면 도적떼의 두목이요, 좋지도 나쁘지도 않게, 즉 가치중립적으로 말하면 그들이 바로 협객이다. 강효백,『협객의 칼끝에 천하가 춤춘다』, 한길사, 1995, 226쪽 참조.

13 善從,『中國皇帝全傳』, 中國華僑出版社, 2011, 572~586쪽 참조.

14 강효백,『협객의 나라 중국』, 한길사, 2002, 207쪽.

15 중국 갑부서열 9위의 인물로 야만인, 늑대, 야누스 등의 별명으로 불린다.

16 '중국의 세계화'가 뭉게구름이라면 '세계의 중국화'는 원자폭탄의 버섯구름이라고 할 정도로 섬뜩하다. '세계의 중국화'는 중국에 의한 평

화라는 뜻의 '팍스 시니카'(Pax Sinica)보다 훨씬 불온하고 위험하다. 로마에 의한 평화(Pax Romana)나 미국에 의한 평화(Pax America)는 있었지만 '세계의 로마화' '세계의 미국화'는 없었다. 동서고금을 통틀어 제아무리 극성기라고 하더라도 '세계의 중국화'처럼 어마어마하고 무시무시한 구호를 외친 제국은 없었다. 심지어 나치즘이나 일제 군국주의도 게르만 인종우월주의에 기반한 '유럽의 독일화'나 대동아공영권이라는 허울뿐인 '동아시아의 일본화'를 외쳤을 뿐 '세계의 독일화' '세계의 일본화'는 그 구호조차도 없었다. 그런데 2013년 시진핑 집권 이후 '중국몽'(Chinese Dreams)을 '세계의 중국화'로 풀이하는 중국관·언·학계의 목소리가 갈수록 커지고 있다.

7 시진핑이 레이쮠만 빼놓고 다니는 까닭

1 중국 측에서는 국민당정부가 우한에서 철수한 10월 25일을 '우한보위전'(武漢保衛戰)의 종료일로 기록하고 있다. 반면 일본 측은 우한의 도시지역 우창(武昌), 한커우(漢口), 한양(漢陽) 등에 이어 우한의 외곽지역 퉁청(通城)과 웨저우(緯州)까지 실제 점령한 11월 11일을 '우한공략전'(武漢攻略戰: 일본 측 표기)의 종료일로 기록하고 있다. 따라서 우한회전(武漢會戰: 중일공동표기)의 종료일은 1938년 11월 11일(금)이라고 하는 것이 객관적 사실에 더욱 부합한다고 판단된다. http://wpedia.goo.ne.jp/wiki, http://www.heiwakinen.jp/shiryokan/heiwa/09onketsu 참조.

2 강효백, 『중국의 습격』, Human&Books, 2012, 34~35쪽과 「강효백 교수의 류큐 이야기」, 『데일리안』 참조.

3 UN헌장 제53조와 제107조는 '적국'(enemy state)으로 표기한다.

4 나는 기존의 4대 미적 범주(숭고미, 우아미, 비장미, 골계미)에다 이 '몽롱미'를 새롭게 추가해 '5대 미적 범주'라고 부르고자 한다. 이에 문학계와 예술계, 미학계 등 강호제현 대가·거장·석학께서는 천학비재한

필자를 너무 질책하지 마시길. 일종의 골계미로 웃어넘기시길.

5 「우미인」의 우희(虞姬)는 역발산기개세(力拔山氣蓋世) 초패왕(楚覇王) 항우(項羽)의 연인으로 사면초가에 몰린 항우와 함께 자결했다. 절세 가인 우희의 넋을 기리는 꽃 우미인초는 양귀비꽃 못지않게 아름답다. 강효백, 「아름다운 꽃은 가슴에 칼을 품는다. 해어화와 우미인초」, 『협객의 나라 중국』, 한길사, 2002, 235~238쪽 참조.

6 2014년 중국의 10대 명문대학은 1. 베이징(北京), 2. 칭화(淸華), 3. 상하이자오퉁(上海交通), 4. 푸단(复旦), 5. 우한(武漢), 6. 저장(浙江), 7. 중궈런민(中國人民), 8. 난징(南京), 9. 지린(吉林), 10. 중산(中山)대학 순이다. 우리나라와 구별되는 중국의 명문대학 4대 특징은 첫째 전국 각지에 골고루 분포하고 둘째 중국 교육부가 지정한 중점대학 중 하나이며 셋째 매년 순위변화의 진폭이 크고 넷째 종합순위와 별도로 계열별 최고명문대학이 다수 존재한다는 것이다. 가령 법학계와 언론계의 최고 명문대학은 중국인민대학이다. 등 http://zhidao.baidu.com 참조.

7 이 책의 지은이는 폴 프라이버거(Paul Freiberger)로 중국어판 옮긴이는 왕젠화(王建華)다. 기계공업출판사(機械工業出版社)가 1987년 출간했다. 초판 정가는 2.14위안으로 현재 판매 중인 책인 2001년판으로 42위안이다.

8 당시 중국에는 중복투고, 중복게재에 대한 규제가 없었다.

9 레이쥔은 2013년 샤오미로 벌어들인 거액의 자산을 투입해 진산을 샤오미 산하의 계열사로 만들어버렸다. 2015년 말 현재 진산 총주식의 26.9퍼센트를 가지고 있는 레이쥔은 진산의 이사장이자 지배주주다.

10 중국 지식층 일각에서는 서구식 지식재산권 개념에 불만을 표출하고 있다. 2008년 6월 18일 필자는 베이징에서 개최된 지식재산권 관련 국제세미나에 참가했는데 한 중국 측 대표가 이렇게 주장했다. "서구식 논리대로 한다면 실은 '복제양 돌리'의 지식재산권도 우리 중국에 있다. 손오공이 자신의 털들을 뽑아 날리면서 수없이 많은 손오공을 복

제하는 『서유기』에 있다.” 이에 필자를 포함한 외국인들은 폭소를 터뜨렸으나 중국인 상당수는 웃지 않고 진지한 표정으로 고개를 끄덕거렸다.

11 2015년 말 현재 이들 17개 기업은 샤오미 산하 주요 4대계열사(진산소프트웨어, 치타모바일, 환추시대, 쉰레이)와 더불어 레이쥔의 지배하에 있다.

12 지금 일어나는 일을 전에도 경험한 적이 있는 것처럼 느끼는 현상을 말한다. 기시감이라고도 한다.

8 중국을 비추는 초신성

1 중국의 경제특구(ESZ)는 하이난을 포함해 모두 다섯 개뿐이다. 중국의 특정경제지역(SEZ)은 크게 화교자본을 유치하기 위한 ‘경제특구’와 외국자본을 유치하기 위한 ‘개발구’(DZ), 금융시장을 개혁개방하기 위한 ‘자유무역구’(FTZ)의 세 가지 형태로 발전해왔다. 개발구는 다시 경제기술개발구, 첨단산업개발구, 보세구, 수출가공구, 변경경제합작구, 관광개발구 등 6개 유형과 국가급, 성급, 시급, 현급, 향진급 등 5개 등급으로 나뉜다. 우리나라와 외국의 대부분 기업은 경제특구가 아닌 각종 ‘개발구’에 진출해 있다. ‘경제특구’와 ‘개발구’는 설립배경, 목적, 발전방향 등이 상이한데도 국내 일각에서는 모두 ‘경제특구’로 뭉뚱그리고 있는데 이는 바로잡아야 한다. 강효백, 『G2시대 중국법』, 한국학술정보, 2010, 258쪽.

2 화교는 화교(華僑)와 화인(華人), 화예(華裔)로 구분할 수 있다. 화교는 중국국적의 해외체류 중국인이고 화인은 현지 국적을 취득했으나 중국계 커뮤니티에 참여하는 중국인이며 화예는 자신이 중국인의 후예임을 인식하나 중국계 커뮤니티에 참여하지 않는 중국혈통을 일컫는다. 여기에서 언급한 화교는 이 모두를 일컫는다. 현재 약 6,000만 명의 화교는 대부분 푸젠 성과 광둥 성을 본향으로 한다.

3 신발여왕 이멜다가 가진 신발 2,000여 켤레에는 신발대왕 시즈청에게 선물로 받은 것도, 가능성은 적지만 사비로 구입한 것도 있을 것이다. 필리핀의 부유층 여자들은 보통 400켤레 정도의 신발을 갖고 있다며 그녀를 옹호하는 필리핀 사람도 적지 않다. 그렇다면 20년간 영부인으로 지낸 점을 고려하면 2,000켤레의 신발도 어느 정도 이해해줄 수 있지 않을까.

4 2015년 현재 개인자산이 142억 달러에 달한다.

5 진장은 현재 중국경제 총사령탑의 수장인 장가오리(張高麗, 1946~) 정치국상무위원 겸 상무부총리의 고향이기도 하다.

6 세계 110위 갑부로 삼성 이건희 회장과 동순위다.

7 당시 말레이시아의 1개 주였다.

8 흔히들 '오지선다' '사지선다'로 쓰고 있는데 이는 잘못된 옛 일본식 표현이다. 오늘날에도 여전히 아무런 비판 없이 그대로 따라 쓰고 있는 잘못된 옛 일본식 용어가 많다. 하루빨리 바로잡아야 한다. 예: 사지선다 X, 사지택일 O / 선진국 X, 개발국 O / 위안부 X, 일본군 성노예 O / 근로자 X, 노동자 O / 통일신라시대 X, 신라발해 남북국시대 O / 문화재반환운동 X, 문화재환수운동 O / 내국민대우 X, 국민대우 O / 헌법전문 X, 헌법서문 O / 제5공화국 X, 제5공화정 O / 특히 대다수 법률용어가 일본식 법률용어를 따르고 있어 큰 문제다.

9 한국을 '오면초가'에 빠뜨리다

1 1912년 리쭝우(李宗吾, 1870~1944)가 쓴 『후흑대전』(厚黑大全)에서 주장하는 처세학이다. 『후흑대전』은 특히 광둥서점가에서 '불멸의 스테디셀러'로 군림하고 있다.

2 2015년 현재 재미화교 갑부순위 1위이자 세계 갑부순위 96위인 천쑹쑹은 혈통만 중국계일 뿐 상당히 미국화된 미국국적 소지자이기 때문에 '패트릭'으로 칭하겠다.

3   국제연합(UN) 등에서 사용하는 국제 공식용어는 '일본군 성노예' (Japanese Military Sexual Slavery)다. '위안부'(Comfort Woman)는 강제성을 희석하려고 만든 일본식 조어다.

4   메이궈(美國)도 '아름다운 나라'라는 의미가 아니라 최대한 비슷한 발음의 중국어를 활용한 음차표기라고 할 수 있다. 그러나 '메이'로 발음되는 '없을 몰(沒)'을 비롯해 곰팡이, 그을음, 어둠, 흐림, 아침 등의 부정적 의미를 지닌 다른 동음이의어 중에서도 가장 긍정적인 의미의 '美'를 선택해 표기했다는 것은 의미가 크다고 본다. '美國'의 예와는 대조적으로 헝가리의 중문표기는 오랑캐, 이빨, 날카로움 등 부정적 의미의 중국어를 써 '匈牙利'다. 참고로 일본과 북한의 미국 한자표기는 쌀 '米'자를 쓴 '미국'(米國)이다.

5   G2시대 중미 관계는 겉으로는 대립 관계, 속으로는 동반자 관계다. 미국은 중국 본토를 침략한 적이 없는 유일한 열강이다. 그만큼 중국은 미국에 대한 역사적 원한이나 피해의식도 없다. 지난 10년간 실시된 각종 설문조사에서도 미국에 대한 중국인들의 호감도는 앞자리 순위를 차지하고 있다. 강효백, 「시 주석이 전화를 받지 않은 진짜 이유」, 『한국일보』, 2016년 3월 8일 자 칼럼 참조.

10 성실놀부 1세와 타락놀부 2세

1   1700년경 중국 인구는 8,000만 명이 채 되지 않았다. 광활한 국토면적에 비해 인력자원이 턱없이 부족했다. 1712년 청나라의 강희제는 "지금부터 태어나는 아이에 대해서 세금을 폐지한다"고 선포했다. 그러자 인구가 단숨에 1억 명을 돌파했다. 옹정제는 1723년 지정은제(地丁銀制)를 실시해 인두세를 완전히 철폐했다. 이는 18세기 중국의 침실을 뜨겁게 달구어 아편전쟁 전야인 1836년에는 인구가 4억 명을 돌파하게 했다. 당시 중국인구 대 세계인구의 비율은 1:3까지 올라갔다. 중국인구가 1,000만 명에서 1억 명으로 증가하는 데는 3,800년이 걸렸으

나 1억 명에서 4억 명으로 증가하는 데는 100여 년밖에 걸리지 않았다. 강효백, 「치파오 속의 비밀」, 『차이니즈 나이트』 1, 158~159쪽 참조.

2   한국과 일본은 '상(商)나라'를 '은(殷)나라'로, 한(漢)나라의 시대 구분인 '동한(東漢)과 서한(西漢)'을 '전한과 후한'으로 변조해 부르고 있다. 자국의 역사와 문화에 무한한 자부심을 갖고 있는 중국인 대다수는 이것들이 이웃나라의 역사와 지리까지도 변조시키려는 일본제국주의식 용어라며 불쾌해 하고 있다.

3   근래 중국에서 시진핑의 인기는 하늘을 찌른다. 비결은 법과 제도에 따른 의법치국를 내걸고 '부정부패척결'과 '항일민족주의'를 실천하는 데 있다. 반만년 중국역사상 어느 황제나 주석도 못 하던 두 가지 큰 일을 감행하는 영도자에게 중국인들은 열렬한 호응을 보내며 통쾌한 카타르시스를 느끼고 있다. 강효백, 「시 주석이 전화를 받지 않은 진짜 이유」, 『한국일보』, 2016년 3월 8일 자 칼럼 참조.

4   중국헌법 제25조, 제49조, 제89조 참조.

5   중국에서 일반적으로 '기업'(企業)은 국유기업과 외자기업을, '회사'(公司)는 민영회사를 의미한다.

6   강효백, 『중국경제법 1(기업법)』, 율곡출판사, 2015년, 106~107쪽.

7   2008년 글로벌 금융위기가 중국을 덮쳤을 때 후진타오 정부는 경기활성화, 물류혁신, 고용창출, '전 중국의 1일생활권화'를 이루기 위해 약 800억 달러(약 90조 원)의 예산을 투입해 고속철·지하철·광역철도 등 '삼철'(三鐵)건설 프로젝트에 착수했다. 2015년 말 현재 중국이 운행 중이거나 2020년까지 개통할 고속철노선은 8개 기축, 32개 지선, 총 연장 1만 7,500킬로미터(한국, 일본, 프랑스, 독일, 스페인의 고속철도 총합의 약 3배)에 달한다. 중국은 이제 만만디(漫漫的)가 아니라 '콰이콰이'(快快)다. 그것도 여유만만한 콰이콰이이다. 이와 반대로 2008년 한국의 이명박 정부는 '느림의 미학' '1,000만 중국관광객 유치' 따위를 운운하면서 적게는 37조 원, 많게는 100조 원이라는 천문학적 혈세를 4대

강에 쏟아부었다. 지금도 계속 쏟아붓고 있다. 역사가 이처럼 극명하게 대조되는 한중 양국 위정자의 행태와 국가재원의 용처(用處)를 두 국가의 흥망성쇠를 가른 변곡점의 하나로 기록할 것 같아 몹시 우울하다. 강효백, 「한중고속철도를 건설하자」, 『창제-법률과 창조의 결혼』, 이담북스, 349~352쪽 참조.

11 중국질주의 비밀

1 2015년 현재 구매력기준 GDP 순위를 보면 1위 중국(19,510조 달러), 2위 미국(17,970조 달러), 3위 인도(8,057조 달러), 4위 일본(4,658조 달러), 5위 독일(3,842조 달러) 순이다. 일반적 GDP 순위를 보면 1위 미국(18,215조 달러), 2위 중국(11,212조 달러), 일본(4,210조 달러) 순이다. 특히 중국과 일본의 격차가 갈수록 벌어지고 있다. https://www.cia.gov/library/publications/the-world-factbook/rankorder/2001rank.html 참조.

2 중국 민법통칙(民法通則) 제6조 전문은 이렇다. "民事活動必須遵守法律,法律沒有規定的, 應當遵守國家政策."

3 과거제는 587년 수 문제가 처음으로 실시하고 당 태종이 정비한 후 무려 1911년까지 시행될 정도로 세계에서 가장 잘 정비된 '공무원 공개경쟁시험 선발제도'였다. 유럽은 18세기 말에 이르러서야 공무원 채용이나 상급학교 입학에 공개경쟁시험을 적용했다. 당 태종은 과거시험을 인종과 민족, 종교와 국적에 관계없이 한문을 이해하는 평민남성이라면 누구라도 응시할 수 있게 제도화했다. 과거제는 훗날 중국의 천하통일을 촉진하고 안정시키는 문치(文治)의 제도적 핵심장치였다. 당 태종은 평민이라도 과거시험에 합격하면 '일인지하 만인지상'의 재상까지 오를 수 있다는 꿈을 품게 함으로써 중국을 기회의 땅으로 만들었다. 신라 육두품 출신의 최치원(崔致遠, 857~?), 아랍계의 안록산(安祿山, 703~757) 등이 좋은 예다. 강효백, 「중국의 과거제와 현대의 고등

고시」,『동양스승 서양제자』, 예전사, 1992, 216~218쪽 참조.

4 1999년 중국정부는 '양광지묘'라는 빗돌을 철거하는 대신 '수양제릉'
   (隋煬帝陵)이라는 글자가 새겨진 비석을 세웠다.

5 시스템, 룰과 규칙, 텍스트 등을 모두 포함한 광의의 개념이다.

6 미국헌법 제1조 1항 원문은 이렇다. "All legislative powers herein
   granted shall be vested in a Congress of the United States which shall
   consist of a Senate and House of Representatives."

7 중국헌법 제15조 원문은 이렇다. "國家加强經濟立法, 完善宏觀調控."

8 구(舊)독일과 일본의 법학이 해석법학이라면 미국, 중국, EU 등 G3의
   주류법학은 사회의 근본문제 해결을 위한 정책제안까지 다루는 광범
   위한 학문이다. 즉 현대 국제사회의 주류법학은 19세기 후반에서 20세
   기 전반까지의 주류법학이었던 법해석학의 영역에서 벗어나 정치학,
   경제학, 행정학, 경영학, 사회학 등 사회과학은 물론 심리학, 인류학,
   언어학, 통계학 등 기타 인접 학문영역과 심지어는 이공계와 예체능계
   의 연구방법까지 다각도로 응용하면서 사회의 다양한 동태적인 현상
   에 대한 해결책을 모색하고 처방을 내리는 방향으로 발전하고 있다.
   안경환,『법과 사회와 인권』, 돌베개, 2009, 63~72쪽 참조.

9 이를테면 세상을 깜짝 놀라게 한 샤오미 돌풍의 비밀을 풀 때 사람들
   은 주로 높은 품질에 비해 가격은 매우 싼 '가성비'와 실용성에 주목한
   다. 물론 그런 부분도 중요하지만 결정적인 이유는 상상을 초월할 정
   도로 혁신적인 마케팅 시스템을 창조하고 실천한 데 있다.

10 중국은 1982년 헌법 조항에서 사유재산권 보호를 규정한 이후,
   1985년 상속법을, 1999년 계약법을, 2007년 주택의 사유화를 인정하
   는 물권법까지 제정·시행함으로써 경제제도로서의 '사회주의'는 중
   국 땅에서 종언을 고하게 되었다. 강효백,「중국 사회주의 국가 맞아?」,
   『조선일보』, 2006년 11월 12일 자 칼럼 참조.

11 2016년 3월 현재, 우리나라 세법상 과세표준금액은 "1억 원 미만은

10퍼센트, 1~5억 원은 20퍼센트, 5~10억 원은 30퍼센트, 10~30억 원은 40퍼센트, 30억 원 이상은 50퍼센트"가 적용된다. 오스트레일리아, 뉴질랜드, 싱가포르, 캐나다 등 상속세를 폐지하고 있는 국가도 많은데 유독 우리나라만 세계 최고수준의 상속세율을 유지하고 있는 까닭은 '법제 선진국(?) 일본 따라 하기' 때문이라고 추론한다. 일본경제의 추락 원인 중 하나도 '상속세 50퍼센트'처럼 불합리한 법제들을 고수하고 있기 때문이라고 분석한다. 그래서 K모 교수는 종종 우리나라에서 친일잔재가 가장 많이 남아 있는 곳은 '초밥집'과 '법학·법조계'라고 풍자한다.

12 '민주주의'의 반대개념을 물으면 흔히들 '사회주의'라고 답한다. 우리나라 식자층, 간혹 내로라할 석학조차도 오늘날 중국을 가리켜 '정치는 사회주의, 경제는 자본주의'라고 단언한다. 참으로 한심한 쌍팔년도(단기 4288년, 서기 1955년)식 사고방식이다. 아직도 우리나라 지식층 상당수는 '민주주의=자본주의 vs 사회주의=독재주의'라는 잘못된 이데올로기식 분류등식에 빠져 헤어나지 못하고 있는 것 같다.

13 요즘 우리나라는 중국의 최고권력층을 '장쩌민은 상하이방, 후진타오는 공산주의청년단(공청단), 시진핑은 태자당'식으로 분류한다. 심지어 일부 학술논문은 중국정계에 이런 당파들이 실재하는 것처럼 '시진핑(태자당)' '리커창(공청단)'식으로 표기하고 있다. 그러나 이는 실상과 전혀 다르다. 하나의 뿌리와 줄기에서 갈라져 나온 가지들을 보고 각 가지가 독립적인 나무라고 착각하는 인식의 오류라고 판단된다. 이는 또한 중국정치권력의 역학관계를 일본 자민당 내 계파 간 권력투쟁과 흡사한 것으로 설정해『삼국지연의』를 보여주듯 흥미위주로 보도하는 일부 일본 언론매체의 영향을 받은 것으로 분석된다. 실제로 이러한 일본식 당파구분 용어는 1993년 일본의 잡지들에서 최초로 사용되었고 이후 1998년부터 널리 유포되었다.

개혁개방 이후 중국 최고권력지도층 인사 대다수는 공산당 간부집안 출신(태자당)으로, 청년 시절에는 당연히 공산주의청년단(공청단)에 가입했고, 중국 최대도시 상하이와 직간접적으로 연관된 공직경력을 쌓으며 성장했다(상하이방). 즉 중국 최고권력지도층 대다수는 태자당 겸 공청단 겸 상하이방이다. 중국공산당원은 모두 '한통속'이다.

14 미국을 위시한 서방과 한국 일각에서는 중국의 경제가 발전하면 중국인들의 정치참여 욕구가 커져 조만간 중국의 민주화를 요구하는 '제2의 천안문사태'가 터질 것이라고 기대와 저주 섞인 예언을 수십 년째 하고 있다. 이는 중국과 중국인을 몰라도 너무 모르고 하는 소리다. 중화사상이 강한 중국은 자국의 본성과 식성에 맞는 서방의 '자본주의' 살은 취하려 하지만 서방의 '민주주의' 피는 자국의 혈액형에 부적합하다고 여겨 수혈받기를 거부한다. 반만년 상인종 중국인은 부자가 되더라도 서방의 '민주'를 원하지 않는다. '더 큰 부자'가 되길 원할 뿐이다.

15 싱가포르는 베이징 표준시를 따르고 있다. 우리나라보다 두 시간 늦은 표준시를 사용하는 베트남보다 훨씬 서쪽에 있는 싱가포르가 우리나라보다 한 시간 늦은 베이징 표준시를 따르는 까닭은 무엇일까. 중국 정부는 2015년 현재 GDP총액으로는 중국이 일본을 세 배 이상, 1인당 GDP로는 싱가포르가 일본을 1.5배 이상 앞질렀다는 사실을 유난히 부각하고 있다. https://www.cia.gov/library/publications/the-world-factbook/rankorder/2004rank.html#ch 참조.

16 중국 민영회사에 대한 기본법은 1992년 제정되었으며 2013년 제4차 개정을 거쳐 현재 총 218개 조에 달한다.

2014년 12월 28일(길일)에 중국 전인대 상무위원회는 회사법을 일부 개정하여 하이테크 투자자들의 부담을 덜어주고 창업의 기회를 확대시켰다. 특히 개정된 회사법은 중국인민이라면 누구라도 자본금 1위안만으로도 회사를 설립할 수 있게 했다. 이는 시진핑 정부가 내건 '전인민의 기업가화(企業家化)'를 이루기 위한 법제화 작업의 하나로 평가

받고 있다.

17 강효백, 『중국경제법 1(기업법)』, 율곡출판사, 2015, 311쪽.

18 '삼자기업법'으로도 부르는 이 3법은 최근 '외국투자법'으로 통합추
    진 중이다.

19 이동통신단말장치 유통개선에 관한 법률을 말한다.

20 강효백, 「영수증과 복권을 통합하자」, 『창제(創製)-법률과 창조의 결
    혼』, 한국학술정보, 2010, 33~37쪽 참조.

신라의 NET와 발해의 SEA

1   『데일리안』, 2016년 1월 1일 자 특별 신년사.

참고문헌

저서

강효백,『중국인의 상술』, 한길사, 2002.

―,『협객의 나라 중국』, 한길사, 2002.

―,『차이니즈 나이트』1, 2, 한길사, 2000.

―,『협객의 칼끝에 천하가 춤춘다』, 한길사, 1995.

―,『황금중국』, 유스북, 2005.

―,『중국경제법(1) 기업법』, 율곡출판사, 2015.

―,『중국의 습격』, Human&Books, 2012.

―,『법률과 창조의 결혼, 창제』(Dreaming to Recreate Law), 이담Books, 2010.

―,『G2시대 중국법연구』, 한국학술정보, 2010.

―,『중국법통론』, 경희대학교출판국, 2007.

―,『중국? 중국, 중국!』, 예전사, 1995.

―,『동양스승 서양제자-서양문화와 문명은 동양의 모방이다』, 예전사, 1992.

김상민 · 저우이(周夷),『중국업계지도』, 어바웃어북, 2014.

김용준,『CHINA MARKETING』, 박영사, 2011.

량샤오민(梁小民), 서아담 옮김,『중국거상에게 배우는 부의 전략』, 김영사, 2008.

매일경제 국제부 중국팀,『G2시대』, 매일경제신문사, 2009.

박번순 외,『중국기업 대해부』, 삼성경제연구소, 2009.

이의춘,『시장경제의 적(敵)들』, Human&Books, 2011.

정호수,『세상을 바꾼 협상 이야기』, 발해그후, 2008.

쉬줘윈(許倬雲), 최고호 옮김,『CEO를 위한 중국사 강의-경영편』, 김영사, 2008.

쑹샤오쥔(宋曉軍) 외, 김태성 옮김,『앵그리 차이나』, 21세기북스, 2009.

高鴻銘,『中國人的情神』, 海南出版社, 1996.

功令仁 · 李德征,『中國老子戶(壹~拾)』, 高等敎育出版社, 1998.

金立群 · 林毅夫,『一帶一路引領中國』, 中國文史出版社, 2015.

祁斌,『未來十年-中國經濟的轉型與突破』, 中信出版社, 2013.

郎鹹平 · 孫晉,『中國經濟到了最危險的邊緣』, 東方出版社, 2014.

劉世英 · 彭征,『馬雲正傳-活著，就是爲了顚覆世界』, 南方出版社, 2014.

劉元煌,『對話財富領袖』, 企業管理出版社, 2003.

劉志靑,『毛澤東蔣介石一生的較量』, 中國文史出版社, 2010.

淩志軍,『沈浮-中國經濟改革備忘錄(1989~1997)』, 人民日報出版社, 2011.

淩志軍 · 馬立誠,『呼喊-當今中國的五種聲音』, 人民日報出版社, 2011.

李軍,『大數據-從海量到精准』, 淸華大學出版社, 2014.

李軍奇,『中國社會精英圖譜』, 西南財政大學出版社, 2015.

李宗南,『中國大趨勢 CHINA'S MEGTRENDS』, 中華工商聯合出版社, 2011.

李宗梧,『厚黑學』, 群言出版社, 1996.

李澤厚,『中國思想史論』, 安徽文藝出版社, 1999.

林仁勇,『明末淸初中西文化衝突』, 華東師範大學出版社, 1998.

馬立誠,『最近四十年中國社會思潮』(*Chinese Social Thoughts Over The Last Four Decades*), 東方出版社, 2015.

牟家和 · 王國宇『亞洲華人企業家傳奇』(*The Legend of Great Asian-Chinese*

Entrepreneurs), 新世界出版社, 2010.

武樹臣, 『中國法律思想史』, 法律出版社, 2004.

文茜, 『格力女王董明珠』, 中華工商聯合出版社, 2012.

方興東 · 劉偉, 『阿裏巴巴正專』, 江蘇鳳凰文藝出版社, 2015.

柏楊, 『中國人史網』(上 · 下), 中國友誼出版公司, 1998.

史際春, 「企業和公司法」, 中國人民大學出版社, 2014.

善從, 『中國皇帝全傳』, 中國華僑出版社, 2011.

上海古籍出版社, 『中國文化史 三百題』, 上海古籍出版社, 1987.

上海電視臺, 『財富人生』, 上海教育出版社, 2003.

徐英時, 『中國文化史通釋』, 上海高籍出版社, 1998.

孫建華, 『雷軍給年經人的成功課』, 中國法制出版社, 2015.

孫飛 · 趙文皆, 『中國經濟大趨勢』, 中國經濟出版社, 2013.

松強 等 6人, 『中國可以說不』, 中華工商聯合出版社, 1996.

阿裏巴巴集團, 『馬雲內部講話』, 紅旗出版社, 2010.

楊繼繩, 『中國當代社會階層分析』, 江西高校出版社, 2013.

王春元 · 苗宇立, 『中國富人的元始檔案』, 高等教育出版社, 2004.

呂思勉, 『中國通史』, 上海古籍出版社, 2009.

葉永烈, 『紅色的起點』, 上海人民出版社, 1991.

吳曉波, 『商戰-電商時代』, 湖北教育出版社, 2014.

王夢圭, 『中國 中長期發展的重要問題』, 中國發展出版社, 2007.

王再興 · 楊林 · 黃旻旻, 『王健林的政商叢林』, 知識出版社, 2014.

應華根, 『財富浙商』, 寧波出版社, 2004.

張新民, 『中國十大商幇』, 黃山書社, 1993.

褚亞玲, 『雷軍-從金山軟件到小米手機』, 中國鐵道出版社, 2015.

狄振鵬, 『制度才是眞正的老板』, 人民郵電出版社, 2013.

鄭建輝, 『中國頂給富豪』, 國際文化出版公司, 2003.

鄭永年, 『中國模式 經驗與挑戰』, 中信集團股分有限公司, 2015.

肖文鍵, 『銷售女神董明珠-鏗鏘玫瑰書寫商界傳奇』, 中國致公出版社, 2015.

馮永國, 『復中興華』, 中國言實出版社, 2012.

胡舒立, 『中國2015 看清新常態』, 民立與建設出版社, 2015.

賈益民·張禹東·莊國土, 『華僑華人藍皮書』(*Blue Book of Overseas Chinese*, 2014), 社會科學文獻出版社, 2015.

中華人民共和國外交部, 『中國外交 China's Foreign Affairs 1993年版 ~2015年版』, 世界知識出版社, 1994~2015.

格隆彙, 『大佬的布局-跟著馬雲, 劉永好等巨頭賺錢』, 機械工業出版社, 2015.

鄧鵬, 『商界兄弟連-劉永好四兄弟的創業故事』, 中國鐵道出版社, 2011.

毛世屏, 『百年商旅 寧波幫』, 廣東經濟出版社, 2001.

司馬遷 撰, 王育龍·蘭世雄 譯 『史記』(一~四), 西安出版社, 2001.

新京報社, 『看不透的中國經濟, 我們怎麼辦?』(*the hidden secrets of Chinese Economy*), 北京聯合出版公司, 2012.

嶽克軍, 『四海潮人 潮汕幫』, 廣東經濟出版社, 2001.

王賡武, 『天下華人』, 廣東人民出版社, 2015.

袁麗麗, 『魯冠球-40年不倒之謎』北京日知圖書有限公司, 2012.

張廷職, 『劉永好傳-飼料大王的財富人生』, 企業管理出版社, 2014.

張俊傑, 『600位富商的經營之道』, 中共黨史出版社, 2010.

丁言模, 『左儒右賈 安徽幫』, 廣東經濟出版社, 2001.

朱靈, 『財富·中國』, 新世界出版社, 2005.

中央人民廣播電臺經濟之聲, 「中國經濟轉變 100問」, 機械工業出版社, 2014.

中央電視臺CCTV, 『貨幣 MONEY』, 中信出版社, 2012.

中央電視臺財經頻道(CCTV2), 『創業-我們的故事』, 北京出版集團公司, 北京出版社, 2011.

卓澤淵, 『法學導論』, 法律出版社, 2009.

項國鵬, 『浙商研究』, 浙江工商大學出版社, 2014.

湖北人民出版社編輯部, 『中國文化知識精華』, 湖北人民出版社, 2000.

黃文平, *The Economy, Law Government Policy*, 中國經濟出版社, 2006.

Paul Freiberger, 王建華 譯, 『矽穀之火』(*Fire in the Vally*), 機械工業出版社, 2001.

정기간행물(期刊)

廣角鏡(香港)

鏡報(香港)

南風窓(廣州)

瞭望(北京)

理財週刊(上海)

三聯生活週刊(北京)

商界評論(重慶)

新民週刊(上海)

新財富(深圳)

財政(北京)

財政天下週刊(銀川)

財政國家週刊(北京)

浙江經濟(杭州)

中國論壇(臺灣)

中國國家地理(北京)

中國企業家(北京)

中國商界(北京)

中國新聞週刊(北京)

中國經濟週刊(北京)

環球(北京)

週刊東洋經濟(東京)

Economist(London)

Fortune(NewYork)

FOCUS(Frankfurt)

인터넷사이트

http://businessleaders.com.cn(中商領袖情報網)

http://caifu.baidu.com(百度財富)

http://cpe.people.co.cn(中國共産黨新聞網)

http://gb.oversea.cnki.net(中國知網)

http://www.askci.com(中國情報網)

http://www.cadz.org.cn(中國開發區網)

http://www.cbnweek.com(上海第一財經週刊)

http://www.cctv.com(央視網)

http://www.forbes.com(*Forbes*)

http://www.gov.cn(中國商務部)

http://www.gov.cn(中國政府網)

http://www.heiwakinen.jp(平和祈念展示資料館)

http://www.npc.gov.cn(中華人民共和國 全國人民代表大會)

http://www.people.com.cn(人民網)

http://www.zgsjcn.com(中國商界網)

https://ja.wikipedia.org(wikipedia 日本語)

https://www.cia.gov/library/publications/the-world-factbook(*CIA World Factbook*)

https://zh.wikipedia.org(wikipedia 中文)

부록

마윈 어록

1. 모든 사람은 한 권의 책이다 每個人都是一本書.

2. 매일 30분 이상 독서하라. 책을 많이 읽는다고 해서 성공하는 것은 아니다. 다만 성공한 후에 독서를 게을리 한다면 이것은 큰 문제다.

3. 아내가 어머니보다 중요하다. 어머니는 나의 3분의 1 인생을 책임지지만 아내는 나의 3분의 2 인생을 책임지기 때문이다. 어머니는 영원히 나의 어머니지만 내가 잘못하면 아내는 남의 아내가 될 수 있기 때문이다.

4. 명심하라. 관시란 믿을 게 못 된다.

5. 오늘은 잔혹하다. 내일은 더 잔혹하다. 모레는 매우 행복하다. 단 절대다수의 기업은 내일 밤에 죽는다.

6. 자신이 하는 일에 불평하지 말라. 그건 마치 결혼 후 매일 배우자에게 욕하면서도 이혼하지 않는 것과 같다. 무의미한 행동이다.

7. 바보는 입으로 말하고, 영리한 사람은 머리로 말하지만, 지혜로운 사람은 마음으로 말한다.

8. 공짜는 세상에서 가장 비싼 물건이다.

9. 세상에 뛰어난 이념이란 없다. 성실한 결과만 있을 뿐이다.

10. 다른 사람보다 10분 먼저 출근하라. 다른 사람보다 10분 더 버텨라.

11. 어떤 일이든 강렬한 취미가 없다면 잘할 수 없다.

12. 작은 회사는 우선 살아남는 것과 돈 버는 것 두 가지에만 집중하라.

13. 많은 사람이 실패하는 이유는 돈이 없어서가 아니라, 돈이 많아서다.

14. 작은 회사일수록 큰 뜻을 품고, 큰 회사일수록 작은 사업을 해서는 안 된다.

15. 가장 뛰어난 모델은 종종 가장 단순한 것에 있다.

16. 이 세상은 당신이 무엇을 할 수 있는지가 아니라, 무엇을 해야 할지에 따라 정해진다.

17. 비용이야말로 세상에서 가장 값진 것이다. 공짜를 바라지 말라. 돈이 생긴 후에 공짜를 고민하라.

18. 내가 간절히 찾는 것은 배움의 대상이지 경쟁상대가 아니다.

19. 자아를 수립하려면 자신을 잊어라.

20. 기업 경영은 협객이 되는 것과 다르더라.

21. 좋은 것은 종종 명확하게 설명할 수 없는 것이다. 명확하게 설명할 수 있는 것은 종종 좋은 것이 아니다.

22. 살아남는 방법은 잘 만드는 것이지 크게 만드는 것이 아니다.

23. 속는 것은 타인이 교활한 것이 아니라 자기가 욕심이 많은 것이다. 자기 스스로 속는 것이다.

24. 순간적인 열정은 돈이 되지 않는다. 집요한 열정만이 돈을 벌 수 있다.

25. 좋은 기업은 양질의 제품과 서비스를 창출하는 창조적인 시스

템과 룰에서 나오는 것이다.

26. 나의 꿈은 '중국의 세계화'를 넘어 '세계의 중국화'를 이루는 것이다.

27. 주변사람이 나 자신보다 총명하다는 것을 영원히 기억하라.

28. 남자는 억울한 일을 겪으면서 포부도 커진다.

29. 90퍼센트의 사람이 좋다는 방안은 반드시 쓰레기통에 버린다.

30. 말하기 전에 먼저 몇 초를 생각하고, 화내기 전에 30을 세어라.

31. 나, 나, 나…… 오로지 자신만으로 채워지면 해낼 수 없다. 동료와 협력사를 생각해야 한다. 내 꿈이 아니다. '우리'의 꿈이 회사의 꿈이다.

32. 전략이 곧 결과는 아니다. 전략을 짠 후에도 결과는 여전히 멀다. 기나긴 길을 걸어야 한다.

33. 매일 가장 중요한 세 가지 일을 꼽아라.

34. 먼저 시장과 고객의 수요를 파악해야 한다. 그래야 성공의 가능성도 커진다.

35. 35세 이후에 네가 가난하다면 그건 국가나 사회의 제도에 모순이 있는 게 아니라 네가 노력하지 않고 게으른 탓이다.

36. 마케팅의 최고언어는 자신의 언어다. 남의 말을 그대로 옮긴 것은 마케팅이 아니다.

37. 비판하기 전에 먼저 칭찬하라. 칭찬은 뒤에서 하라.

38. 영원히 경쟁자를 높게 생각하라. 무엇이 두려워 얕보는가. 대단하고 강력한 존재로 생각하라.

39. 모든 일에 기한을 정해주어라.

40. 즉시 행동하라! 立卽行動

레이쥔 어록

41. 인간은 꿈이 있어 위대하다.

42. 창조란 미친 출발이다.

43. 실패는 죄가 아니다. 목표가 없거나 너무 낮은 것이 죄다.

44. 눈 감은 꿈은 몽롱해도 되지만, 눈 뜬 꿈, 희망의 목표는 명료해야 한다.

45. 자신이 이룬 일에 결코 만족하지 말라. 성취하기만 하면 곧 자신의 목표를 높여라.

46. 태풍 길목에 서면 돼지도 하늘로 날 수 있다.

47. 우리는 곤충이 아니라 인간이다. 기어 다니는 곤충만 넘어지지 않는다. 정상에 오르려면 많이 넘어져야 한다.

48. 우리의 꿈은 세상의 모든 삶을 샤오미의 디지털 라이프로 연결하는 것이다.

49. 나는 레이잡스라는 별명이 싫다. 애플과 구글, 아마존을 덧셈해보라. 샤오미가 나타날 것이다.

50. 중국만이 아니라 전 세계인의 스마트폰을 바꿔놓겠다.

51. 인터넷 사고란 무엇인가? 집중, 극치, 쾌속, 마우스 투 마우스.

52. 샤오미와 세계의 발전은 더 완벽해지고 싶은 욕구에서 비롯된다.

53. 창업의 성패는 중요하지 않다. 시도와 과정이 중요하다.

54. 물결을 일으킬 수 없다면 물결을 탈 수는 있어야 한다.

55. 인터넷은 설비가 아니다. 싱킹thinking 그 자체다.

56. 700만 샤오미 팬덤狂팬이 있기에 샤오미가 있다.

57. 고객의 요구를 실시간으로 수용하는 것이 샤오미 최고의 기업 가치다.

58. 무엇을 상상하든 그 이상을 만들어라.

59. 고객은 왕이 아니다. 고객은 친구이자 개발자다.

60. 목표가 작심삼일일 수도 있다. 그러면 포기하지 말고 또 새 계획을 세우고 새 목표를 정해라.

61. 지금 시대에서 가장 중요한 것은 근면함이 아니라, 대세를 정확히 판단하고 대세에 순응해 움직이는 것이다.

62. 고객을 샤오미의 두뇌로 만들어라.

63. 샤오미는 집단지성과 참여의식을 거래하는 회사다.

64. 꿈을 품은 후에 그 꿈을 절대로 포기하거나 축소하지 말고 끝까지 악바리로 실천해보라.

65. 샤오미가 애플을 모방한다고? 애플을 뒤엎어버리겠다.

66. 목표가 없는 삶은 살아도 산목숨이 아니다. 정신적 식물인간이다.

67. 나는 아직 성공하지 않았다. 성공과정 중에 있다.

68. 항상 자신이 손에 쥐고 있는 것 이상을 추구하라.

69. 샤오미의 고객은 '창조하는 고객, 창객創客'이어야 한다.

70. 꿈의 힘을 믿어라!

류용하오 어록

71. 승리에 도취되어 지뢰를 뜀틀로 착각하지 말라.

72. 만족은 성공의 적이며 기업의 무덤이다.

73. 고요한 강물의 흐름이 깊어 바다로 나간다. 깊고 큰 뜻을 품은 자는 요란을 떨지 않는다.

74. 깊은 못을 마주한 것처럼, 살얼음을 밟는 것처럼, 매사에 신중에 신중을 기하라.

75. 졸부 짓일랑 집어치우고 큰일을 하자.

76. 실패는 쉽지만 성공 후의 실패는 더욱 쉽다. 성공은 쉽지만 성공의 관리는 어렵다.

77. 돼지투자가 황금투자보다 좋다. 황금은 없어도 살 수 있지만 돼지고기 없이는 살 수 없기 때문.

78. 기업가라면 식욕이나 성욕보다 성취욕이 백배는 강해야 한다.

79. 의심하고 또 의심하라. 비판하고 또 비판하라. 창조하고 또 창조하라.

80. 창업의 낙을 누리지 못하는 인생은 헛되이 이 세상에 태어난 생명이다.

둥밍주 어록

81. 고향의 강자보다 타향의 약자 편에 서고 싶다.

82. 물이 맑아야 물고기가 산다. 물이 너무 맑다고 모이지 않는 물고기는 물고기가 아니다. 벌레들이다.

83. 남이 나를 모방할 수는 있어도 추월은 절대 용납할 수 없다.

84. 나는 단 한 번도 실수를 한 적이 없다. 나는 영원히 옳다.

85. 관시로 사업을 해서는 절대 안 된다.

86. 사랑과 사업은 완전히 다른 것 같다.

루관추 어록

87. 모든 사람이 잘살아야 기업도 좋아진다.

88. 기회는 포착하는 자의 벗이다. 기회를 발견함과 동시에 스스

로 이를 만들지 않으면 안 된다.

89. 나는 70 평생을 거의 하루도 빠지지 않고 공부해왔다. 매일 평균 세 시간씩 365일 독서했다. 춘절 연휴기간도 책을 놓지 않으려고 애써왔다.

왕젠린 어록

90. 정부와는 가깝게, 정치와는 멀게.

91. 당정 간부에 대한 금품은 낫싱nothing, 당정 정책에 대한 지지는 에브리싱everything이다.

쿡궈허녠 어록

92. 남이 안 하는 일을 해야 성공한다.

93. 후손의 지덕이 자신보다 못하다면 재산은 화근이 되니 전 재산을 사회에 헌납하라. 후손이 자신보다 나은 경우에만 재산을 물려주라. ─ 궈허녠의 어머니

시즈청 어록

94. 나는 계획과 동시에 행동한다. 성공은 기회포착, 신의성실, 불굴의 실천력이 행운의 여신과 만날 때 이루어진다.

95. 고객에게 신발 외의 다른 상품을 팔아야 고객을 데려오는 신발에 대한 예의다.

패트릭천쑹쑹 어록

96. 나를 칭찬하는 자는 나의 적이고 나를 비판하는 자는 나의 스승이다. 칭찬은 나를 방심하게 만들고 비판은 나를 성장시킨다.

97. 그깟 호박씨 몇 봉지 팔았다고 죽이기까지 하겠는가.

98. 내가 스스로 습득한 경제학은 쌀 때 사고 비쌀 때 팔아서 주머니에 돈을 가득 채우는 일을 악바리로 끝장을 볼 때까지 계속하는 학문이다.

99. 돈을 벌 수 있는 만큼 최대한 많이 버는 게 나만의 경제학이다.

100. 나는 돈을 사랑한다. 돈도 나를 사랑한다我愛錢, 錢也愛我.

중국의 글로벌 슈퍼리치 TOP110 〈2015년 기준〉

중국인 순위	세계인 순위	이름	연령	개인 자산 (억$)	주력 업종	원적 (출신)	국적
1	17	리자청(李嘉誠)	86	333	부동산		중국(홍콩)
2	27	리자오지(李兆基)	87	248	다원화		중국(홍콩)
3	29	왕젠린(王健林)	60	242	부동산	쓰촨	중국
4	33	마윈(馬雲)	51	227	IT	저장	중국
5	38	리허쥔(李河君)	47	211	태양광	광둥	중국
6	56	마화텅(馬化騰)	43	161	IT	광둥	중국
7	58	궈빙장(郭炳江)	58	159	부동산		중국(홍콩)
8	62	리옌훙(李彦宏)	46	153	IT	산시	중국
9	71	정위퉁(鄭裕彤)	89	144	다원화		중국(홍콩)
10	73	시즈청(施至成)	90	142	제화 · 유통	푸젠	필리핀
11	81	셰궈민(謝國民)	75	136	식품	광둥	타이
12	83	뤼즈허(呂志和)	85	135	카지노		중국(홍콩)
13	87	레이쥔(雷軍)	46	132	IT	후베이	중국
13	87	쑤밍(蘇旭明)	70	132	음료	광둥	타이
15	96	천쑹슝(陳頌雄)	63	122	BT	광둥	미국
16	110	궈허녠(郭鶴年)	90	110	제당 · 호텔	푸젠	말레이시아
한국인 1위	110	이건희	73	110	다원화	한국	한국

- www.forbeschina.com/review/list/002253.shtml#jump와
  www.forbes.com/billionaires/#version:static_country:South%20Korea를
  참조해 직접 작성.

중국거상 세대별 특징

세대	세대 이름	대표 기업가	기업가군 특징	주 업종
제1세대	잡초 1980~	녠광주 루관추 장루이민(張瑞敏) 류촨즈(柳傳志) 왕스(王石)	시대의 전위대 저학력 원시자본력축적	건설, 철강, 농림수산, 기계, 식품, 제과, 자동차부품, TV, 가전업, PC
제2세대	샤하이(下海) 1992~	류융하오 왕젠린 둥밍주 펑룬(馮侖) 런정페이(任正非)	철밥통의 창업붐 제도권 내 엘리트 정치참여	주택건설, 부동산 개발, 건자재, PC, 전기 전자, 백색가전, 증권, 백화점, 마트
제3세대	하이파이(海派) 1998~	마윈 리옌훙(李彦宏) 왕즈둥(王志東) 딩레이(丁磊)	고학력 저연령 유학파 시스템 디자이너	인터넷 서비스, 인터넷 쇼핑몰, 통신, 금융증권, TV, 디스플레이
제4세대	산자이(山寨) 2003~	레이쥔 마화텅(馬化騰) 류창둥(劉强東)	창조와 혁신 늑대문화 인터넷 사고	은행, 증권, 보험, 파이낸셜, 벤처투자, 홈쇼핑, 인터넷 쇼핑몰, 휴대폰, 반도체, 영화, 게임
제5세대	아이돌 푸얼다이 (富二代) 2013~	류창 왕쓰총 루웨이딩(魯偉鼎) 양후이옌(楊惠姸)	80후 90후 쾌속과 열정 방탕과 세습	엔터테인먼트, 레저, 교육, 여행, 호텔, 패션, 화장품, 자산운용업, 환경, 벤처투자, 헬스케어, 대체에너지

• 각종 온·오프라인 자료를 활용해 직접 작성.

등장기업유형	정치세대/기본정책	주요 법제 제·개정
합영기업 향진기업 외자합자기업 외자합작기업 외자독자기업 사영기업	덩샤오핑 중국특색적 사회주의	1982헌법 전면 개정 외자기업법, 전민소유제기업법
국유기업 국유독자기업 국유독자회사 민영회사 (유한회사, 주식회사)	장쩌민 1기 사회주의 시장경제	1992헌법 일부 개정 회사법, 노동법, 대외무역법, 상업은행법, 전력법
개인독자기업 집체기업 조합기업	장쩌민 2기 사회주의 시장경제 WTO 가입	1998헌법 일부 개정 계약법, 증권법, 공개입찰법
국유자본지배회사 국유자본참여회사 유한조합기업 외자주식회사 투자지주회사	후진타오 사회주의 시장경제 조화사회	2004헌법 일부 개정 기업국유자산법, 기업소득세법, 물권법, (신)회사법, 노동계약법, 반독점법, 전자서명법
투자금 1위안 회사 등장 제2의 창업붐	시진핑 사회주의 시장경제 중국몽	회사법 개정 환경보호법 외국투자법 제정 중

강효백 姜孝伯

강효백은 경희대학 법과대학을 졸업하고
타이완 국립정치대학에서 법학박사 학위를 받았다.
베이징대학과 중국인민대학 등에서 강의했으며
주 타이완 대표부와 주 상하이 총영사관을 거쳐
주 중국대사관 외교관을 12년간 역임했다.
상하이 임시정부에 관한 기사를 『인민일보』(人民日報)에
대서특필하게 했으며 한국인 최초로 기고문을 싣기도 했다.
지금은 경희대학 법무대학원 중국법학과 교수로 있다.
저서로는 한길사에서 펴낸『중국인의 상술』
『협객의 나라 중국』『차이니즈 나이트 1, 2』를 비롯해
『중국 경제법(I)』『중국의 습격』 등 16권이 있으며
중국 관련 논문 30여 편과 칼럼 150여 편을 썼다.
중국에 관한 한 폭과 깊이, 양과 질에서 높은 성취를 이뤄
최고의 중국통으로 평가받고 있다. 특유의 문제의식으로
법제, 사회, 경제, 문화, 역사, 정치 등 여러 영역을
아우름으로써 입체적인 '중국학'을 강호의 독자들에게
제공하고 있다.